中共龙州县委员会宣传部 、 龙州县社会科学界联合会组织编写

《字学纂要》《指南解音》影印及整理研究

黄南津　史维坤　谢建猷　农瑞群／著

社会科学文献出版社
SOCIAL SCIENCES ACADEMIC PRESS (CHINA)

序

《字学纂要》和《指南解音》给了我一个惊喜，我们寻找这样的民间文献，已经奔走了几十年，音讯全无。无形之中，黄南津教授解答了我们的疑惑。《字学纂要》和《指南解音》的产生，反映了中越边境壮族百姓了解外部世界的强烈愿望。而要了解国内情形和与邻国交往，必须以汉语文和喃字作为交际工具。要掌握汉字和喃字，必须依靠古壮字作为桥梁和纽带，古壮字的作用在此凸显。《字学纂要》和《指南解音》是用古壮字来解读汉字和喃字的，因而读懂古壮字是关键。

古壮字传统称谓是 Sawndip，意思是“生字”“尚未成熟的字”，但在壮族民间流动已经超过千年。对它客气的称呼是“方块壮字”，20 世纪 80 年代经过专家研究讨论，定为“古壮字”。古壮字实际在汉代的《说文解字》中已有出现，后来见刻于唐代的上林摩崖石刻《六合坚固大宅颂碑》（刻于 682 年）和《智城碑》（刻于 697 年）上。虽然官方不予认可，但宋代民间已广泛应用。差不多与此同时，也就是 6 世纪左右，交趾产生了喃字，又称字喃。这两种貌似汉语的文字，读音和意义却完全不同。汉字、古壮字、喃字是什么关系，音义如何对应，民间肯定早有需求。我们早就预测应该有《字学纂要》和《指南解音》这样类似《说文解字》的著作出现，但过去没有发现。

对古壮字的解读，人们有不同的见解。有人认为，古壮字是用汉字的偏旁部首创造的，所以认得汉字就认得古壮字。实际不是，壮族谙熟汉文的知识分子，能够读懂古壮字的人不多。比如古壮字“布”，不念 bux 而念

mbouj，意思不是布而是“不”“没有”。草字头下一个“北”字（茈），它念 byaek，意思是菜，恐怕会读的壮族教授也不多。还有人认为，不懂汉字就不懂古壮字，实际也不是，我接触到过不懂汉字的民间歌手、歌师、师公，他们读壮歌古壮字手抄本和师公经诗流畅自如。可见古壮字一眼看去像是汉字，实际是另一个系统的民族文字。字喃也不能够当作汉字或古壮字解读，如喃字“伴”读 ban^{24}；汉字读“朋”，音 péng，阳平；古壮字读 buenx，意思是陪伴。从这里可以看出，汉字、古壮字、喃字是汉语、壮语、越语（京语）的不同文字系统，单靠认字形无法对应解读，这就需要有《字学纂要》和《指南解音》这样的字书。可见《字学纂要》和《指南解音》的重要性。长久以来，壮族知识分子受朝廷矮化古壮字的影响，极难有人为此出力，令人遗憾。但民间不以为然，自有见解不凡之人，于是才有《字学纂要》和《指南解音》产生。

《字学纂要》和《指南解音》的编撰煞费苦心。《字学纂要》是为龙州一带壮族边民学习汉语文和喃字设计的，其结构颇具匠心。所收入的 3000 字，前 15 页每个汉字的正下方为同义喃字，汉字右侧或汉字与喃字之间是古壮字，用一个古壮字解释上方汉字和下方喃字，一举两得，省纸省力，可谓奇巧。但 16 页以后无古壮字，看来是用喃字注汉字，足见边民与境外越南人常来常往，喃字熟于汉字。

《指南解音》是为学习汉语词汇而编撰的，编排更加奇巧，编者根据词汇属性将其分成“天文类”“地理类”“人伦类”“身体类”“竹木类”“羽虫类”等十九个类别，然后逐词注释。每个汉语词的左下方为古壮字，右下方为喃字，也是用古壮字词注释汉语词和喃字词。编者显然是个高手，功力不凡。

《字学纂要》和《指南解音》当地人用起来得心应手，但黄南津教授要将其破解就绝非易事。首先是遇到语言的障碍。汉字原音注音肯定不是普通话而是白话，通称粤语；古壮字的读音属于壮语南部方言左江土语区音位系统，释读不易；喃字注音就得比较熟悉越南语。《〈字学纂要〉〈指南解音〉影印及整理研究》将古壮字和喃字的字与词一一破译，一一解读，尔后一一注音，对汉字进行释义，这是很艰辛的工作。《字学纂要》和《指南解音》用字不大规范，要破译难上加难，能够将《字学纂要》和《指南解音》全部破解注音，其功至伟！特别是《〈字学纂要〉〈指南解音〉影印及整理研究》整理得很仔细，每个页面都有两页对照，即原页影印与整理页面左右对照，原页结构历历在目，这是对原作的尊重。《字学纂要》原页的每个汉字在整理页面上都包括三个部分：首先是反切，韵部归类；第二部分是汉语拼音语音构拟；第三部分是意思注解。由于《字学纂要》和《指南解音》汉语字词原音是粤语音（白话），汉语拼音无法拟音，反切就弥补了这个局限，足见作者的用心。汉字注释之后，其下的古壮字和喃字则用国际音标标音。《指南解音》同样是原页与整理页对照，但对其整理注释的做法稍有不同，每个词一般包含两个部分，第一部分是汉语拼音，第二部分是词义翻译或解释，都很仔细。例如“霖雨”解释为“lín yǔ：连绵大雨；甘雨、时雨；比喻济世泽民”。有的词有第三部分——用词例句。例如“疾风”引为“疾风劲草”“疾风迅雨”。这种包含反切、拟音、翻译、注解、实例的整理研究，比较完整，为使用者提供了便利。

《字学纂要》和《指南解音》在字典和词典层出不穷的今天，原来的功能肯定大减。但作为研究对象，却又是具有特殊的价值。

本书在前言中，对《字学纂要》《指南解音》的注音、注释的方法、过程、特点、价值都进行了归纳，切合实际。纵观《〈字学纂要〉〈指南解音〉影印及整理研究》，有多方面的特点和价值。第一，黄南津教授和他的团队，很有心地到民间去淘宝，挖掘出《字学纂要》和《指南解音》，保存了一份不可多得的民族民间文献，是我们从事民族文化研究的楷模。有志研究民族文化的学子，应当像他们那样到民间去淘宝，使民族文化不至于在默默无闻中湮没。第二，黄教授淘宝意在护宝和用宝，首先是识货。初阅《〈字学纂要〉〈指南解音〉影印及整理研究》就感到，作者在破解上用足了功夫，无论是汉字、喃字、古壮字，都给予解读，然后一一解释、然后注音注义，基本准确，可见下了比较大的功夫。第三，书稿有语言学价值。从语言学的角度看，《字学纂要》和《指南解音》中有不少的字词在现在的字词中已不常见，不少汉字词语带有那个时代鲜明的特点，俗体字、异体字同在。有的发生语音偏离。《指南解音》不少词汇现在基本不见。例如“糅饭”（杂饭）、“糯粸”（坏米）、“肪膈“（尿囊）、“襏襫”（蓑衣）、“衣囊”（包袱）等，现在都不这样说了，这些都是研究语言演变的重要资料。第四，民族学和文化学价值。《字学纂要》和《指南解音》的字和词，有明显的民族、地域、时代特点，通过这些词语和《〈字学纂要〉〈指南解音〉影印及整理研究》对它们的解读，可以研究桂南中越边境壮人100多年前的社会状况、生活习俗、思想意识、民族关系、国家关系等，这是其他著作所不能取代的。

《〈字学纂要〉〈指南解音〉影印及整理研究》是一个民族学、语言学、文化学的研究新成果，它给我们启示，壮族民间藏宝，正等待我们去挖掘。近期由我和欧薇薇、韦如柱主编的《壮族师公经诗译注》即将出版，此书收入了近800篇经诗，实际是800部民间叙事诗，其中的宗教道德在民间依然起到抚慰心灵和安定社会的功能。可见壮族民间深藏的瑰宝，有如潜龙待飞，只待伯乐。

是为序。

梁庭望

2018年9月1日于中央民族大学

前　言*

《字学纂要》和《指南解音》是在广西龙州金龙地区新征集的两种清晚期手抄字书，其特殊之处在于文本中汉字、方块壮字、喃字三种文字互见。《字学纂要》是目前发现最早的汉、壮、喃三位一体字典，《指南解音》是目前发现唯一的汉、壮、喃词典，两书均为当地壮族族群用来学习汉语的教材及工具书。由于抄写年代较早，性质特殊，内容丰富，两种字书具有丰富的文献价值。

一 《字学纂要》与《指南解音》的征集与收藏

《字学纂要》和《指南解音》原系广西崇左市龙州县金龙镇横罗村板烟屯的一位壮族宗教传承师（当地称为“法师”）马贵益收藏。抄本上虽没有标明抄写年代，但据马贵益老人介绍，两种书均为清代抄本。从其包浆来看，纸质、内容与收藏者所说相符，但时间不会太早，大致属清代晚期。

抄本由该地区的宗教传承师代代相传，想要征集并非易事。龙州县文化局农瑞群先生发现抄本后，于 2004 年陆续开始对抄本进行征集。他多次拜访马贵益老人，对其做思想工作。直至 2012 年，经过农先生八年奔走劝说，马贵益终于同意将抄本上交。两种文献现藏于龙州县图书馆。

---

* 本文原载《中国文字研究·第二十八辑》，题目为《〈字学纂要〉与〈指南解音〉文献源流及其文献价值》，收录本书时略有改动。作者史维坤，女，华东师范大学中国文学研究与应用中心博士生，研究方向为文字训诂。

二 《字学纂要》与《指南解音》的体例与内容

（一）《字学纂要》体例与内容

《字学纂要》共72页，页面规格为26cm×15cm。抄本封面为涂有桐油的多层纱纸，呈赭黑色，没有文字。书本内文为土纱纸墨笔抄写，纸质呈黄赭色，棉线手工装订，书名见于内文第一页。

《字学纂要》收录3000个汉字，每字下有喃字或喃、壮字释义。汉字是主要学习对象，作为字头，字形最大，从右至左，纵行排列；其次是喃字，位于汉字正下方；方块壮字位于汉字右下方或汉、喃字之间。有喃、壮两种文字释义的汉字集中在第一页至第十五页；十六页至第七十一页，汉字下只有喃字释义，几乎没有方块壮字出现。纵向书写的喃字和方块壮字释读顺序一般为从上至下，横向书写者释读顺序一般为从右至左。抄本中出现的“×”和“丨”都是表示与汉字同形的喃字或方块壮字，“ㄣ”一般表示重复上一字或文字构件。符号使用不固定，喃字和方块壮字释读顺序没有严格统一，汉字写法也不完全符合规范，这都体现了手抄文献有随意性的一面。

抄本收录的汉字内容涉及天文地理、植物动物、人物亲属、诗书礼仪等，没有统一分类，但意义相关的汉字经常相伴出现，如“天”“地”，“六”“三”，“立”“行”，“也”“哉”等。

（二）《指南解音》体例与内容

《指南解音》全称《天文地理人伦指南解音册》，共86页，页面规格25.5cm×14.5cm。封面亦为涂有桐油的多层纱纸，呈黄褐色，并有“侵南傻”（“指南解音”的方块壮字写法）三字。抄本内文为土纱纸抄写，纸质呈黄赭色，原采用棉线手工装订，因后人用纱纸搓线修补，现藏抄本的装订既有棉线也有砂纸线。

《指南解音》共收录汉语词条1502条，兼备壮、喃释义。汉字字形最大，其下右列为喃字释义，左列为壮字释义，释读顺序均为从上至下。若几个同义汉语词相继出现，仅解释第一个词，在最后一词后书“以上並仝”或“仝上”（即词义“以上并同”或“同上”），这也符合经济性原则。该书主要根据意义标准对所收词汇进行分类，有“天文类”“风雨类”“地理类”“人伦部”“身体类”“饮食类”“补遗身体”“衣服类”“家式类”“家物类”“金玉类”“报孝类”“乐器类”“羽虫类”“毛虫类”“麟虫类”“竹木类”“菜根类”“遗补类”等十九类。

《指南解音》也存在民间手抄文献用字不规范、全书体例没有严格统一的缺陷。

三 《字学纂要》与《指南解音》文献源流

（一）金龙地区历史、地理环境概述

两种文献发现于中越边境的龙州金龙地区，历史、地理条件特殊。龙州县位于广西壮族自治区西南部，左江上游，西北与越南接壤，中越边境线（龙州段）长 184 公里。其地理位置优越，水陆交通便利，自然环境得天独厚，自古以来便是中国南部边防重地，左江流域经济文化中心。金龙镇地处龙州县北部，西与越南有 32 公里边界线。金龙古为骆越地，秦属象郡。汉初，属南越（粤）国地。汉元鼎六年（前 111）属郁林郡雍鸡县地。唐仪凤元年（676）置羁縻金龙州，属岭南道安南都护府，宋称金龙寨，明设金龙峒，清因之。①1820 年金龙峒为越南侵并②，归越南下琅州，改名为调琅峒。1887 年，中法两国政府划界谈判，金龙回归中国。1992 年改为金龙镇至今。③从 1820 年到 1887 年，金龙被越南统治六十七年，语言文字、生活习俗等深受越南影响。

（二）《字学纂要》与喃字《三千字》的对比

结合金龙地区特殊历史、地理环境，我们发现，《字学纂要》《指南解音》与越南字书密切相关，特别是《字学纂要》，其仿照越南传统字书《三千字》的痕迹相当重。

《三千字》也称《字学纂要》（为避免混淆，下文只称《三千字》），是越南民间用来教授孩童学习汉字的启蒙课本，也是越南人学习、使用汉字的

① 龙州县地方志编纂委员会：《龙州县志》，广西人民出版社，1993，第 3~6 页。

② 广西壮族自治区编辑组、《中国少数民族社会历史调查资料丛刊》修订编辑委员会：《广西壮族社会历史调查》，民族出版社，1987，第 96 页。

③ 潘汁：《民族国家语境下的认同建构》，广西民族大学硕士学位论文，2007，第 14 页。

工具书，究竟成书于何时，国内目前仍无定论。[①]18 世纪，越南学者吴时任（1746—1803）编写《三千字解音》,《三千字》很可能在此之前就已广泛流传。

笔者就《字学纂要》与《三千字》[皇朝辛卯年（1831）影印本[②]] 之体例、内容进行对比，以求厘清两者渊源。

1. 体例

首先,《字学纂要》收录汉字 3000 个,《三千字》收汉字 3012 个。后者多出的 12 字为“運、復、顧、詘、螭、蟒、榜、屏、灣、杪、揀、抛”，察看前文可知，“運”之前的 12 字亦为“運、復、顧、詘、螭、蟒、榜、屏、灣、杪、揀、抛”，可断定多出的这 12 字是因校对疏忽而重复刻印的。因此，除去复刻之字，两书收录的汉字单字数量相同。

其次，两书均以汉字为字头，以喃字为注释（《字学纂要》新增方块壮字注释为《三千字》所无）。《字学纂要》中，喃字位于汉字下方；《三千字》中，喃字位于汉字右侧。

最后，两书都将汉、喃字以一句四字、押韵相随的方式排列。如《三千字》中“天、歪、地、坦；舉、拮、存、群；子、昆、孙、㧅”，每句第一字是汉字，第二字是与第一字对应的同义喃字，第三字是汉字，第四字是与第三字对应的喃字。每句的第四字和下句的第二字押韵，朗朗上口，便于记诵。[③]又如《字学纂要》中“群、群、相、相；量、量、材、材”（此例中汉、喃字同形）亦如此。

2. 内容

首先，将两书所收汉字逐个对比，可知两者收录的汉字基本相同，但有部分（约 21%）汉字音、义相同，但字形有别。与这些字在《三千字》中的写法相比,《字学纂要》中多为异写。异写情况主要有以下几种。

（1）单一构件异写（构件 A 写作 B）。笔者根据异写构件的不同将其分类，兹举例如下（如表 1 所示）。

---

① 李忻之:《方块壮字与喃字〈三千字〉比较研究》，广西大学硕士学位论文，2011，第 9 页。

② 越南古籍文献网：http://lib.nomfoundation.org/。

③ 戴忠沛:《〈三千书〉初探》,《广西民族研究》2005 年第 3 期。

表 1 《三千字》与《字学纂要》汉字字形对比

“比”及含构件“比”之字	《三千字》字形	比	諧	偕	堦
	《字学纂要》字形	比	諧	偕	堦
含构件“月”之字	《三千字》字形	前	輸	鍮	逾
	《字学纂要》字形	前	輸	鍮	逾
含构件“殳”之字	《三千字》字形	設	投	磬	搬
	《字学纂要》字形	設	投	磬	搬
含构件“叚”之字	《三千字》字形	縀	暇	假	遐
	《字学纂要》字形	縀	暇	假	遐
含构件“戔”之字	《三千字》字形	餞	踐	錢	殘
	《字学纂要》字形	餞	踐	錢	殘
含构件“卑”之字	《三千字》字形	碑	牌	脾	婢
	《字学纂要》字形	碑	牌	脾	婢
含构件“辰”之字	《三千字》字形	褥	晨	娠	宸
	《字学纂要》字形	褥	晨	娠	宸

（2）构件混同（构件 A、B 混同作 C）。如“臼”、“𦥑”混同作“臼”：《三千字》作“臼”，《字学纂要》作“臼”，《三千字》作“榴”，《字学纂要》作“榴”；又如“印”、“卯”混同作“卬”：《三千字》作“迎”，《字学纂要》作“迎”，《三千字》作“聊”，《字学纂要》作“聊”等。

（3）重复构件用“ㄣ”代替。如《三千字》作“攝”，《字学纂要》作“摂”；《三千字》作“纔”，《字学纂要》作“纔”等。

（4）构件“、”位置变动。如《三千字》作“截”，《字学纂要》作“截”；《三千字》作“茯”，《字学纂要》作“茯”；《三千字》作“求”，《字学纂要》作“求”等。

（5）增加构件“、”。如《三千字》作“拜”，《字学纂要》作“拜”；《三千字》作“杖”，《字学纂要》作“杖”；《三千字》作“步”，《字学纂要》作“步”等。

《字学纂要》中部分异写字形可以从我国古代异体字中找到相同形体（如表 2“形体相同”一栏所示），这意味着，它们或者直接来自中国古代。还有部分异写字形，虽暂时没有搜索到完全同形的中国古代汉字异体（笔者目前没找到也并不等于不存在），但其部分构件或笔画依然可以在某些古代汉字材料中见到（如表 2“形体相关”一栏所示）。

表 2　与《字学纂要》异写字形相同或相关的中国古代汉字形体

形体相同	《字学纂要》字形	比	諳	設	投	磬	殿	濃	碑
	同形异体	 北魏《比丘惠荣造像记》	 北魏《王君妻元华光墓志》	 东汉《白石神君碑》	 北魏《元寿安墓志》	 北魏《关西十州台使郭显墓志》	 唐《乐昇进墓志》	 北魏《女尚书冯迎男墓志》	 东汉《营陵置社碑》
	《字学纂要》字形	婢	娠	晨	腿	錢	吉	朔	步
	同形异体	 北齐《逢迁造像记》	 东汉《何馈画像石题字》	 北魏《元愿平妻王氏墓志》	 敦煌写本《燕子赋》	 敦煌写本《双恩记》	 唐《干禄字书》	 北魏《崔鸿墓志》	 北齐《张景林造像记》
形体相关	《字学纂要》字形	能	甋	避	瞻	援	蜓	迎	軌
	相关异体	 三国魏《曹真残碑》	 唐《干禄字书》	 北魏《刘玉墓志》	 北魏《元愿平妻王氏墓志》	 北魏《元桢墓志》	 东晋《东方朔画讚碑》	 北魏《咨议参军元弼墓志》	 西晋《王浚妻华芳墓志》

除受我国古代异体字影响外，《字学纂要》中汉字写法也体现出喃字、方块壮字之构形特色。如汉字“移”在《字学纂要》写作“ 𥝖 ”，“ 𠃌 ”是喃字常用构件；“攝”写作“ 摂 ”，“翁”写作“ 㒼 ”，应是受方块壮字书写习惯影响。

《字学纂要》是手抄文献，抄写者文化程度有限，在抄写时为了省时省力，导致部分字形写法不规范。喃字《三千字》作为越南传统字书，流通时间较久，历经数次刊刻印刷，字形无疑更规范。

其次，将两书喃字进行对比，可知绝大多数（约 85%）注释同一汉字的喃字，在《字学纂要》与《三千字》中写法不同，但读音相近或相同。如：汉字“涸”下喃字，《三千字》作“𣷭”读 [kien^{21}]（方括号中为国际音标，下同），《字学纂要》作“汼”读 [kien^{214}]，两者语音相近；汉字“荔”下喃字，《三千字》作“櫂”读 [bai^{35}]，《字学纂要》作“𣘃”读 [bai^{35}]，两者语音相同；汉字“肱”下喃字，《三千字》作“㨴”读 [kien^{35}]，《字学纂要》作“𦑗”读 [keŋ^{214}]，两者语音相近；类似的还有《三千字》喃字“頭”与《字学纂要》喃字“豆”，《三千字》喃字“餒”与《字学纂要》喃字“捼”等。此外，也有极少数注释同一汉字的异形喃字，读音相去甚远。如《三千字》喃字“𦯬”与《字学纂要》喃字“揨”，两者均注释汉字“薑”，“𦯬”读 [taŋ^{21}]，“揨”读 [kiŋ^{52}]，两者不同音。“𦯬”与“揨”不同音可能与语音演变有关，两者在古代同音，现代不同音。喃字中形声字占多数，一音多形常见，是上述现象的重要成因。

最后，相比《三千字》单一的喃字注释，《字学纂要》新增方块壮字注释，这是两者最大的区别。方块壮字注释为与汉义对应的壮语义，集中在全书一至十五页：如汉字“市”下注“𠄩安行”，意为“做买卖或做买卖的地方，人口密集的行政中心或工商业、文化发达的地方”；汉字“婦”下注“娕媚”，意为“已婚的女子”；汉字“屋”下注“安芮”，意为“房间”；汉字“蒂”下注“ 丐落”，意为“花或瓜果跟枝茎相连的部分”；汉字“酸”下注释“𠄩沈”，意为“像醋的气味或味道”等。方块壮字注释很可能是壮族人为学习汉字和喃字而添加，一般为一到三个字，注释方式更口语化，多加“𠄩”。

综上，《字学纂要》与《三千字》汉、喃部分大致相同。两书汉字由于书写方式和严格程度不同，在字形构件和笔画上稍有区别；喃字本身任意性较强，导致一字多形现象时有出现。两者较大区别在于《三千字》是越南汉、喃对照字书，没有方块壮字注释，而《字学纂要》前15页几乎每一汉字下都兼备喃字和方块壮字注释。可见，《字学纂要》应是以越南字书《三千字》为蓝本，增添方块壮字注释而成（由于某种原因，增补在15页后中断），是喃字《三千字》在流传过程中产生的地域变体。

经调查，目前在我国和越南均未发现第二个与《指南解音》类似的文本，因此本文暂不对《指南解音》进行文本比较，但其来源应与《字学纂要》类似。《指南解音》除连续出现的同义汉语词外，每一汉语词条下都有越南语、壮语释义对应，其抄写年代或晚于《字学纂要》。

四 《字学纂要》与《指南解音》文献价值

《字学纂要》和《指南解音》特殊的文献价值体现在诸多方面。

（一）同类文献材料补充求证

在《字学纂要》和《指南解音》被征集之前，1987年，金龙地区就已发现一本名为《三千书》的汉、壮、喃字书。该书原藏于金龙乡立丑村逐立屯黄家豪先生家，现藏于广西民族古籍规划整理办公室。由于条件限制，我们未能将其与《字学纂要》进行版本比较，但从戴忠沛先生《〈三千书〉初探》一文的相关描述中可看出两者为同类型抄本，且《三千书》的抄写时间晚于《字学纂要》。虽有学者很早就关注到《三千书》，但并没有对其进行系统的整理分析，仍存留较多疑问。《字学纂要》的出现为《三千书》提供了参照，使一些疑问得到解答。如《三千书》中的“𠂀”，出现在右排喃字之末或左排方块壮字之首，戴忠沛先生认为是一个“难以解释的问题”。[①]“𠂀”在《字学纂要》中也常出现，但仅仅出现在左排方块壮字之首，《三千书》中“𠂀”位于喃字之末或由手抄文献书写随意导致。“𠂀”读[la[33]]，是壮语虚词，常常出现在壮语词之前，相当于“那个”的意思，起到类似于发语词的作用。说壮语的人在说话时加“𠂀”，表示提示话语内容。

① 戴忠沛：《〈三千书〉初探》，《广西民族研究》2005年第3期。

（二）记录特殊文字现象

《字学纂要》与《指南解音》所载汉字是民间手抄文献用字典型，丰富了汉字异体字研究素材。此外，两书收录之方块壮字填补了左江流域方块壮字研究材料的空缺，为汉、喃、壮字比较研究提供了新材料。两书方块壮字中常常出现“邦ㄑ”“之ㄑ”“末ㄑ”等有特殊记号的字形，在喃字和南壮方块壮字中常见，在北壮方块壮字中少见，正是方块壮字区域差异的直观反映。

（三）保留汉语古音、越南语和南部壮语语音

《字学纂要》与《指南解音》固然是考察越南语、壮语的重要参考材料，但也可以为汉语史的研究提供某些佐证。例如，钱大昕关于上古音的一些论述，或可从《字学纂要》与《指南解音》中发现相关的例子：“非”读 $[p^{ʻ}i^{52}]$，符合钱大昕“古无轻唇音”的说法；“須”读 $[tu^{33}]$，意为“一只”（数量词），与钱大昕的“古无舌上音”契合。

（四）反映民族文化异同

《字学纂要》与《指南解音》脱胎于中原字书，是中原字书的流变，体现了不同民族心理特点、生活习惯、居住环境、社会结构等方面的差异。如《指南解音》中每类所收词条数目有别，其中“农具类”“麟虫类”“竹木类”等收录词语最多。在“竹木类”中，竹子品种异常丰富，有“青皮竹”“石竹”“扶南竹”“青竹”“白竹”“柑竹”等多类，相反，松树品种只提到了“青松”一种，由此可见中越边境及其以南地区气候炎热，植被茂盛，竹子品种多的特点。

（五）特殊而稀有的工具书类型

《字学纂要》和《指南解音》集汉、壮、喃三种文字于一体，产生于中越边境的壮族聚居地，是不同民族文化融合的直接体现。《字学纂要》直接以越南传统字书《三千字》为蓝本，添加方块壮字注释而成，《指南解音》延续《尔雅》以来的词汇分类方式，收录、解释常用词。两者作为传统中原字书在边境少数民族族群及域外传播的变体，对其进行整理分析也可推动我国辞书学研究的拓展与深化。

（六）不可忽视的实用价值

文献原收藏者指出，《字学纂要》与《指南解音》作为汉、壮、喃工具书，

可做幼童蒙学书籍，也可作简易字典词典使用。两书记载的字、词数量不多，且都是日常生活所用的基本字词，易学易记。其内容涉及天文、地理、人伦、植物、动物等各个方面，可以满足日常交际需要。至今，《字学纂要》与《指南解音》还在越南民间和龙州中越边境壮族族群中使用。现所用抄本由清末抄本发展而来，喃、壮注释更完善，体例更统一，可见两种字书仍具备一定实用性。

参考文献

戴忠沛：《〈三千书〉初探》，《广西民族研究》2005 年第 3 期。

广西壮族自治区编辑组、《中国少数民族社会历史调查资料丛刊》修订编辑委员会编《广西壮族社会历史调查》，民族出版社，2009。

黄征：《敦煌俗字典》，上海教育出版社，2005。

李忻之：《方块壮字与喃字〈三千字〉比较研究》，广西大学硕士学位论文，2011。

龙州县地方志编纂委员会编《龙州县志》，广西人民出版社，1993。

毛远明：《汉魏六朝碑刻异体字典》，中华书局，2014。

潘汁：《民族国家语境下的认同建构》，广西民族大学硕士学位论文，2007。

秦公辑《碑别字新编》，文物出版社，1985。

裘锡圭：《文字学概论》，商务印书馆，1988。

王平主编《中国异体字大系·楷书编》，上海书画出版社，2008。

周有光：《比较文字学初探》，语文出版社，1998。

周有光：《世界文字发展史》，上海教育出版社，2003。

凡　例

一、本书以《字学纂要》和《指南解音》影印本为底本采用影印本与整理文本相结合的方式。《字学纂要》每一页影印本对应其后两页整理文本，《指南解音》一页影印本对应其后一页整理文本。

二、除原书字词外均采用简体。对原书字形的整理尽可能保留原有汉字、方块壮字、喃字字形不做改动，若汉字字形非规范字形，则先写出规范字形，再于其后加括号标出不规范字形。《字学纂要》中方块壮字和喃字分列两行，方块壮字前用“㊇”标注，喃字前用“㊇”标注。《指南解音》中壮喃词汇分列两行，上为喃字词汇，下为方块壮字词汇。因原本残损无法辨认的字形一律用“□”表示。

三、对汉、壮、喃字词分别注音。《字学纂要》中汉字依照《辞源》体例，根据《汉语大词典》等查询并标注汉字中古音和现代汉语拼音。《指南解音》中汉语词汇根据《汉语大词典》标注汉语拼音。查不出拼音的汉语字词，在标注汉语拼音处用“？”表示。方块壮字、喃字字词后于“[ ]”中标注其国际音标，若发音人读不出的音则一律用“[？]”表示。

四、依据《汉语大字典》和《汉语大词典》等辞书对汉语字词语义进行标注，为调整篇幅，释义内容有所删改。查不出中古音和释义的汉语字词空缺中古音和释义。

目　录

字学纂要

字學纂要

子 孫 駈 距

家 國 前 後 牛

牙 無 有 大 羊 歸 走

來 女 男 帯

拜

封 愛 情 識 知

□

壮 ……

喃 ……

□

壮 ……

喃 ……

□

壮 ……

喃 ……

□

壮 节害仍 [la^{21} ？？]

喃 羊 [？]

子 即里切，上，止韵，精。(zǐ)：儿子。

壮 节□□ [la^{21} □□]

喃 昆 [？]

孫 思浑切，平，魂韵，心。(sūn)：孙子。

壮 节须⿰犭满 [la^{21} ？？]

喃 招 [？]

□

壮 ……

喃 ……

三 苏甘切，去，谈韵，心。(sān)：数名。

壮 □ [□]

喃 𠀧 [ba^{33}]

家 古牙切，平，麻韵，见。(jiā)：共同生活的眷属和他们所住的地方。

壮 节□ [la^{21} □]

喃 茹 [ȵa^{21}]

國（囯） 古或切，入，德韵，见。(guó)：国家。

壮 ……

喃 □ [nək^{55}]

前（前） 昨先切，平，先韵，从。(qián)：指空间在前面，与“后”相对。

壮 ……

喃 䡨 [ʧiək^{55}]

後 胡口切，上，厚韵，匣。(hòu)：指空间在背面，与“前”相对。

壮 □

喃 □ [ʃɐu^{33}]

牛 语求切，平，尤韵，疑。(niú)：哺乳动物，趾端有蹄，头上长一对角，是切刍类动物，力量很大，能耕田拉车，肉和奶可食，角、皮、骨可作器物。

壮 节须侬 [la^{33}tu^{21}ua^{21}]

喃 □ [ʧɐu^{33}]

[馬] 莫下切，上，马韵，明。(mǎ)：哺乳动物，颈上有鬃，尾生长毛，四肢强健，善跑，供人骑或拉东西。

壮 ……馬 [……ma^{214}]

喃 馭 [ŋa^{21}]

距 其吕切，上，鱼韵，群。(jù)：相隔的空间和时间。

壮 节丐□ [la^{21}kai^{33} □]

喃 距 [kə^{33}]

牙 五加切，平，麻韵，疑。(yá)：齿。

壮 节丐告 [la^{21}kai^{33}k^{h}eu^{35}]

喃 □ [ɬɐŋ^{33}]

無（無） 武夫切，平，虞韵，微。(wú)：没有，与“有”相对。

壮 保眉 [pu^{33}mi^{21}]

喃 主 [ʧɐŋ^{35}]

有 云久切，上，有韵，云。(yǒu)：存在；表示所属；表示发生、出现。

壮 节眉 [la^{33}mi^{31}]

喃 古 [kɔ^{35}]

犬（犬） 苦泫切，上，铣韵，溪。

（quǎn）：狗。

〈壮〉 廿［須］□ [la^{31}tu^{33}ma^{31}]

〈喃〉 狂 [ʧɔ^{35}]

羊 与章切，平，阳韵，以。（yáng）：哺乳动物，切刍类，一般头上有一对角，品种很多。

〈壮〉 廿□□ [la^{33}tu^{33}be^{35}]

〈喃〉 羝 [ie^{33}]

歸

〈壮〉 廿祖□ [la^{33}hɔi^{22}ma^{31}]

〈喃〉 衕 [fe^{21}]

走 则候切，上，厚韵，精。（zǒu）：行。

〈壮〉 廿連□ [la^{33}ʃai^{35} □]

〈喃〉 𧼋 [tɐu^{35}]

拜（拜） 博怪切，去，怪韵，帮。（bài）：表示敬意的礼节。

〈壮〉 廿……[la^{33}……]

〈喃〉 𥚄 [bai^{35}]

□

〈壮〉 ……

〈喃〉 ……

□

〈壮〉 ……

〈喃〉 ……

來 落哀切，平，咍韵，来。（lái）：由另一方面到这一方面，与“往”“去”相对。

〈壮〉 廿麻 [la^{33}ma^{31}]

〈喃〉 吏 [lai^{214}]

女 尼吕切，上，语韵，娘。（nǚ）：女性，与“男”相对。

〈壮〉 廿妹仍 [la^{33}me^{33}ȵiŋ^{31}]

〈喃〉 𡛔 [k^{h}ai^{35}]

男 那含切，平，覃韵，泥。（nán）：男性，与“女”相对。

〈壮〉 廿俌才 [la^{33}pu^{33}ʧ^{h}ai^{35}]

〈喃〉 𨉟 [mai^{55}]

帶 当盖切，去，泰韵，端。（dài）：用皮、布或线等做成的长条物。

〈壮〉 廿□ [la^{33} □]

〈喃〉 □ [me^{214}]

尌

〈壮〉 廿叏殊 [la^{33}ŋe^{55}？]

〈喃〉 蝶 [mu^{33}]

足 子句切，去，遇韵，精。（zú）：脚。

〈壮〉 ……

〈喃〉 ……

□

〈壮〉 ……

〈喃〉 ……

愛（爱） 乌代切，去，代韵，影。（ài）：对人或事有深挚的感情。

〈壮〉 廿□ [la^{33}dep^{55}]

〈喃〉 天 [ɑi^{35}]

憎 作滕切，平，登韵，精。（zēng）：恨，厌恶，嫌。

〈壮〉 廿□ [la^{33}dep^{55}]

〈喃〉 怙 [kau^{214}]

詃 于剑切，去，严韵，影。

〈壮〉 廿……[la^{33}……]

〈喃〉 别 [bet^{55}]

知 陟离切，平，支韵，知。（zhī）：晓得；明了。

〈壮〉 □□门［□□ mɔn^{21}]

〈喃〉 台 [t^{h}ɐi^{55}]

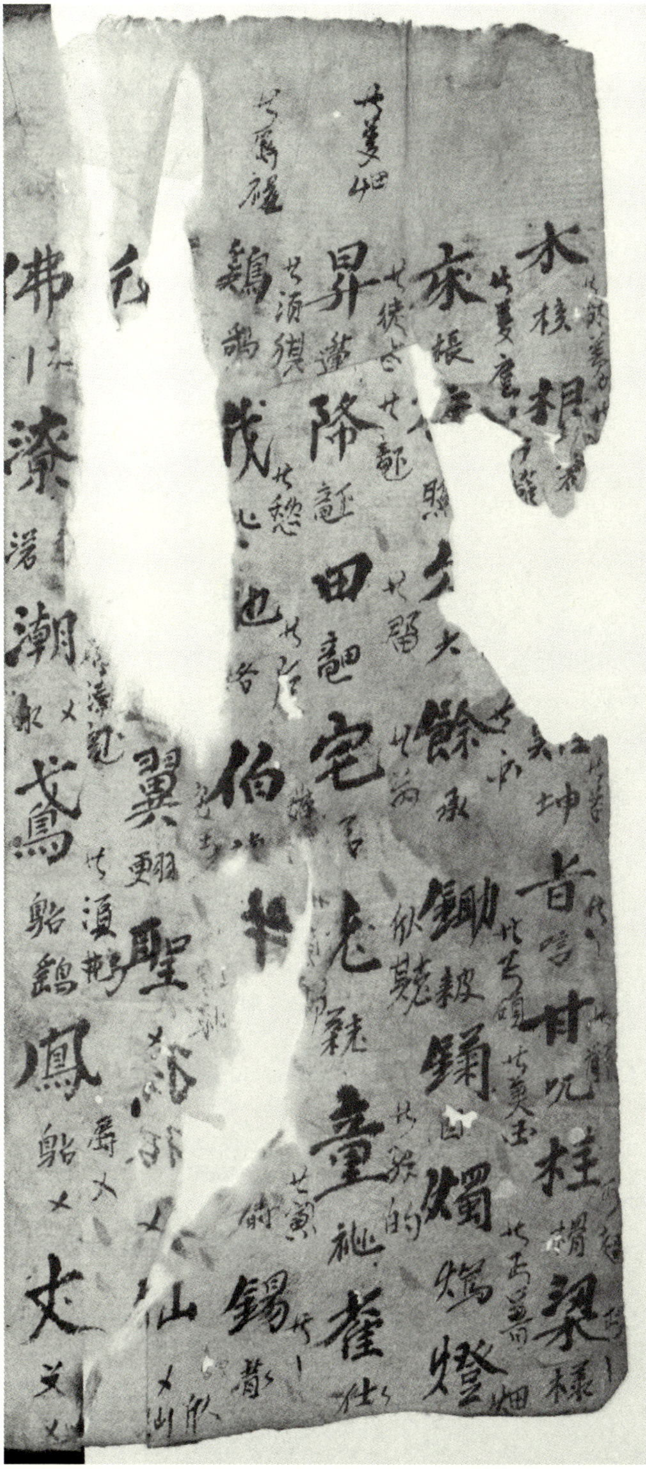

木 莫卜切，入，屋韵，明。（mù）：树类植物的通称。

壮 节□□ [la^{33}kɔ^{33}mɐi^{214}]

喃 核 [kɐi^{52}]

根 古痕切，平，痕韵，见。（gēn）：高等植物茎干下部长在土里的部分。

壮 节□□ [la^{33}kai^{52}ɬak^{33}]

喃 ……

□

壮 ……

喃 ……

□

壮 节苔 [la^{33} ？]

喃 坤 [？]

旨（㫖） 职雉切，上，旨韵，章。（zhǐ）：味美；上级的命令。

壮 节丨 [la^{33}ŋɔn^{21}]

喃 唁 [ŋɔn^{33}]

甘 古三切，平，谈韵，见。（gān）：甜，味道好。

壮 节□ [la^{33} □]

喃 叽 [uan^{33}]

柱 直主切，上，麌韵，澄。（zhù）：建筑物中直立的起支撑作用的构件。

壮 丐超 [kai^{33} ？]

喃 棤 [k^{h}ue^{33}]

梁（梁） 吕张切，平，阳韵，来。（liáng）：桥梁；屋梁。

壮 丐□ [kai^{33}ləŋ^{21}]

喃 様 [iəŋ^{33}]

床 士庄切，平，阳韵，崇。（chuáng）：供人睡卧的家具。

壮 节□□ [la^{33} □□]

喃 根 [təŋ^{35}]

□

壮 ……

喃 ……

□

壮 ……

喃 □

餘 以诸切，平，鱼韵，以。（yú）：剩余。

壮 节承 [la^{33}t^{h}ə^{31}/t^{h}ə^{21}]

喃 承 [lɯ^{214}]

鉏 士鱼切，平，鱼韵，崇。（chú）：弄松土地及除草的工具。

壮 节丐碩 [la^{33}kai^{31}ɬak^{33}]

喃 秡 [？]

鑛（鏞）

壮 节美玊 [la^{33} ？ kuək^{55}]

喃 □ [tai^{52}]

燭 之欲切，入，烛韵，章。（zhú）：蜡烛；火把；照亮。

壮 节丐曽 [la^{33}kai^{55}lap^{33}]

喃 爉 [？]

燈 都滕切，平，登韵，端。（dēng）：照明的器具。

壮 节美烟 [la^{33} ？ t^{h}en^{33}]

喃 烟 [dien^{21}]

昇 识蒸切，平，蒸韵，书。（shēng）：向上，高起，提高。

壮 节徒吉 [la^{33}t^{h}ɔ^{21}k^{h}ən^{35}]

喃 蓮 [lien^{33}]

降（降） 古巷切，去，绛韵，见。（jiàng）：落下。

壮 节瓩 [la^{33}luŋ^{31}]

喃 瓩 [ʃuəŋ^{35}]

田 徒年切，平，先韵，定。（tián）：种植农作物的土地。

〔壮〕 节罶 [la^{33}na^{31}]

〔喃〕 龗 [lɔŋ^{33}]

宅 场伯切，入，陌韵，澄。（zhái）：住所，房子。

〔壮〕 节苪 [la^{33}ɬən^{21}]

〔喃〕 □ [n̥a^{21}]

老 卢晧切，上，晧韵，来。（lǎo）：年纪大；时间长；有经验；陈旧的。

〔壮〕 欣耗 [kʰən^{21}ke^{55}]

〔喃〕 糀 [ia^{21}]

童 徒红切，平，东韵，定。（tóng）：小孩。

〔壮〕 节犾的 [la^{33}luk^{33}dik^{55}]

〔喃〕 袦 [ʔit^{55}]

雀 即略切，入，药韵，精。（què）：鸟类的一科，吃粮食粒和昆虫。

〔壮〕 节辱埪 [la^{33}？？]

〔喃〕 佁 [ɬɐi^{214}]

鷄 古奚切，平，齐韵，见。（jī）：家禽，品种很多，嘴短，头上有红色肉冠。翅膀短，不能高飞。

〔壮〕 节湏猉 [la^{33}tu^{33}kɐi^{52}]

〔喃〕 [鴰][kʰa^{21}]

我 五可切，上，哿韵，疑。（wǒ）：自称，自己。

〔壮〕 节愁 [la^{33}ɬɐu^{21}]

〔喃〕 □ [ta^{33}]

他 讬何切，平，歌韵，透。（tā）：称你、我以外的第三人，一般指男性，有时泛指，不分性别。

〔壮〕 节□ [la^{33}hɐu^{52}]

〔喃〕 □ [kʰa^{55}]

伯 博陌切，入，陌韵，帮。（bó）：父亲的哥哥。

〔壮〕 ……

〔喃〕 ……

□

〔壮〕 ……

〔喃〕 ……

□

〔壮〕 节寅 [la^{33}]

〔喃〕 ……

錫 先击切，入，锡韵，心。（xī）：一种金属元素，银白色，质软，富延展性。

〔壮〕 节丨 [la^{33}tʰik^{55}]

〔喃〕 鹊 [ɬek^{33}]

□

〔壮〕 ……

〔喃〕 ……

□

〔壮〕 ……

〔喃〕 ……

□

〔壮〕 ……

〔喃〕 ……

翼 与职切，入，职韵，以。（yì）：翅膀。

〔壮〕 ……

〔喃〕 翅 [keŋ^{214}]

聖 式正切，去，劲韵，书。（shèng）：旧时称所谓人格最高尚的、智慧最高超的人。

〔壮〕 ……

〔喃〕 ×[tʰeŋ^{35}]

□

〔壮〕 ……

〔喃〕 …… ×

仙 相然切，平，仙韵，心。（xiān）：神话中称有特殊能力、可以长生不死的人。

〔壮〕 欣仙 [ɬien^{52}？]

〔喃〕 ×[tien^{52}]

佛 符弗切，入，物韵，奉。（fó）：佛陀的简称，意为“觉者”；又特指佛教创始人释迦牟尼。

〔壮〕 ……

〔喃〕 丨 [p^{h}ət]

潦 卢晧切，上，晧韵，来。（lǎo）：雨水大貌；谓积水。

〔壮〕 ……

〔喃〕 □ [nək^{55}]

潮 直遥切，平，宵韵，澄。（cháo）：海水因为受了日月的引力而定时涨落的现象。

〔壮〕 □□□ [□□□]

〔喃〕 × □ [ʃeu^{21}t^{h}i^{35}]

鳶（鳶） 与专切，平，仙韵，以。（yuān）：鸟名，属猛禽类。

〔壮〕 节湏□ [la^{33}tu^{33}lɐm^{22}]

〔喃〕 䑨鷂 [ʧim^{52} ？]

鳳 冯贡切，去，送韵，奉。（fèng）：传说中的神鸟。

〔壮〕 □ ×[nuk^{22}pəŋ^{214}]

〔喃〕 䑨 ×[ʧim^{52} ？]

丈（丈） 直两切，上，养韵，澄。（zhàng）：长度单位，十尺为一丈。

〔壮〕 ……

〔喃〕 爻 ×[mɔt^{22}ʧ^{h}iəŋ^{33}]

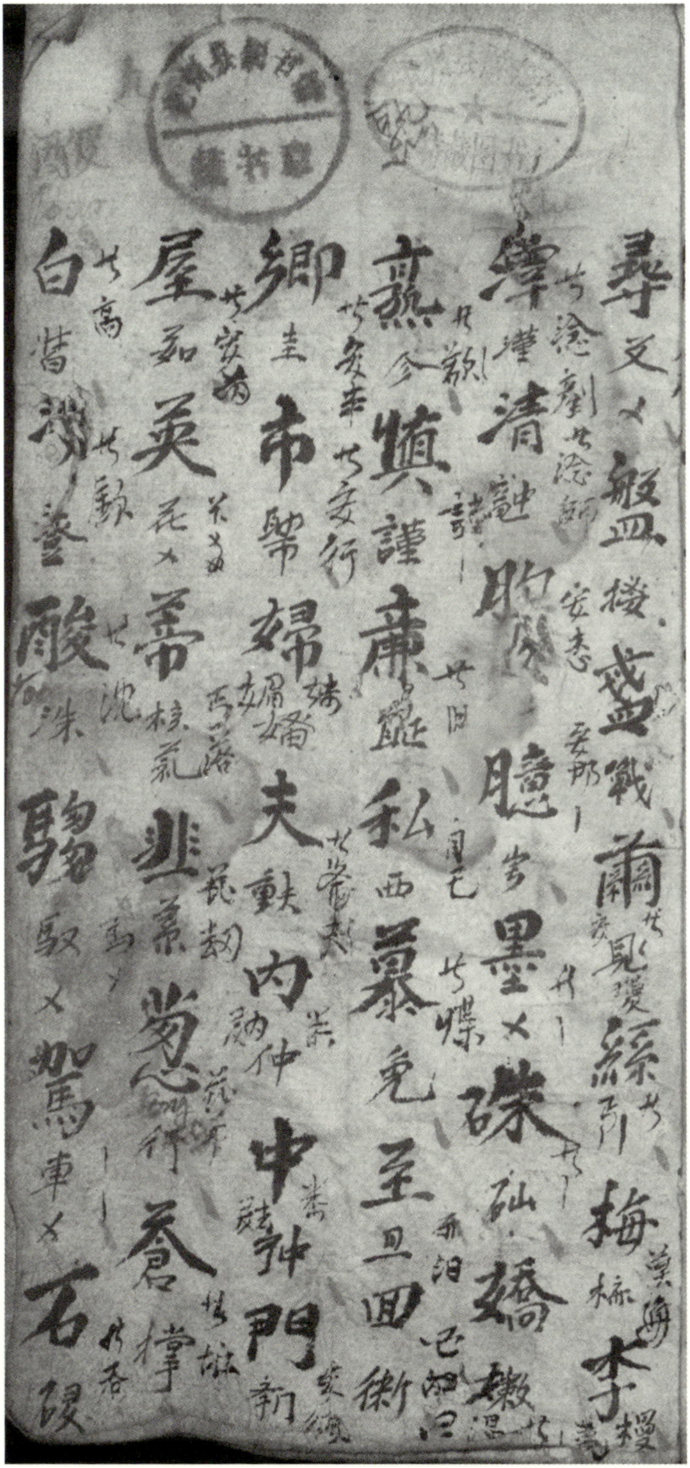

尋（尋）徐林切，平，侵韵，邪。（xún）：古代的长度单位（一寻等于八尺）。

◇壮 艻悲車 [la^{33}pɐi^{33}ʃa^{52}]

◇喃 爻 ×[mɔt^{22}？]

盤（盤） 薄官切，平，桓韵，並。（pán）：盛放物品的扁而浅的用具。

◇喃 搂 [lɐu^{55}]

盞 阻限切，上，产韵，庄。（zhǎn）：小杯子。

◇壮 □□

◇喃 嘁 [ʧen^{35}]

（薾）

◇壮 艻交 [la^{33}iau^{52}]

◇喃 見□ [kien^{35}man^{33}]

絲 息兹切，平，之韵，心。（sī）：蚕吐出的像线的东西，是织绸缎等的原料。

◇壮 艻丐丨 [la^{33}ka^{33}tə^{52}]

◇喃 丨 [tə^{52}]

梅 莫杯切，平，灰韵，明。（méi）：落叶乔木，品种很多，性耐寒，初春开花，有白、红等颜色，分五瓣，香味很浓，果实球形，味酸。

◇壮 莫□ [mɐk^{55}mɔi^{21}]

◇喃 槺 [ma^{33}]

李 良士切，上，止韵，来。（lǐ）：落叶小乔木，果实称“李子”，熟时呈黄色或紫红色，可食。

◇壮 ……

◇喃 槾 [mɐn^{214}]

潭 徒含切，平，覃韵，定。（tán）：水深之处。

◇壮 艻淰剷 [la^{33}nɐm^{214}ʃen^{35}]

◇喃 漌 [kɐn^{35}]

清 七情切，平，清韵，清。（qīng）：水或其他液体、气体纯净透明，没有混杂的东西，与“浊”相对。

◇壮 艻淰□ [la^{33}nɐm^{214}ɬaɯ^{52}]

◇喃 融 [ʧuŋ^{33}]

胸 许容切，平，钟韵，晓。（xiōng）：身体前面颈下腹上的部分，借指心里。

◇壮 安杰 [ɐn^{33}muk^{55}]

◇喃 □

臆 于力切，入，职韵，影。（yì）：胸。

◇壮 安邦丨 [ɐn^{33}na^{35}ʔək^{55}]

◇喃 岢 [？]

墨 莫北切，入，德韵，明。（mò）：写字绘画用的黑色颜料；黑色或接近于黑色的。

◇壮 艻丨 [la^{33}mək^{22}]

◇喃 ×[mək^{22}]

硃 章俱切，平，虞韵，章。（zhū）：朱砂；红色。

◇壮 艻丨 [la^{33}ɬən^{52}]

◇喃 砷 [ɬən^{52}]

嬌 举乔切，平，宵韵，见。（jiāo）：美好可爱。

◇壮 艻温……[la^{33}ʔɔn^{35}……]

◇喃 嫩 [nɔn^{33}]

熏

◇壮 艻丨 [la^{33} ？ ɖuk^{55}]

◇喃 参 [ɬuŋ^{214}]

慎 时刃切，去，震韵，禅。（shèn）：小心，当心。

◇壮 □丨 [□？]

◇喃 謹 [kən^{35}]

廉 力盐切，平，盐韵，來。（lián）：不贪污。

◇壮 艻旧 [la^{33}ŋɐi^{21}]

◇喃 齨 [ŋɐi^{33}]

私 息夷切，平，脂韵，心。(sī)：个人的，自己的，与“公”相对。

◈壮 自已 [？？]

◈喃 西 [ɬɐu^{21}]

慕（慕） 莫故切，去，暮韵，明。(mù)：向往，敬仰。

◈壮 节慄 [la^{33}liep^{55}]

◈喃 免 [men^{24}]

至 脂利切，去，至韵，章。(zhì)：到。

◈壮 麻汨 [ma^{33}təŋ^{52}]

◈喃 且 [den^{35}]

回 户恢切，平，灰韵，匣。(huí)：还，走向原来的地方。

◈壮 己□□ [ma^{31}t^{h}əŋ^{52} ？]

◈喃 衛 [fe^{21}]

鄉 许良切，平，阳韵，晓。(xiāng)：泛指小市镇；自己生长的地方或祖籍。

◈壮 节安米 [la^{33}ɐn^{33}ban^{35}]

◈喃 圭 [k^{h}ue^{52}]

市 时止切，上，止韵，禅。(shì)：做买卖或做买卖的地方；人口密集的行政中心或工商业、文化发达的地方。

◈壮 节安行 [la^{33}ɐn^{33}haŋ^{35}]

◈喃 聟 [ʧə^{214}]

婦 房久切，上，有韵，奉。(fù)：已婚的女子。

◈壮 妹媚 [me^{33}me^{21}]

◈喃 婚 [fə^{24}]

夫 甫无切，平，虞韵，非。(fū)：旧时称成年男子。

◈壮 节□□ [la^{33}p^{h}ɔ^{33}p^{h}u^{52}]

◈喃 䟿 [ʧiəŋ^{21}/ʧuŋ^{21}]

內（内） 奴对切，去，队韵，泥。(nèi)：里面，与“外”相对。

◈壮 米翃 [iu^{33}daɯ^{52}]

◈喃 仲 [ʧɔŋ^{31}]

中 陟弓切，平，东韵，知。(zhōng)：和四方、上下或两端距离同等的地位。

◈壮 迷劲 [ʧaŋ^{33}di^{52}]

◈喃 钟 [ʧuŋ^{52}]

門 莫奔切，平，魂韵，明。(mén)：建筑物的出入口，又指安装在出入口能开关的装置。

◈壮 安□ [ɐn^{33}tu^{52}]

◈喃 扨 [kə^{35}]

屋 乌谷切，入，屋韵，影。(wū)：房，房间。

◈壮 节安芮 [la^{33}ɐn^{33}ɬən^{21}]

◈喃 茹 [n̥a^{31}]

英(英) 于惊切，平，庚韵，影。(yīng)：花。

◈壮 节卞 ×[la^{33}iok^{55}ua^{52}]

◈喃 花 ×[ua^{52} ？]

蒂 都计切，去，霁韵，端。(dì)：花或瓜果跟枝茎相连的部分。

◈壮 节丐落 [la^{33}kai^{35}ɬak^{33}]

◈喃 核芤 [kɐi^{33}lɐi^{35}]

韭 举有切，上，有韵，见。(jiǔ)：多年生草本植物，叶细长而扁，夏秋间开小白花。

◈壮 茈刧 [p^{h}iɐk^{55}kep^{55}]

◈喃 柰 [he^{24}]

葱 仓红切，平，东韵，清。(cōng)：多年生草本植物，叶圆筒状，中空，茎叶有辣味，是常用的蔬菜或调味品，兼作药用，品种很多。

◈壮 茈□ [p^{h}iɐk^{55}ʃuŋ^{52}]

◈喃 行 [ʃuŋ^{52}]

蒼（蒼） 七冈切，平，唐韵，清。(cāng)：草色，引申为青黑色；灰白色。

◈壮 节坧 [la^{33} ？]

◈喃 撑 [ɬaŋ^{35}]

白 傍陌切，入，陌韵，並。(bái)：像霜雪一样的颜色。

〔壮〕 节高 [la^{33}kau^{52}]

〔喃〕 眥 [ʧɐŋ^{35}]

□

〔壮〕 节欽 [la^{33}k^{h}om^{52}]

〔喃〕 □ [□]

酸 素官切，平，桓韵，心。(suān)：醋；像醋的气味或味道。

〔壮〕 节沈 [la^{33}ɬuom^{35}]

〔喃〕 洙 [ʧɔ^{52}]

(驧)

〔壮〕 □ ×[la^{33}ma^{214}]

〔喃〕 馭 ×[mə^{214} ？]

駕 古讶切，去，祃韵，见。(jià)：把车套在马等牲口身上。

〔壮〕 丨丨 [ia^{35}ia^{35}]

〔喃〕 車 ×[？ ia^{35}]

石 常只切，入，昔韵，禅。(shí)：岩石，构成地壳的矿物质硬块。

〔壮〕 节吞 [la^{33}t^{h}in^{52}]

〔喃〕 砓 [da^{35}]

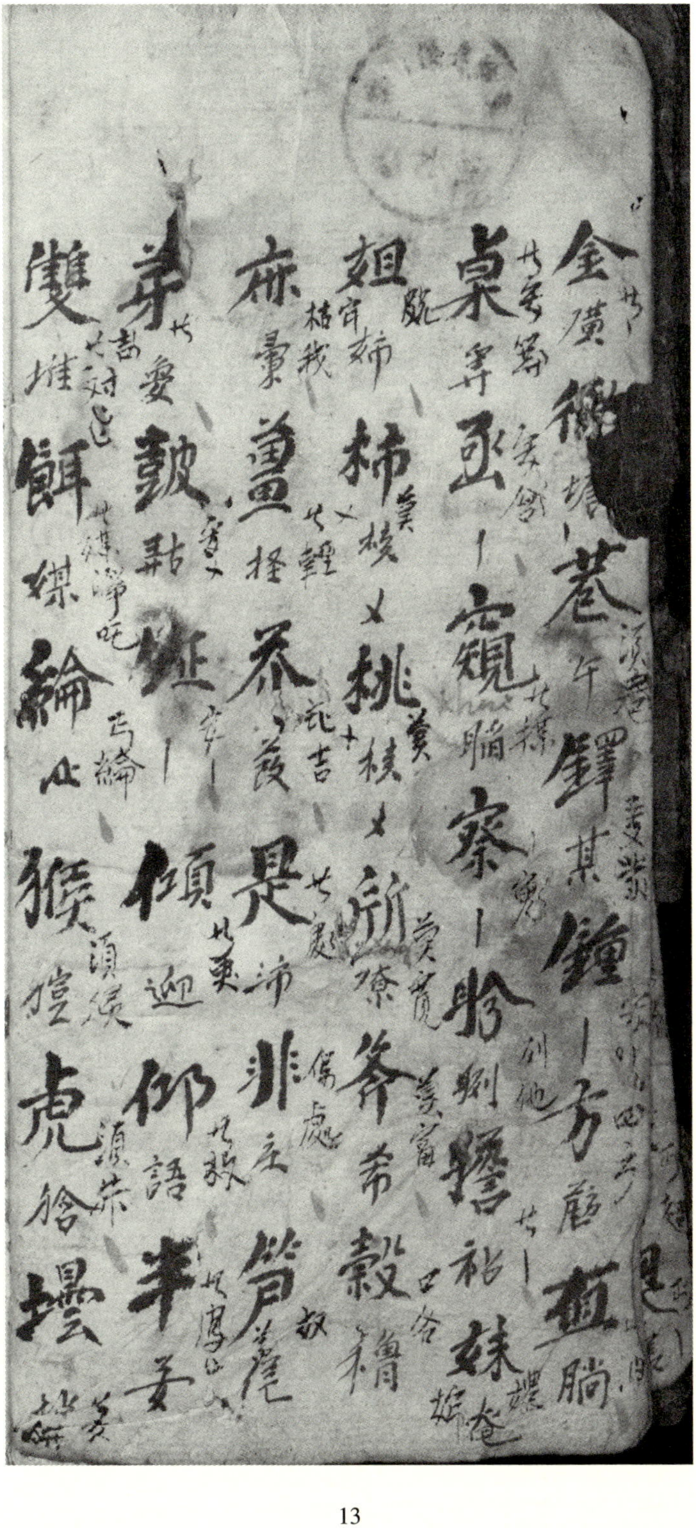

金 居吟切，平，侵韵，见。(jīn)：化学元素名，符号 Au，色黄赤，质软。

【壮】 竹丨 [la^{33}kim^{52}]

【喃】 璜 [faŋ^{21}]

街 古膎切，平，佳韵，见。(jiē)：城市的大道；市集。

【壮】 ……

【喃】 □ [dəŋ^{21}]

巷 胡绛切，去，绛韵，匣。(xiàng)：胡同，里弄。

【壮】 湏巷 [tu^{52}？]

【喃】 午 [ŋɔ^{24}]

鐸 徒落切，入，铎韵，定。(duó)：古乐器，一种大铃。宣布教令时或有战事时用之。

【壮】 麦蒙 [ŋe^{52}mɐu^{33}]

【喃】 某 [muɔ^{33}]

鍾 职容切，平，种韵，章。(zhōng)：金属制成的响器，中空，敲时发声。

【壮】 安□ [ʧuŋ^{55} □]

【喃】 □丨 [tuŋ^{21}ʧuŋ^{55}]

方 府良切，平，阳韵，非。(fāng)：四个角都是 90° 的四边形或六个面都是方形的六面体。

【壮】 四方 [tɯ^{214}p^{h}əŋ^{52}]

【喃】 旊 [fəŋ^{52}]

直 除力切，入，职韵，澄。(zhí)：不弯曲。

【壮】 竹汭 [la^{33}？]

【喃】 腨 [t^{h}aŋ^{35}]

桌 竹角切，入，觉韵，知。(zhuō)：几案；桌子。

【壮】 竹安等 [la^{33}ɐn^{33}tɐŋ^{55}]

【喃】 등 [tɐŋ^{55}]

函（亟） 胡男切，平，覃韵，匣。(hán)：包含，容纳；匣子。

【壮】 安□ [ɐn^{33}hɔm^{21}]

【喃】 丨 [hɔm^{21}]

窺（窺） 去随切，平，支韵，溪。(kuī)：从小孔、缝隙或隐蔽处偷看。

【壮】 竹掑 [la^{33}？]

【喃】 腷 [ɬiem^{33}]

察（察） 初八切，入，黠韵，初。(chá)：仔细察看；考察，调查。

【壮】 丨嵬 [ʧ^{h}iet^{55}ŋɔi^{22}]

【喃】 丨 [ʧ^{h}iet^{55}]

盼（聁） 匹苋切，去，裥韵，滂。(pàn)：黑白分明貌；顾；看。

【壮】 列他 [le^{22}t^{h}a^{52}]

【喃】 聊 [le^{22}]

膽 都敢切，上，敢韵，端。(dǎn)：胆囊，通称胆或苦胆；胆量。

【壮】 竹丨 [la^{33}ʃiem^{33}]

【喃】 祐 [ʃiem^{33}]

妹 莫佩切，去，队韵，明。(mèi)：称同父母（或只同父、只同母）而比自己年纪小的女子；对比自己年纪小的同辈女性的称呼。

【壮】 嬝姢 [nuŋ^{21}ɬau^{33}]

【喃】 奄 [em^{55}]

姐 兹野切，上，马韵，精。(jiě)：称同父母（或只同父、只同母）而比自己年纪大的女子；对比自己年纪大的同辈女性的称呼。

【壮】 觬穸 [p^{h}i^{33}ɬau^{55}]

【喃】 姊 [ʧi^{24}]

柿 钼里切，上，之韵，崇。(shì)：落叶乔木，果实为扁圆形或圆椎形浆果，黄或橙红色，可食。

【壮】 莫 ×[mak^{55}ʧi^{55}]

【喃】 核 ×[kɐi^{33}ʧi^{24}]

桃 徒刀切，平，豪韵，定。（táo）：落叶小乔木，品种很多，果实略呈球形，表面有短绒毛，味甜，有大核，核仁可入药。

〔壮〕 莫 ×[mak^{55}t^{h}au^{21}]

〔喃〕 核 ×[kɐi^{33}dau^{21}]

所

〔壮〕 莫寬 [mak^{33}k^{h}uan^{52}]

〔喃〕 膫 [lieu^{33}]

斧 方矩切，上，麌韵，非。（fǔ）：砍物用的工具；古代一种兵器。

〔壮〕 羨富 [mak^{55}fu^{35}]

〔喃〕 希 [bɔ^{35}]

穀 古禄切，入，屋韵，见。（gǔ）：庄稼和粮食的总称。

〔壮〕 口各 [k^{h}ɐu^{24}kak^{55}]

〔喃〕 穞 [k^{h}au^{214}]

麻 莫霞切，平，麻韵，明。（má）：草本植物，种类很多，古代专指大麻。

〔壮〕 枯我 [kɔ^{33}ŋa^{21}]

〔喃〕 彙 [？]

薑（畺） 居良切，平，阳韵，见。（jiāng）：多年生草本植物，根茎肥大，呈不规则块状，味辣，可供调味用，亦可入药。

〔壮〕 艻輕 [la^{33}k^{h}iŋ^{52}]

〔喃〕 揑 [kiŋ^{52}]

芥 古拜切，去，怪韵，见。（jiè）：芥莱；小草，比喻轻微纤细的事物。

〔壮〕 芘吉 [p^{h}iɐk^{55}kat^{35}]

〔喃〕 菝 [k^{h}ai^{35}]

是 承纸切，上，纸韵，禅。（shì）：对，正确；表示解释或分类。

〔壮〕 艻□ [la^{33}ʃɯ^{33}]

〔喃〕 沛 [t^{h}i^{24}]

非 甫微切，平，微韵，非。（fēi）：不，不是。

〔壮〕 偒□ [bu^{55}ʃɯ^{33}]

〔喃〕 庄 [ʧɐŋ^{35}]

笋 思尹切，上，准韵，心。（sǔn）：竹的嫩芽，可做菜。

〔壮〕 □□ [nɔ^{55}mi^{35}]

〔喃〕 □ [？]

芽 五加切，平，麻韵，疑。（yá）：植物的幼体，可以发育成茎、叶或花的那一部分。

〔壮〕 艻吉 [la^{33}kɐt^{35}]

〔喃〕 夋 [？]

鼓（皷） 公户切，上，姥韵，见。（gǔ）：打击乐器，圆桶形或扁圆形，中空，一面或两面蒙皮。

〔壮〕 安 ×[ɐn^{33}tuŋ^{35}]

〔喃〕 黏 [kɔ^{35}]

鉦 诸盈切，平，清韵，章。（zhēng）：古代的一种乐器。用铜制成，形似钟而狭长，有柄，击之而鸣，行军时用来节止步伐。

〔壮〕 安丨 [an^{33}iəŋ^{52}]

〔喃〕 丨 [iəŋ^{52}]

仰

〔壮〕 艻敊 [la^{33} ？]

〔喃〕 語 [ŋaɯ^{214}]

半 博幔切，去，换韵，帮。（bàn）：二分之一。

〔壮〕 艻鳳巨 [la^{33}p^{h}əŋ^{214}nəŋ^{22}]

〔喃〕 妄 [nə^{35}]

雙 所江切，平，江韵，生。（shuāng）：两个，一对。

〔壮〕 艻对巨 [la^{33}tɔi^{55}nə^{33}]

〔喃〕 堆 [ɗɔi^{33}]

餌 仍吏切，去，志韵，日。(ěr)：糕饼；钓鱼或诱捕其他禽兽的食物。

壮 屰媒淨吒 [la^{33}bɐu^{35}ʧeŋ^{52}ʧa^{52}]

喃 媒 [məu^{33}]

綸 力迍切，平，谆韵，来。(lún)：青丝带子；指某些合成纤维。

壮 丐綸 [kai^{33}liŋ^{21}]

喃 □ [kiəŋ^{52}]

猴 户钩切，平，侯韵，匣。(hóu)：猴子，哺乳动物，种类很多。

壮 湏狊 [tu^{21}liŋ^{21}]

喃 獃 [k^{h}i^{214}]

虎 呼古切，上，姥韵，晓。(hǔ)：哺乳动物，头大而圆毛黄色，有黑色横纹，性凶猛，力大。

壮 湏狳 [tu^{21}ɬə^{52}]

喃 狢 [hum^{21}]

壜 徒含切，平，覃韵，定。[tán]：坛子。

壮 ……

喃 ……

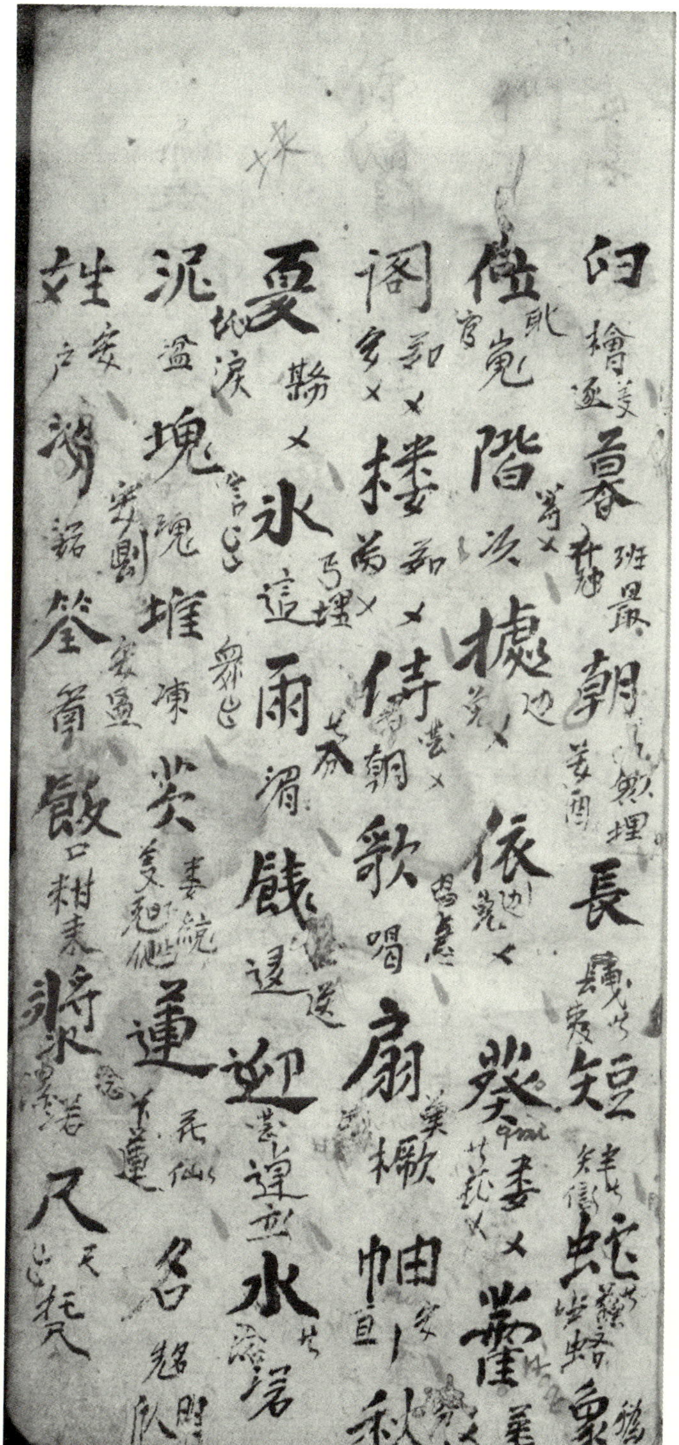

归

◇壮 姜逐 [ŋe^{55}ʃuk^{22}]

◇喃 檜 [kuəi^{35}]

暮（暮） 莫故切，去，模韵，明。（mù）：傍晚，日落时。

◇壮 升□ [tʰɐŋ^{21}kʰəŋ^{21}]

◇喃 班最 [ban^{35}tɔi^{35}]

朝 陟遥切，平，宵韵，知。（zhāo）：早晨。

◇壮 安西 [naɯ^{52}ʃɐu^{214}]

◇喃 □埋 [ʃaŋ^{35}mai^{33}]

長 直良切，平，阳韵，澄。（cháng）：两端之间距离大，与“短”相对。

◇壮 艿□ [la^{33}ɬi^{21}]

◇喃 䠬 [ɬai^{214}]

短 都管切，上，缓韵，端。（duǎn）：两端之间距离小，与“长”相对。

◇壮 艿㑑 [la^{33}tin^{35}]

◇喃 䊵 [dan^{35}]

蛇 讬何切，平，歌韵，透。（shé）：爬行动物，体圆而细长，体上有鳞，无四肢。种类很多，有的有毒，有的无毒。

◇壮 艿□□ [la^{33}tu^{21}ŋu^{21}]

◇喃 蛒 [lɐn^{22}]

象 徐两切，上，养韵，邪。（xiàng）：陆地上现在最大的哺乳动物。多有一对长大的门牙伸出口外，全身毛稀疏，皮很厚。

◇壮 ……[……]

◇喃 猸 [？]

位 于愧切，去，至韵，云。（wèi）：所处的地方。

◇壮 耻宠 [ʧək^{55}kuan^{52}]

◇喃 嵬 [ŋɔi^{21}]

階（階） 古谐切，平，皆韵，见。（jiē）：台阶；梯子。

◇壮 等 ×[dəŋ^{35}iai^{33}]

◇喃 次 [tɯ^{35}]

攄（攄） 居御切，去，御韵，见。（jù）：依照，根据。

◇壮 边□ [pʰin^{21}min^{35}]

◇喃 ×[ʃɯ^{35}]

依 于希切，平，微韵，影。（yī）：靠；依附；根据。

◇壮 边免 [pʰin^{21}min^{35}]

◇喃 ×[ʔi^{52}]

葵 渠追切，平，脂韵，群。（kuí）：一年生草本植物，茎很高，开大黄花，花常朝向太阳，子可食，亦可榨油。

◇壮 艿芘 ×[la^{33}ʃɐk^{55}kue^{35}]

◇喃 娄 ×[？ ɖɐu^{33}]

藿 虚郭切，入，铎韵，晓。（huò）：豆类作物的叶子。

◇喃 × 篓 [？ wak^{35}]

阁 古落切，入，铎韵，见。（gé）：风景区或庭园里一种建筑物，一般两层，周围开窗，多建在高处，可凭高远望。

◇壮 安 ×[an^{33}kɔk^{55}]

◇喃 茹 ×[ṇa^{21}kɔk^{55}]

楼 落侯切，平，侯韵，来。（lóu）：两层和两层以上的房屋。

◇壮 芮 ×[ɬəm^{21}lɐu^{21}]

◇喃 茹 ×[ṇa^{21}lɐu^{33}]

侍 时吏切，去，志韵，禅。（shì）：伺候；侍奉。

◇壮 芸 ×[？？]

◇喃 朝 [ʧɐu^{21}]

歌

◇壮 唱□ [ʧʰiəŋ^{55}kʰən^{35}]

◇喃 喝 [hat^{55}]

扇 式战切，去，线韵，书。（shàn）：摇动生风取凉的用具。
◈ 莫□ [mak^{33}k^{h}uat^{33}]
◈ 橛 [kuat^{22}]

帕
◈ 安亘 [ɐn^{33}t^{h}a^{35}]
◈ 丨 [iu^{21}/ɬɔ^{33}]

秋 七由切，平，尤韵，清。(qiū)：一年四季中的第三季。
◈ □ ×[fən^{52}t^{h}u^{52}]
◈ ×[t^{h}u^{52}]

夏 胡驾切，去，祃韵，匣。(xià)：一年四季中的第二季。
◈ 胬 ×[mɔ^{33}ha^{24}]
◈ ……[……]

冰(氷) 笔陵切，平，蒸韵，帮。(bīng)：水在零摄氏度或以下凝结成的固体。
◈ 丐埋 [kai^{33}məi^{52}]
◈ 這 [ʧe^{35}]

雨 王矩切，去，麌韵，云。(yǔ)：从云层中降落的水滴。
◈ 廿分 [la^{33}p^{h}ən^{52}]
◈ 湄 [mə^{35}]

餞(餞) 才线切，去，线韵，从。(jiàn)：设酒食送行。
◈ □送 [？？]
◈ 逷 [ɖə^{52}]

迎(迎) 语京切，平，庚韵，疑。(yíng)：迎接。
◈ 芸 [？]
◈ 違趵 [len^{33}lɐk^{55}]

水 式轨切，上，旨韵，书。(shuǐ)：无色、无臭、透明的液体。
◈ 廿淰 [la^{33}nɐm^{214}]
◈ 渃 [nək^{55}]

泥 奴低切，平，齐韵，泥。(ní)：含水的半固体状的土。
◈ 圫淚 [tum^{52}lɐi^{21}]
◈ 湓 [buɔm^{21}]

塊 苦对切，去，队韵，溪。(kuài)：成疙瘩或成团的东西。
◈ □巨 [ŋɔn^{55}nəŋ^{33}]
◈ 瑰 [k^{h}uai^{35}]

堆 都回切，平，灰韵，端。(duī)：堆积；推积成的东西。
◈ 弅巨 [ʧuŋ^{35}nən^{33}]
◈ 湅 [ɖɔŋ^{35}]

芡 巨险切，上，琰韵，群。(qiàn)：水生植物名，茎叶有刺，亦称“鸡头”，种子称“芡实”。
◈ 姜菁他 [ŋe^{55}uɐn^{21}t^{h}a^{52}]
◈ 娄繞 [lɐu^{22}ŋeu^{22}]

蓮(蓮) 落贤切，平，先韵，来。(lián)：多年生草本植物，生浅水中。叶子圆形。花大，有粉红、白色两种。
◈ 卞蓮 [iɔk^{55}lien^{33}]
◈ 花仙 [ua^{52}tien^{52}]

名 武并切，平，清韵，明。(míng)：人或事物的名称。
◈ □队 [k^{h}ən^{21}miŋ^{21}]
◈ 䊏 [tien^{52}]

姓 息正切，去，劲韵，心。(xìng)：表明家族的字。
◈ 安□ [ɐn^{33}hɔ^{24}]
◈ 戶 [hɔ^{214}]

□
◈ 安則 [ɐn^{33}ɬɐi^{22}]
◈ □ [ɳa^{2}ɳa^{21}]

筌 此缘切，平，仙韵，清。(quán)：〈书〉捕鱼的竹器。

㊓ 安盈 [ɐn^{33}？]

㊕ 箭 [？]

飯 扶晚切，上，阮韵，奉。(fàn)：煮熟的谷类食品。

㊓ 口耒 [kʰɐu^{24}ɬuk^{55}]

㊕ 粓 [kəm^{33}]

漿 即良切，平，阳韵，精。(jiāng)：比较浓的液体。

㊓ 淰漯 [nɐm^{21}ʧɐm^{35}]

㊕ 渃 [nək^{35}]

尺 昌石切，入，昔韵，昌。(chǐ)：中国市制长度单位；量长度的器具。

㊓ 尺㐆 [ʧʰik^{55}nəŋ^{33}]

㊕ 㧥 [tʰək]

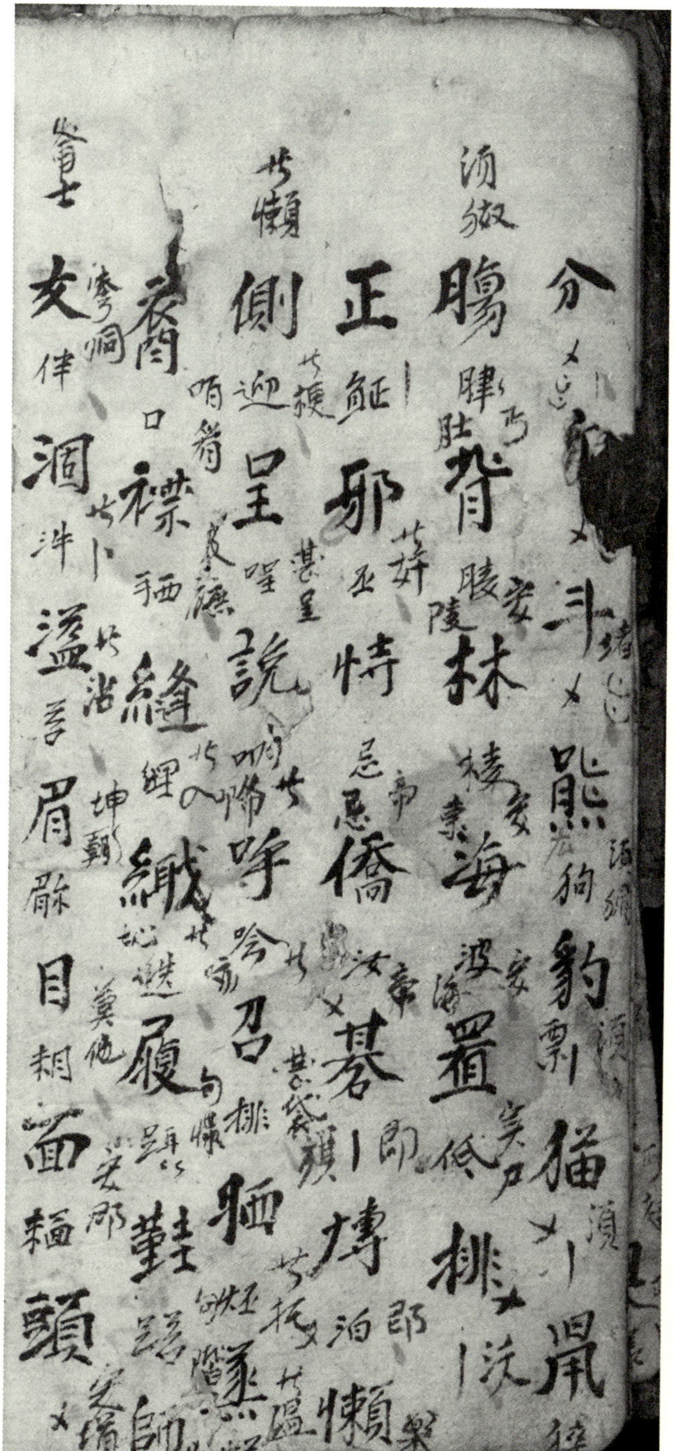
分 斗 熊 豹 猫 鼠
膓 脊 林 海 罝 排
正 邪 情 僑 碁 愽 懶
側 呈 說 呼 召
襟 縫 緘 履 鞋
女 凋 溢 眉 目 面 頭

分 府文切，平，文韵，非。(fēn)：分开；分割。

壮 ×匕 [fen^{52}nən^{33}]

喃 丨 [fən^{52}]

斤 举欣切，平，欣韵，见。(jīn)：中国市制重量单位。

壮 ……×[……kən^{52}]

喃 ……×[……ki^{52}]

斗 当口切，上，厚韵，端。(dǒu)：中国市制容量单位；量粮食的器具。

壮 堵匕 [tɔ^{35}nəŋ^{33}]

喃 ×[dɐu^{35}]

熊（熊） 羽弓切，平，东韵，匣。(xióng)：哺乳动物，头大，尾短，四肢短粗，脚掌大，能直立行走，也能爬树，种类很多。

壮 滇猸 [tɔ^{52}mi^{52}]

喃 狗 [kɐu^{52}]

豹 北教切，去，效韵，帮。(bào)：兽名，豹类通称。猫科动物，似虎较小。

壮 滇丨 [tu^{21}p^{h}ieu^{35}]

喃 票 [piəu^{35}]

貓（猫） 莫交切，平，肴韵，明。(māo)：动物名，猫科。视觉极敏锐，善跳跃及攀缘，喜捕食鼠类。

壮 滇 ×[tu^{21}mieu^{21}]

喃 丨 [miau^{33}]

鼡

壮 滇猱 [tu^{21}nu^{52}]

喃 猝 [ʧɔn^{35}]

腸 直良切，平，阳韵，澄。(cháng)：内脏之一，呈长管形，主管消化和吸收养分，分"大肠""小肠"等部。

壮 丐肚 [kai^{33}ɬɐi^{35}]

喃 腡 [lɔt^{22}]

背 补妹切，去，队韵，帮。(bèi)：脊背，从肩至后腰的部分。

壮 安陵 [ɐn^{33}lɐŋ^{52}]

喃 腠 [ɬɐŋ^{33}]

林 力寻切，平，侵韵，来。(lín)：成片的树木或竹子。

壮 安東 [ɐn^{33}ʈuŋ^{52}]

喃 棱 [lɐŋ^{33}]

海 呼改切，上，海韵，晓。(hǎi)：靠近大陆，比洋小的水域。

壮 安海 [ɐn^{33}hai^{35}]

喃 波 [pe^{55}]

置 陟吏切，去，志韵，知。(zhì)：搁，放；设立，布置。

壮 实尸 [t^{h}ɐt^{22}ɬe^{52}]

喃 低 [dɐi^{55}]

排 步皆切，平，皆韵，並。(pái)：用力去除；一个挨一个地按次序摆。

壮 ×沃 [p^{h}ai^{22}ɔk^{55}]

喃 丨 [bai^{21}]

正 之盛切，去，劲韵，章。(zhèng)：不偏斜，与"歪"相对。

壮 丨 [ŋɐi^{22}]

喃 莊 [ŋɐi^{33}]

邪 似嗟切，平，麻韵，邪。(xié)：不正，不正派。

壮 艿奸 [la^{33}ʧan^{52}]

喃 丕 [？]

恃 时止切，上，止韵，禅。(shì)：依赖，凭借。

壮 帝忌 [ɖɐi^{35}kɐi^{214}]

喃 忌 [kɐi^{214}]

僑 巨娇切，平，宵韵，群。(qiáo)：侨居；侨民。

壮 帝 ×[ɖɐi^{35}la^{33}]

喃 汝 [ɳə^{35}]

碁 渠之切，平，之韵，群。（qí）：围棋；棋艺。

壮 即祺 [tək^{55} ？]

喃 丨 [？]

博（愽） 补各切，入，铎韵，帮。（bó）：大；宽广，广阔。

壮 即 ×[tək^{55} ？]

喃 泊 [bat^{35}]

懶（㦨） 落旱切，上，旱韵，来。（lǎn）：怠惰，不勤快。

壮 𠀧㦨 [la^{33}ʧ^{h}an^{214}]

喃 欒 [ɳak^{22}]

側 阻力切，入，职韵，庄。（cè）：旁边。

壮 𠀧梗 [la^{33}k^{h}eŋ^{21}]

喃 迎 [？]

呈 直真切，平，清韵，澄。（chéng）：显现，显露。

壮 甚呈 [pɐi^{52}tiŋ^{21}]

喃 喔 [tiŋ^{21}]

説 失爇切，入，薛韵，书。（shuō）：用话来表达意思。

壮 𠀧唏 [la^{33}ʧaŋ^{35}]

喃 呐 [nɔi^{35}]

呼 荒乌切，平，模韵，晓。（hū）：吐气，使气从口或鼻中出来；大声叫喊。

壮 𠀧哧 [la^{33}ɬet^{33}]

喃 哙 [hɔi^{214}]

召 直照切，去，笑韵，澄。（zhào）：召唤；召见。

壮 甚袋 [？？]

喃 排 [bai^{21}]

晒 所卖切，去，卦韵，生。（shài）：太阳照射物体；在阳光下吸收光和热。

壮 𠀧托 [la^{33}t^{h}ak^{55}]

喃 烸 [？]

蒸（烝） 煮仍切，平，蒸韵，章。（zhēng）：热气上升；用水蒸气的热力把东西加热或使熟。

壮 𠀧温 [la^{33}ʔən^{55}]

喃 烌 [nɐu^{35}]

裔（裔） 馀制切，去，祭韵，以。（yì）：衣服的边缘；边沿。

壮 咟㝵 [pak^{33}k^{h}en^{52}]

喃 口 [k^{h}ɐu^{35}]

襟 居吟切，平，侵韵，见。（jīn）：衣服的胸前部分。

壮 皮襟 [p^{h}i^{21}ɬə^{35}]

喃 𥚺 [tɐi^{52}]

縫 扶用切，去，钟韵，奉。（féng）：用针线连缀。

壮 𠀧入 [la^{33}ɳɐp^{22}]

喃 緾 [mai^{52}]

織（絨） 之翼切，入，职韵，章。（zhī）：用丝、麻、棉纱、毛线等编成布或衣物等。

壮 𠀧坅 [la^{33}tɐm^{55}]

喃 𨔣 [？]

履（履） 力几切，上，脂韵，来。（lǚ）：鞋。

壮 句楪 [ku^{33}iep^{55}]

喃 踗 [iep^{55}]

鞋 户佳切，平，佳韵，匣。（xié）：穿在脚上，走路时着地的东西。

壮 句階 [kɐu^{33}k^{h}ai^{21}]

喃 踣 [？]

師 疏夷切，平，脂韵，生。（shī）：先生，老师。

壮 甫士 [pu^{33}ɬɐi^{55}]

喃 □ [□]

友 云久切，上，有韵，云。（yǒu）：朋友；亲近，相好。

壮 □垌 [k^{h}ua^{35}t^{h}uŋ^{21}]

喃 伴 [ban^{214}]

涸 下各切，入，铎韵，匣。（hé）：水干。

壮 艿卜 [la^{33}kɔ^{35}]

喃 泮 [kien^{214}]

溢 夷质切，入，质韵，以。（yì）：水满而流出。

壮 艿沾 [la^{33}ʧiəm^{52}]

喃 沯 [tʰɐi^{52}]

眉 武悲切，平，脂韵，明。（méi）：眉毛。

壮 坤覇 [kʰun^{52}ʧʰɐu^{21}]

喃 䁅 [mɐi^{21}]

目 莫六切，入，屋韵，明。（mù）：眼睛。

壮 莫他 [mak^{33}tʰa^{52}]

喃 相 [mɐt^{55}]

面 弥箭切，去，线韵，明。（miàn）：头的前部，脸。

壮 安邦 [ɐn^{33}na]

喃 䛪 [mɐt^{22}]

頭 度侯切，平，侯韵，定。（tóu）：人体的最上部或动物的最前的部分，长着口、鼻、眼等器官。

壮 安埥 [ɐn^{33}tʰɔ^{52}]

喃 ×[dɐu^{21}]

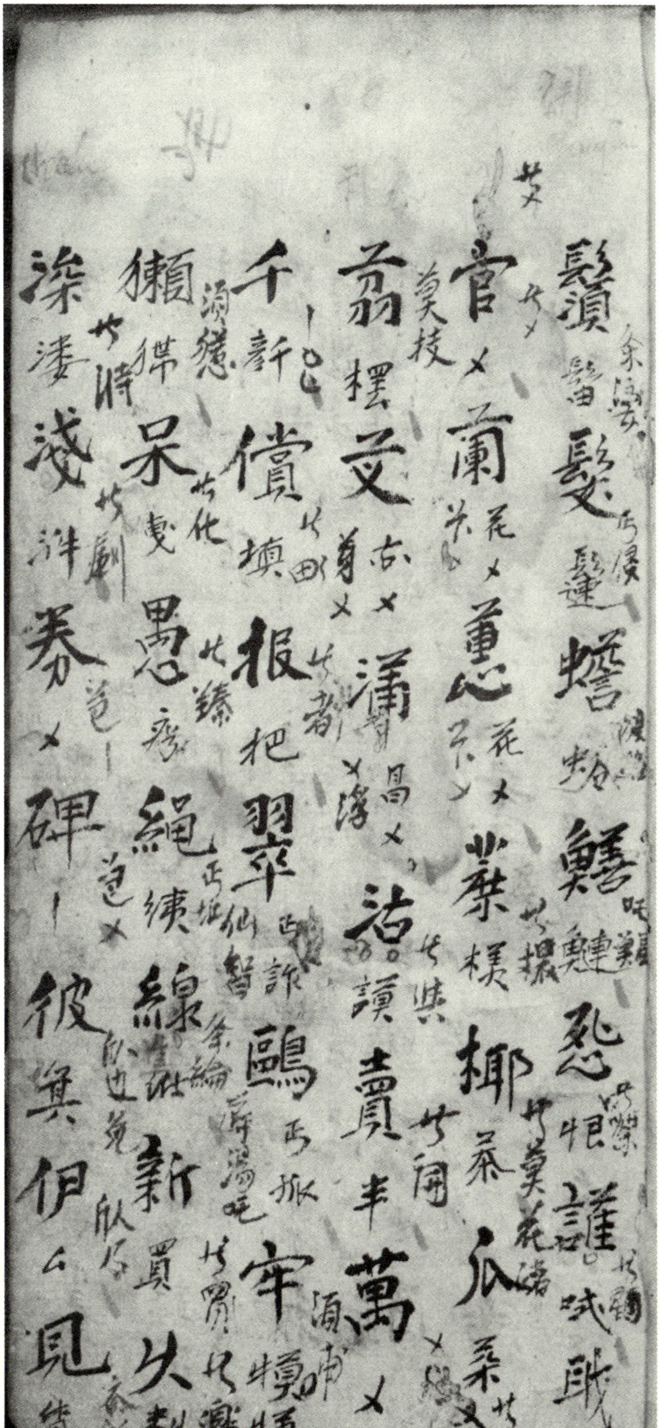

鬚 相俞切，平，虞韵，心。（xū）：原来指长在下巴上的胡子，后来泛指胡须。

㊀ 条□ [teu^{52}ʃum^{52}]

㊁ 髫 [？]

髮 方伐切，入，月韵，非。（fà）：人的前额、双耳和头颈部以上生长的毛。

㊀ 丐侵 [kai^{33}ʃɐm^{52}]

㊁ 髮 [tɔk^{55}]

蟾 职廉切，平，职韵，章。（chán）：指蟾蜍，两栖动物，皮上有许多疙瘩，内有毒腺，对农业有益。

㊀ □□ [□□]

㊁ □ [t^{h}ə^{21}]

鱔（鳝） 上演切，上，狝韵，禅。（shàn）：鳝鱼，通常指黄鳝。

㊀ 吒□ [ʧa^{33}lɐi^{52}]

㊁ 鱇 [len^{33}]

恐

㊀ 㔹□ [la^{33} ？]

㊁ 恨 [hɐn^{214}]

諠（讙） 况袁切，平，元韵，晓。（xuān）：大声说话，声音杂乱。

㊀ 㔹□ [la^{21}ɬiŋ^{35}]

㊁ 哷 [iɐk^{22}]

職（耵） 之翼切，入，职韵，章。（zhí）：职位；职务。

㊀ 㔹×[la^{33}kuan^{52}]

㊁ ×[ʧək^{55}]

官 古丸切，平，桓韵，见。（guān）：在政府担任职务的人。

㊀ 㔹×[la^{33}kuan^{52}]

㊁ ×[kuan^{52}]

蘭（蘭） 落干切，平，寒韵，来。（lán）：兰花，多年生常绿草本植物。叶细长而尖，根簇生，花幽香清远。

㊀ 卞×[iok^{55}lan^{33}]

㊁ 花×[ua^{52}lan^{33}]

蕙（蕙） 胡桂切，去，齐韵，匣。（huì）：香草名。一指佩兰，二指蕙兰，叶似兰草而稍瘦长，暮春开花，气逊于兰，色也略淡。

㊀ 卞×[piok^{55}ue^{24}]

㊁ 花×[ua^{52}ue^{24}]

蔗（蔗） 之夜切，去，祃韵，章。（zhè）：指甘蔗，多年生草本植物，茎直立，有节，含甜汁很多，可生吃，亦可制糖。

㊀ 㔹棖 [la^{33}ɔi^{35}]

㊁ 栚 [mɐi^{214}]

椰 以遮切，平，麻韵，邪。（yē）：指椰子，常绿乔木，产于热带，树干很高，核果椭圆形，果肉白色多汁，可食，亦可榨油。

㊀ 㔹莫花□ [la^{33}mak^{55}ua^{52}ɬe^{24}]

㊁ 桬 [ʃa^{21}]

瓜 古华切，平，麻韵，见。（guā）：蔓生植物，属葫芦科，果实可作蔬菜或水果。

㊀ 㔹×[la^{33} ？]

㊁ 桬 [ʃa^{21}]

荔（荔） 郎计切，去，霁韵，来。（lì）：荔枝，常绿乔木，果实球形，果实外壳有瘤状突起，熟时紫红色，果肉白色半透明，多汁，味甜美。

㊀ 莫技 [mak^{33}ʧe^{52}]

㊁ 椤 [bai^{35}]

艾（文） 鱼肺切，去，发韵，疑。（ài）：多年生草本植物，茎、叶可作中药，性温味苦，叶片晒干制成艾绒，供针灸用。

㊀ 芽×[n̥a^{35}ŋai^{33}]

㊁ 古×[kɔ^{52}ŋai^{33}]

蒲 薄胡切，平，模韵，並。（pú）：多年生草本植物，生池沼中。根茎长在泥里，可食。叶长而尖，可编席、制扇，夏天开黄色花。

⟨壮⟩ × 浮 [$la^{33}fu^{21}$]

⟨喃⟩ 昌 ×[$ʃiəŋ^{52}p^{h}u^{21}$]

沽 古暮切，去，暮韵，见。(gū)：买；卖。

⟨壮⟩ 𠂇㓦 [$la^{33}ɬɯ^{214}$]

⟨喃⟩ 譕 [$mɔ^{33}$]

賣 莫懈切，去，卦韵，明。(mài)：拿东西换钱，与“买”相对。

⟨壮⟩ 𠂇闬 [$la^{33}k^{h}ai^{52}$]

⟨喃⟩ 半 [ban^{35}]

萬 无贩切，去，愿韵，微。(wàn)：数词，千的十倍。

⟨壮⟩ × □ [fan^{214} ？]

⟨喃⟩ ×[fan^{214}]

千 苍先切，平，先韵，清。(qiān)：数词，百的十倍。

⟨壮⟩ 丨𠤎 [$ʃien^{52}ŋi^{21}$]

⟨喃⟩ 𠦳 [$ŋin^{21}$]

償 时亮切，平，阳韵，禅。(cháng)：归还，补尝。

⟨壮⟩ 𠂇田 [$la^{33}t^{h}en^{21}din^{52}$]

⟨喃⟩ 填 [？]

报 博耗切，去，号韵，帮。(bào)：传达，告知；回答；由于做了坏事而受到惩罚。

⟨壮⟩ 𠂇□ [$la^{33}pau^{55}$]

⟨喃⟩ 把 [bau^{35}]

翠 七醉切，去，至韵，清。(cuì)：鸟名，翠鸟。

⟨壮⟩ 丐诈 [$kai^{55}tak^{55}$]

⟨喃⟩ 仙智 [$tien^{52}ʧi^{35}$]

鷗 乌侯切，平，侯韵，影。(ōu)：水鸟名，羽毛多为白色，嘴扁平，趾间有蹼，翼长而尖。

⟨壮⟩ □湯吒 [$nuk^{22}t^{h}ɐŋ^{35}ʧia^{52}$]

⟨喃⟩ 丐孤 [$kai^{35}kɔ^{52}$]

牢 鲁刀切，平，豪韵，来。(láo)：关养牲畜的栏圈；古代祭礼用的牛、羊、豖三牲。

⟨壮⟩ 漬甫 [$tu^{21}p^{h}u^{35}$]

⟨喃⟩ 𢢀𢢀 [$bɔ^{21}$ ？]

獺（獭） 他达切，入，曷韵，透。(tǎ)：兽名，哺乳动物，头扁，脚短，趾间有蹼，毛短而密，善游泳，主食鱼类。

⟨壮⟩ 滇獈 [$tu^{21}nak^{22}$]

⟨喃⟩ 狒 [dai^{35}]

呆 五来切，平，咍韵，疑。(dāi)：傻，愚蠢。

⟨壮⟩ 𠂇化 [$la^{33}ua^{35}$]

⟨喃⟩ 曳 [$ɬai^{214}$]

愚 遇俱切，平，虞韵，疑。(yú)：傻，笨。

⟨壮⟩ 𠂇臻 [$la^{33}tɐn^{52}$]

⟨喃⟩ 痨 [$bən^{214}$]

绳 食陵切，平，蒸韵，船。(shéng)：用两股以上的棉麻纤维或棕草等拧成的条状物。

⟨壮⟩ 丐坧 [$kai^{35}ʃiək^{22}$]

⟨喃⟩ 絏 [$ɬi^{22}$]

線 私箭切，去，线韵，心。(xiàn)：用棉麻丝毛等材料撚成的细缕。

⟨壮⟩ 条綸 [$t^{h}eu^{33}lin^{33}$]

⟨喃⟩ 紕 [$ɬɐi^{214}$]

新 息鄰切，平，真韵，心。(xīn)：初次出现的，与“旧”相对。

⟨壮⟩ 𠂇買 [$la^{33}maɯ^{55}$]

⟨喃⟩ 買 [$məi^{35}$]

火 呼果切，上，果韵，晓。(huǒ)：物体燃烧所生的光与热。

⟨壮⟩ 𠂇𤇮 [$la^{33}fɐi^{21}$]

⟨喃⟩ 数 [？]

深 式针切，去，侵韵，书。(shēn)：从上到下或从外到内距离大，与“浅”相对。

壮 卞洊 [la^{33}t^{h}ɐk^{22}]

喃 溇 [dɐu^{55}]

浅 七演切，上，狝韵，清。（qiǎn）：从上到下或外到内距离小，与“深”相对。

壮 卞釧 [la^{33}ʧien^{35}]

喃 浒 [kien^{214}]

券 去愿切，去，愿韵，溪。（quàn）：契据；凭证。

壮 芭丨 [baɯ^{52}kuen^{35}]

喃 ×[kuen^{214}]

碑（碑） 彼为切，平，支韵，帮。（bēi）：石碑，石上刻有文字或图案，竖立以为纪念物或标记，或用以刻文告。

壮 芭 ×[baɯ^{33}p^{h}e^{55}]

喃 丨 [be^{52}]

彼 甫委切，上，纸韵，帮。（bǐ）：指示代词，那，那个；人称代词，他。

壮 𠂌边免 [k^{h}ən^{21}p^{h}in^{21}min^{35}]

喃 箕 [kəi^{21}]

伊 于脂切，平，脂韵，影。（yī）：他；专用代称女性，她；你。

壮 𠂌及 [k^{h}ən^{21}nɐi^{35}]

喃 厶 [ʔi^{35}]

見 古电切，去，霰韵，见。（jiàn）：看到。

壮 口欣 [ʧim^{35}hɐm^{52}]

喃 賁 [t^{h}ɐi^{35}]

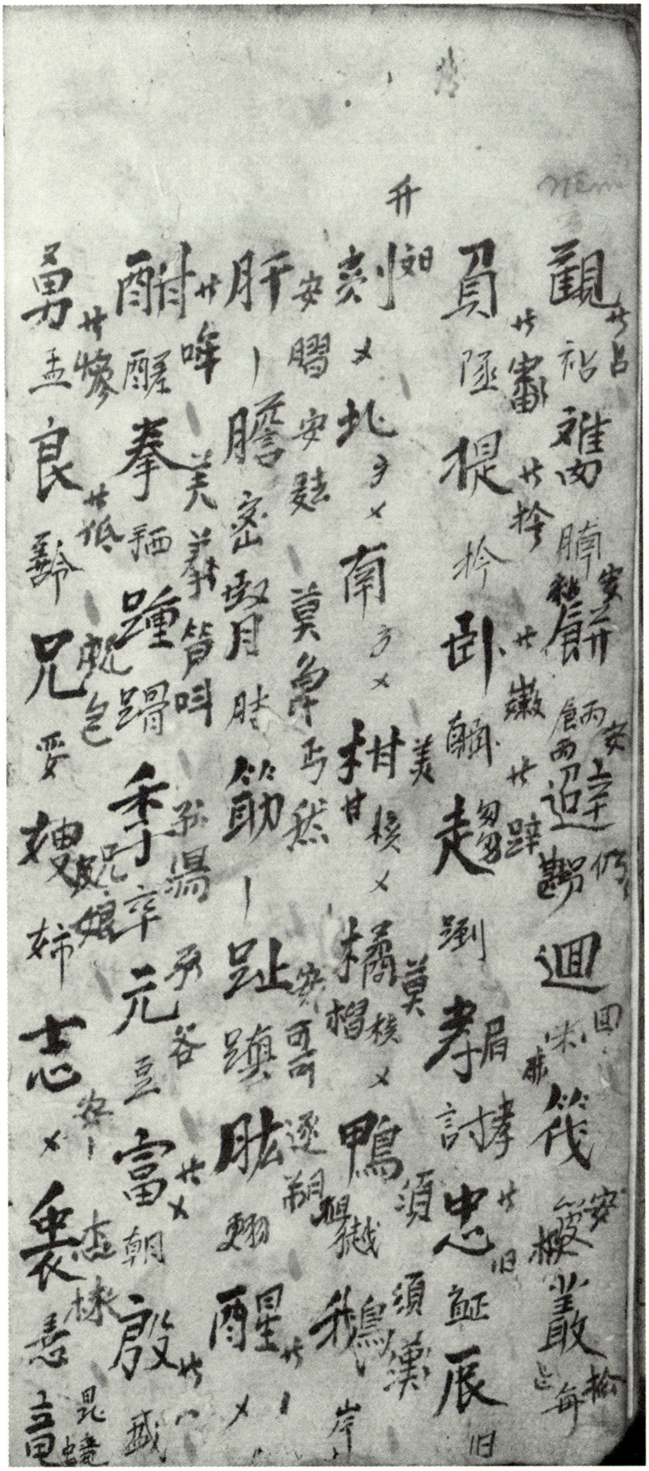

觀(觀) 古玩切，平，桓韵，见。(guān)：看，察看。

◈壮 节占 [la^{33}ʧim^{55}]

◈喃 祐 [ʃim^{52}]

[illegible]

◈壮 安祐 [ɐn^{33}ʃiem^{52}]

◈喃 腩 [nɐm^{21}]

餅 必郢切，上，静韵，帮。(bǐng)：扁圆形的面制食品。

◈壮 安丙 [ɐn^{33}peŋ^{35}]

◈喃 餠 [beŋ^{35}]

避(避) 毗义切，去，置韵，並。(bì)：躲开；回避。

◈壮 仍□ [？ dɔ^{35}]

◈喃 □ [？]

迴(廻) 胡对切，去，队韵，匣。(huí)：掉转；返回。

◈壮 囬麻 [hɔi^{21}ma^{21}]

◈喃 氺 [fe^{21}]

筏 北末切，入，末韵，帮。(fá)：水上交通工具，用竹、木编排而成，或用牛羊皮等制囊而成。

◈壮 安极 [？？]

◈喃 筏 [？]

蘉

◈壮 松㐌 [ɬuŋ^{52}nəŋ^{33}]

◈喃 每 [mɔi^{214}]

貟

◈壮 节劏 [la^{33}pʰuŋ^{52}]

◈喃 陉 [fu^{214}]

提 杜奚切，平，齐韵，定。(tí)：悬持；拎起。

◈壮 节拎 [la^{33}kɐm^{52}]

◈喃 拎 [kɐm^{21}]

卧 吾货切，去，过韵，疑。(wò)：睡，躺伏。

◈壮 节嫩 [la^{33}nɔn^{21}]

◈喃 □ [nɐm^{21}]

趨(趋) 七逾切，平，虞韵，清。(qū)：疾行；奔跑；古代的一种礼节。

◈壮 节蹲 [la^{33}tən^{55}]

◈喃 蹈 [dau^{35}]

孝 呼教切，去，效韵，晓。(xiào)：对父母尽心奉养并顺从。

◈壮 眉孝 [mi^{21}ieu^{35}]

◈喃 討 [tʰau^{35}]

忠 陟弓切，平，东韵，知。(zhōng)：诚心尽力。

◈壮 节旧 [la^{33}ŋɐi^{21}]

◈喃 䟺 [ŋɐi^{33}]

辰 植邻切，平，真韵，禅。(chén)：时日。

◈壮 旧 [ŋɐi^{21}]

◈喃 ……[……]

刻 苦得切，入，德韵，溪。(kè)：雕镂；古代计时单位，一昼夜为百刻。

◈壮 升知 [tʰɐŋ^{52}uɐn^{21}]

◈喃 ×[kʰɐk^{55}]

北 博墨切，入，德韵，帮。(běi)：方位名，与“南”相对。

◈壮 方 [bɐk^{55}]

◈喃 ×[bɐk^{55}]

南 那含切，平，覃韵，泥。(nán)：方位名，早晨面对太阳，右手的一边，与“北”相对。

◈壮 方 [nam^{33}]

◈喃 ×[nam^{33}]

柑 古三切，平，谈韵，见。(gān)：木名，常绿灌木，果实圆形稍扁，皮色生青熟黄，味甜或酸甜。

◈壮 美甘 [mɐi^{21}kam^{52}]

喃　核×[kɐi^{33}kam^{52}]

橘　居聿切，入，术韵，见。(jú)：木名，常绿乔木，果实称“橘子”，多汁，味酸甜可食。

壮　莫榴[mak^{55}t^{h}ɐp^{22}]

喃　核×[kɐi^{33}t^{h}ɐp^{22}]

鴨　乌甲切，入，狎韵，影。(yā)：鸟类的一科，嘴扁腿短，趾间有蹼，善游泳，不能高飞。

壮　滀狙[tu^{21}pet^{55}]

喃　獙[fit^{22}]

鵝　五何切，平，歌韵，疑。(é)：家禽，羽毛白色或灰色，颈长，喙扁阔，尾短，额部有肉质突起，脚大有蹼，善游水。

壮　滀漢[tu^{21}han^{35}]

喃　岸[ɳan^{214}]

肝　古寒切，平，寒韵，见。(gān)：人或高等动物的消化器官之一。

壮　安腊[ɐn^{33}tɐp^{55}]

喃　丨[kan^{52}]

膽　都敢切，上，敢韵，端。(dǎn)：胆囊的通称。

壮　安䞇[ɐn^{33}di^{52}]

喃　宻[mɐt^{33}]

腎　等忍切，上，轸韵，禅。(shèn)：人和某些高等动物造尿器官，俗称“腰子”，左右各一。

壮　莫□[mak^{55}dɐn^{52}]

喃　腯[kɐt^{55}]

筋　举欣切，平，欣韵，见。(jīn)：肌肉；肌腱或附在骨头上的韧带。

壮　丐肰[kai^{55}ɳin^{21}]

喃　丨[kɐn^{52}]

趾　诸市切，上，止韵，章。(zhǐ)：脚指头；脚。

壮　安哥[ɐn^{33}k^{h}a^{52}]

喃　蹎[ʧun^{52}]

肱　古弘切，平，登韵，见。(gōng)：手臂由肘到肩的部分。

壮　逐朔[t^{h}uk^{22}ɬɔk^{55}]

喃　翹[keŋ^{214}]

醒　苏挺切，上，回韵，心。(xǐng)：睡眠状态结束或尚未入睡。

壮　节丨[la^{33}ɬiŋ^{35}]

喃　×[ɬiŋ^{35}]

酣　胡甘切，平，谈韵，匣。(hān)：酒喝得很畅快。

壮　节哞[la^{33}？]

喃　醝[？]

拳　巨员切，平，仙韵，群。(quán)：拳头。

壮　美□[kɐm^{21}k^{h}uen^{21}]

喃　掭[tɐi^{52}]

踵　之陇切，上，肿韵，章。(zhǒng)：脚后跟；亦泛指脚。

壮　笧吽[ɬuən^{35}kiu^{35}]

喃　蹹[uat^{22}]

季　居悸切，去，至韵，见。(jì)：兄弟姊妹排行次序最小的；泛指排行较小的。

壮　犾湯[luk^{22}t^{h}aŋ^{52}]

喃　卒[tuət^{55}]

元　愚袁切，平，元韵，疑。(yuán)：头、首；第一，居首位的。

壮　□吝[luk^{33}kut^{55}]

喃　豆[dɐu^{21}]

富　方副切，去，宥韵，非。(fù)：财产、财物多；充裕，充足。

壮　节×[la^{33}p^{h}u^{35}]

喃　朝[ʧ^{h}ɐu^{21}]

殷　于斤切，平，欣韵，影。(yīn)：富裕，富足；深切。

壮 节□ [la^{33} ？]

喃 盛 [？]

勇 余陇切，上，钟韵，以。(yǒng)：果敢，大胆。

壮 节惨 [la^{33}ʃam^{35}]

喃 孟 [meŋ^{214}]

良 吕张切，平，阳韵，来。(liáng)：善良；良好。

壮 节低 [la^{33}dɐi^{52}]

喃 龄 [leŋ^{21}]

兄 许荣切，平，庚韵，晓。(xiōng)：哥哥。

壮 舰包 [p^{h}i^{33}bau^{55}]

喃 要 [ʔeŋ^{52}]

嫂 苏老切，上，皓韵，心。(sǎo)：哥哥的妻子。

壮 舰娘 [p^{h}i^{33}naŋ^{21}]

喃 姊 [ʧi^{24}]

志 职吏切，去，志韵，章。(zhì)：意志；志愿。

壮 安丨 [ien^{52}ʔen^{52}]

喃 ×[ʔen^{52}]

衷

壮 态梾 [ke^{52}k^{h}ɐu^{21}]

喃 悉 [lɔŋ^{21}]

龍（竜） 力种切，平，种韵，来。(lóng)：传说中的一种神异动物，身长，形如蛇，有鳞爪，能兴云作雨，为水族之长。

壮 昆竜 / 湏蝱 [kɔn^{33}luŋ^{33}/tu^{21}luŋ^{21}]

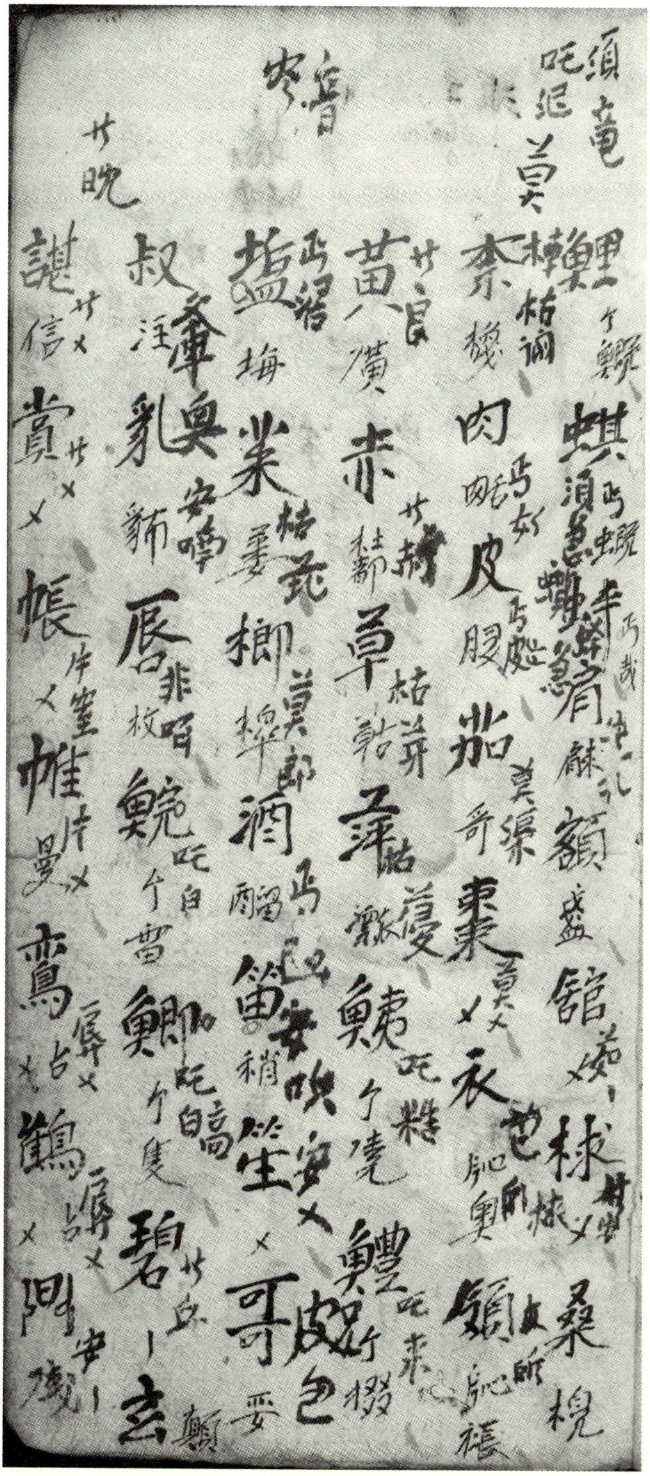

鲤（鯉） 良士切，上，止韵，来。（lǐ）：鲤鱼，体长，稍侧扁，背苍黑，腹淡黄，尾鳍红色，嘴边有须两对。

◇壮 　亇䱓 [ka^{35}li^{55}]

蜞 渠之切，平，之韵，群。（qí）：蟛蜞，蟹的一种，身体小，螯足无毛，红色，穴居水边。

◇壮 　丐蟣 [kai^{35}kʰai^{35}]

◇喃 　湏急□ [tu^{21}kap^{55} □]

蚌 步项切，上，讲韵，並。（bàng）：软体动物，介壳长圆形，黑褐色，壳内有珍珠层，生活在淡水中，有的可以产珍珠。

◇壮 　丐哉 [kai^{35}kʰai^{35}]

◇喃 　□急 [□ kap^{55}]

肩 古贤切，平，先韵，见。（jiān）：肩膀。

◇壮 　□□ [ʧuŋ^{52}ba^{55}]

◇喃 　脒 [me^{21}]

额 五陌切，入，陌韵，疑。（é）：人脸头发以下、眉毛以上的部分，或某些动物头部大致与此相当的部位。

◇壮 　……[……]

◇喃 　盞 [ʧe^{35}]

舘 古玩切，去，换韵，见。（guǎn）：招待宾客或旅客食宿的房舍。

◇壮 　……[……]

◇喃 　茹 ×[ȵa^{21}kuan^{35}]

梂 巨鸠切，平，尤韵，群。（qiú）：栎树的果实。

◇壮 　卞安梂 [la^{33}ɐn^{33}kʰɐu^{33}]

◇喃 　×[kʰeu^{21}]

桑 息郎切，平，唐韵，心。（sāng）：落叶乔木，叶子可以喂蚕，果穗味甜可食，木材可制器具，枝条、树皮可造纸，叶、果枝、根均可入药。

◇壮 　吒泥莫 [ʧa^{33}nɐi^{21}mɔ^{52}]

◇喃 　槐 [dɐn^{33}]

柰 奴带切，去，泰韵，泥。（nài）：木名。

◇壮 　□桔□ [? kɔ^{33}mɔn^{214}]

◇喃 　櫁 [?]

肉 如六切，入，屋韵，日。（ròu）：人或动物体内接近皮的部分的柔韧的物质；某些瓜果中可以吃的部分。

◇壮 　丐㚢 [kai^{55}nə^{214}]

◇喃 　䏦 [tʰit^{22}]

皮 符羁切，平，支韵，並。（pí）：人或动植物体表的一层组织。

◇壮 　丐䏰 [kai^{33}nɐŋ^{52}]

◇喃 　肞 [da^{35}]

茄 求迦切，平，戈韵，群。（qié）：茄子，草本植物，花紫色。果实一般为紫色，也有白色或绿色的，可食。

◇壮 　莫渠 [mak^{55}ʧau^{35}]

◇喃 　哥 [ka^{35}]

枣（棗） 子皓切，上，皓韵，精。（zǎo）：落叶乔木，枝有刺，实为核果，形椭圆或长椭圆，成熟时紫红色，供食用或药用。

◇壮 　莫 ×[mak^{55} ?]

◇喃 　×[?]

衣 于希切，平，微韵，影。（yī）：衣服。

◇壮 　芭□ [baɯ^{52}ɬə^{35}]

◇喃 　𫄹奥 [kɐm^{21}au^{35}]

領 良郢切，上，静韵，来。（lǐng）：脖子；衣领。

◇壮 　□所 [kʰɔ^{21}ɬə^{35}]

◇喃 　𫄹裩 [kɐm^{21}ʧiəŋ^{33}]

黄 胡光切，平，唐韵，匣。（huáng）：一色之一，像金子或向日葵花的颜色。

◇壮 　卞良 [la^{33}ləŋ^{52}]

◇喃 　黄 [faŋ^{21}]

赤 昌石切，入，昔韵，昌。（chì）：红色。

壮 艻赤 [la^{33}deŋ^{52}]
喃 䓑 [ɖɔ^{35}]

草（草） 采老切，上，皓韵，清。（cǎo）：草本植物的总称。
壮 枯芽 [kɔ^{52}ȵa^{35}]
喃 䓍 [kɔ^{35}]

萍（泙） 薄经切，平，青韵，並。（píng）：多年生小草本，植物体叶状，浮生水面，叶下生根。
壮 枯䓊 [kɔ^{33}ʃɐm^{52}]
喃 瓢 [pieu^{35}]

鮧（鮧） 杜奚切，平，齐韵，定。（yí）：鲇鱼。
壮 吒糙 [ʧia^{21}k^{h}au^{214}]
喃 𠆳𫇘 [ka^{35}ȵɐu^{33}]

鳢（鱧） 卢启切，上，荠韵，来。（lǐ）：鳢鱼，身体圆筒形，青褐色，头扁，有三纵行黑色斑块，性凶猛，捕食小鱼，为淡水养殖业的害鱼之一。亦称"黑鱼""乌鳢"，俗名"乌鱼"。
壮 吒来 [ʧa^{33}lai^{21}]
喃 𠆳掇 [ka^{35}t^{h}iep^{55}]

䖯
壮 丐㖞 [kai^{33}kə^{52}]
喃 梅 [mɔi^{33}]

茱 市朱切，平，虞韵，禅。（zhū）：茱萸，落叶小乔木，香气辛烈，可入药。古俗农历九月九日重阳节，佩茱萸能祛邪辟恶。
壮 枯芘 [kɔ^{33}ʃak^{55}]
喃 蒌 [lɐu^{33}]

榔 鲁当切，平，唐韵，来。（láng）：槟榔；桄榔。
壮 莫郎 [mak^{33}laŋ^{21}]
喃 榔 [？]

酒 子酉切，上，有韵，精。（jiǔ）：用粮食或水果等发酵制成的含乙醇的饮料。
壮 丐陋 [kai^{33}lɐu^{35}]
喃 醪 [ieu^{214}]

笛 徒历切，入，锡韵，定。（dí）：笛子；响声尖锐的发声器。
壮 安吹 [ɐn^{33}ʃi^{52}]
喃 稍 [ɬieu^{52}]

笙 所庚切，平，庚韵，生。（shēng）：管乐器，把若干根装有簧的竹管和一根吹气管装在一个锅形座子上制成。
壮 安 ×[ɐn^{33}ɬaŋ^{33}]
喃 ×[ɬaŋ^{33}]

哥 古俄切，平，歌韵，见。（gē）：亲戚中同辈而年龄比自己大的男子；称呼年龄跟自己差不多的男子（含亲热意）。
壮 觊包 [p^{h}i^{33}bau^{55}]
喃 罢 [eŋ^{33}]

叔 式竹切，入，屋韵，书。（shū）：父亲的弟弟，亦称跟父亲同辈而年纪较小的男子。
壮 甫奥 [t^{h}u^{33}au^{55}]
喃 注 [ʧu^{35}]

乳（𠃜） 而主切，上，麌韵，日。（rǔ）：乳房。
壮 安喃 [ɐn^{33}num^{21}]
喃 𤝞 [bu^{35}]

唇 船伦切，平，谆韵，船。（chún）：嘴唇。
壮 非咟 [p^{h}i^{33}pak^{55}]
喃 枚 [mai^{52}]

鲩（鯇） 户板切，上，潸韵，匣。（huàn）：鲩鱼，即草鱼，体筒形，体青黄，生活在淡水中，是我国主要养殖鱼之一。
壮 吒白 [ʧa^{52}p^{h}ek^{33}]
喃 𠆳雷 [ka^{35}lɔi^{21}]

鲫（鯽） 资昔切，入，昔韵，精。（jì）：

鲫鱼，体侧扁，背脊隆起，背面青褐色，腹部银灰色，生活在淡水中，是我国重要的食用鱼类。

壮 吒鎬 [tʃa^{52}kau^{52}]

喃 亇隻 [ka^{35}tʃik^{55}]

碧 彼役切，入，昔韵，帮。(bì)：青绿色的玉石；青绿色。

壮 节丘 [la^{33}k^{h}eu^{52}]

喃 丨 [bik^{55}]

玄 胡涓切，平，先韵，匣。(xuán)：赤黑色。

壮 节眈 [la^{33}t^{h}um^{35}]

喃 顛 [dem^{35}]

諶 氏任切，平，侵韵，禅。(chén)：相信；的确，诚然。

壮 节 ×[la^{33}k^{h}am^{52}]

喃 信 [tin^{52}]

賞 书两切，上，养韵，书。(shǎng)：赏赐，奖赏。

壮 节 ×[la^{33}ʃim^{21}]

喃 ×[ɬəŋ^{35}]

帳 知亮切，去，漾韵，知。(zhàng)：帷幕，帐幕

壮 牛室 [pen^{33}ɬət^{55}]

喃 ×[tʃiəŋ^{52}]

帷 洧悲切，平，脂韵，云。(wéi)：围幕；帐子。

壮 片 ×[p^{h}en^{55}man^{33}]

喃 曼 [man^{33}]

鸞(鵉) 落官切，平，桓韵，来。(luán)：传说凤凰一类的鸟。

壮 屛 ×[nɔk^{22}？]

喃 占 ×[tʃim^{52}lan^{33}]

鶴(鸖) 下各切，入，铎韵，匣。(hè)：水鸟名，鹤科各种类的统称，特指白鹤。

壮 屛 ×[nɔk^{22}ȵan^{214}]

喃 占 ×[tʃim^{52}ȵan^{214}]

凸

壮 安丨 [ɐn^{52}tu^{52}]

喃 戕 [？]

沉音 Thầm

須綿

銅安坩 烄廿熅 𥠷丨 煮廿熅 婦 醜廿丨 鮮廿罢 丨 笑廿屋 哄 嗔廿乂 婢 虱 [illegible]

蝇蜻云 蛛 珉須堆 枚 堆枚 竜須頗 巴 蝶 布馬派 纆 羅馬乂 𨅀 蟬須蝲 蝶 蟧 蛘送 𧋆 蝶

蕨莫圭 契 橙莫奴 争 羡淡丨 乂 粥乂 粘僚 灼安標 粘 鑪安乂 丨 瘦过𧋆 徒

濱勤 沱 淩 蝮須蜍 蜆 蜂須䘥 蜍 河安 滝沱 嶺安岂 为 梯安 檜 杓 巾馬巾

衿片 禛 杞 褥片 潭 孀寿 丨 妸妈 姑伯 乂 娘 鰥吒个乂 趨 騎吒个乂 姪 衣安裸 丨

垠安 丨 勤 箪兵 乂 㚒 衆䝁 乂 似 鏡安乂 丨 旗芭 丨 乂 衲𡨸大 丨 䏧廿具 [illegible]

鍋 古禾切，平，戈韵，见。（guō）：烹煮食物的器具。

壮 安堪 [ɐn^{33}mɔ^{35}]

喃 坰 [nui^{22}]

炊 昌垂切，平，支韵，昌。（chuī）：烧火煮熟食物。

壮 艻�□ [la^{33}ʔun^{55}]

喃 粦 [ʧʰui^{52}]

煮 章与切，上，鱼韵，章。（zhǔ）：把东西放在水里加热或烹熟。

壮 艻煴 [la^{33}ʔun^{55}]

喃 烯 [nɐu^{35}]

醜（醜） 昌九切，上，有韵，昌。（chǒu）：相貌难看。

壮 艻丨 [la^{33}uai^{21}]

喃 丨 [ʧɐu^{33}]

鮮（鲜） 相然切，平，仙韵，心。（xiān）：新的；不干枯的；鲜明。

壮 艻買 [la^{33}maɯ^{55}]

喃 丨 [təi^{52}]

笑 私妙切，去，笑韵，心。（xiào）：露出愉快的表情，发出欣喜的声音。

壮 艻區 [la^{33}kʰɔ^{52}]

喃 哄 [kəi^{21}]

嗔 昌真切，平，真韵，昌。（chēn）：发怒，生气。

壮 艻 ×[la^{33}ʧən^{52}]

喃 憐 [ʧun^{35}]

虱 所栉切，入，栉韵，生。（shī）：虱子。

壮 湏綿 [tu^{21}min^{21}]

喃 蚓 [？]

蝇 余陵切，平，蒸韵，以。（yíng）：虫名，种类很多，通常指家蝇。成虫产卵在肮脏腐臭的东西上，能传染霍乱、伤寒等疾病。

壮 蛃云 [meŋ^{21}fun^{21}]

喃 蛛 [lai^{214}]

玳 徒耐切，去，代韵，定。（dài）：玳瑁，爬行动物名。外形像龟，甲壳黄褐色，四肢鳍足状。

壮 湏堆枚 [tu^{21}dɔi^{33}mai^{52}]

喃 堆枚 [dɔi^{33}mai^{52}]

鼋 愚袁切，平，元韵，疑。（yuán）：大鳖。

壮 湏頗 [tu^{21}pʰa^{52}]

喃 丐蟒 [kai^{35} ？]

布 博故切，去，暮韵，帮。（bù）：棉、麻、苧、葛等织物的通称。

壮 丐派 [kai^{33}pʰai^{35}]

喃 緥 [bai^{35}]

羅 鲁何切，平，歌韵，来。（luó）：捕鸟的网。

壮 丐 ×[kai^{55}la^{21}]

喃 纗 [？]

蝉 市连切，平，仙韵，禅。（chán）：虫名，种类很多，雄的腹部有发声器。幼虫生活在土里，吸食植物根的汁液。

壮 湏蜣 [tu^{21}ɲueŋ^{22}]

喃 蝸 [fi^{214}]

蟀 索没切，入，没韵，没。（suò）：古书上说的一种虫。

壮 送底 [ɬuŋ^{55}dɐi^{52}]

喃 蹄 [de^{35}]

蘞（蔹） 良冉切，上，琰韵，来。（liǎn）：多年生蔓草，掌状复叶，聚伞花序，浆果球形，有白蔹、赤蔹、乌蔹梅等。

壮 莫王 [mak^{55}fəŋ^{21}]

喃 芨 [kʰəi^{52}]

橙 宅耕切，平，耕韵，端。（chéng）：常绿小乔木，叶椭圆或卵形，果实球形或长球形，橙红或橙黄色供生食或加工。

◈壮 莫效 [mak^{55}ɬɔ^{55}]

◈喃 争 [ʧeŋ^{52}]

羹（羮） 古行切，平，庚韵，见。（gēng）：用蒸煮等方法做成的糊状食物。

◈壮 淰丨 [nɐm^{214}keŋ^{52}]

◈喃 ×[？]

粥 之六切，入，屋韵，章。（zhōu）：稀饭。泛指用粮食或其他东西煮成的半流质食品。

◈壮 × 僚 [ʧau^{35}lieu^{52}]

◈喃 粡 [ʧau^{35}]

勺 市若切，入，药韵，禅。（sháo）：一种有柄的可以舀取东西的器具。

◈壮 安標 [ɐn^{33}p^{h}eu^{21}]

◈喃 粘 [k^{h}au^{214}]

鑪 落胡切，平，模韵，来。（lú）：盛火的器具，取暖、烹饪或冶炼等。

◈壮 安 ×[ɐn^{33} ？]

◈喃 丨 [？]

渡（渡） 徒故切，去，暮韵，定。（dù）：过河，通过水面。

◈壮 过駓 [kua^{52}pɐi^{52}]

◈喃 徒 [tɐu^{35}]

濵 必邻切，平，真韵，帮。（bīn）：水边；靠近水的地方。

◈壮 勤沱 [k^{h}ɐn^{21}t^{h}a^{33}]

◈喃 湴 [be^{55}]

螞（蟻） 鱼倚切，上，纸韵，疑。（yǐ）：蚂蚁，一般体小，呈黑、褐、红等色。多在地下做窝群居。

◈壮 湏蛛 [tu^{21}mət^{22}]

◈喃 蜆 [ŋe^{35}]

蜂（蜂） 薄红切，平，东韵，並。（fēng）：昆虫名，会飞。多有毒刺，能蜇人，喜群居，种类甚多。

◈壮 湏視 [tu^{21}tɔ^{55}]

◈喃 蜙 [ɔŋ^{52}]

河 胡歌切，平，歌韵，匣。（hé）：水道的通称。

◈壮 安沱 [ɐn^{33}t^{h}a^{33}]

◈喃 滝 [ʃuəŋ^{35}]

嶺 良郢切，上，静韵，来。（lǐng）：山峰，高大的山脉。

◈壮 安岜 [ɐn^{33}ʃa^{52}]

◈喃 岗 [nuəi^{35}]

枕（栦） 章荏切，上，寝韵，章。（zhěn）：枕头。

◈壮 安杝 [ɐn^{33}mɔn^{52}]

◈喃 檜 [kɔi^{35}]

巾 居银切，平，真韵，见。（jīn）：擦拭、包裹、覆盖或佩带等用的一方布帛。

◈壮 丐巾 [kai^{33}k^{h}əŋ^{52}]

◈喃 丨 [k^{h}əŋ^{52}]

衿 居吟切，平，侵韵，见。（jīn）：古代衣服的交领。

◈壮 片袓 [p^{h}en^{33}p^{h}a^{35}]

◈喃 禛 [ʧan^{52}]

褥（褥） 而蜀切，入，烛韵，日。（rù）：坐卧的垫具。

◈壮 片𥿄 [p^{h}en^{33}ɬɔŋ^{21}]

◈喃 潭 [dam^{21}]

嬸 式荏切，上，侵韵，书。（shěn）：叔母。

◈壮 婀妒 [a^{21}lu^{21}]

◈喃 丨 [fə^{214}]

姑 古胡切，平，模韵，见。（gū）：称父亲的姐妹，姑母。

◈壮 伯娘 [pa^{35}naŋ^{21}]

◈喃 ×[kɔ^{52}]

鳜(鱖) 居卫切，去，祭韵，见。(guì)：鳜鱼，体侧扁，背隆起，青黄色，全身不规则黑斑点。生活在淡水中，味鲜美，是我国特产。

㊗ 吒 ×[$ʧa^{52}k^hui^{52}$]

㊗ 兯趨 [$ka^{35}iɐu^{35}$]

時 市之切，平，之韵，禅。(shí)：时间。

㊗ 吒 ×[$ʧa^{52}$?]

㊗ 兯炷 [$ka^{35}ʧɔi^{35}$]

底 都礼切，上，荠韵，端。(dǐ)：物体的下层或下面。

㊗ 安□ [$ɐn^{33}dɐi^{52}$]

㊗ 丨 [de^{35}]

垠

㊗ 安勤 [$ɐn^{33}k^hɐn^{21}$]

㊗ 丨 [$k^hən^{35}$]

軍(匍) 举云切，平，文韵，见。(jūn)：军队。

㊗ 兵加 [$biŋ^{52}ia^{52}$]

㊗ ×[kun^{52}]

𠔌

㊗ 𫖯𠂊 [$lai^{52}k^hun^{21}$]

㊗ ×[$ʧuŋ^{35}$]

銃

㊗ 安 ×[$ɐn^{35}ɬuŋ^{35}$]

㊗ 丨 [$ɬuŋ^{35}$]

旗 渠之切，平，之韵，群。(qí)：旗子。

㊗ 芭 ×[$baɯ^{52}k^hi^{21}$]

㊗ 丨 [$kə^{21}$]

初 楚居切，平，鱼韵，初。(chū)：开始的；开始的一段时间。

㊗ 𡛼大 [$p^hə^{33}dai^{52}$]

㊗ 丨 [$ʃiə^{52}$]

舊(舊) 巨救切，去，宥韵，群。(jiù)：古老的，陈旧的，与“新”相对。

㊗ 艹𣋡 [$la^{33}kɐu^{55}$]

㊗ 嵡 [$fən^{52}$]

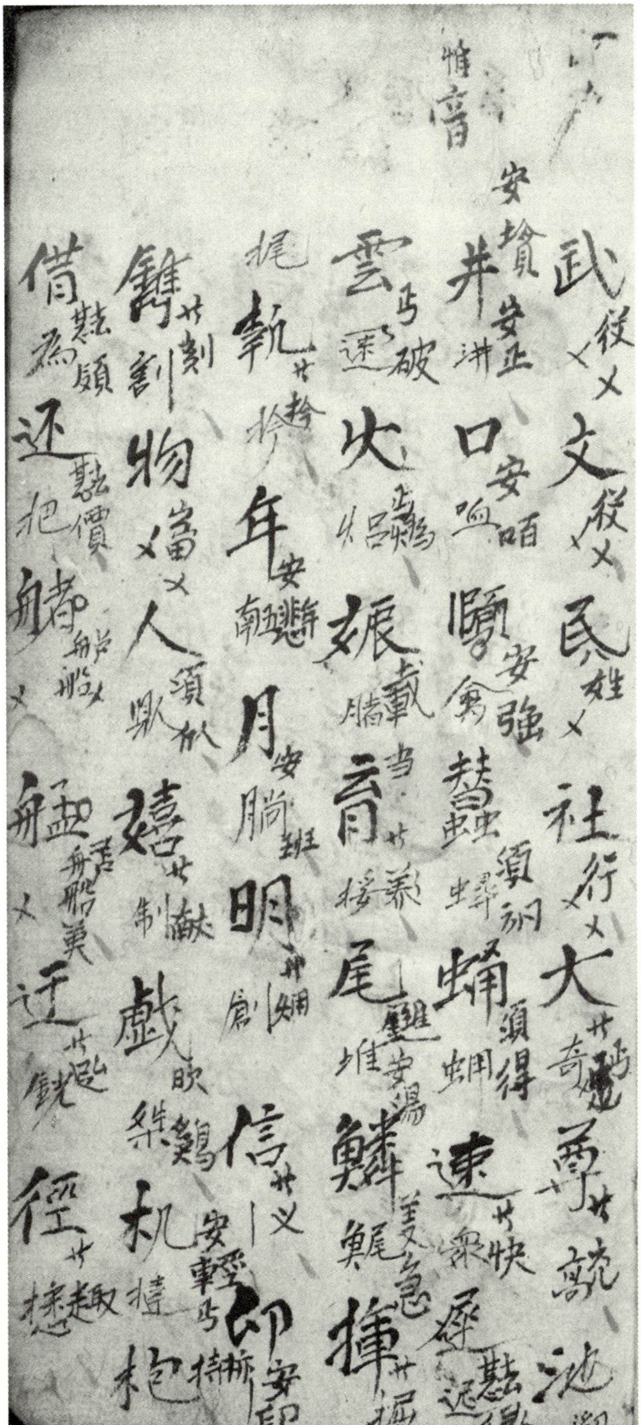

武 文甫切，上，麌韵，微。（wǔ）：泛指军事、技击、强力等事，与“文”相对。

壮 彶×[fiək^{33}fəu^{33}]

喃 ×[fəu^{33}]

文 无分切，平，文韵，微。（wén）：文字；文章；非军事的。

壮 彶×[fiək^{33}fɐn^{33}]

喃 ×[fɐn^{33}]

民 弥邻切，平，真韵，明。（mín）：人民，百姓。

壮 八姓[pet^{33}ɬin^{33}]

喃 ×[ɬin^{33}]

社 常者切，上，马韵，禅。（shè）：某些集体组织；古代指土地神和祭祀土地神的地方、日子和祭礼。

壮 行×[heŋ^{21}ʃa^{214}]

喃 ×[ʃa^{214}]

大 徒盖切，去，泰韵，定。（dà）：指面积、体积、容量、数量、强度、力量等超过一般或超过所比对象，与“小”相对。

壮 圠丐[la^{33}kai^{35}]

喃 奇[ka^{35}]

尊 祖昆切，平，魂韵，精。（zūn）：尊贵；敬重；古代盛酒器。

壮 圠□[la^{33}？]

喃 高[？]

池 直离切，平，支韵，澄。（chí）：水塘，积水的坑。

壮 安墤[ɐn^{33}t^{h}um^{52}]

喃 洳[ɐu^{35}]

井 子郢切，上，静韵，精。（jǐng）：从地面向下凿成的能取出水的深洞。

壮 安正[ɐn^{33}ʧiŋ^{35}]

喃 汫[ʧiŋ^{35}]

口 苦后切，上，厚韵，溪。（kǒu）：人或动物进饮食的器官，有的也是发声器官的一部分。

壮 安咟[ɐn^{33}pak^{55}]

喃 嗢[uet^{55}]

頣 式忍切，上，轸韵，书。（shěn）：举目看人。

壮 安強[ɐn^{33}keŋ^{21}]

喃 禽[？]

蠶

壮 湏□[tu^{21}？]

喃 蟳[tim^{21}]

蛹 余陇切，上，肿韵，以。（yǒng）：昆虫从幼虫过渡到成虫时的一种形态。

壮 湏得[tu^{21}dɐk^{55}]

喃 蛹[iuŋ^{55}]

速 桑谷切，入，屋韵，心。（sù）：快；速度。

壮 圠快[la^{33}k^{h}uai^{55}]

喃 舁[ʧuŋ^{35}]

遲（遟） 直尼切，平，脂韵，澄。（chí）：缓慢；晚。

壮 駐偈[pɐi^{52}ʃɐm^{52}]

喃 泥[ni^{35}]

雲 王分切，平，文韵，云。（yún）：空中悬浮的由水滴、冰晶聚集形成的物体。

壮 丐破[kai^{33}p^{h}a^{35}]

喃 迷[mɐi^{52}]

火 呼果切，上，果韵，晓。（huǒ）：物质燃烧时所产生的光和焰。

壮 丐焆[kai^{33}fɐi^{21}]

喃 焒[lai^{214}]

娠（娠） 章刃切，去，震韵，章。（shēn）：怀孕。

壮 載当[fuŋ^{214}dəŋ^{52}]

喃 賭[ʧə^{35}]

育 余六切，入，屋韵，以。(yù)：生育；成长；培养。
◈ 屮养 [$la^{33}ʃiəŋ^{214}$]
◈ 挼 [$nɔi^{35}$]

尾 无匪切，上，尾韵，微。(wěi)：鸟、兽、虫、鱼等脊椎动物躯干末端突出的部分。
◈ 安湯 [？ $ɐn^{33}t^haŋ^{52}$]
◈ 堆 [$dɔi^{52}$]

鳞(鱗) 力珍切，平，真韵，来。(lín)：鱼类、爬行动物和少数哺乳动物密排于身体表层薄片状组织，为皮肤衍生物。
◈ 姜急 [$ŋe^{33}kep^{55}$]
◈ 鯡 [fai^{214}]

揮 许归切，平，微韵，晓。(huī)：舞动，摇动。
◈ 屮口 [$la^{33}ʧ^hɔt^{55}$]
◈ 掘 [ui^{52}]

執(執) 之入切，入，缉韵，章。(zhí)：捉拿。
◈ 屮拎 [$la^{33}kɐm^{52}$]
◈ 拎 [$kɐm^{21}$]

年 奴头切，平，先韵，泥。(nián)：时间单位，地球绕太阳一周的时间。
◈ 安䢹 [$ɐn^{33}pi^{52}$]
◈ 黏 [$nɐm^{33}$]

月 鱼厥切，入，月韵，疑。(yuè)：月球，月亮。
◈ 安班 [$ɐn^{33}bən^{52}$]
◈ 腨 [$t^haŋ^{35}$]

明 武兵切，平，庚韵，明。(míng)：光明，明亮，与"暗"相对。
◈ 屮炯 [$la^{33}ɬuŋ^{33}$]
◈ 創 [$ʃaŋ^{35}$]

信 息晋切，去，震韵，心。(xìn)：诚实，不欺；相信；信件。
◈ 屮义 [$la^{33}ŋɐi^{214}$]
◈ ｜ [tin^{52}]

印(卬) 于刃切，去，真韵，影。(yìn)：公章，私章。
◈ 安印 [$ɐn^{33}ʔən^{35}$]
◈ ｜ [$iɐu^{35}$]

鐫 子泉切，平，仙韵，精。(juān)：雕刻；凿。
◈ 屮刻 [la^{33} ？]
◈ 割 [kat^{55}]

物 文弗切，入，物韵，微。(wù)：东西，事物。
◈ 畜 ×[$ɬup^{55}fɐt^{22}$]
◈ ×[$fət^{22}$]

人 如邻切，平，真韵，日。(rén)：由古类人猿进化而成的能制造和使用工具进行劳动的高等动物。
◈ 滇𠆢 [$tu^{21}k^hən^{21}$]
◈ 䠷 [$ŋəi^{21}$]

嬉 其切，平，之韵，晓。(xī)：游戏，玩耍。
◈ 屮献 [$la^{33}hin^{35}$]
◈ 制 [$ʧəi^{52}$]

戲 香羁切，义，置韵，晓。(xì)：嬉戏，流戏。
◈ 吙鷄 [$het^{55}kɐi^{55}$]
◈ 桀 [$k^hɐi^{55}$]

机 居依切，平，微韵，见。(jī)：机会，时机。
◈ 安輕 [$ɐn^{33}k^hiŋ^{52}$]
◈ 撻 [$dɐt^{22}$]

枹 缚谋切，平，尤韵，奉。(fú)：击鼓的槌。
◈ 丐持栎 [kai^{35} ？]

◈喃 亦 [？]

借 子夜切，去，祃韵，精。（jiè）：暂时使用别人的财物等；暂时把财物等给别人使用。

◈壮 䝿領 [pi^{52}liŋ^{214}]

◈喃 為 [fi^{33}]

还 户关切，平，删韵，匣。（huán）：回到原处或恢复原状；归还。

◈壮 䝿價 [pi^{52}ʧa^{35}]

◈喃 把 [ia^{35}]

艡

◈壮 舻船 [lə^{21}ʃin^{21}]

◈喃 ×[？]

艋 莫杏切，上，梗韵，明。（měng）：小船。

◈壮 艣船美 [？ ʃin^{21}ʔeŋ^{52}]

◈喃 ×[？]

迂 羽俱切，平，虞韵，云。（yū）：迂回，曲折。

◈壮 𦬆迎 [la^{33}ɐn^{33}]

◈喃 銑 [kuen^{33}]

徑 古定切，去，径韵，见。（jìng）：步道，小路；比喻达到目的的方法。

◈壮 𦬆趣 [la^{33}ʃɔ^{214}]

◈喃 槤 [？]

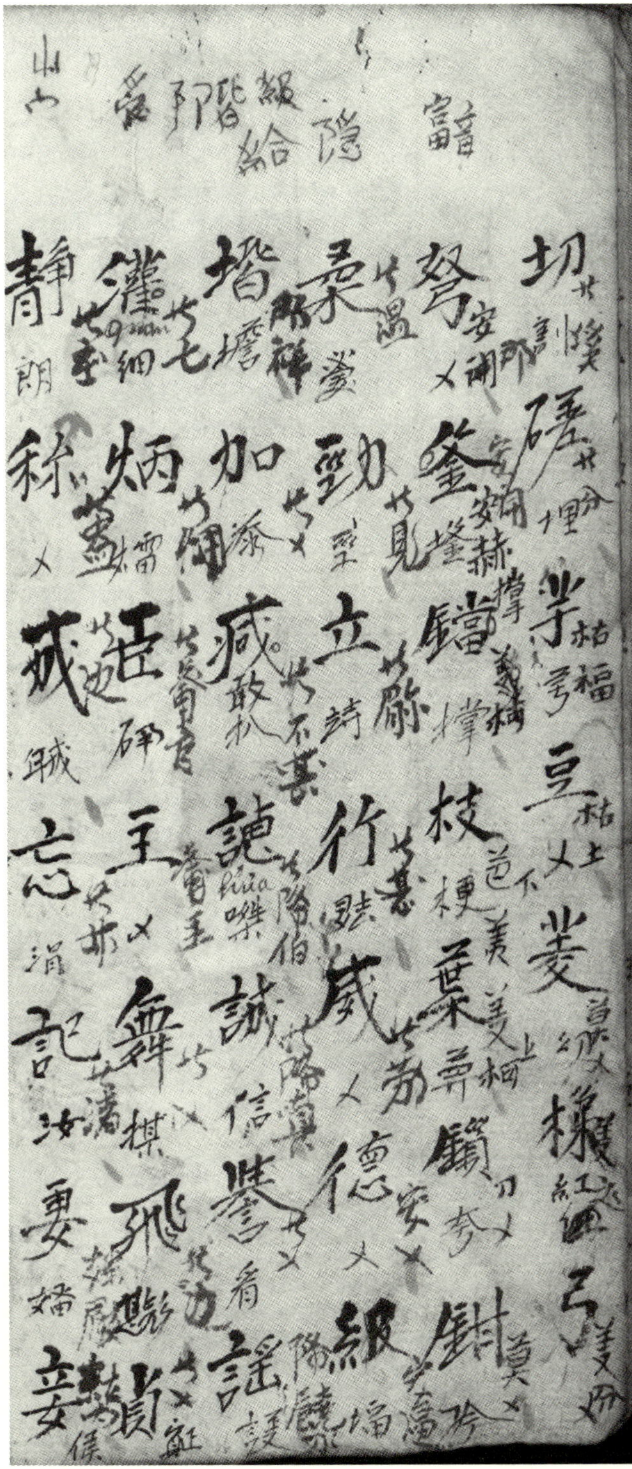

切 千结切，入，屑韵，清。(qiē)：割；截。

◈ 㔾猤 [la^{33}kʰə^{52}]

◈ 割 [kat^{35}]

磋 七何切，平，歌韵，清。(cuō)：磨制象牙。

◈ 㔾分 [la^{33}pɐn^{52}]

◈ 埋 [mai^{52}]

芋 王遇切，去，遇韵，云。(yù)：多年生草本植物，含淀粉多，可供食用。

◈ 枯福 [kɔ^{33}pʰək^{55}]

◈ 亏 [pʰək^{55}]

豆 徒候切，去，候韵，定。(dòu)：豆类作物；古代食器。

◈ 枯土 [kɔ^{33}tʰuɔ^{35}]

◈ ×[dɐu^{35}]

菱 力膺切，平，蒸韵，来。(líng)：一年水生草本植物，果实有硬壳，一般有角，俗称“菱角”。

◈ 莫×[mak^{55}？]

◈ 幼 [ɐu^{35}]

□

◈ 姜之 [ŋe^{35}dɐi^{52}]

◈ 紅 [hɔŋ^{21}]

弓 居戎切，平，东韵，见。(gōng)：射箭或发弹丸的器械。

◈ 姜分×[ŋe^{33}pən^{52}kuŋ^{52}]

◈ ×[kuŋ^{52}]

弩 奴古切，上，姥韵，泥。(nǔ)：一种用机械力量射箭的弓。

◈ 安邦 [ɐn^{33}na^{35}]

◈ ×[ɳɔ^{33}]

釜 扶雨切，上，麌韵，奉。(fǔ)：古代炊具，相当于现在的锅。

◈ 安闭安赫撑 [ɐn^{33}？ ɐn^{33}？ dan^{52}]

◈ 埪 [？]

鐺 楚庚切，平，庚韵，初。(dāng)：古代的锅，有耳和足，用于烧煮饭食等。

◈ 姜□ [dan^{52}？]

◈ 撑 [ʧiəŋ^{214}]

枝 章移切，平，支韵，章。(zhī)：由植物主干分出来的茎条。

◈ 芭下美 [baɯ^{52}？ Mɐi^{214}]

◈ 梗 [keŋ^{21}]

葉(枼) 书涉切，入，叶韵，书。(yè)：植物的营养器官之一，通常由叶片和叶柄组成，通称叶子。

◈ 姜上柯 [ŋe^{55}？ kʰa^{35}]

◈ 茾 [la^{35}]

鎖 苏果切，上，果韵，心。(suǒ)：加在可启闭物体上的封缄器，要用钥匙、密码才能打开。

◈ 刀×[tʰau^{21}ɬa^{35}]

◈ 夸 [kʰua^{35}]

鉗 巨淹切，平，盐韵，群。(qián)：钳子，用钳子夹；限制，约束。

◈ 莫×[mak^{55}kʰim^{21}]

◈ 坅 [kəm^{21}]

柔(枽) 耳由切，平，尤韵，日。(róu)：泛称软弱，与“刚”相对。

◈ 㔾温 [la^{33}ɔn^{55}]

◈ 爱 [ai^{35}]

勁 居正切，去，劲韵，见。(jìn)：强健有力。

◈ 㔾見 [la^{33}ken^{55}]

◈ 坙 [kiŋ^{35}]

立 力入切，入，缉韵，来。(lì)：站。

◈ 㔾䏿 [la^{33}mɐi^{21}]

◈ 跱 [dəŋ^{35}]

行 户庚切，平，庚韵，匣。(xíng)：走。

◈ 㔾甚 [la^{33}pɐi^{52}]

◇喃 䞇 [di^{52}]

威 于非切，平，微韵，影。(wēi)：表现出来使人畏惧慑服的力量。

◇壮 㐆勃 [la^{33}lan^{52}]

◇喃 ×[ui^{35}]

德 多则切，入，德韵，端。(dé)：品行，节操。

◇壮 安 ×[ɐn^{33}dək^{55}]

◇喃 ×[dək^{55}]

级 居立切，入，缉韵，见。(jí)：等级；年级。

◇壮 安逼 [ɐn^{33}p^{h}u^{35}]

◇喃 塭 [fu^{24}]

堦(堦) 古谐切，平，皆韵，见。(jiē)：台阶。

◇壮 那祥 [na^{24}taŋ^{55}]

◇喃 墖 [tem^{21}]

加 古牙切，平，麻韵，见。(jiā)：增加。

◇壮 㐆 ×[la^{33}ʧa^{52}]

◇喃 添 [t^{h}em^{52}]

减 古斩切，上，咸韵，见。(jiǎn)：减少。

◇壮 㐆不甚 [la^{33} ？ kem^{35}]

◇喃 敢扒 [iam^{214}kem^{35}]

謔

◇壮 㐆唏伯 [la^{33}ʧaŋ^{24}ba^{35}]

◇喃 嗓 [？]

誠 是征切，平，清韵，禅。(chéng)：真心。

◇壮 㐆唏嗔 [la^{33}ʧaŋ^{35}ʧɐn^{52}]

◇喃 信 [tin^{52}]

譽(誉) 以诸切，平，鱼韵，以。(yù)：称赞；名誉。

◇壮 㐆 ×[la^{33} ？]

◇喃 肴 [k^{h}ən^{52}]

謡 馀昭切，平，宵韵，以。(yáo)：歌谣；凭空捏造的的话。

◇壮 唏饒 [ʧaŋ^{35}ɳɐu^{33}]

◇喃 譊 [ŋɐi^{214}]

灌 古玩切，去，换韵，见。(guàn)：浇；灌溉。

◇壮 㐆七 [la^{33} ？]

◇喃 细 [tɔi^{35}]

炳 兵永切，上，梗韵，帮。(bǐng)：明亮，显著。

◇壮 㐆焵 [la^{33} ？]

◇喃 燸 [lɔi^{21}]

臣 植邻切，平，真韵，禅。(chén)：君主时代的官吏，有时亦包括百姓。

◇壮 㐆 甫□ [la^{33}p^{h}ɔ^{33}kuan^{52}]

◇喃 硇 [tɔi^{52}]

主 之庾切，上，麌韵，章。(zhǔ)：主人；君主。

◇壮 甫主 [p^{h}u^{35}ʧuɔ^{35}]

◇喃 ×[ʧu^{214}]

舞 文甫切，上，麌韵，微。(wǔ)：以有节奏的动作为主要表现手段的艺术形式。

◇壮 㐆 ×[la^{33}mu^{35}]

◇喃 揲 [mɔ^{214}/ɳɐi^{214}]

飛 甫微切，平，微韵，非。(fēi)：鸟、虫等鼓动翅膀在空中活动。

◇壮 㐆边 [la^{33}bin^{52}]

◇喃 □ [bɐi^{52}]

貞 陟盈切，平，清韵，知。(zhēn)：坚定不移；封建礼教指女子的贞节。

◇壮 㐆䶧 [la^{33}ŋɐi^{21}]

◇喃 ×[ɬie^{33}]

静 疾郢切，上，静韵，从。(jìng)：静止的，与“动”相对。
㊣ 𢀓□ [la^{33}ʧɐŋ^{35}]
㊑ 朗 [laŋ^{35}]

稱（称）
㊣ 𢀓盎 [la^{33}aŋ^{55}]
㊑ ×[ʃɐŋ^{35}]

成 是征切，平，清韵，禅。[chéng]：完成；成功。
㊣ 𢀓边 [la^{33}p^{h}in^{21}]
㊑ 䀒 [t^{h}eŋ^{21}]

忘 巫放切，去，漾韵，微。(wàng)：不记得。
㊣ 𢀓林 [la^{33}ləm^{52}]
㊑ 涓 [kuen^{52}]

記 居吏切，去，志韵，见。(jì)：把印象保持在脑中；记录。
㊣ 𢀓渚 [la^{33}ʧɯ^{55}]
㊑ 汝 [ɲə^{35}]

妻（妻） 七计切，去，齐韵，清。(qī)：妻子，旧指男子嫡配，今指男子的配偶。
㊣ □□ [me^{33}mie^{21}]
㊑ 婿 [fə^{214}]

妾 七接切，入，叶韵，清。(qiè)：男子正妻之外所娶的女子。
㊣ □内 [me^{33}nɔi^{214}]
㊑ 侯 [hɐu^{214}]

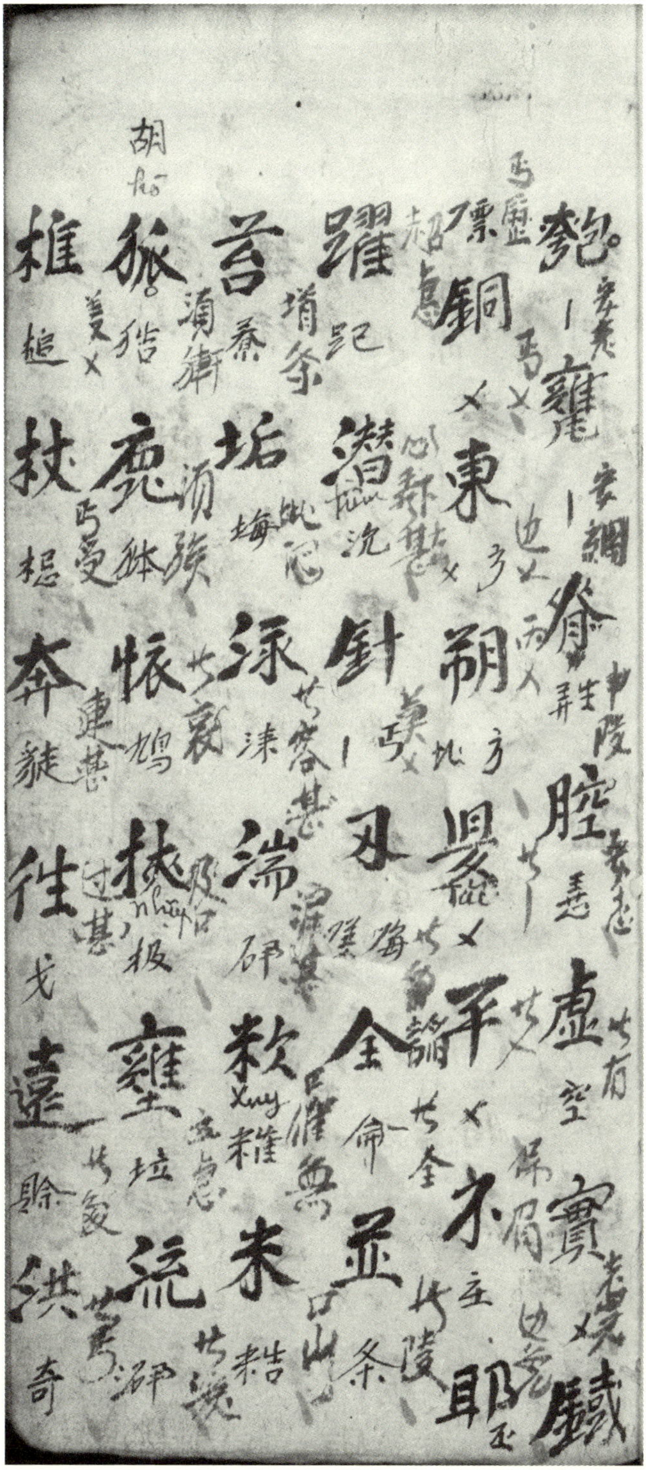

匏

㊣壮 安□ [? ?]

㊣喃 丨 [?]

⿰豕奄

㊣壮 安網 [ɐn^{33}kaŋ^{52}]

㊣喃 丨 [?]

脊

㊣壮 申陵 [ɬɐn^{52}lɐŋ^{52}]

㊣喃 甡 [ɬuŋ^{35}]

腔 苦江切，平，江韵，溪。(qiāng)：动物体内空的部分；说话的声音、语气。

㊣壮 安态 [ɐn^{33}muk^{55}]

㊣喃 悉 [lɔŋ^{21}]

虚 去鱼切，平，鱼韵，溪。(xū)：空无所有。

㊣壮 卡有 [la^{33}ʧɐu^{55}]

㊣喃 空 [k^{h}uŋ^{52}]

實 神质切，入，质韵，船。(shí)：充足，富裕。

㊣壮 老□ [lau^{22}ɬɐt^{33}]

㊣喃 ×[t^{h}ɐt^{33}]

鐵(鐵) 神质切，入，质韵，船。(tiě)：化学元素，黑色金属。有延展性，显磁性，质地坚硬，空气中易生锈。

㊣壮 丐歷 [kai^{33}lik^{55}]

㊣喃 僄 [p^{h}ieu^{35}]

銅 徒红切，平，东韵，定。(tóng)：金属元素，淡紫红色，富延展性，导电性和导热性都很好。

㊣壮 丐×[kai^{33}t^{h}ɔŋ^{21}]

㊣喃 ×[t^{h}ɔŋ^{21}]

東 德红切，平，东韵，端。(dōng)：方位词，太阳出来的方向，与“西”相对。

㊣壮 边×[bɔŋ^{24}tuŋ^{52}]

㊣喃 方×[p^{h}ɔŋ^{52}tuŋ^{52}]

朔(朔) 所角切，入，觉韵，生。(shuò)：月相名，农历每月初一；北方。

㊣壮 丙×[bɔŋ^{35}iɐm^{52}]

㊣喃 方北 [p^{h}ɔŋ^{52}pɐk^{55}]

妟

㊣壮 卡丨 [la^{33} ?]

㊣喃 ×[?]

平 符兵切，平，庚韵，並。(píng)：平坦；均匀。

㊣壮 卡×[la^{33}p^{h}iəŋ^{52}]

㊣喃 ×[biŋ^{21}]

不 分勿切，入韵，物，非。(bù)：副词。表否定。

㊣壮 保眉 [bɐu^{52}mi^{21}]

㊣喃 庄 [ʧɐŋ^{35}]

耶 以遮切，平，麻韵，以。(yē)：文言疑问词，相当于“呢”或“吗”。

㊣壮 边免 [p^{h}en^{21}min^{35}]

㊣喃 丕 [?]

躍 以灼切，入，药韵，以。(yuè)：跳。

㊣壮 超□ [t^{h}ieu^{55}k^{h}ən^{35}]

㊣喃 跁 [ke^{35}]

潜 昨盐切，平，盐韵，从。(qián)：隐在水面下活动。

㊣壮 心荞駐 [mən^{35}luŋ^{21}pɐi^{52}]

㊣喃 沉 [tɐm^{21}]

針 之任切，去，侵韵，章。(zhēn)：缝织衣物引线用的一种细长的工具。

㊣壮 莫×[mak^{55}k^{h}im^{52}]

㊣喃 丐丨 [kai^{33}ʧəm^{52}]

刄 而振切，去，真韵，日。(rèn)：刀的锋利部分。

㊣壮 卡□謡 [la^{33} ? ?]

㊣喃 海淇 [? ?]

全 疾缘切，平，仙韵，从。(quán)：完备，齐备，完整，不缺少。

壮 节全 [la^{33}ʧ^{h}yen^{21}]

喃 侖 [？]

並 蒲迥切，上，青韵，並。(bìng)：合在一起。

壮 节陵 [la^{33}laŋ^{52}]

喃 条 [t^{h}ieu^{52}]

苔(菭) 徒哀切，平，咍韵，定。(tái)：隐花植物的一类，根、茎、叶的区别不明显，常贴在阴湿的地方生长。

壮 埍条 [t^{h}uə^{52}t^{h}ieu^{55}]

喃 荼 [lieu^{33}]

垢 古厚切，上，侯韵，见。(gòu)：污秽，脏东西。

壮 吡闷 [ue^{35}mɔi^{22}]

喃 坶 [mɔi^{214}]

泳 为命切，去，庚韵，云。(yǒng)：在水里游动。

壮 节容甚 [la^{33}iuŋ^{21}pɐi^{52}]

喃 涞 [lai^{33}]

湍 他端切，平，桓韵，透。(tuān)：急流，急流的水。

壮 淚甚 [lɐi^{52}pɐi^{52}]

喃 硆 [tɔi^{52}]

粇

壮 □無 [□ fu^{33}]

喃 糀 [？]

米 莫礼切，上，齐韵，明。(mǐ)：谷类或其他植物的子实去了皮的名称。

壮 口山 [k^{h}ɐu^{214}ɬan^{52}]

喃 粭 [k^{h}au^{214}]

狐(㺉) 去月切，入，月韵，溪。(hú)：通称"狐狸"。

壮 湏獬 [tu^{21}？]

喃 狜 [kau^{35}]

鹿(𢉖) 卢谷切，入，屋韵，来。(lù)：哺乳动物，四肢细长，尾短。雄鹿头上有树枝状的角。毛多为棕褐色，有的有花斑或条纹。听觉和嗅觉都很灵敏。种类很多，常见的有梅花鹿、水鹿、白唇鹿、马鹿等。

壮 湏□ [tu^{21}lu^{21}]

喃 猍 [te^{35}]

依

壮 节哀 [la^{33} ？]

喃 鳰 [？]

挾 作答切，入，合韵，精。(xié)：用胳膊夹着。

壮 及口 [kɐp^{55}k^{h}ɐu^{35}]

喃 扱 [kɐp^{22}]

壅(壅) 于用切，去，钟韵，影。(yōng)：堵塞。

壮 立悫 [lɐp^{22}k^{h}ən^{35}]

喃 垃 [ləp^{22}]

流 力求切，平，尤韵，来。(liú)：液体移动。

壮 节淚 [la^{33}lɐi^{52}]

喃 㴇 [tɔi^{52}]

椎 直追切，平，脂韵，澄。(chuí)：敲打东西的器具；敲打，用椎打击。

壮 姜 ×[？？]

喃 槌 [？]

杖(杸) 直两切，上，阳韵，澄。(zhàng)：手杖，拐杖。

壮 丐受 [kai^{35}t^{h}ɐu^{214}]

喃 棍 [kɐi^{21}]

奔 甫闷切，去，魂韵，帮。(bēn)：急走，跑。

壮 連甚 [lien^{33}pɐi^{52}]

喃 趖 [tɐu^{35}]

徃

㊓ 过甚 [kua³³pɐi⁵²]

㊔ 戈 [kua³⁵]

遠 于愿切，去，元韵，云。(yuǎn)：距离长，与“近”相对。

㊓ 节□ [la³³kuɐi⁵²]

㊔ 賒 [ʃa³³]

洪 户公切，平，东韵，匣。(hóng)：大。

㊓ 节丐 [la⁵⁵kai³⁵]

㊔ 奇 [ka³⁵]

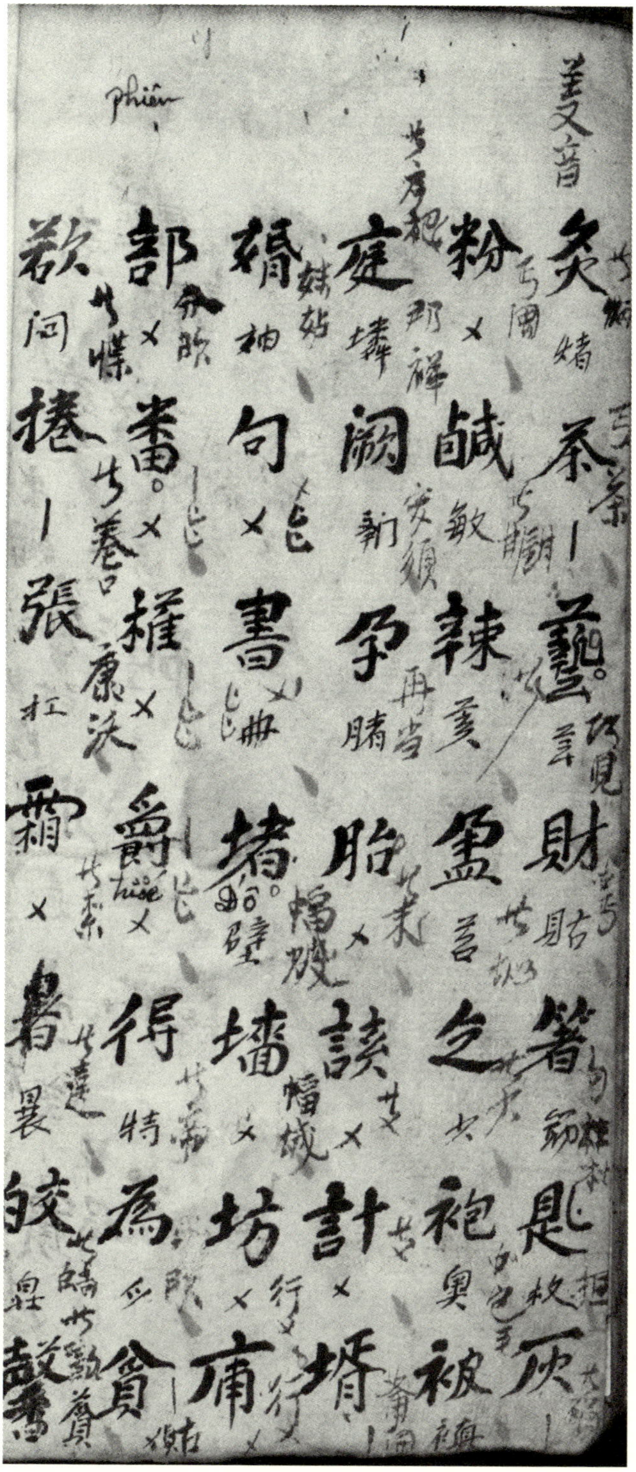
phiên

炙（炙） 之夜切，去，祃韵，章。（zhì）：烤。

壮 𠀋炳 [la^{33}pɔm^{52}]

喃 煑 [ʧə^{35}]

茶（茶） 宅加切，平，麻韵，澄。（chá）：灌木或小乔木。叶为椭圆形或报针形。经焙制加工后为茶叶。

壮 丐茶 [kai^{33}ʃa^{21}]

喃 丨 [ʧe^{21}]

藝（藝） 鱼祭切，去，祭韵，疑。（yì）：技艺，才能。

壮 巧見 [ȵɐn^{21}hɐn^{52}]

喃 芸 [？]

財 昨哉切，平，咍韵，从。（cái）：金钱和物资的总称。

壮 古丐 [kɔ^{55}kai^{55}]

喃 貼 [kɔ^{35}]

箸 迟倨切，去，御韵，澄。（zhù）：筷子。

壮 句杜 [kɐu^{52}tɔ^{33}]

喃 箣 [？]

匙 是支切，平，支韵，禅。（chí）：舀食物等的小勺子。

壮 担 [dam^{35}]

喃 枚 [mai^{33}]

灰（灰） 呼恢切，平，灰韵，晓。（huī）：物体燃烧后剩下的粉末状物。

壮 𠀋□ [la^{33}t^{h}ɐu^{33}]

喃 丨 [kue^{52}]

粉 方吻切，上，文韵，非。（fěn）：米细末。

壮 丐闽 [kai^{33}fɐn^{35}]

喃 ×[fə^{214}]

鹹

壮 𠀋甘鉗 [la^{33} ？？]

喃 敏 [mɐn^{214}]

辣 郎达切。（là）：辛辣，如姜、蒜、辣椒等的滋味。

壮 𠀋□ [la^{33}p^{h}et^{55}]

喃 荄 [həi^{214}]

盈（盈） 以成切，平，清韵，以。（yíng）：充满。

壮 𠀋□ [la^{33} ？]

喃 荅 [t^{h}ɐi^{52}]

乏 房法切，入，乏韵，奉。（fá）：缺少。

壮 𠀋火 [la^{33}ɬieu^{35}]

喃 少 [t^{h}ieu^{35}]

袍 薄褒切，平，豪韵，並。（páo）：长衣。

壮 □包丰 [ɬə^{35}p^{h}au^{21}mau^{33}]

喃 奥 [au^{35}]

被 皮彼切，上，纸韵，並。（bèi）：被子，睡觉时覆盖身体的东西。

壮 𠀋□□ [la^{33} □□]

喃 禛 [ʧan^{52}]

□

壮 邦祥 [na^{35}taŋ^{55}]

喃 墣 [lən^{33}]

闕 去月切，入，月韵，溪。（què）：城门两边的高台。

壮 安須 [ɐn^{33}tu^{52}]

喃 𧯾 [kə^{35}]

孕 以证切，去，证韵，以。（yùn）：怀胎。

壮 再当 [tai^{33}daŋ^{52}]

喃 䐗 [ʧə^{35}]

胎 土来切，平，咍韵，透。（tāi）：人或其他哺乳动物孕于母体内的幼体。

壮 𠀋末 [la^{33}muk^{55}]

喃 ×[t^{h}ai^{52}]

該（該） 古哀切，平，咍韵，见。（gāi）：应当，理应如此。

〔壮〕 𠦶 ×[la^{33}kai^{52}]

〔喃〕 ×[ke^{35}]

計 古诣切，去，霁韵，见。(jì)：结算，考虑。

〔壮〕 𠦶 ×[la^{33}ke^{35}]

〔喃〕 ×[ke^{35}]

壻 苏计切，去，霁韵，心。(xù)：同“婿”，女之夫。

〔壮〕 甭閕 [p^{h}ɔ^{35}k^{h}əi^{52}]

〔喃〕 丨[te^{35}]

婚 呼昆切，平，魂韵，晓。(hūn)：男女结为夫妻。

〔壮〕 妺妡 [me^{33}tim^{55}]

〔喃〕 妯 [ɬɔ^{33}]

句 九遇切，去，遇韵，见。(jù)：一句话。

〔壮〕 × 𠯿 [kɐu^{52}nəŋ^{33}]

〔喃〕 ×[kɐu^{52}]

書 伤鱼切，平，鱼韵，书。(shū)：书皮写；成本的著作。

〔壮〕 × 𠯿 [ɬɯ^{52}nəŋ^{33}]

〔喃〕 册 [ʃek^{55}]

堵 当古切，上，姥韵，端。(dǔ)：阻挡；堵塞。

〔壮〕 幅破 [fuk^{55}p^{h}a^{35}]

〔喃〕 壁 [bik^{55}]

牆(墻) 在良切，平，阳韵，从。(qiáng)：用砖石土木等砌成的房屋园囿之界域。

〔壮〕 幅城 [fuk^{55}ʃiŋ^{21}]

〔喃〕 ×[təŋ^{21}]

坊 府良切，平，阳韵，非。(fāng)：城市街市里巷的通称。

〔壮〕 行 ×[heŋ^{21}fɔŋ^{35}]

〔喃〕 ×[fɔŋ^{35}]

庯

〔壮〕 行 ×[heŋ^{21}p^{h}u^{35}]

〔喃〕 ×[p^{h}u^{35}]

部 裴古切，上，姥韵，並。(bù)：部分，部位。

〔壮〕 分盺 [pɐn^{52}hit^{55}]

〔喃〕 ×[bɔ^{24}]

翻(畨) 孚袁切，平元，敷。(fān)：上下飞动；翻转。

〔壮〕 丨𠯿 [p^{h}əŋ^{214}nəŋ^{35}]

〔喃〕 ×[p^{h}an^{52}]

權(権) 巨员切，平，仙韵，群。(quán)：秤；权利。

〔壮〕 丨𠯿 [kuen^{21}nəŋ^{33}]

〔喃〕 ×[kuen^{21}]

爵 即略切，入，药韵，精。(jué)：古代饮酒器；爵位。

〔壮〕 丨𠯿 [? ?]

〔喃〕 ×[?]

得 多则切，入，德韵，端。(dé)：获取。

〔壮〕 𠦶帝 [la^{33}dɐi^{35}]

〔喃〕 特 [dək^{33}]

為 薳支切，平，支韵，云。(wéi)：做，干。

〔壮〕 □ [hit^{55}]

〔喃〕 罒 [lam^{21}]

貧 符巾切，平，真韵，並。(pín)：缺少财物，与“富”相对。

〔壮〕 丨貼 [p^{h}in^{21}kɔ^{55}]

〔喃〕 ×[bɐn^{21}]

欲(欲) 余蜀切，入，燭韵，以。(yù)：欲望；愿望。

〔壮〕 𠦶㦪 [la^{33}diep^{55}]

〔喃〕 问 [mun^{33}]

捲 居转切，去，狝韵，见。(juǎn)：把东西卷成筒状，收起。

壮 节卷口 [la^{33}kuen^{35} ？]

喃 丨 [kuen^{214}]

張 知亮切，去，漾韵，知。(zhāng)：张开，展开；量词。

壮 康沃 [k^{h}aŋ^{52}ɔk^{55}]

喃 扛 [kəŋ^{21}]

霜 色庄切，平，阳韵，生。(shuāng)：气温降至摄氏零度以下时，近地面空气中所含水汽凝结成的白色水晶。

壮 节柰 [la^{33}məi^{52}]

喃 ×[ɬaŋ^{52}]

暑 舒吕切，上，鱼韵，书。(shǔ)：炎热。

壮 节達 [la^{33}det^{55}]

喃 褜 [nɔŋ^{35}]

皎 古了切，上，篠韵，见。(jiǎo)：洁白；明亮。

壮 节皜 [la^{33}k^{h}au^{52}]

喃 皆 [ʧɐŋ^{35}]

馨(馨) 呼刑切，平，青韵，晓。(xīn)：散播很远的香气。

壮 节口 [la^{33}hiŋ^{52}]

喃 賔 [？]

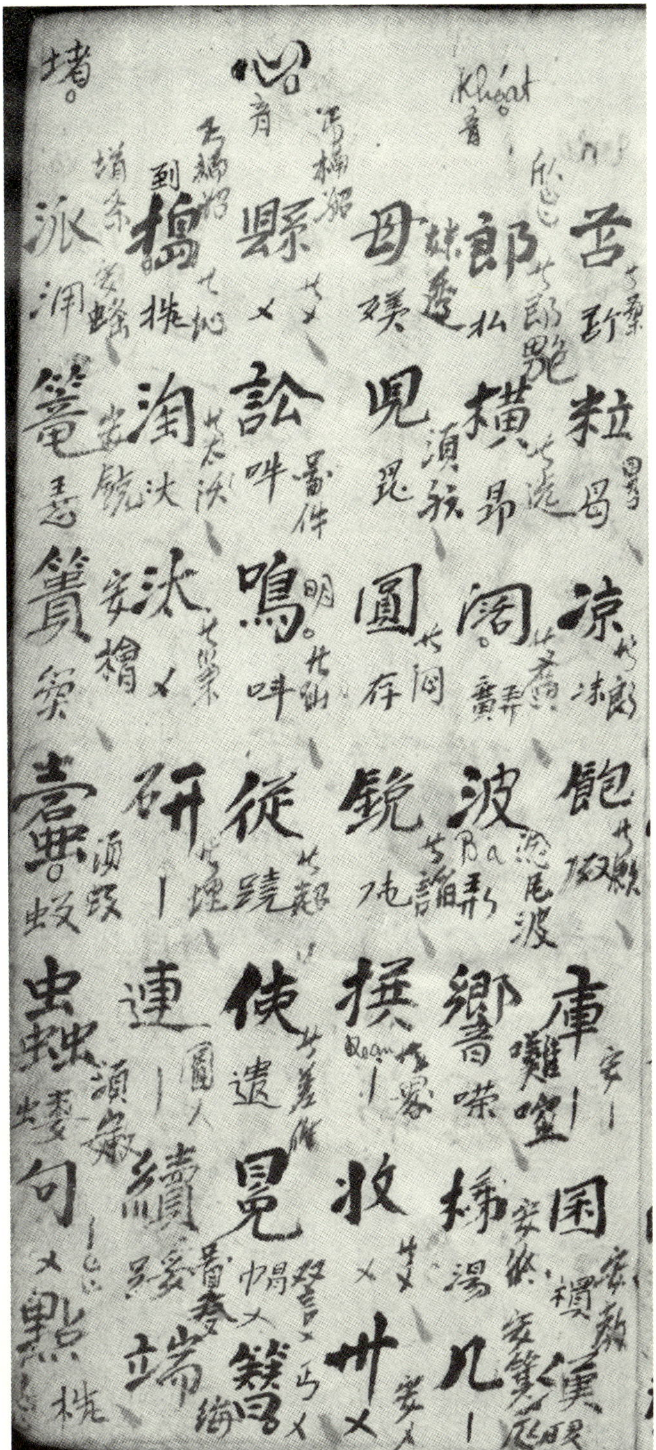
苦粒涼飽庫
郎横閤波鄉
母晛圓鋭摸收卅
縣訟鳴從使覓
搗淘汰研連續端
派籠簣蠹蟲句點

苫（苫）舒赡切，去，盐韵，书。（shàn）：草帘子，草垫子。

壮 卄桑 [la^{33} ？]

喃 岾 [ʧiem^{55}]

粒 力入切，入，缉韵，来。（lì）：谷米之粒；泛指粒状之物。

壮 每□ [mɔi^{55}kʰɐu^{35}]

喃 曷 [hak^{55}]

凉 吕张切，平，阳韵，来。（liáng）：微寒。

壮 卄郎 [la^{33}ləŋ^{21}]

喃 沫 [？]

饱 博巧切，上，肴韵，帮。（bǎo）：吃足了，与“饿”相对。

壮 卄□ [la^{33}ʔim^{55}]

喃 㑽 [dɔ^{33}]

库 苦故切，去，暮韵，溪。（kù）：贮物的屋舍。

壮 安丨 [ɐn^{33}kʰɔ^{52}]

喃 丨 [kʰɔ^{52}]

困 去伦切，平，真韵，清。（qūn）：圆形谷仓。

壮 安教 [ɐn^{33}iau^{35}]

喃 槓 [məi^{35}]

漢（漢） 呼旰切，去，翰韵，晓。（hàn）：水名；天河；男子。

壮 欣㐌 [kʰən^{21}nəŋ^{33}]

喃 □ [？]

郎 鲁当切，平，唐韵，来。（láng）：青少年男子的通称；旧时妇女对丈夫或情人的称呼。

壮 卄郎□ [la^{33}laŋ^{21}pau^{55}]

喃 扡 [tɯ^{52}]

横 户盲切，平，庚韵，匣。（héng）：横的方向，地理上东西向的，与“纵”相对。

壮 卄逬 [la^{33}ueŋ^{21}]

喃 昻 [ŋaŋ^{33}]

阔 苦括切，入，末韵，溪。（kuò）：宽广，阔大。

壮 卄□ [la^{33}kuaŋ^{35}]

喃 鞹 [ɬuŋ^{35}]

波 博禾切，平，戈韵，帮。（bō）：水涌流；波浪。

壮 淰凡波 [nɐm^{214}pʰɔn^{52}pa^{52}]

喃 㳽 [ɬuɔŋ^{35}]

響（響） 许两切，上，养韵，晓。（xiǎng）：声音。

壮 □□ [？？]

喃 喋 [fiŋ^{33}]

梯 土鸡切，平，齐韵，透。（tī）：上下的设备、用具。

壮 安□ [ɐn^{33}dɐi^{52}]

喃 湯 [tʰaŋ^{52}]

几 居履切，上，旨韵，见。（jī）：小桌子，古代设于座侧，用于凭依。

壮 安箕□ [ɐn^{33}ki^{52} □]

喃 丨 [ki^{35}]

母 莫厚切，上，厚韵，明。（mǔ）：母亲。

壮 姺透 [me^{33}tʰɐu^{35}]

喃 媄 [me^{214}]

兒（兒） 汝移切，平，支韵，日。（ér）：婴孩。

壮 湏犾 [tuɔ^{52}luk^{22}]

喃 昆 [kɔn^{33}]

圓 王权切，平，仙韵，云。（yuán）：圆周，环形。

壮 卄闷 [la^{33}mən^{21}]

喃 存 [tɔn^{21}]

鋭 以芮切，去，祭韵，云。（yún）：锋利。

壮 卄謡 [la^{33}ɬiem^{35}]

◈喃 㐌 [duɔn^{214}]

拱（拱）

◈壮 𠀧𥐓 [la^{33}ʧiək^{55}]

◈喃 丨 [ʧɔn^{214}]

收（收） 式州切，平，尤韵，书。（shōu）：收取；收获。

◈壮 𠀧 ×[la^{33}ɬɐu^{52}]

◈喃 ×[t^{h}u^{52}]

卅 悉盍切，入，盍韵，心。（sà）：数词，三十。

◈壮 安 ×[ɐn^{33}ʧu^{52}]

◈喃 ×[ʧu^{52}]

縣（縣） 黄练切，去，用韵，匣。（xiàn）：争论；诉讼。

◈壮 𠀧 ×[la^{33}uen^{214}]

◈喃 ×[uen^{214}]

訟 祥容切，平，钟韵，邪。（sòng）：在法庭上争辨是非曲直，打官司。

◈壮 𠱐拼 [t^{h}ɔ^{21}k^{h}ien^{24}]

◈喃 吽 [k^{h}ien^{24}]

鳴 武兵切，平，庚韵，明。（míng）：鸟兽或昆虫叫。

◈壮 𠀧□ [la^{33}ɬɔn^{33}]

◈喃 㗂 [keu^{35}]

從（従） 疾容切，平，钟韵，从。（cóng）：跟随。

◈壮 𠀧超 [la^{33}ʃau^{52}]

◈喃 蹺 [ɳɐu^{33}]

使 疏士切，上，止韵，生。（shǐ）：派遣；使用；用；让。

◈壮 𠀧差□ [la^{33}ɬai^{52} □]

◈喃 遗 [ɬi^{33}]

冕 亡辨切，上，狝韵，明。（miǎn）：古代帝王、诸侯、卿大夫所戴的礼冠。后专指皇冠。

◈壮 双言 ×[? ? ?]

◈喃 帽 ×[mau^{22} ?]

簪 作含切，平，覃韵，精。（zān）：插定发髻或冠的长针。

◈壮 丐 ×[kai^{55}ʧiup^{55}]

◈喃 ……

搗 睹老切，上，皓韵，端。（dǎo）：捶，舂。

◈壮 𠀧坉 [la^{33}tum^{52}]

◈喃 拸 [diem^{52}]

淘 徒刀切，平，豪韵，定。（táo）：用水洗去杂质。

◈壮 𠀧太沃 [la^{33}t^{h}ai^{52}ɔk^{55}]

◈喃 汏 [dai^{214}]

汏 徒盖切，去，泰韵，定。（tài）：淘洗米、豆之类。

◈壮 𠀧巢 [la^{33}ɬau^{21}]

◈喃 ×[t^{h}ai^{35}]

研 五竖切，平，先韵，疑。（yán）：精研；研磨。

◈壮 𠀧埋 [la^{33}mai^{52}]

◈喃 丨 [nien^{33}]

連 力延切，平，仙韵，来。（lián）：联合；连接；连续。

◈壮 □ ×[□?]

◈喃 丨 [lien^{33}]

續 似足切，入，烛韵，邪。（xù）：连属；连接。

◈壮 𠱐卷 [t^{h}ɔ^{21}tɐu^{52}]

◈喃 踒 [nui^{55}]

端 端多官切，平，桓韵，端。（duān）：正，不歪斜。

◈壮 增条 [t^{h}u^{52}t^{h}eu^{33}]

◈喃 絠 [hɔi^{35}]

沠（派） 古胡切，平，模韵，见。（gū）：古水名，发源于今山西省繁峙县南。

㊣ 安□ [ɐn³³kueŋ⁵⁵]

㊔ 涠 [ʧʰuəŋ³⁵]

篢 力董切，上，东韵，来。（lóng）：用竹篾、木条编成的盛物器或罩物器。

㊣ 安銃 [ɐn³³ɬɔŋ²¹]

㊔ 悉 [lɔŋ²¹]

簣 求位切，去，至韵，群。（kuì）：盛土竹器。

㊣ 安檜 [ɐn³³kuɔi⁵²]

㊔ 篓 [？]

蠹 当故切，去，暮韵，端。（dù）：蛀虫。

㊣ 湏蚊 [tu²¹ ？]

㊔ 蚊 [mɔt³³]

蟲 直弓切，平，东韵，澄。（chóng）：昆虫的通称。

㊣ 湏嫩 [tu²¹nɔn⁵²]

㊔ 蝼 [lɐn³³]

句 古候切，去，候韵，见。（jù）：一句话，或一句中停顿的地方。

㊣ 丨巨 [kʰɐm²¹nəŋ³³]

㊔ ×[kɐn⁵²]

點 多忝切，上，忝韵，端。（diǎn）：小黑点，或小的痕迹。

㊣ 丨巨 [tem³⁵nəŋ³³]

㊔ 栧 [diem²¹⁴]

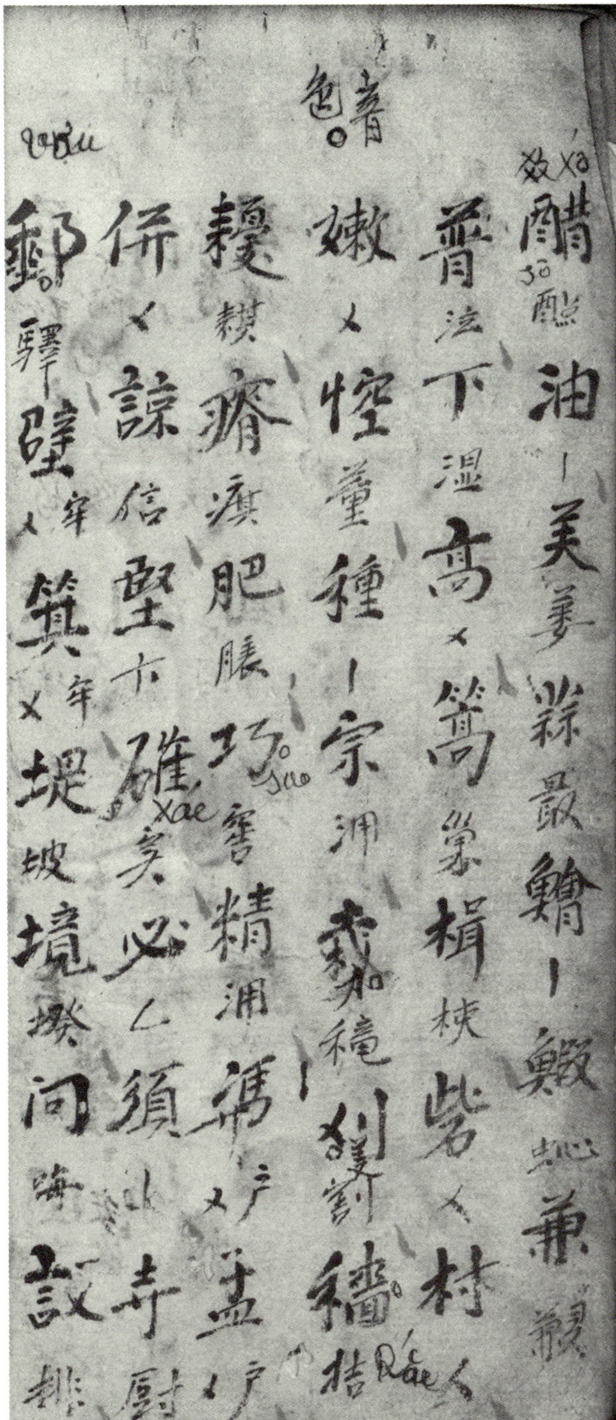
醋油丨美粽鰽丨鰕兼
膏下湿高乂篙楫砦乂村
嫩乂悭種丨宗剁穡
饅擠肥巧精禡乂盂
併乂諒堅碓必須寺
郵蹬乂簨乂堤境问設

醋 仓故切，去，暮韵，清。(cù)：一种调味用的液体，味酸。

◈ 酤 [?]

油 以周切，平，尤韵，以。(yóu)：动植物脂肪和矿物质油。

◈ 丨 [iɐu^{24}]

芺（美） 居侯切。(gōu)：弯曲；画钩形符号。

◈ 娄 [?]

蒜 苏貫切，去，换韵，心。(suàn)：多年生草本植物，地下鳞茎分瓣。味辣，有刺激性气味，可供调味，亦可入药。

◈ 最 [tɔ^{35}]

鲙（鱠） 古外切，去，泰韵，见。(kuài)：即“鳓鱼”。

◈ 丨 [hɔi^{214}]

鰕（鰕） 胡加切，平，麻韵，匣。(xiā)：节肢动物，体表有透明软，腹部有很多环节。生活在水里，种类很多，可食。

◈ 虴 [tum^{52}]

兼 古甜切，平，添韵，见。(jiān)：同时具有或涉及事物若干方面；吞并。

◈ 粘 [kiem^{214}]

普 滂古切，上，姥韵，滂。(pǔ)：遍，全。

◈ 泣 [k^{h}ɔp^{55}]

下 胡雅切，去，麻韵，匣。(xià)：位置在低处的，与“上”相对。

◈ 湿 [t^{h}ɐp^{55}]

高（高） 古劳切，平，豪韵，见。(gāo)：由下到上距离大的，与“矮”相对；离地面远的，与“低”相对。

◈ ×[kau^{52}]

篙（篙） 古劳切，平，豪韵，见。(gāo)：撑船的竹竿或木杆。

◈ 巢 [ɬau^{21}]

楫 即叶切，入，叶韵，精。(jí)：船桨，短为楫，长为棹。

◈ 梜 [?]

砦 豺夬切，去，夬韵，崇。(zhài)：防守用的栅栏；旧时驻军营地；村庄。

◈ ×[tɯ^{52}]

村 此尊切，平，魂韵，清。(cūn)：村庄。

◈ ×[t^{h}ɔn^{52}]

嫩 奴困切，去，慁韵，泥。(nèn)：初生而柔弱。

◈ ×[nɔn^{33}]

倥 苦红切，去，东韵，溪。(kōng)：诚恳貌。

◈ 董 [ʧɔŋ^{21}]

種 之陇切，上，肿韵，章。(zhǒng)：植物的种子。

◈ 丨 [iuŋ^{35}]

宗 作冬切，平，冬韵，精。(zōng)：祖庙；祖先。

◈ 湧 [ɬuŋ^{35}]

栽（栽） 祖才切，平，咍韵，精。(zāi)：种植。

◈ 種 [lɔŋ^{33}]

刈 鱼肺切，去，发韵，疑。(yì)：割。

◈ 割 [kat^{55}]

穡（穡） 所力切，入，职韵，生。(sè)：收获谷物。

◈ 拮 [kat^{35}]

耰 于求切，平，尤韵，影。(yōu)：古代的农具名；用耰松木并使土块细碎。

◈ 粸[？]

(瘄)

◈ 瘨[ki^{21}]

肥 符非切，平，微韵，奉。(féi)：丰满，肥胖。

◈ 脿[$bieu^{35}$]

巧 苦绞切，上，巧韵，溪。(qiǎo)：技巧，技艺；灵巧。

◈ 窖[$k^{h}ieu^{35}$]

精 子盈切，平，清韵，精。(jīng)：精细，与“粗”相反。

◈ 湘[$ɬuŋ^{214}$]

馮(㻱) 房戎切，平，东韵，並。(féng)：姓氏。

◈ 户×[$hɔ^{24}bɐŋ^{21}$]

孟 莫更切，去，映韵，明。(mèng)：姓氏；子女中居长者为孟；初始。

◈ 户×[$hɔ^{24}meŋ^{24}$]

併 必郢切，上，清韵，帮。(bìng)：合在一起；兼并。

◈ ×[$biŋ^{35}$]

諒 力让切，去，漾韵，来。(liàng)：体谅。

◈ 信[$ɬin^{52}$]

堅 古贤切，平，先韵，见。(jiān)：牢固，硬。

◈ 卞[$mien^{214}$]

確(礭) 胡觉切，入，觉韵，溪。(què)：石多土薄真实。

◈ 实[$t^{h}ɐt^{22}$]

必 卑吉切，入，质韵，帮。(bì)：肯定。

◈ 乚[？]

須 相俞切，平，虞韵，心。(xū)：胡须；必要。

◈ 丨[tu^{52}]

寺 祥吏切，去，志韵，邪。(sì)：佛教庙宇之称。

◈ 厨[$ʧ^{h}uɔ^{33}$]

郵(䣋) 羽求切，平，尤韵，云。(yóu)：驿站；传送，邮寄。

◈ 驛[tek^{52}]

壁(壂) 北激切，入，锡韵，帮。(bì)：墙壁。

◈ 牢×[$ɬau^{52}$？]

箕 居之切，平，之韵，见。(jī，ji)：簸箕。

◈ 牢×[$ɬau^{52}ki^{52}$]

堤 都奚切，平，齐韵，端。(dī)：挡水的建筑物。

◈ 坡[be^{52}]

境 居影切，上，梗韵，见。(jìng)：疆界；境界。

◈ 堠[kui^{35}]

问 亡运切，去，文韵，微。(wèn)：询问。

◈ 晦[$mɔi^{214}$]

設(譈) 识列切，入，薛韵，书。(shè)：设置，安排。

◈ 排[bai^{21}]

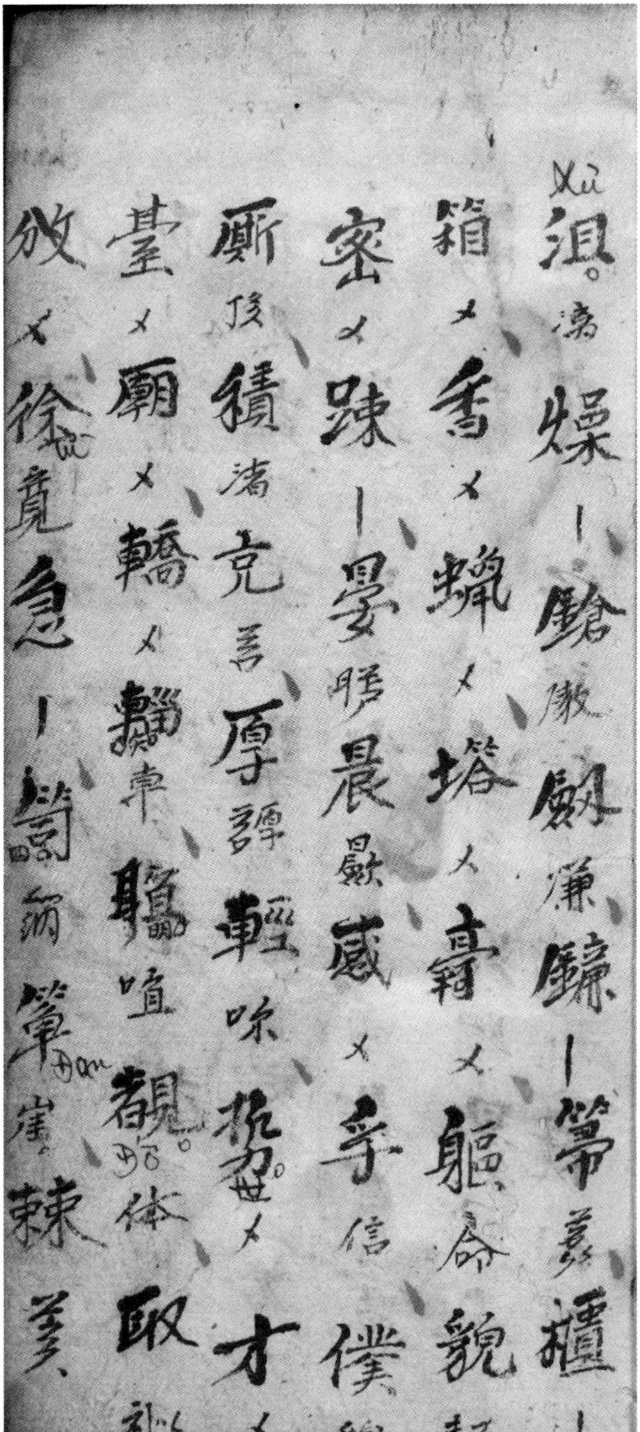

沮 慈吕切，上，语韵，从。(jǔ)：阻止，终止；沮丧。败坏；低湿的地带。

◈ 漓 [le^{33}]

燥 苏老切，上，皓韵，心。(zào)：干燥。

◈ 丨 [ʃau^{52}]

鎗 七羊切，平，阳韵，初。(qiāng)：长柄有尖头的刺击兵器。

◈ 敎 [ʃan^{214}]

劒 居欠切，去，梵韵，见。(jiàn)：兵器名，两面有刃，中间有脊。

◈ 㡘 [kiem^{55}]

鐮 力盐切，平，盐韵，来。(lián)：镰刀。

◈ 丨 [kiem^{55}]

箒 之九切，上，有韵，章。(zhǒu)：扫除尘土、垃圾的用具。

◈ 蕤 [ɬɔi^{21}]

櫃 求位切，去，至韵，群。(guì)：小匣，一种收藏东西用的家具，方形或长方形。

◈ 丨 [kui^{33}]

箱 息良切，平，阳韵，心。(xiāng)：方形有底盖贮藏物件的器具。

◈ ×[ɬəŋ^{52}]

香 许良切，平，阳韵，晓。(xiāng)：气味好闻，与“臭”相对；味道好吃。

◈ ×[həŋ^{52}]

蟟

◈ ×[？]

塔 于佳切，平，佳韵，影。(da)：圪塔，即“圪垯”。

◈ ×[dap^{35}]

□

◈ ×[？]

軀 岂俱切，平，虞韵，溪。(qū)：身体。

◈ 命 [meŋ^{214}]

貌 莫教切，去，效韵，明。(mào)：面容，容颜外表的样子。

◈ 榓 [mɐt^{22}]

密 美毕切，入，质韵，明。(mì)：稠密；隐密。

◈ ×[mɐt^{22}]

踈 所葅切，平，鱼韵，生。(shū)：开通，疏导；物间距离大，与“密”相对。

◈ 丨 [t^{h}ə^{52}]

晏 乌涧切，去，谏韵，影。(yàn)：迟，晚。

◈ 𬀩 [lɔ^{52}]

晨(晨) 植邻切，平，真韵，禅。(chén)：天亮，日出时。

◈ 㬎 [？]

感 古禫切，上，感韵，见。(gǎn)：感应；感动。

◈ ×[kam^{214}]

孚 芳无切，平，虞韵，敷。(fú)：信用。

◈ 信 [tin^{52}]

僕(僕) 芳遇切，去，遇韵，敷。(pú)：向前跌倒。

◈ 綿 [mien^{21}]

厮 息移切，平，支韵，心。(sī)：古代干粗杂活的男性奴隶或小役。

◈ 𫎇 [？]

積(積) 子智切，去，置韵，精。(jī)：聚，贮藏。

◈ 渚 [ʧə^{35}]

克(克) 苦得切，入，德韵，溪。(kè)：

能够；克制。

◈ 苔[？]

厚（厚）

◈ 𦓡[hɐu^{214}]

輕 夫盈切，平，清韵，溪。（qīng）：物体重量小，与“轻”相对。

◈ 吥[mɐi^{21}]

势（势） 舒制切，去，祭韵，书。（shì）：权力，权势。

◈ ×[te^{35}]

才 昨哉切，平，咍韵，从。（cái）：能力。

◈ ×[tai^{21}]

廟（廟） 眉召切，去，笑韵，明。（miào）：宗庙；供神佛或历史传说人物的建筑。

◈ ×[dai^{21}]

廟（墓） 眉召切，去，宵韵，明。（miào）：旧时供祀先祖神位的屋舍。

◈ ×[mieu^{35}]

轎 巨嬌切，平，宵韵，群。（jiào）：山行的工具。

◈ ×[keu^{52}]

輜 側持切，平，之韵，庄。（zī）：古代一种有帷盖的载重车。

◈ 車[ʧʰe^{52}]

□

◈ 喧[ŋi^{33}]

覩 当古切，上，姥韵，端。（dǔ）：看见。

◈ 体[tʰɐi^{35}]

取 仓苟切，上，厚韵，清。（qǔ）：拿。

◈ 裞[lɐi^{35}]

攽 卜巾切，平，真韵，帮。（bān）：分；颁布。

◈ ×[？]

徐（徐） 似鱼切，平，鱼韵，邪。（xú）：缓行；缓慢。

◈ 寛[kʰuan^{52}]

急 居立切，入，缉韵，见。（jí）：着急；急躁。

◈ 丨[kəp^{55}]

笥 相吏切，去，志韵，心。（sì）：盛饭或衣物的方形竹器。

◈ 𥮋[nap^{52}]

箪 都寒切，平，寒韵，端。（dān）：古代盛饭的圆形有盖竹器。

◈ 崖[？]

棘 纪力切，入，职韵，见。（jí）：木名，即酸枣树。

◈ 荄[həi^{35}]

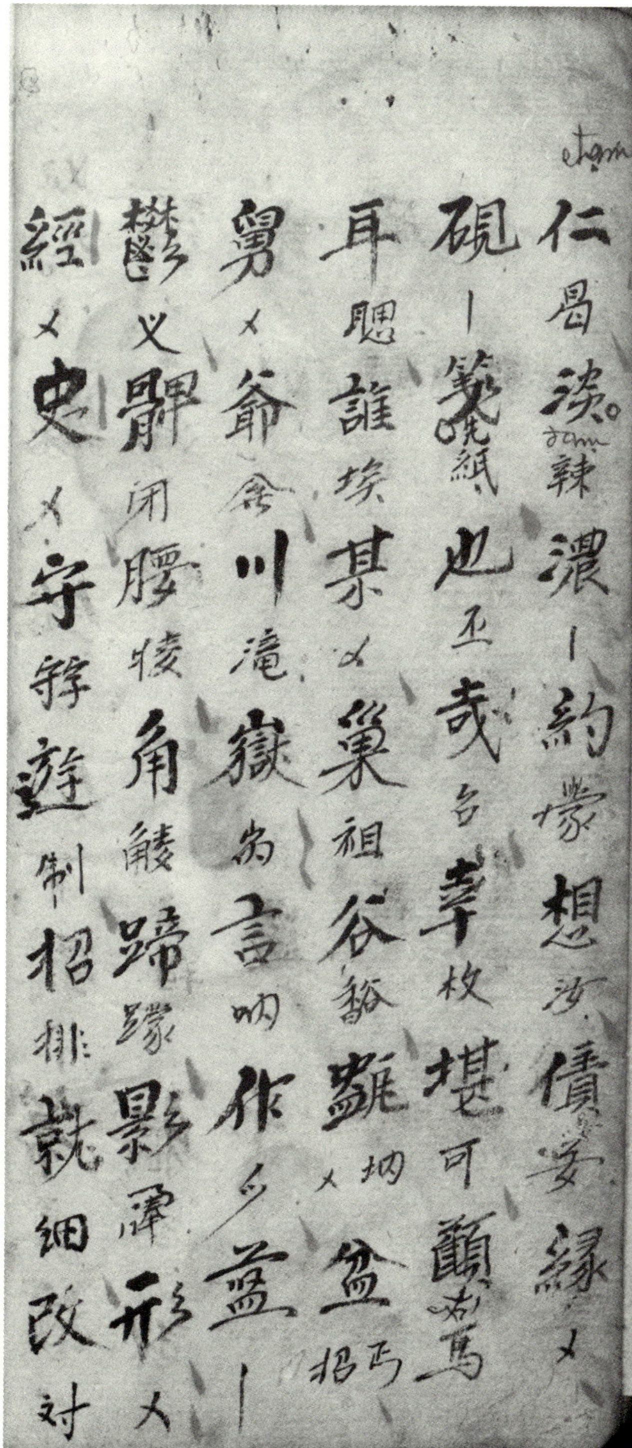
仁啚淡辣濃丨約壕想汝債妾緑乄
硯丨箋紙也丕哉台幸枚堪可顛馬
耳聰誰埃其乄巢祖谷豁難乄坳盆丐招
舅乄爺斧川滝嶽為言吶作乡益丨
鬱乂髀闭腰倰角觭蹄蹽影犀形人
經乄史乄守辞遊制招排就細改対

仁 如邻切，平，真韵，日。(rén)：仁爱，古代一种道德观念。

喃 曷 [hat^{55}]

淡 徒盐切，去，阚韵，定。(dàn)：味不浓，无盐或少盐，与“咸”相对。

喃 辣 [pʰit^{55}]

濃(濃) 女容切，平，钟韵，娘。(nóng)：厚，密；液体或气体中含某种成分多，与“淡”相对。

喃 丨 [nuŋ^{33}]

約 于略切，入，药韵，影。(yuē)：约束。

喃 蒙 [muŋ^{33}]

想 息两切，上，养韵，心。(xiǎng)：思索。

喃 汝 [ȵə^{35}]

債(積) 侧卖切，天，封韵，庄。(zhài)：欠别人的钱财债。

喃 安 [nə^{35}]

緑

喃 ×[ɬien^{33}]

硯 吾甸切，去，霰韵，疑。(yàn)：磨墨用的文具，通称“砚台”。

喃 丨 [ŋen^{21}]

箋(箋) 则前切，平，先韵，精。(jiān)：泛指书信；书写用的精美纸张。

喃 紙 [ʧie^{35}]

也 羊者切，上，马韵，以。(yě)：语气助词。

喃 丕 [？]

哉 祖才切，平，咍韵，精。(zāi)：语气助词。

喃 台 [tʰɐi^{52}]

幸 胡耿切，上，耿韵，匣。(xìng)：偶然机会获得成功。

喃 枚 [mai^{33}]

堪 口含切，平，覃韵，溪。(kān)：胜任；可以。

喃 可 [kʰa^{35}]

顴(顴) 巨原切，平，仙韵，群。(quán)：颧骨。

喃 馬 [ma^{214}]

耳 而止切，上，止韵，日。(ěr)：耳朵，人与哺乳动物听觉和平衡感觉的器官。

喃 腮 [tɯ^{52}]

誰 视隹切，平，脂韵，禅。(shuí)：疑问人称代词。

喃 埃 [ai^{52}]

某(某) 莫厚切，上，厚韵，明。(mǒu)：指一定的不明说的人或事物。

喃 ×[məu^{33}]

巢 锄交切，平，肴韵，崇。(cháo)：鸟搭的窝，亦指蜂、蚁等动物的窝。

喃 祖 [tə^{35}]

谷 古禄切，入，屋韵，来。(gǔ)：粮食作物的总称。

喃 谿 [həŋ^{21}]

[illegible]

喃 呐 ×[nɔi^{35} ？]

盆 蒲奔切，平，魂韵，並。(pén)：较浅的、口大底小的容器，多为圆形。

喃 丐招 [kai^{35}ʧɐu^{214}]

舅(舅) 其九切，上，有韵，群。(jiù)：母亲的弟兄。

喃 ×[kəu^{214}]

爺 以遮切，平，麻韵，以。(yé)：祖父。

◇壮 𮣿 [ʔuŋ^{52}]

川 昌缘切，平，仙韵，昌。(chuān)：河流。

◇喃 滝 [ʃuəŋ^{35}]

嶽

◇喃 岗 [nui^{35}]

言 语軒切，平，元韵，疑。(yán)：讲，说。

◇喃 呐 [nəi^{35}]

作 则箇切，去，歌韵，精。(zuò)：从事，做工；举行，进行；干出，做出，表现出，制造出。

◇喃 𠃋 [lam^{21}]

蓝(藍) 鲁甘切，平，谈韵，来。(lán)：用靛青染成的颜色，晴天天空的颜色。

◇喃 丨 [lam^{33}]

鬱 纡物切，入，物韵，影。(yù)：树木丛生。

◇喃 义 [ŋai^{33}/ŋe^{35}]

髀

◇喃 闭 [be^{35}]

腰 于霄切，平，宵韵，影。(yāo)：胯上胁下的部分，在身体的中部。

◇喃 𦟐 [lɤŋ^{52}]

角 卢谷切，入，屋韵，来。(jiǎo)：牛、羊、鹿等头上长出的坚硬的东西。

◇喃 𧣳 [？]

蹄 杜奚切，平，齐韵，定。(tí)：马、牛、猪等生在趾端的保护物，亦指有角质保护物的脚。

◇喃 蹼 [muŋ^{33}]

影 于丙切，上，庚韵，影。(yǐng)：物体挡住光线时所形成的四周有光中间无光的形象，亦指不真切的形象或印象。

◇喃 □ [bɔŋ^{35}]

形 户经切，平，青韵，匣。(xíng)：实体。

◇喃 ×[hiŋ^{21}]

經 古定切，去，青韵，见。(jīng)：作为典范的书。

◇喃 ×[kiŋ^{52}]

史 踈士切，上，之韵，生。(shǐ)：自然界和人类社会的发展过程，亦指记述、研究这些的文字和学科。

◇喃 ×[ʃɯ^{214}]

守 舒救切，去，尤韵，书。(shǒu)：保持，卫护。

◇喃 𡨹 [？]

遊 以周切，平，尤韵，以。(yóu)：不固定。

◇喃 制 [ʧəi^{52}]

招 止遥切，平，宵韵，章。(zhāo)：打手势叫人来；用公开的方式使人来；应接；引来。

◇喃 排 [bai^{21}]

就(就) 疾僦切，去，尤韵，从。(jiù)：凑近，靠近。

◇喃 细 [təi^{35}]

改 古亥切，上，咍韵，见。(gǎi)：变更，更换。

◇喃 对 [dəi^{52}]

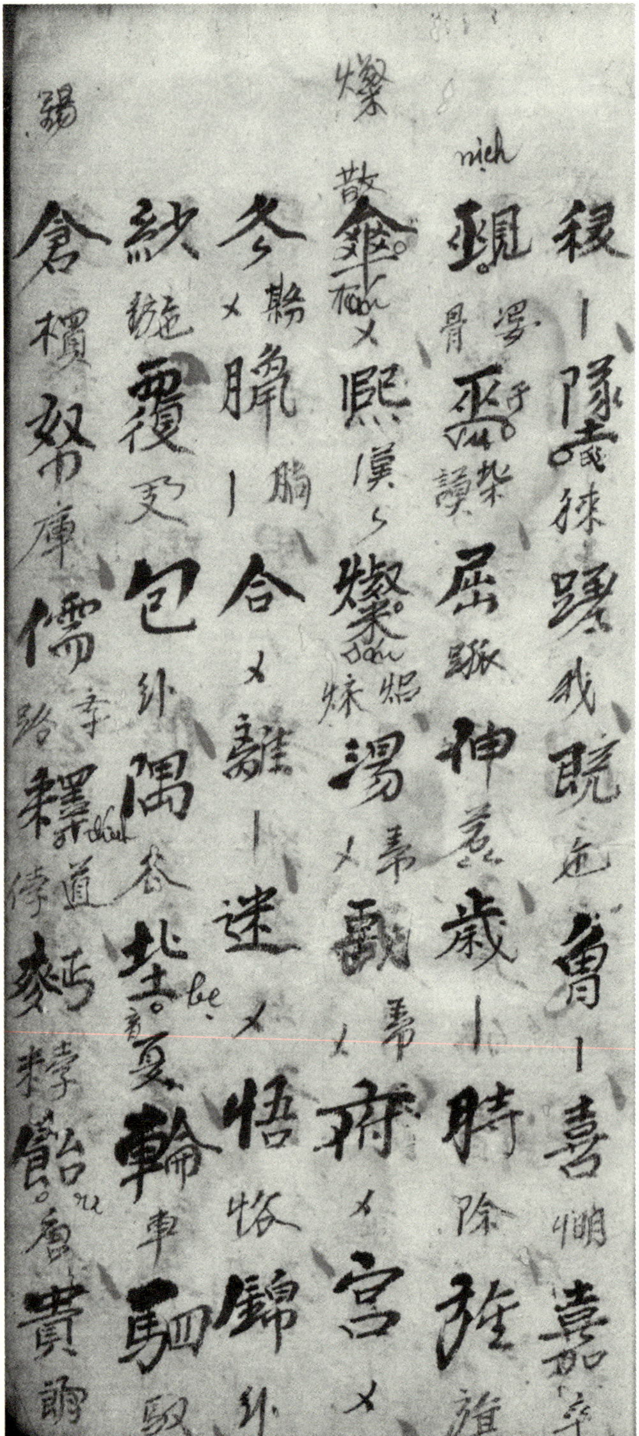

移（移） 弋支切，平，支韵，以。（yí）：迁徙。

◈ 丨 [ʧi^{35}]

墜 直类切，去，至韵，澄。（zhuì）：落，掉下。

◈ 㹈 [lai^{24}]

蹉 七何切，平，歌韵，清。（cuō）：失足跌例。

◈ 我 [ŋa^{33}]

既 居气切，去，未韵，见。（jì）：穷尽，终尽。

◈ 乇 [da^{214}]

鲁

◈ 丨 [lɔ^{35}]

喜 虚里切，上，止韵，晓。（xǐ）：高兴，快乐。

◈ 㮓 [mɯŋ^{52}]

嘉 古牙切，平，麻韵，见。（jiā）：善，美好。

◈ 卒 [tuɔt^{55}]

覡 胡狄切，入，锡韵，匣。（xī）：男巫。

◈ 娿骨 [ba^{21}kɔt^{35}]

巫 武夫切，平，虞韵，微。（wū）：古代称能以舞降神的人。

◈ 柒謨 [t^{h}ɐi^{21}mat^{22}]

屈 区勿切，入，物韵，溪。（qū）：弯曲，不直。

◈ 踿 [?]

伸 失人切，平，真韵，书。（shēn）：展开，伸直。

◈ 耒 [lɔi^{35}]

歲（歲） 相锐切，去，祭韵，心。（suì）：年，一年为一岁。

◈ 丨 [pɛ^{35}]

時 市之切，平，之韵，禅。（shí）：季节；时辰。

◈ 除 [iə^{21}]

旌 子盈切，平，清韵，精。（jīng）：古代用羽毛作竿饰的旗子。

◈ 旗 [kə^{21}]

傘（傘） 苏旱切，上，旱韵，心。（sǎn）：挡雨或遮太阳的用具，可张可收。

◈ ×[ɬai^{35}]

暵

◈ 漢㇉ [han^{35}han^{35}]

燦 苍案切，去，翰韵，清。（càn）：明亮。

◈ 焐□ [la^{214}uai^{21}]

湯 吐郎切，去，唐韵，透。（tāng）：热水；菜汤。

◈ 帚 ×[p^{h}u^{21}t^{h}aŋ^{52}]

禹 王矩切，上，麌韵，云。（yǔ）：夏朝开国的君主。

◈ 帚 ×[p^{h}u^{21} ?]

府（府） 方矩切，上，麌韵，非。（fǔ）：官僚贵族的住宅或尊称别人的住宅。

◈ ×[p^{h}u^{35}]

宫 居戎切，平，东韵，见。（gōng）：古代房屋的通称。

◈ ×[kuŋ^{52}]

冬 都宗切，平，冬韵，端。（dōng）：一年中的第四季。

◈ 務 ×[mu^{21}duŋ^{52}]

膔

◈ 腨丨 [t^{h}aŋ^{35}ʧap^{22}]

合 侯合切，入，合韵，匣。(hé)：闭，合拢。

◈ ×[hap^{22}]

離 吕支切，平，支韵，来。(lí)：分开；分散，分别。

◈ 丨[lie^{33}]

迷 莫兮切，平，齐韵，明。(mí)：分辨不清，失去了辨别、判断的能力。

◈ ×[mɐi^{52}]

悟 五故切，去，暮韵，疑。(wù)：理解，觉悟。

◈ 恪[k^{h}at^{55}]

錦 居钦切，上，寝韵，见。(jǐn)：用彩色丝织出各种图案花纹的针织品。

◈ 纱[p^{h}ɔk^{33}]

紗(紗) 所加切，平，麻韵，生。(shā)：棉、麻等纺成的细缕。

◈ 纱施[p^{h}ɔŋ^{21}da^{214}]

覆 匹北切，入，德韵，滂。(fù)：翻倒；遮蔽。

◈ 叐[ʧei^{52}]

包 布交切，平，肴韵，帮。(bāo)：裹。

◈ 纱[p^{h}ɔk^{33}]

隅 遇俱切，平，虞韵，疑。(yú)：角落。

◈ □[kuk^{55}]

坣

◈ 夏[ha^{21}]

輪 力迍切，平，谆韵，来。(lún)：车轮。

◈ 車[ʃe^{52}]

駟 息利切，去，互韵，心。(sì)：古代一车套四马，因称四马之车或车之四马。

◈ 馭[mə^{24}]

倉 七冈切，平，唐韵，清。(cāng)：贮藏谷物的处所。

◈ 槚[məi^{35}]

帑 他朗切，上，荡韵，透。(tǎng)：府库的藏金帛的府库。

◈ 庫[k^{h}ɔ^{52}]

儒 人朱切，平，虞韵，日。(rú)：孔子的学派。

◈ 李路[iu^{35}lɔ^{33}]

釋 施只切，入，昔韵，书。(shì)：释放；解说，说明。

◈ 道侼[dau^{214}？]

(麫)

◈ 粰[？]

飴 与之切，平，之韵，以。(yí)：糖膏；美味的食物。

◈ 唐[dəŋ^{21}]

貴 居胃切，去，未韵，见。(guì)：价高；位尊。

◈ 朗[laŋ^{21}]

phát

貧吾樽魯寨妥編乂竊岩剮頗胠腮脆

娘丨嫗媒帽丨條乂多八包居於膏那

胃昌詳乂罟乂步跳之殺詩經乂禮律乂

由䵷蔟罢去堂吾戶剎所丨於蒸棒冰

椅抹籔仕蠢通桃啞噤臺摩鸐情丨識吱

羝丨狗狂猴戶閤御棠乂校棲禮校乂桂校

貧 符巾切，平，真韵，並。（pín）：贫困；缺乏。
◈ 苦 [k^{h}ɔ^{35}]

樽 祖昆切，平，魂韵，精。（zūn）：古代盛酒的器具。
◈ 鲁 [lɔ^{35}]

案 乌旰切，去，翰韵，影。（àn）：古代坐息用具。
◈ 安 [an^{33}]

编 卑连切，平，仙韵，帮。（biān）：顺序排列，编织。
◈ ×[p^{h}ien^{52}]

寫（寫） 悉姐切，上，马韵，心。（xiě）：书写；抄录。
◈ 刮 [ʧep^{55}]

頰 古协切，入，帖韵，见。（jiá）：脸的两侧。
◈ 胠 [？]

腮 苏来切，平，咍韵，心。（sāi）：面颊的下半部。
◈ 腣 [tai^{33}]

娘 女良切，平，阳韵，娘。（niáng）：母亲；对妇女的通称。
◈ ｜ [naŋ^{24}]

嫗 衣遇切，去，遇韵，影。（yù）：年老的女人。
◈ 媒 [mui^{33}/məu^{33}]

帽 莫报切，去，号韵，明。（mào）：帽子。
◈ ｜ [mau^{33}]

條 徒聊切，平，萧韵，定。（tiáo）：木名；细长的树枝。
◈ ×[deu^{21}]

八 博拔切，入，黠韵，帮。（bā）：数词。
◈ 匏 [fau^{21}]

居 九鱼切，平，鱼韵，见。（jū）：住。
◈ 於 [ə^{35}]

膏（膏） 古劳切，年，豪韵，见。（gāo）：肥肉；脂油。
◈ □ [mə^{35}]

骨 古忽切，入，没韵，见。（gǔ）：骨头，人和脊椎动物体内支持身体保护内脏的坚硬组织。
◈ 昌 [ʃiəŋ^{52}]

詳 似羊切，平，阳韵，邪。（xiáng）：审慎；详细。
◈ ×[kɔn^{55}]

畧 离灼切，入，药韵，来。（luè）：简要；粗略。
◈ ×[ʧiək^{55}]

步（步） 薄故切，去，暮韵，並。（bù）：行走。
◈ 趾 [bək^{55}]

之 止而切，平，之韵，章。（zhī）：往，到。
◈ 拔 [ti^{52}]

詩 书之切，平，之韵，书。（shī）：文学体裁的一种，通过有节奏和韵律的语言切映生活，抒发情感。
◈ 經 ×[kiŋ^{52}t^{h}ə^{52}]

禮 卢启切，上，荠韵，来。（lǐ）：社会生活中，由于风俗习惯而形成的行为准则和各种礼节。
◈ 绊 ×[ban^{214}li^{35}]

由 以周切，平，尤韵，以。（yóu）：原因。
◈ 買 [məi^{35}]

發（𤼵） 方伐切，入，月韵，非。（fā）：发射，出发。

◈ 𱍮 [ɬa^{33}]

堂 徒郎切，平，唐韵，定。（táng）：泛指房屋的正厅。

◈ 茹 [ȵa^{21}]

户 侯古切，上，姥韵，匣。（hù）：一扇门；住户，一家为一户。

◈ 𬙊 [kə^{35}]

所（𠩄） 疎举切，上，语韵，生。（suǒ）：处所。

◈ 丨 [ɬə^{35}]

于 羽俱切，平，虞韵，影。（yú）：介词。

◈ 烝 [ʧəŋ^{52}]

捧 敷奉切，上，肿韵，敷。（pěng）：两手托着。

◈ 氷 [t^{h}i^{35}]

擠（擠） 子计切，去，霁韵，精。（jǐ）：推挤；挤压。

◈ 抹 [mat^{33}/mɐt^{55}]

簸 布火切，上，果韵，帮。（bǒ）：播扬；颠动。

◈ 仕 [ɬɐi^{214}]

舂（舂） 书容切，平，钟韵，书。（chōng）：用杵臼捣谷类等。

◈ 抌 [tɐm^{33}]

啞（啞） 乌下切，上，马韵，影。（yǎ）：不能说话。

◈ 㨔 [kəm^{35}]

聾（聾） 卢红切，平，东韵，来。（lóng）：听觉丧失或迟钝。

◈ □ [nuɔk^{55}]

惜 思积切，入，昔韵，心。（xī）：可惜；爱惜。

◈ 丨 [t^{h}ik^{55}]

譏 居依切，平，微韵，见。（jī）：讽刺，挖苦。

◈ 吱 [ʧe^{52}]

羝 都奚切，平，齐韵，端。（dī）：公羊。

◈ 丨 [ie^{33}]

狗 古厚切，上，侯韵，见。（gǒu）：即犬。

◈ 狂 [ʧɔ^{35}]

族

◈ 户 [hɔ^{24}]

闾 力居切，平，鱼韵，来。（lǘ）：里门；古代二十五家为一闾。

◈ 廊 [laŋ^{33}]

棠 徒郎切，平，唐韵，定。（táng）：木名，有红白两种。红色的木质坚韧，白色的果实可食，亦称棠梨、杜梨。

◈ 核 ×[ȵin^{33}dəŋ^{21}]

棣 特计切，去，霁韵，定。（dì）：木名，果实名为山樱桃。

◈ 核 ×[ȵin^{33}t^{h}i^{24}]

桂 古惠切，去，霁韵，见。（guì）：木名，肉桂，常绿乔木；桂花。

◈ 核 ×[ȵin^{33}kue^{35}]

搭 Tham

桐 核 乂 瀆 滝 山 岩 烟 熌 霧 雺 吴 浯 乂 楚 乂 𠊚

戴 蠢 樸 柽 炅 𡗶 癮 乂 興 乂 娱 盃 孤 昆 兒

Qua

寡 乂 歹 鴉 鳥丐 鶚 黑里 和 乂 順 乂 怒 憚 悉 黔

域 乂 寨 乂 砌 壇 廊 行 斬 舟 船 輞 乂 孔 乂 户

朱 乂 户 虞 乂 坦 貔 乂 坦 戔 疑 丨 奉 承 恭 敬

迪 leün

巔。頂 岸 坡 污 汝 潔 涇 挈 掠 枯 柃 謬 忄

桐 徒红切，平，东韵，定。（tóng）：落叶乔木，叶大，开白色或紫色花，木材可做琴、船、箱等物。

◈ 核 ×[n̥in^{33}dɔŋ^{21}]

瀆 徒谷切，入，屋韵，定。（dú）：水沟，小渠，亦泛指河川。

◈ 滝 [ʧ^{h}uəŋ^{33}]

山 所閒切，平，山韵，生。（shān）：地面形成的高耸的部分。

◈ □ [nui^{35}]

烟 于真切，平，真韵，影。（yān）：物质燃烧时所生的气体。

◈ □ [t^{h}ɔk^{55}]

雾 莫候切，去，侯韵，明。（wù）：接近地面的水蒸气，遇冷凝结后飘浮在空气中的小水点。

◈ □ [mɔk^{55}]

吴（吳） 五乎切，平，模韵，疑。（wú）：中国周代诸侯国名，在今江苏省南部和浙江省北部，后扩展至淮河下游一带。

◈ 渃 ×[nək^{55}ŋɔ^{33}]

楚 瘡攄切，去，鱼韵，初。（chǔ）：中国春秋时国名。

◈ 溈 ×[nək^{55}ɬə^{35}]

載（載） 作亥切，上，咍韵，精。（zài）：装，用交通工具装。

◈ 蕦 [？]

槿

◈ 挃 [kuai^{35}]

灵 郎丁切，平，青韵，来。（líng）：有效验。

◈ 彔 [ɬieŋ^{52}]

應 于证切，去，蒸韵，影。（yīng）：谓后来发生的事实与预先所言，所估计的相符；犹效验。

◈ ×[əŋ^{35}]

興（興） 許应切，去，蒸韵，晓。（xīng）：举办，发动。

◈ ×[həŋ^{52}]

娱（娛） 五故切，去，模韵，疑。（yú）：快乐或使人快乐。

◈ 盃 [fui^{33}/p^{h}ui^{21}]

孤 古胡切，平，模韵，见。（gū）：幼年死去父亲或父母双亡。

◈ 昆鱼 [kɔn^{52}？]

寡 古瓦切，上，麻韵，见。（guǎ）：妇女死了丈夫。

◈ 丐 ×[k^{h}ai^{35}kua^{52}]

鸦 于加切，平，麻韵，影。（yā）：鸟类的一属，全身多为黑色，嘴大翼长，叫声“丫丫”。

◈ 丐鹏 [k^{h}ai^{35}？]

鵲 七雀切，入，药韵，清。（què）：指喜鹊鸟。

◈ 亜罖 [a^{35}la^{33}]

和 胡臥切，去，戈韵，匣。（hè）：相安，谐调。

◈ ×[ua^{21}]

順 食闰切，去，谆韵，船。（shùn）：趋向同一个方向，与“逆”相对。

◈ ×[t^{h}ɐn^{214}]

怒 奴古切，上，模韵，泥。（nù）：生气，气愤。

◈ 憛 [t^{h}ɐn^{214}]

慈（慈） 疾之切，平，之韵，从。（cí）：仁爱，和善。

黔 [t^{h}ien^{214}]

城（城） 是征切，平，清韵，禅。（chéng）：围绕都市的高墙。

×[teŋ^{21}]

寨 苏则切，入，德韵，心。（zhài）：防守用的栅栏。

×[ʧe^{52}/ʧai^{35}]

砌 七計切，去，齐韵，清。（qì）：建筑时垒砖石，用泥灰黏合。

墻厓 [ʧ^{h}iep^{55}iai^{21}]

廊 鲁當切，平，唐韵，来。（láng）：房屋前檐伸出的部分，可避风雨，遮太阳。

行軒 [heŋ^{21}]

舟 职流切，平，尤韵，章。（zhōu）：船。

船 [tien^{21}ʧ^{h}uen^{21}]

輞 文两切，上，阳韵，微。（wǎng）：旧式车轮周围的框子。

×

孔 康董切，上，东韵，溪。（kǒng）：小洞，窟窿。

户×[hɔ^{24}k^{h}uŋ^{35}]

朱 章俱切，平，虞韵，章。（zhū）：红色。

户×[hɔ^{24}ʧu^{52}]

虞（虞） 遇俱切，平，虞韵，疑。（yú）：预料。

坦×[dət^{55} ？]

□

坦×[dət^{55} ？]

或 胡国切，入，德韵，匣。（huò）：也许，有时，表示不定的词。

×[uək^{55}]

疑 语其切，平，之韵，疑。（yí）：不信，猜度。

丨[？]

奉 扶隴切，上，钟韵，奉。（fèng）：尊重，遵守。

承 [t^{h}ə^{21}]

恭（恭） 九容切，平，钟韵，见。（gōng）：肃敬，谦逊有礼貌。

敬 [kiŋ^{35}]

巔 都年切，平，先韵，端。（diān）：山顶。

頂 [diŋ^{52}]

岸（岸） 五旰切，去，寒韵，疑。（àn）：水边的陆地。

坡 [be^{52}]

污 乌路切，去，模韵，影。（wū）：肮脏，不干净。

汝 [ɳə^{35}]

潔 古屑切，入，屑韵，见。（jié）：干净。

沤[？]

挈 苦结切，入，屑韵，溪。（qiè）：用手提着。

拺 [t^{h}ik^{55}]

拈 奴兼切，平，添韵，泥。（niān）：用手指搓捏或拿东西。

扲 [kɐm^{21}]

謬 靡幼切，去，幽韵，明。（miù）：错误的；不合情理的。

惏 [ləm^{21}]

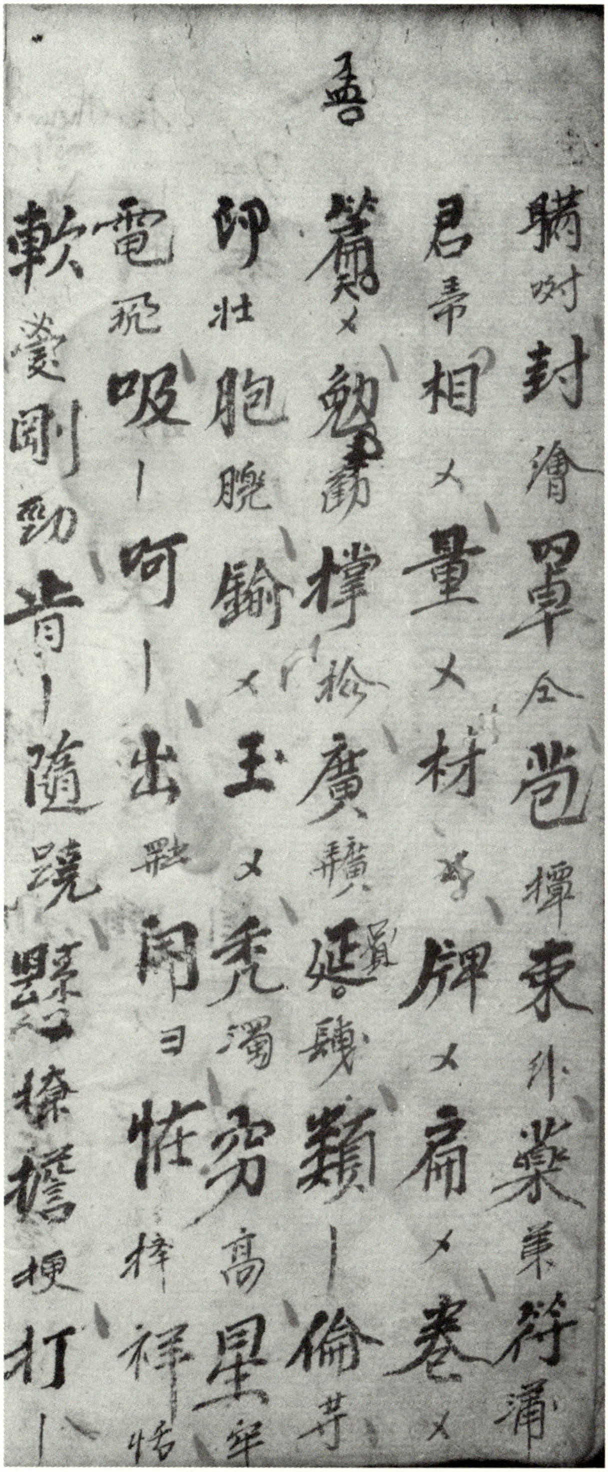
吾
骑咐封澮罩仝笆撣束外菓[illegible]符浦
君帚相ㄨ量ㄨ材[illegible]牌ㄨ扁ㄨ卷ㄨ
[illegible]ㄨ匏[illegible]樸捻廣[illegible]延[illegible]類丨倫苷
卯壮胞脱鏑ㄨ玉ㄨ秃濁穷高星年
電飛吸丨呵丨出[illegible]閂ヨ桩棒祥恬
軟[illegible]剛劲肯丨隨蹺[illegible]撩[illegible]梗打丨

瞞 母官切，平，桓韵，明。（mán）：隐藏实情，不让别人知道。

◈ 咐 [ɗɔi^{35}]

封 方用切，去，钟韵，非。（fēng）：密闭，使跟外面隔。

◈ 滜 [kuɔi^{214}]

罩（罺） 都教切，去，肴韵，知。（zhào）：覆盖，覆盖物体的东西。

◈ 仝 [dɔŋ^{21}]

苞 布交切，平，肴韵，帮。（bāo）：花托下面像叶的小片。

◈ 撢 [tɐm^{21}]

束 书玉切，入，烛韵，书。（shù）：捆住，系。

◈ 纠 [buk^{22}]

藥 以灼切，入，药韵，以。（yào）：可以治病的东西。

◈ 莿 [tʰuck^{55}]

符 防无切，平，虞韵，奉。（fú）：古代朝廷传达命令或征调兵将用的凭证；代表事物的标记、记号；道士画的驱使鬼神的图形或线条。

◈ 滽 [bɔ^{21}]

君 举云切，平，文韵，见。（jūn）：封建时代指帝王、诸侯等。

◈ 帀 [pʰuɔ^{21}]

相 息亮切，去，阳韵，心。（xiàng）：辅助，亦指辅佐的人，古代特指最高的官。

◈ ×[təŋ^{52}/təŋ^{214}]

量 力让切，去，阳韵，来。（liáng）：确定、计测东西的多少、长短、高低、深浅、远近等的器具；用计测器具或其他作为标准的东西确定、计测。

◈ ×[liəŋ^{214}]

材 昨哉切，平，咍韵，从。（cái）：木料，泛指一切原料或资料。

◈ □ [tai^{21}]

牌（牌） 步皆切，平，皆韵，並。（pái）：用木板或其他材料做的标志。

◈ ×[bai^{21}/bɐi^{52}]

扁 方典切，上，先韵，帮。（biǎn）：古同"匾"，匾额。

◈ ×[pien^{52}]

卷 居倦切，去，仙韵，见。（juàn）：书籍的册本或篇章。

◈ ×[kuen^{35}]

篇 芳连切，平，仙韵，滂。（piān）：量词，指文章、纸张、书页。

◈ ×[pʰien^{52}]

勉 亡辨切，上，仙韵，明。（miǎn）：力量不够而尽力做；劝人努力，鼓励。

◈ 勸 [?]

撑 丑庚切，平，庚韵，彻。（chēng）：支着，支持。

◈ 拎 [ʧəŋ^{52}]

廣 古晃切，上，唐韵，见。（guǎng）：指面积、范围宽阔，与"狭"相对。

◈ 穔 [ɬuŋ^{35}]

延 予線切，去，仙韵，以。（yán）：引长。

◈ 䟢 [ɬi^{21}]

類 力遂切，去，脂韵，来。（lèi）：很多相似事物的综合。

◈ 丨 [lɔi^{35}]

倫 力迍切，平，谆韵，来。（lún）：辈，类。

◈ 芓 [lən^{21}]

卬 五刚切，平，唐韵，疑。（áng）：古同“仰”，仰慕。
◈ 壮 [taŋ^{214}]

胞 布交切，平，肴韵，帮。（bāo）：同一父母所生的。
◈ □ [n̥ɐu^{33}]

鍮（鍮） 託侯切，平，侯韵，透。（tōu）：黄铜矿石。
◈ ×[？]

玉（王） 鱼欲切，入，烛韵，疑。（yù）：石头的一种，质细而坚硬，有光泽，略透明，可雕琢成工艺品。
◈ ×[ŋɔk^{22}]

秃 他谷切，入，屋韵，透。（tū）：人无头发，山无树木，树木无枝叶。
◈ 濁 [tuk^{22}]

穷 渠弓切，平，东韵，群。（qióng）：缺乏财物。
◈ 高 [？]

星 桑经切，平，青韵，心。（xīng）：天文学上指宇宙间能发光的或切射光的天体；一般指夜间天空中发光的天体。
◈ 牢 [lau^{21}]

電 堂练切，去，先韵，定。（diàn）：物理学现象，可通过化学的或物理的方法获得的一种能，用以使灯发光、机械转动等。
◈ 扌孙 [？]

吸 许及切，入，缉韵，晓。（xī）：从口或鼻把气引入体内。
◈ 丨 [k^{h}ɐp^{55}]

呵 呼箇切，去，歌韵，晓。（hē）：吁气。
◈ 丨 [k^{h}a^{35}]

出 呼箇切，去，歌韵，晓。（chū）：从里面到外面。
◈ 罒沙 [ɬa^{33}]

□
◈ □ [mə^{35}]

恠 古坏切，去，皆韵，见。（guài）：奇异，不平常。
◈ 择 [tek^{22}]

祥 似羊切，平，阳韵，邪。（xiáng）：吉利。
◈ 恬 [dem^{21}]

軟 而兖切，上，仙韵，日。（ruǎn）：柔，与“硬”相对。
◈ 爱 [ai^{35}]

剛 古郎切，平，唐韵，见。（gāng）：硬，坚强，与“柔”相对。
◈ 劲 [kiŋ^{35}]

肯 苦等切，上，登韵，溪。（kěn）：许可，愿意。
◈ 丨 [ʧe^{35}]

随 旬为切，平，支韵，邪。（suí）：跟着；顺从，任凭。
◈ 蹺 [ŋeu^{33}/t^{h}eu^{52}]

懸 胡涓切，平，先韵，匣。（xuán）：挂，吊在空中。
◈ 撩 [lieu^{33}]

擔（擔） 都滥切，去，谈韵，端。（dǎn）：用肩膀挑。
◈ 挭 [keŋ^{21}]

打 都挺切，上，青韵，端。（dǎ）：击，敲，攻击。
◈ 丨 [deŋ^{35}]

hiinh

祛除 辟乂 受 卯乂支 寅乂支 申乂支 酉乂支
隱 遮 旋 返 菓 條 穲乂
鉢乂 喝 喝 彈乂 仕 官 農 尚 褒
黑 紅 赤 免乂 狸 餙丨 汲 謹 忍丨
意 通乂 寒 徧 僣 標乂 碣乂
越乂 育乂 奎 Khuê 乂 昂乂 孜 Chào 乂 查乂 訊乂

祛 丘于切，平，鱼韵，溪。（qū）：除去，驱逐。

◈ 除 [tɯ^{21}]

辝 似兹切，平，之韵，邪。（cí）：告别。

◈ ×[tən^{55}]

受 都導切，去，豪韵，端。（shòu）：接纳别人给的东西。

◈ □ [ʧiu^{214}]

卯（夘） 莫饱切，上，肴韵，明。（mǎo）：地支的第四位，属兔。

◈ 支 ×[ʧi^{52}mau^{214}]

寅（寅） 以脂切，平，脂韵，以。（yín）：地支的第三位，属虎。

◈ 支 ×[ʧi^{52}ɬen^{21}]

申 失人切，平，真韵，书。（shēn）：地支的第九位，属猴。

◈ 支 ×[ʧi^{52}ɬən^{52}/ɬen^{52}]

酉 與久切，上，尤韵，以。（yǒu）：地支的第十位，属鸡。

◈ 支 ×[ʧi^{52}ɬeu^{214}]

隱 于靳切，去，欣韵，影。（yǐn）：藏匿，不显露。

◈ 䜣 [ɬəu^{35}]

遮（遮） 正奢切，平，麻韵，章。（zhē）：挡。

◈ 𢓭 [ʧei^{52}]

旋 辝恋切，去，仙韵，邪。（xuán）：转动。

◈ 𠁑 [fe^{21}]

迈

◈ 吏 [lai^{214}]

菓（菓） 古火切，上，戈韵，见。（guǒ）

◈ 𬞟 [kua^{214}lɔi^{35}]

條 徒聊切，平，萧韵，定。（tiáo）：植物的细长枝；泛称条形的东西。

◈ 挭 [keŋ^{21}]

瓶（缾） 薄经切，平，耕韵，並。（píng）：容器名。

◈ ×[biŋ^{21}]

鉢 北末切，入，末韵，帮。（bō）：洗涤或盛放东西的陶制的器具。

◈ ×[bat^{55}]

唱 尺亮切，去，阳韵，昌。（chàng）：依照乐律发声。

◈ 喝 [hat^{55}]

弹（弹） 徒干切，平，寒韵，定。（tán）：用手或工具拨动而发射出去，亦指用手指拨弄。

◈ ×[dan^{21}]

仕 鉏里切，上，之韵，崇。（shì）：做官。

◈ 罒官 [lam^{21}kuan^{52}]

農（農） 奴冬切，平，冬韵，泥。（nóng）：种庄稼，属于种庄稼的。

◈ 罒𬌗 [lam^{21}den^{21}]

尚 市羊切，平，阳韵，禅。（shàng）：尊崇，注重。

◈ 重 [tuŋ^{21}]

褒 博毛切，平，豪韵，帮。（bāo）：赞扬，夸奖，与“贬”相对。

◈ 哅 [k^{h}an^{52}]

黑（黒） 呼北切，入，德韵，晓。（hēi）：像墨和煤那样的颜色，与“白”相对。

◈ 顛 [dem^{52}/den^{35}]

紅 户公切，平，东韵，匣。（hóng）：像鲜血的颜色。

◈ 𬐥 [ʃik^{55}]

免 亡辨切，上，仙韵，明。(miǎn)：去掉，除掉。

◈ 丐 ×[k^{h}ai^{35}ŋi^{33}]

狸 里之切，平，之韵，来。(lí)：哺乳动物，形状与猫相似，毛皮可制衣物。

◈ 蒙猉 [muŋ^{33}ki^{21}]

筛 疏夷切，平，脂韵，生。(shāi)：用筛子过东西。

◈ ｜ [tiet^{55}]

汲 居立切，入，缉韵，见。(jí)：从井里打水。

◈ 謹 [kən^{35}]

忍 古电切，去，先韵，见。(jiàn)：耐，把感情按住不让表现。

◈ ｜ [ȵɐn^{214}]

意 于记切，去，之韵，影。(yì)：心思。

◈ 悉 [lɔŋ^{21}]

通 他红切，平，东韵，透。(tōng)：畅通；流通。

◈ ×[t^{h}uŋ^{52}]

塞 苏则切，入，德韵，心。(sè)：堵，填满空隙。

◈ 垃 [？]

徧 方见切，去，先韵，帮。(biàn)：全面，到处。

◈ □ [bien^{52}]

偕（偺） 古谐切，平，皆韵，见。(xié)：共同，在一起。

◈ 条 [deu^{21}]

標 方小切，上，宵韵，帮。(biāo)：树木的末端，引申为表面的，非根本的；记号。

◈ 核 ×[kɐi^{52} ？]

碣（碣） 渠列切，入，薛韵，群。(jié)：圆顶的石碑。

◈ 碬 ×[da^{35} ？]

越（越） 户括切，入，末韵，匣。(yuè)：中国周代诸侯国名。

◈ 渃 ×[nək^{55}fet^{22}]

脊 陟利切，去，脂韵，知。(qí)：中国周代诸侯国名。

◈ 渃 ×[nək^{55}tɐi^{21}]

奎

◈ 牢 ×[ɬau^{52}k^{h}ue^{52}/kue^{52}]

昴（昴） 莫饱切，上，肴韵，明。(mǎo)：仰，高抬。

◈ 牢 ×[ɬau^{52} ？]

孜（孜） 子之切，平，之韵，精。(zī)：勤谨，不懈怠。

◈ ×[？]

查 侧加切，平，麻韵，庄。(chá)：考察。

◈ ×[ʃa^{21}/ʧ^{h}et^{55}/ʧa^{52}]

訛 五禾切，平，戈韵，疑。(é)：错误；敲诈。

◈ ×[ua^{35}]

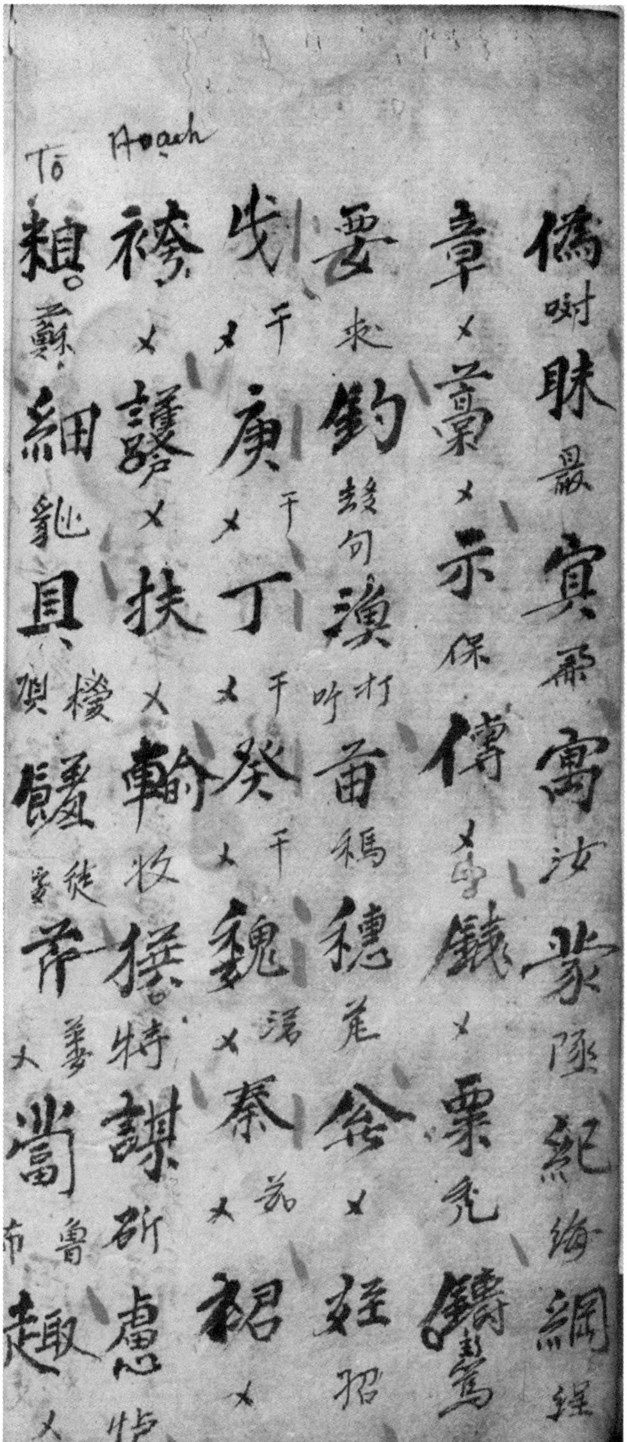

Hoạch

Tô

儒咐胅最寘𠬠寓汝蒙隊紀絠綱綎

章乂藁乂示保傳乂孝鐵乂粟氕鑄寫

要來釣鼓句澳吋打畨碼穗苑兮乂珏招

戊乂干庚乂干丁乂干癸乂干魏乂渃秦乂葯裙乂

襮乂護乂扶乂輪收擬特諜斫慮忬

粗蘇細乿貝𧵑𣘃饅徙乔姜乂蜀魯布趣乂

偽 危睡切，去，支韵，疑。(wěi)：假，不真实。

◈ 尣对 [dɔi^{35}]

昧 莫贝切，去，泰韵，明。(mèi)：昏昧。

◈ 最□ [tui^{35} ？]

寘

◈ [ma^{33}]

寓 牛具切，去，虞韵，疑。(yù)：原指寄居，后泛指居住。

◈ 汝 [nə^{35}]

蒙(蒙) 莫红切，平，东韵，明。(méng)：受。

◈ 㕰 [kek^{55}]

紀 居理切，上，之韵，见。(jì)：记载。

◈ 绗 [hɔi^{214}]

網 文两切，上，阳韵，微。(wǎng)：用绳、线等结成的捕鱼捉鸟的器具。

◈ 緹 [tiŋ^{35}]

章 諸良切，平，阳韵，章。(zhāng)：歌曲诗文的段落。

◈ ×[ʧiəŋ^{52}]

蕫

◈ ×[tuŋ^{52}]

示 神至切，去，脂韵，船。(shì)：表明，把事物拿出来或指出来使别人知道。

◈ 保 [bau^{35}]

傳 知恋切，去，仙韵，知。(chuán)：转(zhuǎn)授，递。

◈ × □ [tien^{21}]

錢(錢) 即浅切，上，仙韵，精。(qián)：货币。

◈ ×[tien^{21}]

粟 相玉切，入，烛韵，心。(sù)：古代泛称谷类。

◈ 秃 [t^{h}uk^{55}/t^{h}ɔk^{55}]

鑄(鑄) 之戍切，去，虞韵，章。(zhù)：把金属熔化后倒在模子里制成器物。

◈ 篤 [？]

要 于霄切，平，宵韵，影。(yào)：索取。

◈ 求 [kɐu^{21}]

釣 多啸切，去，萧韵，端。(diào)：用饵诱鱼上钩。

◈ 趍句 [di^{52}kɐu^{52}]

漁(漁) 語居切，平，鱼韵，疑。(yú)：捕鱼。

◈ 打吖 [deŋ^{35}ka^{35}]

苗 武瀌切，平，宵韵，明。(miáo)：初生的植物或没有秀穗的庄稼。

◈ 秏 [ma^{33}]

穗 徐醉切，去，脂韵，邪。(suì)：禾本植物聚生在茎的顶端的花和果实。

◈ 芃 [p^{h}uŋ^{52}]

翁(翁) 乌红切，平，东韵，影。(wēng)：对年长者的尊称。

◈ ×[ʔuŋ^{52}]

姓

◈ 招 [ʧɐu^{35}]

戊(戊) 莫候切，去，侯韵，明。(wù)：天干的第五位，用作顺序第五的代称。

◈ 干 ×[kan^{33}mɔ^{21}]

庚 古行切，平，庚韵，见。(gēng)：天干的第七位，用作顺序第七的代称。

◈ 干 ×[kan^{33}keŋ^{52}]

丁 当经切，平，青韵，端。(dīng)：天干的第四位，用于作顺序第四的代称。

◇喃 干 ×[kan^{33}diŋ^{52}]

癸 居诔切，上，脂韵，见。(guǐ)：天干的第十位，用于作顺序第十的代称。

◇喃 干 ×[kan^{33}kui^{35}]

魏 鱼贵切，去，微韵，疑。(wèi)：中国周代诸侯国名，在今河南省北部、陕西省东部、山西省西南部和河北省南部等地；中国历史上的三国之一；中国历史上的北朝之一。

◇喃 渃 ×[nək^{55}uei^{214}]

秦 语其切，平，之韵，疑。(qín)：中国周代诸侯国名，在今陕西省和甘肃省一带；中国朝代名。

◇喃 茹 ×[ȵa^{21}tɐn^{21}]

裙 渠云切，平，文韵，群。(qún)：一种围在腰以下的服装。

◇喃 ×[kuɐn^{21}]

袴(褲) 苦故切，去，模韵，溪。(kù)：穿在腰部以下的衣服，有“裤腰”、“裤裆”和两条“裤腿”。

◇喃 ×[k^{h}a^{55}]

護(護) 胡误切，去，模韵，匣。(hù)：使不受侵犯和损害。

◇喃 户 ×[hɔ^{24}hɔ^{24}]

扶 甫无切，平，虞韵，非。(fú)：搀，用手支持人或物，使不倒。

◇喃 ×[p^{h}u^{21}]

輸(輸) 伤遇切，去，虞韵，书。(shū)：败，负。

◇喃 收 [t^{h}u^{52}]

獲(獲) 胡麦切，入，麦韵，匣。(huò)：收割庄稼。

◇喃 特 [dək^{22}]

謀(謀) 莫浮切，平，尤韵，明。(móu)：计划，计策，主意。

◇喃 斫 [ʧək^{55}]

慮 良倨切，去，鱼韵，来。(lǜ)：思考。

◇喃 忙 [lɔ^{52}]

粗 仓胡切，平，模韵，清。(cū)：长条东西直径大的；不精致，工料毛糙；疏忽，不周密。

◇喃 稣 [tɔ^{52}]

細 苏计切，去，齐韵，心。(xì)：颗粒小的，与“粗”相对；长条东西直径小的；精致的。

◇喃 一 [ʔit^{55}]

具 其遇切，去，虞韵，群。(jù)：器物。

◇喃 㮐娸 [nui^{35}kɔ^{214}]

饈 集韻切，平，尤韵，心。(xiū)：美味的食品。

◇喃 安徒 [ɐn^{33}dɔ^{21}]

芹 巨斤切，平，欣韵，群。(qín)：菜名，一年或二年生草本植物，茎可食。亦称“水芹”。还有一种“草芹”，有特殊香味，俗称“药芹”。

◇喃 蒌 ×[lɐu^{33}ɐn^{52}]

蔔(蔔) 蒲北切，入，德韵，並。(pú)：十字花科，萝卜属一、二年生草本植物。肉质直根呈圆锥、长圆锥、扁圆等形，肥厚多肉，白、绿、红或紫色等，叶大，总状花序，花白或浅紫色，原产中国。

◇喃 鲁布 [lɔ^{35}/lɔ^{21}bɔ^{35}]

趣 仓苟切，上，侯韵，清。(qù)：兴味，使人感到愉快。

◇喃 ×[ʃɔ^{214}]

hèm ở hùng thuần

情〆兵〆伍〆軆腜瞳朘屑丨陛塪

逼〆馴寅巡〆乇伐〆乇嘴㠶膚夬腰茈〆

蘿〆尉𡗶皮丞chung〆皮菫麦騄相集多挺添〆

宵香旦歇枝之昆俳路磊餧𧄍饑尉諸每

各条咩丨鄭畄吟業仍〆于蒸此[illegible]

以祀求尋侖船螟蠅磚遠炭丨貫丨

情 疾盈切，平，清韵，从。(qíng)：外界事物所引起的喜、怒、爱、憎、哀、惧等心理状态：感情。

◈ ×[tiŋ^{21}]

兵 甫明切，平，庚韵，帮。(bīng)：武器；战士，军队。

◈ ×[biŋ^{52}]

伍 疑古切，上，模韵，疑。(wǔ)：古代军队的编制；军队。

◈ ×[ŋɐu^{214}]

膿(膿) 奴冬切，平，冬韵，泥。(nóng)：疮口流出来的黄白色汁液，是死亡的白血球、细菌及脂肪等的混合物。

◈ 腜 [mɔ^{33}]

腫 之陇切，上，钟韵，章。(zhǒng)：皮肉浮胀。

◈ 胲 [iɐŋ^{33}]

層(層) 昨棱切，平，登韵，从。(céng)：表示从前经历过；古同“层”。

◈ 丨 [təŋ^{21}]

陛(陛) 傍礼切，上，齐韵，並。(bì)：宫殿的台阶。

◈ 堛 [pʰuk^{55}]

逼 彼侧切，入，职韵，帮。(bī)：强迫，威胁。

◈ ×[bək^{55}]

馴 详遵切，平，谆韵，邪。(xùn)：顺从，使顺从。

◈ 寅 [ɬɐn^{21}]

巡 详遵切，平，谆韵，邪。(xún)：来回走动查看。

◈ 屯 ×[tʰɐn^{24}dɔn^{21}]

伐 房越切，入，月韵，奉。(fá)：砍；征讨。

◈ 屯 ×[tʰɐn^{24}]

嘴 即委切，上，支韵，精。(zuǐ)：口，动物吃食，发音的器官，亦指说话。

◈ 㷅 [məu^{22}]

膚 甫无切，平，虞韵，非。(fū)：肉体表面的皮。

◈ 腺 [də^{52}/da^{35}]

花(花) 呼瓜切，平，麻韵，晓。(huā)：植物的繁殖器官，典型的由“花托”、“花萼”、“花冠”、“雌蕊群”和“雄蕊群”组成，有各种形状和颜色，有的有香味，凋谢后结成果实。

◈ ×[ua^{52}]

蘂(蘂) 如累切，上，支韵，日。(ruǐ)：植物生殖器官的一部分。

◈ ×[ȵɐi^{214}]

尉 纡物切，入，物韵，影。(wèi)：古代官名，一般是武官。

◈ 㝫 ×[kuan^{52}？]

㞢

◈ 㝫 ×[kuan^{52}？]

齒(齿) 昌里切，上，之韵，昌。(chǐ)：人和动物嘴里咀嚼食物的器官(通常称“牙”)。

◈ 㚇 [lɐŋ^{33}/ɬɐn^{33}]

眸 莫浮切，平，尤韵，明。(móu)：眼中瞳人，泛指眼睛。

◈ 相 [mɐt^{55}]

售 承呪切，去，尤韵，禅。(shòu)：卖。

◈ 担 [dam^{35}]

添 即略切，入，药韵，精。(tiān)：增加。

◈ ×[tʰem^{52}]

宵 相邀切，平，宵韵，心。(xiāo)：夜。
◈ 杏 [fi^{35}/fi^{33}]

旦 得按切，去，寒韵，端。(dàn)：早晨。
◈ 㪘 [liem^{35}]

妓 居宜切，平，支韵，见。(jì)：古代称歌女，表演歌舞的女子；以卖淫为生的女子。
◈ 昆乞 [kɔn^{52}ʧi^{52}]

俳 步皆切，平，皆韵，並。(pái)：古代指杂戏、滑稽戏；演杂戏的艺人。
◈ 茹路 [ȵa^{21}lɔ^{21}]

飫 依倨切，去，鱼韵，鱼。(yù)：古代家庭私宴的名称。
◈ 于𢿣 [ə^{35}nɔ^{33}]

饑 居依切，平，微韵，见。(jī)：饿。
◈ 㞋 [dɔi^{35}]

諸 正奢切，平，麻韵，章。(zhū)：众，许多。
◈ 每 [mɔi^{214}]

各 古落切，入，铎韵，见。(gè)：每个，彼此不同。
◈ 条 [deu^{21}]

叫 古弔切，去，萧韵，见。(jiào)：呼喊。
◈ 丨 [kieu^{35}]

啣
◈ 吟 [kʰɐm^{21}]

禁 居吟切，平，侵韵，见。(jīn)：受得住，耐久。
◈ □ [kəm^{35}]

仍 如乘切，平，蒸韵，日。(réng)：依然。
◈ ×[ȵiəŋ^{52}]

于 羽俱切，平，虞韵，云。(yú)：介词，在。
◈ 烝 [ʧəŋ^{52}]

此 雌氏切，上，支韵，清。(cǐ)：这，这个，与“彼”相对。
◈ ⺁ [ŋɐi^{35}/ʔi^{35}]

以 羊己切，上，之韵，以。(yǐ)：用，拿，把，将。
◈ 䄟 [lɐi^{35}]

求(求) 巨鸠切，平，尤韵，群。(qiú)：恳请，乞助。
◈ 尋 [tim^{21}/tɐm^{21}]

禽(禽) 巨金切，平，侵韵，群。(qín)：鸟、兽的总称。
◈ 舟 [ʧim^{52}]

蟆(蟆) 莫霞切，平，麻韵，明。(má)：青蛙和蟾蜍的统称。
◈ 蝹 [?]

磚(磚) 职绿切，平，仙韵，章。(zhuān)：用土坯烧制而成的建筑材料。
◈ □ [?]

炭(炭) 他旦切，去，寒韵，透。(tàn)：把木材和空气隔绝，加高热烧成的一种黑色燃料。
◈ 丨 [kʰən^{35}]

貫 古丸切，平，桓韵，见。(guàn)：古代穿钱的绳索（把方孔钱穿在绳子上，每一千个为一贯）；穿，通，连。
◈ 丨 [kuan^{214}]

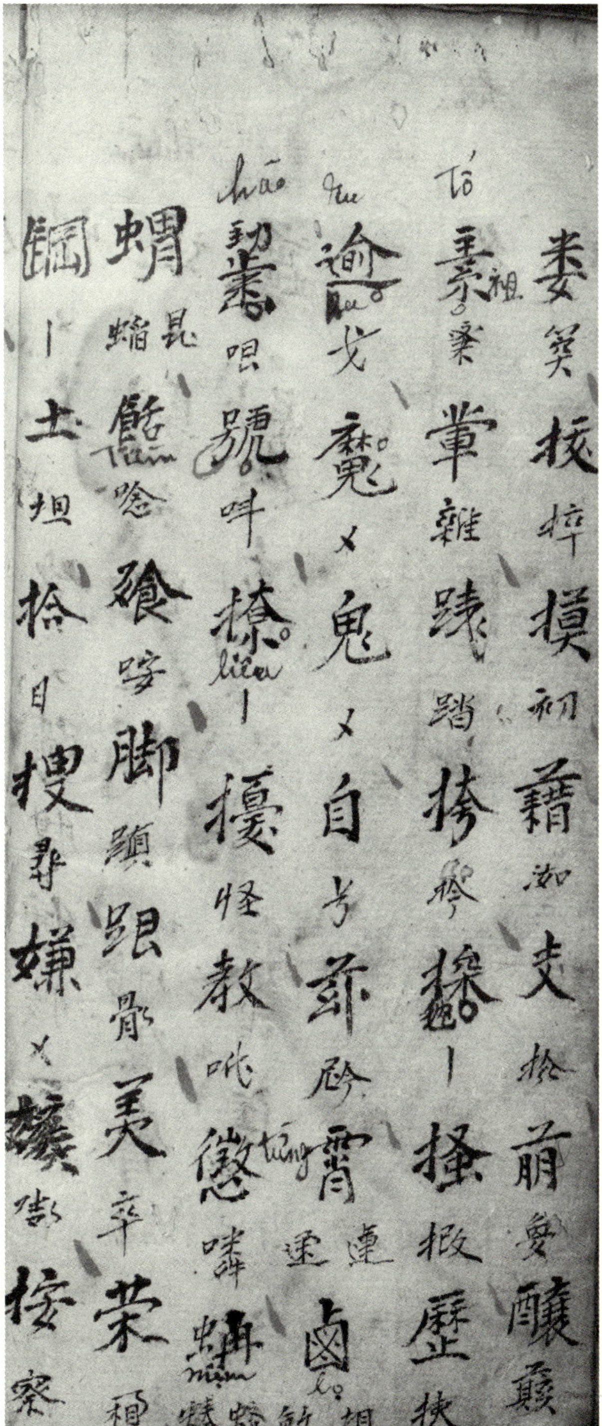

娄 力朱切，平，虞韵，来。（lóu）：星名，二十八宿之一。

◈ 筽 [？]

扳

◈ 捽 [tuət^{55}]

摸（摸） 莫胡切，平，模韵，明。（mō）：用手接触或轻轻抚摩。

◈ 初 [ʃə^{52}]

藉（藉） 秦昔切，入，昔韵，从。（jiè）：垫在下面的东西。

◈ 洳 [ȵə^{35}]

支 章移切，平，支韵，章。（zhī）：撑持，伸出，竖起。

◈ 抇 [mut^{22}]

萌（萌） 莫耕切，平，耕韵，明。（méng）：植物的芽。

◈ 叜 [？]

釀（釀） 女亮切，去，阳韵，娘。（niàng）：利用发酵作用制造酒、醋、酱油等。

◈ 荄 [？]

素（素） 桑故切，去，模韵，心。（sù）：非肉类的食品，与“荤”相对。

◈ 紊 [？]

葷 许云切，平，文韵，晓。（hūn）：肉食。

◈ 雜 [ʧap^{22}]

踐（踐） 慈演切，上，仙韵，从。（jiàn）：踩，踏。

◈ 踏 [dap^{35}]

挎 苦胡切，平，模韵，溪。（kuà）：胳膊弯起来挂着东西；把东西挂在肩上或挂在腰里。

◈ 拎 [kɐm^{21}]

探（探） 他含切，平，覃韵，透。（tàn）：头或上体伸出，手伸入。

◈ 丨 [t^{h}am^{35}]

搔（搔） 苏遭切，平，豪韵，心。（sāo）：挠，用手指甲轻刮。

◈ 掀 [kai^{35}]

歷 郎擊切，入，锡韵，来。（lì）：经过。

◈ 挟 [lai^{214}]

逾（逾） 羊朱切，平，虞韵，以。（yú）：越过，超过。

◈ 戈 [kua^{52}]

魔（魔） 莫婆切，平，戈韵，明。（mó）：宗教或神话传说中指害人性命、迷惑人的恶鬼，喻邪恶的势力。

◈ ×[ma^{33}]

鬼（鬼） 居伟切，上，微韵，见。（guǐ）：某些宗教或迷信的人所说的人死后的灵魂。

◈ ×[kui^{35}/kui^{52}]

自 疾二切，去，脂韵，从。（zì）：本人，己身。

◈ 兮 [ŋə^{33}]

兹（兹） 子之切，平，之韵，精。（zī）：这，这个，此。

◈ 昑 [nɐi^{33}]

霄 相邀切，平，宵韵，心。（xiāo）：云。

◈ 連迷 [len^{33}mɐi^{52}]

鹵

◈ 坦敏 [tət^{55}mɐn^{33}/mɐn^{214}]

蓋

◈ 哏 [k^{h}ən^{35}]

號 胡刀切，平，豪韵，匣。（háo）：呼叫。

◈ 叫 [keu^{35}]

撩 落萧切，平，萧韵，来。（liǎo）：取，挑弄。

◈ 丨[lieu^{33}]

擾(擾) 而沼切，上，宵韵，日。（rǎo）：搅乱。

◈ 怪[kuai^{35}]

教 古肴切，平，肴韵，见。（jiào）：指导，训诲：。

◈ 吪[dɐi^{21}]

懲 直陵切，平，平韵，澄。（chéng）：戒止；处罚，警戒。

◈ 噒[lən^{33}]

蚺 汝监切，平，监韵，日。（rán）：蟒蛇。

◈ 蛒螓[？？]

蝟 于贵切，去，微韵，云。（wèi）：哺乳动物，身上长有硬刺，昼伏夜出，吃鼠、蛇、昆虫等。

◈ 昆蝹[t^{h}au^{52}k^{h}uən^{52}]

餂

◈ 唸[nem^{24}]

飱 七丹切，平，寒韵，清。（sūn）：晚饭，亦泛指熟食，饭食。

◈ 咹[ɐn^{52}]

脚 居勺切，入，药韵，见。（jiǎo）：人和某些动物腿的下端，接触地面的部分。

◈ 蹞[ʧun^{52}]

跟(跟) 古痕切，平，痕韵，见。（gēn）：脚的后部。

◈ 骱[kɔt^{35}]

美 古弔切，去，蕭韵，見。（měi）：好，善。

◈ 卒[tuət^{55}]

荣 永兵切，平，庚韵，云（róng）：草木茂盛。

◈ ⿰禾冊[təŋ^{52}/ɬaŋ^{52}]

鋼

◈ 丨[kaŋ^{52}]

土 他鲁切，上，模韵，透。（tǔ）：土壤，泥土。

◈ 坦[dət^{55}]

拾 是执切，入，缉韵，禅。（shí）：捡，从地上拿起。

◈ 日[nɐt^{22}]

搜(搜) 所鸠切，平，尤韵，生。（sōu）：寻求，寻找。

◈ 寻[tim^{21}]

嫌 户兼切，平，添韵，匣。（xián）：可疑之点；厌恶，不满意。

◈ ×[k^{h}iem^{52}]

□

◈ ⿰冫⿰岀勺[kɐt^{55}/kat^{35}]

按 乌旰切，去，寒韵，影。（àn）：用手或手指压。

◈ 察[ʧ^{h}et^{55}]

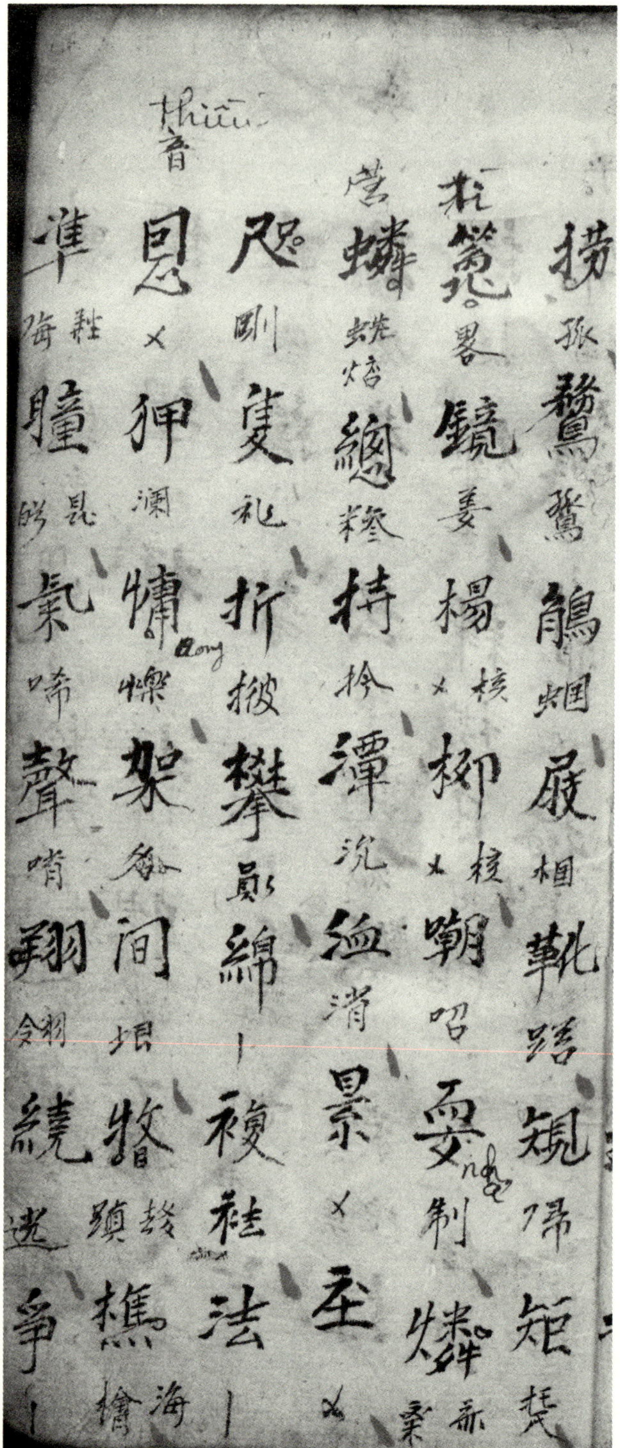

捞 憐蕭切，平，蕭韵，來。（lāo）：从液体里面取东西。

◈ 㧅 [kɔ^{52}]

鶩 胡谗切，平，咸韵，匣。（wù）：鸭子。

◈ 鵞 [？]

鹃（鵑） 古玄切，平，先韵，见。（juǎn）：鸟名。

◈ 蝈 [kɔk^{35}]

屐

◈ 榍 [k^{h}uk^{55}]

靴 许擽切，平，戈韵，晓。（xuē）：有长筒的鞋。

◈ 踣 [hɐi^{52}]

规（規） 居隋切，平，支韵，见。（guī）：画圆的工具。

◈ 帰 [kui^{52}]

矩 俱雨切，上，麌韵，见。（jǔ）：画直角或方形的工具。

◈ 㐂 [t^{h}ət^{55}]

签

◈ 署 [ʧət^{55}]

鏡 居庆切，去，庚韵，见。（jìng）：用来映照形象的器具。

◈ 姜 [k^{h}əŋ^{52}]

楊 与章切，平，阳韵，以。（yáng）：落叶乔木，叶互生，卵形或卵状披针形，柔荑花序，古诗文中扬抑常通用。

◈ 核 ×[kɐi^{52}ɬəŋ^{33}]

柳（栁） 力久切，上，尤韵，来。（liǔ）：落叶乔木或灌木，枝柔韧，叶狭长，春天开黄绿色花，种子上有白色毛状物，成熟后随风飞散。

◈ 核 ×[kɐi^{52}leu^{214}]

嘲 陟交切，平，肴韵，知。（cháo）：讥笑，拿人取笑。

◈ 咰 [ʧiu^{214}]

耍 沙瓦切，上，麻韵，生。（shuǎ）：游戏。

◈ 制 [ʧəi^{52}]

燐 良刃切，去，真韵，来。（lín）：一种非金属元素，常见的有“白磷”和“红磷”。

◈ 麻粦 [ma^{21}lən^{33}]

螏 亲吉切，入，质韵，清。（lin）：萤火。

◈ 蚍烠 [？？]

緫

◈ 糁 [tam^{52}]

持 直之切，平，之韵，澄。（chí）：拿着，握住。

◈ 扲 [kɐm^{52}]

潭 徒含切，平，覃韵，定。（tán）：水深之处；深。

◈ 沉 [tɐm^{21}]

洫 况逼切，入，职韵，晓。（xù）：田间的水道，沟渠。

◈ 涫 [ɬieu^{52}]

景 居影切，上，庚韵，见。（jǐng）：环境的风光。

◈ ×[kiŋ^{35}]

庄（庒） 薄萌切，平，耕韵，並。（zhuāng）：村落，田舍。

◈ ×[ʧɐŋ^{35}]

咫 诸氏切，上，支韵，章。（zhǐ）：中国古代长度单位（周代指八寸，合现市尺六寸二分二厘）。

◈ 刚 [kəŋ^{52}]

隻 之石切，入，昔韵，章。（zhī）：量词。

◈ 祂 [ʔi^{55}]

折 杜奚切，平，齐韵，定。(zhé)：翻转，倒腾。

◈ 揻 [be^{21}]

攀 普班切，平，删韵，滂。(pān)：抓住东西向上爬。

◈ 㪰 [fin^{33}]

綿 武延切，平，仙韵，明。(mián)：蚕丝结成的片或团，供絮衣被、装墨盒等用。

◈ 丨 [min^{33}]

複 方六切，入，屋韵，非。(fù)：许多的，不是单一的。

◈ 袪 [ʔi^{52}]

法 方乏切，入，乏韵，非。(fǎ)：体现统治阶段的意志，国家制定和颁布的公民必须遵守的行为规则。

◈ 丨 [fap^{55}/p^{h}ap^{55}]

恩(㶣) 乌痕切，平，痕韵，影。(ēn)：深厚的情谊。

◈ ×[ən^{52}]

狎 胡甲切，入，狎韵，匣。(xiá)：亲近而态度不庄重。

◈ 澜 [lan^{33}]

慵 蜀庸切，平，钟韵，禅。(yōng)：困倦，懒得动。

◈ 㑹 [lak^{22}/ȵak^{22}]

架 古讶切，去，麻韵，见。(jià)：用做支承的东西。

◈ 各 [kak^{55}]

间 古苋切，去，山韵，见。(jiān)：两段时间相接的地方，或介于两桩事物当中及其相互关系。

◈ 垠 [k^{h}ən^{35}]

牧 莫六切，入，屋韵，明。(mù)：放养牲口。

◈ 趍䟢 [ti^{52}ʧən^{52}]

樵 昨焦切，平，宵韵，从。(qiáo)：柴，散木。

◈ 海檜 [hɔi^{214}kuəi^{35}]

準 职悦切，入，薛韵，章。(zhǔn)：鼻子。

◈ 𪖫海 [ɬuŋ^{35}mɔi^{21}]

瞳 徒红切，平，东韵，定。(tóng)：〔瞳孔〕虹膜中央的小孔，光线通过瞳孔进入眼内。

◈ 昆昒 [kɔn^{52}ŋai^{33}]

氣 去既切，去，微韵，溪。(qì)：没有一定的形状、体积，能自由散布的物体。

◈ 唏 [hɔi^{52}]

聲(聲) 书盈切，平，清韵，书。(shēng)：物体振动时所产生的能引起听觉的波。

◈ 哨 [tieŋ^{35}]

翔 似羊切，平，阳韵，邪。(xiáng)：盘旋地飞而不扇动翅膀。

◈ 翎 [leŋ^{33}]

繞(繞) 而沼切，上，宵韵，日。(rào)：缠，缠绕。

◈ 迯 [kueŋ^{52}]

爭 侧茎切，平，耕韵，庄。(zhēng)：力求获得，互不相让。

◈ 丨 [ʧeŋ^{52}]

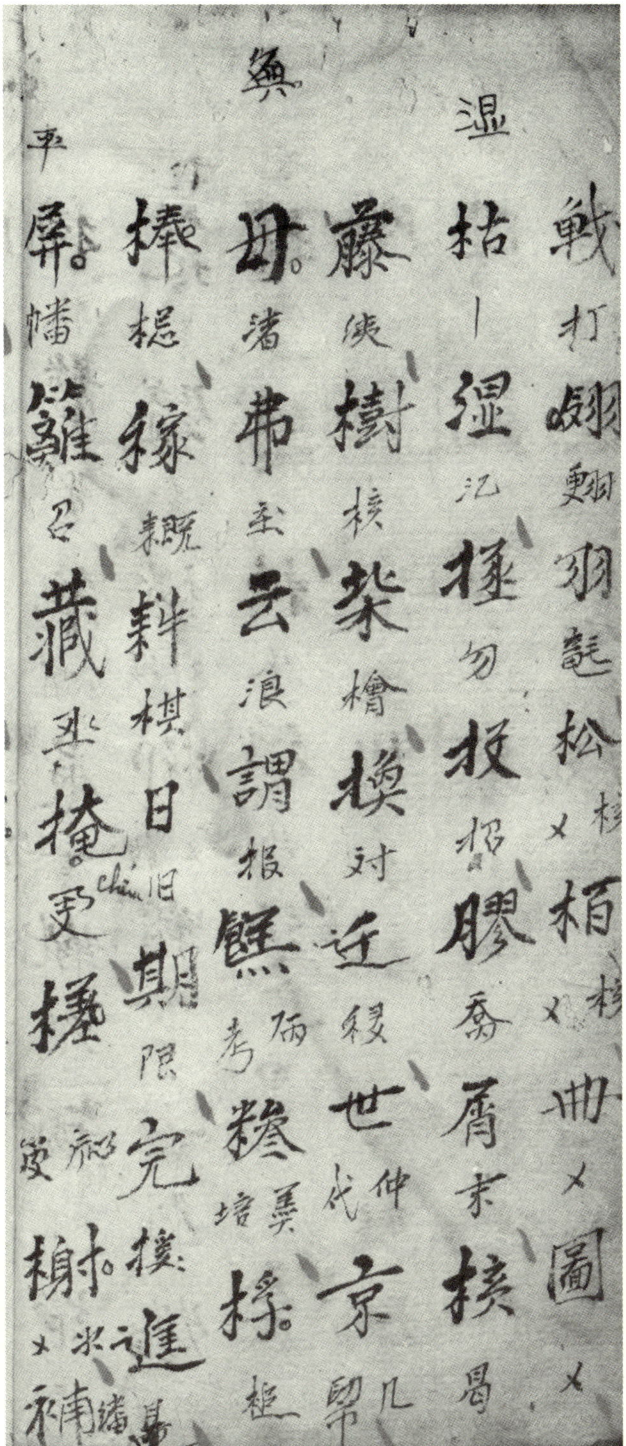

戰（戦） �切，去，鱼韵，澄。（zhàn）：打仗；泛指斗争。
◈喃 打 [deŋ^{35}]

翎 郎丁切，平，青韵，来。（líng）：鸟翅和尾上的长而硬的羽毛。
◈喃 𦑗 [keŋ^{21}]

羽 王遇切，去，虞韵，云。(yǔ)：鸟的毛。
◈喃 毧 [lɔŋ^{21}]

松 祥容祥容切，平，钟韵，邪。（sōng）：种子植物的一属，一般为常绿乔木，脂可提取松香或松节油等。种子可榨油和食用。
◈喃 核 ×[kɐi^{52}ɬuŋ^{52}]

栢 博陌切，入，陌韵，帮。（bǎi）：常绿乔木，叶鳞片状，结球果。木质坚硬，纹理致密。
◈喃 核 ×[kɐi^{52}bak^{22}]

册（冊） 楚革切，入，麦韵，初。（cè）：书简。
◈喃 ×[ʧ^{h}ek^{55}]

圖（圗） 同都切，平，模韵，定。（tú）：所绘的画。
◈喃 ×[dɔ^{21}]

枯 苦胡切，平，模韵，溪。（kū）：干涸。
◈喃 丨 [ku^{52}]

湿 他合切，入，合韵，透。（shī）：沾了水或是含的水分多，与“干”相对。
◈喃 氿 [net^{55}]

拯（拯） 蒸上切，上，蒸韵，章。（zhěng）：上举，救助。
◈喃 勿 [huet^{22}]

投（投） 度侯切，平，侯韵，定。（tóu）：抛，掷，扔。
◈喃 招 [ʧieu^{52}]

膠 古孝切，去，肴韵，见。（jiāo）：用以黏合器物的物质。
◈喃 𥝖 [kieu^{21}]

屑 蘇骨切，入，没韵，心。（xiè）：碎末。
◈喃 末 [mɐt^{55}]

核 下革切，入，麦韵，匣。（hé）：果实中坚硬并包含果仁的部分。
◈喃 曷 [hɐt^{22}]

藤（籐） 徒登切，平，登韵，定。（téng）：泛指匍匐茎或攀援茎。
◈喃 絻 [ɬi^{33}]

樹 常句切，去，遇韵，禅。（shù）：木类总名。
◈喃 核 [kɐi^{52}]

柴（柴） 士佳切，平，佳韵，崇。（chái）：作燃料的木柴。
◈喃 檜 [kuɔi^{35}/kɔi^{22}]

换 胡玩切，去，桓韵，匣。（huàn）：给人东西同时从他那里取得别的东西。
◈喃 对 [dɔi^{35}]

迁 苍先切，平，先韵，清。（qiān）：机关、住所等另换地点。
◈喃 𥟖 [də^{52}]

世 舒制切，去，祭韵，书。（shì）：一辈一辈相传的。
◈喃 仲代 [ʧuŋ^{52}dɔi^{21}]

京 举卿切，平，庚韵，见。（jīng）：国都。
◈喃 几𢹇 [ke^{35}ʧə^{24}]

毋 武夫切，平，虞韵，微。（wú）：不要，不可以。
◈喃 渚 [ʧə^{35}]

弗 分勿切，入，物韵，非。（fú）：不。

◈ 庄 [tʃɐŋ^{35}]

云 王分切，平，文韵，云。(yún)：说话，引文；文言助词。
◈ 浪 [ɬɐŋ^{21}]

謂 于貴切，去，微韵，云。(wèi)：告诉。
◈ 报 [bau^{35}]

餻 古劳切，平，豪韵，见。(gāo)：用米粉或面粉搀和其他材料蒸制或烘烤而成的食品。
◈ 丙考 [beŋ^{21}k^{h}au^{214}]

糝(糁) 桑感切，上，覃韵，心。(shēn)：谷类制成的小渣。
◈ 羮培 [kau^{52}p^{h}ui^{24}]

桴 芳无切，平，虞韵，敷。(fú)：击鼓的槌。
◈ 槌 [tʃ^{h}ui^{21}]

棒 步項切，上，江韵，並。(bàng)：棍子。
◈ 棍 [kɐi^{22}]

稼 古訝切，去，麻韵，见。(jià)：种植谷物，亦泛指农业劳动。
◈ 概 [k^{h}ai^{35}]

耕(粇) 古茎切，平，耕韵，见。(gēng)：用犁把土翻松。
◈ 棋 [ki^{21}]

日 人质切，入，质韵，日。(rì)：天，一昼夜。
◈ 旧 [ŋɐi^{21}]

期 居之切，平，之韵，见。(qī)：规定的时间，或一段时间。
◈ 限 [hen^{24}]

完 胡官切，平，桓韵，匣。(wán)：全。
◈ 援 [ȵen^{33}]

進 即刃切，去，真韵，精。(jìn)：向前或向上移动、发展，与“退”相对。
◈ □ [ȵɐp^{22}]

屏 必郢切，上，清韵，帮。(píng)：遮挡。
◈ 幡 [p^{h}an^{52}]

籬 吕支切，平，支韵，来。(lí)：篱笆。
◈ 召 [tʃeu^{52}]

藏(蔵) 徂浪切，去，唐韵，从。(cáng)：隐避起来。
◈ 叹 [ɬɔu^{35}]

掩 衣俭切，上，盐韵，影。(yǎn)：遮蔽，遮盖。
◈ 刕 [tʃe^{21}]

搓 七何切，平，歌韵，清。(cuō)：两个手掌相对或一个手掌放在别的东西上擦。
◈ 朓筊 [be^{21}dən^{33}]

榭 辝夜切，去，麻韵，邪。(xiè)：建筑在台上的房屋。
◈ 水 ×[t^{h}i^{35} ？]

補(補) 博古切，上，姥韵，帮。(bǔ)：修补；补充。
◈ 缁 [pɔ^{24}]

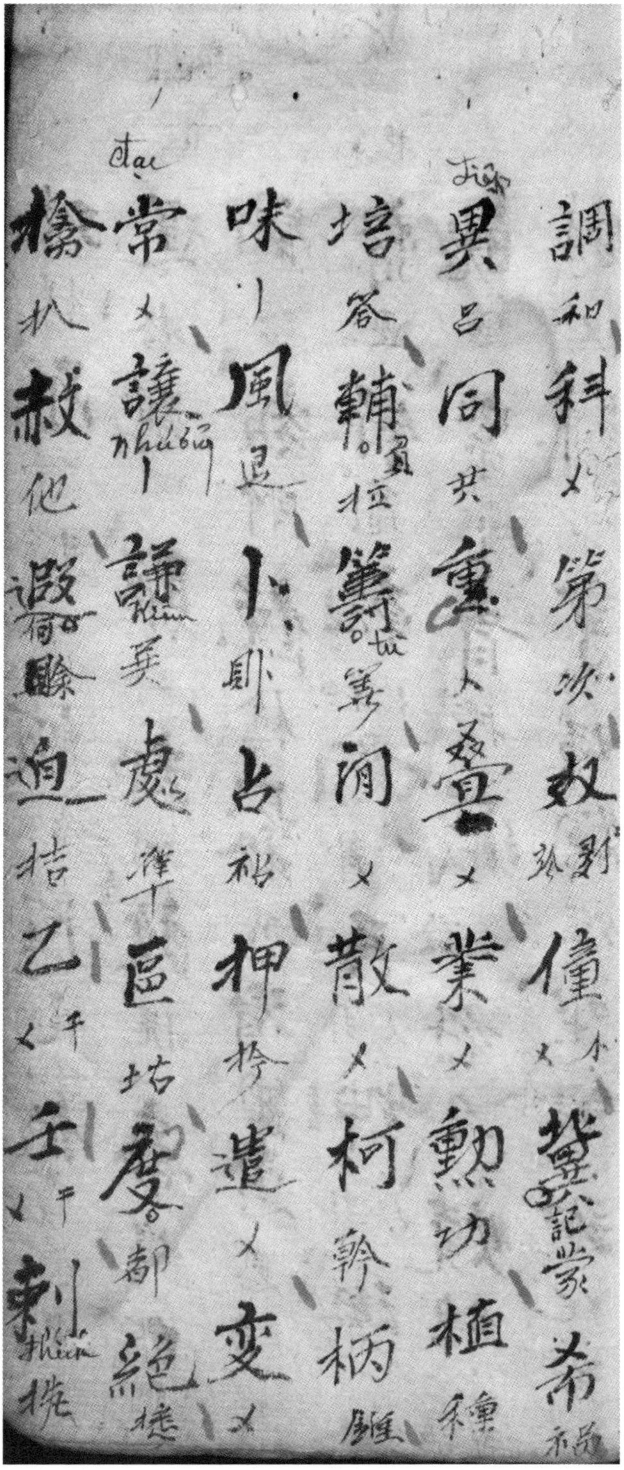
調科第奴僮[illegible]希
異同重疊業勲植
培輔籌澗散柯柄
味風卜占押遣变
常讓謙處區麼絕
檎赦遐過乙壬剌

調 徒聊切，平，萧韵，定。(diào)：安排处置。

◈ 和 [ua^{21}]

科 苦臥切，去，戈韵，溪。(kē)：学术或专业的类别。

◈ ×[k^{h}ua^{52}]

第 特计切，去，齐韵，定。(dì)：次序。

◈ 次 [t^{h}ɯ^{35}]

奴 乃都切，平，模韵，泥。(nú)：阶级社会中受压迫、剥削、役使的没有人身自由的人。

◈ 於𬙊 [ə^{35}ɬɐi^{21}]

僮 徒红切，平，东韵，定。(tóng)：封建时代受奴役的未成年人。

◈ 小 ×[deu^{35}duŋ^{21}]

冀 几利切，去，脂韵，见。(jì)：希望。

◈ 蒙 [muŋ^{33}]

希 香衣切，平，微韵，晓。(xī)：盼望。

◈ 祸 [uɔ^{35}]

異 羊吏切，去，之韵，以。(yì)：不同的。

◈ 吕 [la^{214}]

同 徒红切，平，东韵，定。(tóng)：一样，没有差异。

◈ 共 [kuŋ^{21}]

重 柱用切，去，钟韵，澄。(chóng)：再；重复。

◈ ×[tuŋ^{21}]

叠 徒协切，入，帖韵，定。(dié)：重复，累积。

◈ ×[tep^{33}]

業(𣝔) 鱼怯切，入，盍韵，疑。(yè)：职业，工业，产业。

◈ ×[ȵep^{22}]

勳(勲) 許云切，平，文韵，晓。(xūn)：特殊功劳。

◈ 功 [kuŋ^{52}]

植 直吏切，去，之韵，澄。(zhí)：栽种。

◈ 種 [iuŋ^{35}]

培 蒲口切，上，侯韵，並。(péi)：为保护植物或墙堤等，在根基部分加土。

◈ 答 [dap^{35}]

輔(輔) 扶雨切，上，麌韵，奉。(fǔ)：帮助，佐助。

◈ 拉 [la^{33}]

籌 直由切，平，尤韵，澄。(chóu)：计数的用具，多用竹子制成。

◈ 筭 [tuan^{52}]

間(闻) 何间切，平，山韵，匣。(jiǎn)：空闲，清闲。

◈ ×[ȵan^{52}]

散 苏旰切，去，寒韵，心。(sàn)：分开，由聚集而分离。

◈ ×[tuan^{35}]

柯 古俄切，平，歌韵，见。(kē)：草木的枝茎；斧子的柄。

◈ 㪉 [kan^{52}]

柄 陂病切，去，庚韵，帮。(bǐng)：植物的花、叶或果实跟枝茎连着的部分；器物上的把儿。

◈ 錐 [lɔi^{21}]

味 无沸切，去，微韵，微。(wèi)：滋味。

◈ 丨 [mui^{33}]

風 方凤切，去，东韵，非。(fēng)：空气流动的现象。

◈ 退 [də^{52}]

卜 博木切，入，屋韵，帮。[bǔ]：古人迷信，用火灼龟甲，以为看了那灼开的裂纹就可以推测出行事的吉凶。

◈ 卧 [bɔi^{35}]

占 职廉切，平，监韵，章。[zhàn]：迷信的人用铜钱或牙牌等判断吉凶。

◈ 祜 [ʃem^{52}]

押 古狎切，入，狎韵，见。[yā]：在文书、契约上签名或画记号。

◈ 拎 [kɐm^{21}]

遣 去战切，去，仙韵，溪。[qiǎn]：派，送，打发。

◈ ×[ɬi^{33}]

变（変） 彼眷切，去，仙韵，帮。[biàn]：性质状态或情形和以前不同，更改。

◈ ×[bien^{35}]

常 市羊切，平，阳韵，禅。[cháng]：长久，经久不变。

◈ ×[təŋ^{21}]

讓（譲） 人样切，去，阳韵，日。[ràng]：不争，谦让。

◈ 丨[iaŋ^{35}]

謙 苦兼切，平，添韵，溪。[qiān]：虚心，不自满，不自高自大。

◈ 关 [ʧɔn^{214}]

處 昌与切，上，鱼韵，昌。[chǔ]：居住；安顿。

◈ 準 [ʧɔn^{35}]

區 岂俱切，平，虞韵，溪。[qū]：分别。

◈ 坫 [ku^{52}/k^{h}u^{52}]

度 徒落切，入，铎韵，定。[dù]：计算长短的器具或单位。

◈ 都 [dɔ^{24}]

絶 情雪切，入，薛韵，从。[jué]：断。

◈ 搔 [？]

擒（擒） 巨金切，平，侵韵，群。[qín]：捉拿。

◈ 扒 [pɐt^{55}]

赦 始夜切，去，麻韵，书。[shè]：免除和减轻刑罚。

◈ 他 [t^{h}a^{52}]

遐（遐） 胡加切，平，麻韵，麻。[xiá]：远。

◈ 赊 [ʃa^{52}]

迫 博陌切，入，陌韵，帮。[pò]：用强力压制，硬逼。

◈ 拮 [k^{h}ɐt^{55}]

乙 于笔切，入，质韵，影。[yǐ]：天干的第二位，用于作顺序第二的代称。

◈ 干 ×[kan^{52}ət^{55}]

壬 他鼎切，上，青韵，透。[rén]：天干的第九位，用作顺序第九的代称。

◈ 干 ×[kan^{52}n̥əm^{33}]

剌 卢达切，入，曷韵，来。[lá]：违背常情、事理。

◈ 抶 [t^{h}ɐm^{35}/dɐm^{35}]

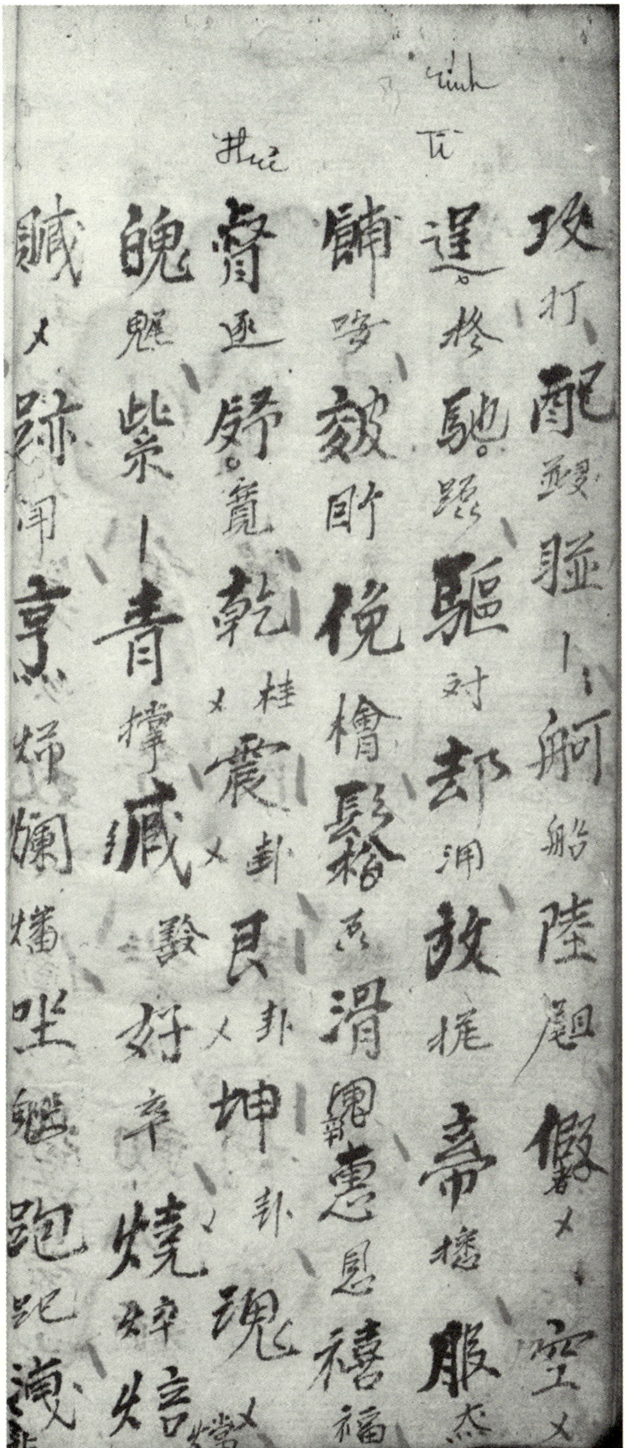
tinh
Tí
攻打配𨂔𨀒丨丨舸船陸𨖲儍箸〆空〆
遅柊馳𨇜驅对却渦敌搓帝𢭸服太
餔哼觳𣉹俔檜鬆𣎏滑鬼𨋣恵恩禧福
脊丞妒覔乾桂〆震卦〆艮卦〆坤卦〆𤩼〆燶〆
魄魅紫丨青撑藏𢬭好卒嬈焠焙
𩵜〆跡渦烹𤈜爛燔坐鯉跑𧿆滴𨔈

攻 古红切，平，冬韵，见。(gōng)：攻击，进攻。
◈ 打 [deŋ^{35}]

配 滂佩切，去，队韵，滂。(pèi)：配合。
◈ 㛪 [da^{33}]

䏭
◈ 丨 [p^{h}uŋ^{52}]

舸 古我切，上，哿韵，见。(gě)：大船。
◈ 船 [ʃen^{21}]

陸 力竹切，入，屋韵，来。(lù)：高平之地，陆地。
◈ 𨑻 [fai^{214}]

假（假） 古疋切，上，马韵，见。(jiǎ)：不真，虚假。
◈ ×[dɔi^{35}]

空 苦红切，平，东韵，溪。(kōng)：空虚，中无所有。
◈ ×[k^{h}uŋ^{52}]

逞 丑郢切，上，静韵，彻。(chěng)：放纵，肆行。
◈ 拵 [ɬɔŋ^{33}]

馳（驰） 直离切，平，支韵，澄。(chí)：车马疾行。
◈ 跮 [ɬui^{214}]

驅（驱） 岂俱切，平，虞韵，溪。(qū)：鞭马前进。
◈ 对 [dɔi^{35}]

却（却） 去约切，入，药韵，溪。(què)：退，使退。
◈ 洞 [ɬuŋ^{35}]

放 甫妄切，去，漾韵，非。(fàng)：散放，释放。
◈ 祀 [p^{h}uŋ^{52}]

牽（牵） 苦坚切，平，先韵，溪。(qiān)：拉，挽。
◈ 搋 [？]

服（服） 房六切，入，屋韵，奉。(fú)：饮用或食用药物。
◈ 𣎃 [mɐk^{22}]

餔（餔） 博孤切，平，模韵，帮。(bū)：吃。
◈ 咹 [ɐn^{52}]

皴（皴） 七伦切，平，谆韵，清。(cūn)：肌肤粗糙或受冻开裂。
◈ 盰 [？]

俛 亡辨切，上，狝韵，明。(fǔ)：屈身，低头。
◈ 檜 [hɔi^{214}]

松 私宗切，平，冬韵，心。(sōng)：发乱貌。
◈ 𠏦 [ɬɔi^{214}]

滑 户八切，入，黠韵，匣。(huá)：古时指使菜肴柔滑的作料。
◈ □□ [□□]

惠 胡桂切，去，霁韵，匣。(huì)：仁爱，宽厚。
◈ 㥁 [tɯ^{52}]

禧 许其切，平，之韵，晓。(xǐ)：吉祥，幸福。
◈ 福 [p^{h}uk^{55}/fuk^{55}]

督 冬毒切，入，沃韵，端。(dū)：观察，察看。
◈ 逐 [t^{h}uk^{22}]

舒（舒） 伤鱼切，平，鱼韵，书。(shū)：

缓慢，从容。

◈ 寬 [kʰuan^{52}]

乾 渠焉切，平，仙韵，群。（qián）：《易》卦名。

◈ 桂 ×[kue^{52}/kue^{35}kau^{52}]

震 章刃切，去，震韵，章。（zhèn）：八卦之一。

◈ 卦 ×[kua^{35}ʧən^{35}]

艮（艮） 古恨切，去，恨韵，见。（gèn）：八卦之一，代表山。

◈ 卦 ×[kua^{35}kʰən^{35}]

坤 苦昆切，平，魂韵，溪。（kūn）：《易》卦名。

◈ 卦 ×[kuan^{35}kʰɔn^{52}]

魂（魂） 户昆切，平，魂韵，匣。（hún）：魂魄，魂灵。

◈ ×[hɔn^{21}]

魄（魄） 普伯切，入，陌韵，滂。（pò）：古指依附于人的形体而存在的精气、精神。

◈ 魮 [pʰek^{35}]

紫 将此切，上，纸韵，精。（zǐ）：蓝和红合成的颜色。

◈ 丨 [tʰɐi^{21}]

青 仓经切，平，青韵，清。（qīng）：颜色名。

◈ 撑 [ʧəŋ^{52}]

臧（臧） 则郎切，平，唐韵，精。（zāng）：善，好。

◈ 黔 [tʰen^{214}]

好 呼晧切，上，晧韵，晓。（hǎo）：优良，良好。

◈ 卒 [tuət^{55}]

烧（燒） 式招切，平，宵韵，书。（shāo）：焚烧，燃烧。

◈ 焠 [duɔt^{55}]

焙 蒲昧切，去，队韵，並。（bèi）：微火烘烤。

◈ 糦 [taŋ^{52}]

赃（贜） 则郎切，平，唐韵，精。（zāng）：贪污，受贿。

◈ ×[ɬək^{55}]

迹 资昔切，入，昔韵，精。（jì）：脚印。

◈ 闩 [dɐu^{35}]

烹 披庚切，平，庚韵，滂。（pēng）：煮。

◈ 焫 [nau^{214}/nɐu^{35}]

烂（爛）

◈ 燔 [pʰan^{52}]

坐（坐） 徂卧切，去，过韵，从。（zuò）：把臀部平放在椅子、凳子或其他物体上以支持身体称为“坐”。

◈ □ [ŋɔi^{21}]

跑 薄交切，平，肴韵，並。（pǎo）：奔，疾走。

◈ 跁 [bək^{55}]

泄（洩） 私列切，入，薛韵，心。（xiè）：漏，泄漏。

◈ 沚 [ʧe^{35}]

chuyết　尽

漂 澑 賠 〆 贖 丨 炬 嫣 爐 丨 爐 背 如 壓 墙

俯 膾 驢 舞杜 撢 〆 玉 琓 〆 玉 建 〆 玉 瑶 〆 玉 募 卒

訪 㖔 語 吶 評 盘 欄 〆 白 厥 〆 丐 藹 〆 頻 〆

板 員 拉 陛 壮 踺 瘀 瘀 圜 巾 裹 挹 啜 吸

鞫 勤 溱 〆 滝 渚 〆 滝 椅 〆 丐 璵 卓 丐 哨 喑 詢 㖔

瘦 瘖 梁 盃 㩄 尚奏 忙 倍 沐 濇 滯 淫 樹 拎

漂 抚招切，平，宵韵，滂。(piāo)：浮，浮游。

◈ 澑 [lɔi^{21}]

赔 薄回反，平，灰韵，並。(péi)：赔偿，偿还。

◈ ×[bɔi^{52}]

贖 神蜀切，入，烛韵，船。(shú)：用钱物或其他代价换回人身或抵押品。

◈ 丨 [tuk^{22}]

炬 其吕切，上，语韵，群。(jù)：火把。

◈ 燶 [duɔt^{55}]

爐 落胡切，平，模韵，来。(lú)：供烹饪、冶炼、取暖等用的盛火器具或装置。

◈ 丨 [lu^{21}]

燼 徐刃切，去，震韵，邪。(jìn)：物体燃烧后剩下的东西，灰烬。

◈ 㶷 [ɳɯ^{33}]

塵(塵) 直珍切，平，真韵，澄。(chén)：飞扬的灰土。

◈ 培 [t^{h}ɐn^{21}]

俯(俯) 方矩切，上，麌韵，非。(fǔ)：低头，面向下。

◈ 脍 [hɔi^{214}]

瞋(瞋) 昌真切，平，真韵，昌。(chēn)：睁大眼睛。

◈ 扛 [iaŋ^{52}]

璋 诸良切，平，阳韵，章。(zhāng)：玉器名。

◈ 玉 ×[ŋɔk^{22}ʧəŋ^{52}]

琬(琬) 于阮切，上，阮韵，影。(wǎn)：美玉。

◈ 玉 ×[ŋɔk^{22}?]

璉 力展切，上，狝韵，来。(liǎn)：古代宗庙盛黍稷的器皿。

◈ 玉 ×[ŋɔk^{22}lien^{33}]

瑶(瑶) 馀昭切，平，宵韵，以。(yáo)：似玉的美石。亦泛指美玉。

◈ 玉 ×[ŋɔk^{22}?]

募(募) 莫故切，去，暮韵，明。(mù)：募集，招求。

◈ 牢 [iau^{52}]

訪 敷亮切，去，漾韵，敷。(fǎng)：咨询。

◈ 晦 [mɔi^{214}]

語 鱼巨切，上，语韵，疑。(yǔ)：谈话，谈论。

◈ 呐 [nɔi^{35}]

評 符兵切，平，庚韵，并。(píng)：评论，评定。

◈ 盘 [ban^{21}]

欄(欄) 落干切，平，寒韵，来。(lán)：饲养家畜的圈。

◈ 句 ×[ku^{21}lan^{33}]

廠 昌两切，上，养韵，昌。(chǎng)：犹棚舍。

◈ 丐 ×[k^{h}ai^{35}ʃaŋ^{33}]

蕩(蕩) 徒朗切，上，荡韵，定。(dàng)：摇动，摆动。

◈ ×[t^{h}aŋ^{52}]

煩 附袁切，平，元韵，奉。(fán)：烦躁，烦闷。

◈ ×[p^{h}en^{21}]

扳 布还切，平，删韵，帮。(bān)：违反，扭转。

◈ 員 [fen^{33}]

拉 卢合切，入，合韵，来。(lā)：牵挽，牵引。

◈ 陛 [be^{35}]

壮 侧亮切，去，漾韵，庄。(zhuàng)：强壮，壮盛，盛大。

◈ 跬 [kʰue^{214}]

痴 丑之切，平，之韵，彻。(chī)：不聪慧，愚笨。

◈ 疠 [?]

圍(圍) 雨非切，平，微韵，云。(wéi)：包围。

◈ 巾 [ue^{214}]

裹(裹) 古火切，上，果韵，见。(guǒ)：包扎，缠绕。

◈ 挹 [ʔəp^{55}]

啜 昌悦切，入，薛韵，昌。(chuò)：食，饮。

◈ 吸 [kʰəp^{55}]

鞫(鞫) 居六切，入，屋韵，见。(jū)：审讯。

◈ 勤 [kɐn^{21}]

溱 侧诜切，平，臻韵，庄。(zhēn)：水名。

◈ 滝 ×[ʃuəŋ^{33}tɐn^{21}]

洧 荣美切，上，旨韵，云。(wěi)：古水名。

◈ 滝 ×[ʃuəŋ^{33}?]

椅(椅) 于绮切，上，纸韵，影。(yǐ)：椅子。

◈ 丐 ×[kai^{35}ʔi^{35}]

輿(輿) 以诸切，平，鱼韵，以。(yú)：车箱。

◈ 丐车 [kai^{52}ʃe^{52}]

咱 子葛反，入，曷韵，精。(zán)：我；我们。

◈ 喧 [ŋi^{33}]

詢 相伦切，平，谆韵，心。(xún)：询问，问。

◈ 晦 [mɔi^{214}]

疲 符羁切，平，支韵，並。(pí)：疲乏，困倦。

◈ 痗 [?]

樂 卢各切，入，铎韵，来。(lè)：快乐，欢乐。

◈ 盃 [pʰui^{21}fui^{21}]

暇(暇) 胡驾切，去，祃韵，匣。(xiá)：空闲，闲暇。

◈ 来 [lai^{33}]

忙 莫郎切，平，唐韵，明。(máng)：事情多，没空闲。

◈ 倍 [pʰui^{24}]

沐 莫卜切，入，屋韵，明。(mù)：洗头发。

◈ 澮 [kuɔi^{214}]

濡 人朱切，平，虞韵，日。(rú)：浸渍，沾湿。

◈ 滛 [ɬəm^{33}]

撕 相支切，平，支韵，心。(sī)：用手使薄片状的东西裂开或离开附着处。

◈ 拎 [kɐm^{21}]

庚 渦
Khánh một

Jae
措達翁割撞挑攬拎麾 Thuy 梶溶沚沸溜
洗滓手婆解檜操拎望怵旧朔夐夐漓溪
淪洸覓尋掄撲尖吔乃 nô 来嘻制吒呋
擦刂上文メ羅馬メ聲丐メ令メ題俾外丨
零礼彩丨基几壊貫丨奇吕囂 mae 吔豫啣
壹會善象狂メ寧妄干メ係メ祠祭

措 仓故切，去，暮韵，清。(cuò)：安放。
◈ 達 [dɐt^{22}]

翦 即浅切，上，狝韵，精。(jiǎn)：斩断，除去。
◈ 割 [kɐt^{55}]

撞 直绛切，去，绛韵，澄。(zhuàng)：敲击。
◈ 抌 [dem^{52}]

攬(擥) 卢敢切，上，敢韵，来。(lǎn)：执持，拉住。
◈ 拎 [kɐm^{21}]

麾 许为切，平，支韵，晓。(huī)：古代用以指挥军队的旗帜。
◈ 偎 [fai^{214}]

溶 馀封切，平，钟韵，以。(róng)：水盛貌。
◈ 沚 [ʧɐi^{214}]

沸 方味切，去，未韵，非。(fèi)：泉涌貌。亦泛指水波翻涌貌。
◈ 濡 [lɔi^{21}]

汍 胡官切，平，桓韵，匣。(wán)：水流貌。
◈ 淬 [luət^{22}]

孚 芳无切，平，虞韵，敷。(fú)：信用，诚信。
◈ 浮 [?]

解(觧) 佳买切，上，蟹韵，见。(jiě)：用刀分割动物或人的肢体。
◈ 桧 [hɔi^{35}]

操 七刀切，平，豪韵，清。(cāo)：执持，拿着。
◈ 拎 [kɐm^{21}]

望 巫放切，去，漾韵，微。(wàng)：远视，遥望。
◈ 旧悽 [ŋɐi^{21}ləm^{33}]

朔(朔) 所角切，入，觉韵，生。(shuò)：月相名，旧历每月初一。
◈ 㚇㚇 [??]

漏(漏) 卢候切，去，候韵，来。(lòu)：古代计时器。即漏壶。
◈ 滨 [?]

綸 力迍切，平，谆韵，来。(lún)：水的小波纹。亦谓水起小波纹，或使起波纹。
◈ 沆 [tɐm^{21}]

覓(覔) 莫狄切，入，锡韵，明。(mì)：寻找。
◈ 尋 [tim^{21}]

掄 卢昆切，平，魂韵，来。(lūn)：选择，选拔。
◈ 拱 [ʧɔn^{214}]

尖 子廉切，平，盐韵，精。(jiān)：细小锐利的末端，顶端。
◈ 吨 [ən^{35}]

凸(凸) 陀骨切，入，没韵，定。(tū)：高出，凸起。
◈ 末 [lai^{33}]

嘻 许其切，平，之韵，晓。(xī)：欢笑的样子。
◈ 制 [ʧəi^{52}]

叱 昌栗切，入，质韵，昌。(chì)：责骂，呵斥。
◈ 呋 [kuet^{55}]

擦 初戛切，入，曷韵，清。(cā)：揩拭。
◈ 丨 [ʧ^{h}et^{55}]

义 宜寄切，去，寘韵，疑。（yì）：谓符合正义或道德规范。

喃 ×[ŋe^{35}/ŋe^{214}]

鑼 鲁何切，平，歌韵，来。（luó）：打击乐器。

喃 馬 ×[ma^{214}la^{21}]

磐（磐） 薄官切，平，桓韵，並。（pán）：大石，亦指纡回层迭的山石。

喃 丐 ×[kai^{35}?]

令 力政切，去，劲韵，来。（lìng）：谓发出命令让人执行。

喃 ×[leŋ^{214}]

题 杜奚切，平，齐韵，定。（tí）：额头。

喃 牌 [bai^{21}]

外 五会切，去，泰韵，疑。（wài）：外面，与“内”或“里”相对。

喃 丨 [ŋuai^{214}]

零 郎丁切，平，青韵，来。（líng）：雨徐徐而下。

喃 礼 [li^{35}]

彩 仓宰切，上，海韵，清。（cǎi）：彩色的丝织品。

喃 丨 [ʧʰəi^{35}]

基 居之切，平，之韵，见。（jī）：建筑物的根脚。

喃 堀 [?]

贯 古玩切，去，换韵，见。（guàn）：串钱的绳索。

喃 丨 [kua^{35}]

奇（竒） 渠羁切，平，支韵，群。（qí）：珍奇，稀奇。

喃 吕 [la^{214}]

諾（諾） 奴各切，入，铎韵，泥。（nuò）：表示同意、遵命的答应声。

喃 吔 [da^{214}/ɬa^{214}]

承 署陵切，平，蒸韵，禅。（chéng）：奉，捧着。

喃 咘 [fəŋ^{33}]

嘗（甞） 市羊切，平，阳韵，禅。（cháng）：辨别滋味。

喃 鲁 [lɔ^{24}]

篕 胡腊切，入，盍韵，匣。（hé）：粗竹席子。

喃 象 [təŋ^{214}]

旺 于放切，去，漾韵，云。（wàng）：兴旺，旺盛。

喃 ×[fəŋ^{214}]

寧（寍） 奴丁切，平，青韵，泥。（níng）：安宁。

喃 安 [an^{52}]

干 居寒切，平，寒韵，见。（gān）：通“干”，无水或水分很少。

喃 ×[kan^{52}]

係 古诣反，去，霁韵，见。（xì）：束缚，捆绑。

喃 ×[he^{214}]

祠 似兹切，平，之韵，邪。（cí）：祭祀。

喃 祭 [te^{35}]

giêu

phê

到情 禱 求 拳 丨 答 嗨 倦 㑄 專 乂 边 外 郎 乂 外

論 乂 挑 乂 羚 羝 猪 猪 猿 員 丨 犢 犢 犊 犌 咨 精

庖 炶 糯 粘 糕 奓 𥽟 台 籤 尖 巧 乂 帖 乂 巧 刧 乂 身 命

偘 俚 翹 𦑃 迁 晋 衆 猗 數 𦨭 雙 丨 舳 𧸝 梗 餅 騱 乂

驚 乂 閭 乂 亭 驛 易 乂 館 枝 丨 釘 丨 𪓇 齡 徽 卒

燎 炒 炒 爉 岩 穴 魯 鷄 杜 矜 cång 佐 袜 馬

禱(禱) 都晧切，上，晧韵，端。(dǎo)：向神祝告诉求福寿。

◈ 求 [kɐu^{21}]

奏(奏) 则候切，去，侯韵，精。(zòu)：进，进献。

◈ 丨 [tɐu^{35}]

咨 即夷切，平，脂韵，精。(zī)：商议，征询。

◈ 晦 [mɔi^{21}]

倦 渠卷切，去，线韵，群。(juàn)：疲惫劳累。

◈ 痗 [mɔi^{21}]

專(專) 职缘切，平，仙韵，章。(zhuān)：收丝器。

◈ ×[ʧen^{52}]

边 布玄切，平，先韵，帮。(biān)：物体的四侧，边缘。

◈ 外 ×[uai^{24}ben^{52}]

郡 渠运切，去，问韵，群。(jùn)：古代地方行政区划名。

◈ 外 ×[uai^{24}kuɐn^{214}]

論 卢昆切，去，慁韵，来。(lùn)：议论，分析和说明事理。

◈ ×[lɐn^{214}/lən^{33}]

批(批) 匹迷切，平，齐韵，滂。(pī)：评判，评选。

◈ ×[be^{52}]

羖(羖) 公户切，上，姥韵，见。(gǔ)：黑色的公羊。

◈ 羝 [ie^{52}/ie^{33}]

猪 陟鱼切，平，鱼韵，知。(zhū)：小豕。

◈ 猪 [lən^{214}]

猿 雨元切，平，元韵，云。(yuán)：灵长类动物。哺乳纲，似猴而大，没有颊囊和尾巴。

◈ 丨 [fen^{33}]

犢 徒谷切，入，屋韵，定。(dú)：小牛。

◈ 犊 [tɐu^{33}]

厩 居佑切，去，尤韵，见。(jiù)：马棚，泛指牲口棚。

◈ 糟 [ʃau^{21}]

庖 薄交切，平，肴韵，并。(páo)：厨房。

◈ 炆 [?]

糯 奴卧切，去，过韵，泥。(nuò)：黏性的稻米。可以酿酒。

◈ 粘糯 [k^{h}au^{214}t^{h}iep^{55}]

麦 莫获切，入，麦韵，明。(mài)：一年生或二年生草本植物。子实用来磨成面粉，也可以用来制糖或酿酒，是我国北方重要的粮食作物。

◈ 稑占 [lɔ^{35}ʧɐm^{52}]

籤(籤) 七廉切，平，盐韵，清。(qiān)：指竹片或纸片上写有文字符号的一种标识。

◈ 丐 ×[kai^{35}?]

帖 他协切，入，帖韵，透。(tiè)：写在丝织物上的标签。

◈ 丐 ×[kai^{35}ʧ^{h}em^{33}]

劫(刼) 居怯切，入，业韵，见。(jié)：威逼，胁迫。

◈ ×[kət^{55}]

身 失人切，平，真韵，书。(shēn)：人或动物的躯体。

◈ 命 [məŋ^{55}]

伺 相吏切，去，志韵，心。(sì)：窥伺，窥探，观察。

◈ 侹 [tiŋ^{52}]

翹（翘） 渠遥切，平，宵韵，群。（qiáo）：鸟尾的长羽。

◈ 䠷 [tiu^{52}]

迅 息晋切，去，震韵，心。（xùn）：快，迅速。

◈ 弅 [tən^{35}]

稽（稽） 古奚切，平，齐韵，见。（jī）：考核，查考。

◈ 数 [lɐu^{33}]

艚（艚） 昨劳切，平，豪韵，从。（cáo）：漕运所用的船舶。

◈ 双丨 [ɬuəŋ^{52}?]

舳 直六切，入，屋韵，澄。（zhú）：船尾持舵的部位。

◈ 䑴挾 [beŋ^{35}lai^{214}]

駭（駭） 侯楷切，上，骇韵，匣。（hài）：惊骇，震惊。

◈ ×[kai^{52}]

驚（驚） 举卿切，平，庚韵，见。（jīng）：惊慌，恐惧。

◈ ×[kiŋ^{52}]

闉 巨斤切，平，欣韵，群。

◈ × 亭 [?]

驛（驛） 羊益切，入，昔韵，以。（yì）：驿马。

◈ × 䬾 [tek^{22}kuan^{35}]

板 布绾切，上，删韵，帮。（bǎn）：木板，片状木材。

◈ 丨 [ban^{35}/pan^{35}]

釘 当经切，平，青韵，端。（dīng）：钉子。

◈ 丨 [teŋ^{52}]

善 常演切，上，狝韵，禅。（shàn）：吉祥，好，美好。

◈ 䶩 [ten^{24}]

徽 许归切，平，微韵，晓。（huī）：美，善。

◈ 卒 [tuət^{55}]

燎 力小切，上，小韵，来。（liǎo）：放火烧田中杂草。

◈ 炒 [ɬa^{35}]

炒（炒） 初爪切，上，巧韵，初。（chǎo）：烹调方法之一。把食物放在锅里加热并随时翻搅使熟。

◈ 糦 [?]

巖（巖） 五衔切，平，衔韵，疑。（yán）：崖岸，山或高地的边。

◈ 岩 [ŋəm^{21}]

宂 而陇切，上，肿韵，日。（rǒng）：闲散。

◈ 鲁 [lɔ^{214}]

誘 与久切，上，有韵，以。（yòu）：诱导，教导。

◈ 杜 [dɔ^{35}]

矜 居陵切，平，蒸韵，见。（jīn）：自夸，自持。

◈ 侤 [t^{h}əŋ^{52}/ɬəŋ^{52}]

秧 于良切，平，阳韵，影。（yāng）：稻的初生幼苗。

◈ 馬× [ma^{214}əŋ^{52}/iəŋ^{33}]

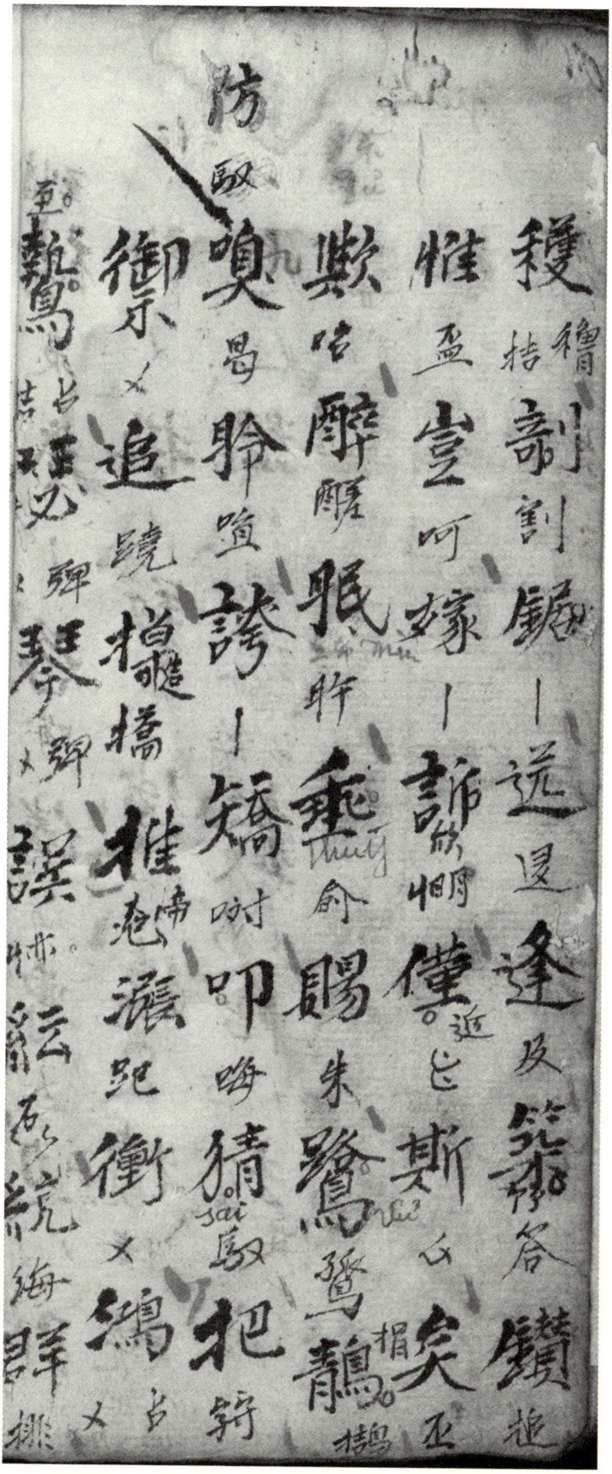

防

穫 穭 桔 剞 劄 鑷 一 遊 退 逢 及 簽 荅 鑽 搥

㹊 盃 壹 呵 嫁 一 諦 惆 僅 近 㐌 斯 奀 丕

斵 咕 䴙 䴘 肸 垂 Thuỳ 俞 踢 朱 鷺 鷥 鶄 搗

駁 嗅 昌 聆 喑 謗 一 矯 咐 叩 猜 sai 駁 杷

禦 乂 追 蹺 擋 橋 推 濂 衡 乂 鴻 㐌 乂

穫（穫） 胡郭切，入，铎韵，匣。（huò）：收割庄稼。

◈ 穞秸 [lɔ^{24}kət^{55}]

剖（剖） 普厚切，上，厚韵，滂。（pōu）：破开。

◈ 割 [kat^{55}]

鋸 居御切，去，御韵，见。（jù）：剖开木料、石料、钢材等的工具。主要部分是许多尖齿的薄钢片。

◈ 丨 [kɯ^{35}]

送 苏弄切，去，送韵，心。（sòng）：遣送。

◈ 迲 [də^{52}]

逢 符容切，平，钟韵，奉。（féng）：遇到，遇见。

◈ 及 [kɐp^{22}]

築 张六切，入，屋韵，知。（zhù）：捣土的杵。

◈ 荅 [dap^{35}]

鑽 借官切，平，桓韵，精。（zuān）：穿孔，打眼。

◈ 搥 [ʧʰui^{21}]

惟 以追切，平，脂韵，以。（wéi）：虚词。

◈ 盃 [pʰui^{21}/fui^{33}]

豈 祛狶切，上，尾韵，溪。（qǐ）：虚词。

◈ 呵 [kʰa^{35}]

嫁 古讶切，去，祃韵，见。（jià）：女子结婚，出嫁。

◈ 丨 [ia^{35}]

訢 许斤切，平，欣韵，晓。（xīn）：欣喜。

◈ 㥅 [məŋ^{21}]

僅（僅） 渠遴切，去，震韵，群。（jǐn）：才，只，仅仅。

◈ 巳 [nɐŋ^{33}]

斯 息移切，平，支韵，心。（sī）：析，劈开。

◈ ⺁ [ɐi^{35}]

矣 于纪切，上，止韵，云。（yǐ）：语气助词。

◈ 丕 [?]

歟 以诸切，平，鱼韵，以。（yú）：表示疑问语气。

◈ 咕 [hɐi^{52}/hai^{52}]

醉 将遂切，去，至韵，精。（zuì）：饮酒过量，神志不清。

◈ 醝 [ɬɐi^{52}]

眠 莫贤切，平，先韵，明。（mián）：睡觉。

◈ 昨？ [ŋu^{214}]

垂（垂） 是为切，平，支韵，禅。（chuí）：挂下，悬挂。

◈ j [?]

賜 斯义切，去，寘韵，心。（cì）：赏赐，给予。

◈ 朱 [ʧɔ^{52}]

鷺 洛故切，去，暮韵，来。（lù）：鸟类的一科，嘴直而尖，颈长，飞翔时长缩着劲。白鹭、苍鹭较为常见。

◈ 鳶 [niu^{35}]

鶄 子盈切，平，清韵，精。（jīng）：鵁鶄。

◈ 擒 [ʧim^{52}]

嗅 许救切，去，宥韵，晓。（xiù）：用鼻子辨别气味。

◈ 曷 [hat^{55}]

聆 郎丁切，平，青韵，来。（líng）：听，闻。

◈ 喧 [ŋi33]

誇(誇) 苦瓜切，平，麻韵，溪。(kuà)：夸口，夸大。
◈ 丨 [kʰua35]

矯 居夭切，上，小韵，见。(jiǎo)：使曲变直。
◈ 尉 [dɔi35]

叩 苦后切，上，厚韵，溪。(kòu)：敲，打。
◈ 晦 [mɔi214]

猜 仓才切，平，咍韵，清。(cāi)：猜疑，怀疑。
◈ 馭 [mə214]

把 博下切，上，马韵，帮。(bǎ)：握，执。
◈ 𢪏 [?]

禦 鱼巨切，上，语韵，疑。(yù)：抗拒，抵抗。
◈ ×[ŋaɯ21]

追 陟佳切，平，脂韵，知。(zhuī)：追逐，追赶。
◈ 踆 [ŋeu33]

掉 徒吊切，去，萧韵，定。(diào)：摇动；落。
◈ 撟 [keu21]

推 他回切，平，灰韵，透。(tuī)：向外用力使物体移动。
◈ 沧 [ʧʰəŋ52]

漲 知亮切，去，漾韵，知。(zhǎng)：水上升；增长，集聚。
◈ 跒 [ɬə35]

衝 尺容切，平，钟韵，昌。(chōng)：突袭，冲击；冲刷，灌注。
◈ ×[ʧʰuŋ52]

鴻 户公切，平，东韵，匣。(hóng)：大雁。
◈ 占 ×[ʧim52hɔŋ21]

鷙(鷙) 脂利切，去，至韵，章。(zhì)：凶猛的鸟。
◈ 占□ [ʧim52kɐt55]

瑟 所栉切，入，栉韵，生。(sè)：拨弦乐器。
◈ 弹 ×[daŋ21ɬɐk55]

琴 巨金切，平，侵韵，群。(qín)：乐器名。
◈ 弹 ×[dan21kɐm21]

誤 五故切，去，暮韵，疑。(wù)：谬误，错误。
◈ 惏 [ŋəm33/ləm33]

紜 王分切，平，文韵，云。(yún)：繁多而杂乱貌。
◈ 歹 [ɬɔi24]

統 他综切，去，宋韵，透。(tǒng)：统一；统帅。
◈ 绳 [mɔi21]

群 渠云切，平，文韵，群。(qún)：聚在一起的禽兽；人群。
◈ × 排 [?bɐi21]

代台畫爻習ㄨ温ㄨ鰓亇鱷亇ㄨ情樂

陳顛曰浪談吶嘗噲獲年顛卑骨莞

固今爰卞釭畑灶烇狹丨竈高櫈梓

非拔ヨ破把殘ㄨ嘆丨譯式力飭献謀

刘ㄨ户阮户轉ㄨ衛thuận樓照熘囍典螳感寔迈

屋冀侈劍梵盧貪赭回貫損藐thành師鄉昆ㄨ驥敢

代 徒耐切，去，代韵，定。（dài）：代替；时代；父子相继为一代。

◈ 乞 [dɐi^{21}]

遭（遭） 作曹切，平，豪韵，精。（zāo）：逢，遇到。

◈ 及 [kɐp^{22}]

習 似入切，入，缉韵，邪。（xí）：学习。

◈ ×[təp^{22}]

温 乌浑切，平，魂韵，影。（wēn）：暖和，不冷不热；温习。

◈ ×[ən^{52}]

鲲（鯤） 古浑切，平，魂韵，见。（kūn）：古代传说中的大鱼。

◈ 仒□ [ka^{35} □]

鳄（鱷） 五各切，入，铎韵，疑。（è）：鳄鱼。

◈ 仒 ×[ka^{35}?]

惰 徒卧切，去，过韵，定。（duò）：懈怠，懒惰。

◈ 樂? [lat^{22}]

频（頻） 符真切，平，真韵，并。（pín）：皱眉；屡次。

◈ 巳 [nɐŋ^{33}]

曰 王伐切，入，月韵，云。（yuē）：说，说道。

◈ 浪 [ɬɐŋ^{21}]

談 徒甘切，平，谈韵，定。（tán）：谈话，谈论。

◈ 呐 [nɔi^{35}]

菅 古颜切，平，删韵，见。（jiān）：植物名。

◈ 桧 [kuəi^{24}]

荻（荻） 徒历切，入，锡韵，定。（dí）：多年生草本植物，与芦同类。

◈ 牢 [ɬau^{52}]

顰 符真切，平，真韵，并。（pín）：皱眉。

◈ 脉 [mɐi^{21}]

莞 古丸切，平，桓韵，见。（guān）：俗名水葱，席子草。亦指莞草编的席。

◈ 淴咄 [?uet^{55}]

固 古暮切，去，暮韵，见。（gù）：坚固；稳固。

◈ 参 [ʧən^{33}]

爰

◈ 卞 [men^{214}]

釭 古双切，平，江韵，见。（gāng）：车轮的车毂内外口的铁圈，用以穿轴。

◈ 畑 [dien^{21}]

灶 则到切，去，号韵，精。（zào）：砖石或其他材料制成的一种设备，供烹饪、冶炼、烘焙等用。

◈ 炡 [p^{h}at^{22}]

狭 侯夹切，入，洽韵，匣。（xiá）：窄，横的距离小。

◈ 丨 [ap^{35}]

窿 力中切，平，东韵，来。（lóng）：高起，突出。

◈ 高 [kau^{52}]

授 承呪切，去，宥韵，禅。（shòu）：给予，交付。

◈ 拃 [ɬau^{52}]

披 敷羁切，平，支韵，滂。（pī）：劈开，裂开。

◈ 彐 [mə^{24}]

破 普过切，去，过韵，滂。（pò）：破裂，碎裂。

◈ 把 [ia^{214}]

残（殘） 昨干切，平，寒韵，从。（cán）：毁坏，破坏。

◈ ×[tuan^{21}]

叹（嘆） 他旦切，去，瀚韵，透。（tàn）：叹息，叹气。

◈ 丨 [t^{h}an^{52}]

譁（譁） 呼瓜切，平，麻韵，晓。（huá）：喧哗，喧闹。

◈ 吠 [ȵɐi^{21}/ʃik^{55}]

力 林直切，入，职韵，来。（lì）：力量，力气。

◈ 飭 [t^{h}ət^{55}]

猷（猷） 以周切，平，尤韵，以。（yóu）：谋略，计划。

◈ 謀 [məu^{33}]

刘 力求切，平，尤韵，来。（liú）：姓。

◈ 户 ×[hɔ^{24}ləu^{33}]

阮 虞远切，上，阮韵，疑。（ruǎn）：姓。

◈ 户 ×[hɔ^{24}uen^{35}]

轉（轉） 陟兖切，上，狝韵，知。（zhuǎn）：翻转。

◈ ×[ʧuen^{52}]

循（循） 详遵切，平，谆韵，邪。（xún）：沿着，顺着。

◈ 挼 [nui^{35}]

照 之少切，去，笑韵，章。（zhào）：光线照射，照耀。

◈ 燸 [lɔi^{21}]

踮

◈ 典 [den^{35}]

聖 式正切，去，劲韵，书。（shèng）：事无不通，光大而化，超越凡人者。

◈ 丐宪 [kai^{35}ʔ]

黌（黌）

◈ 丐貪 [kai^{35}ʔ]

婪 卢含切，平，覃韵，来。（lán）：贪。

◈ 貪 [t^{h}am^{52}]

嗜（嗜） 常利切，去，至韵，禅。（shì）：爱好；贪求。

◈ 闷 [mɔn^{24}]

費 芳未切，去，未韵，敷。（fèi）：用财多，靡费；花费，耗费。

◈ 损 [kuen^{52}]

羸

◈ 师 [ɬɯ^{52}]

獅 疏夷切，平，脂韵，生。（shī）：狮子。

◈ 昆 ×[kɔn^{52}ɬə^{52}]

驥（驥） 几利切，去，至韵，见。（jì）：骏马。

◈ 馭×[mə^{24}ʔ]

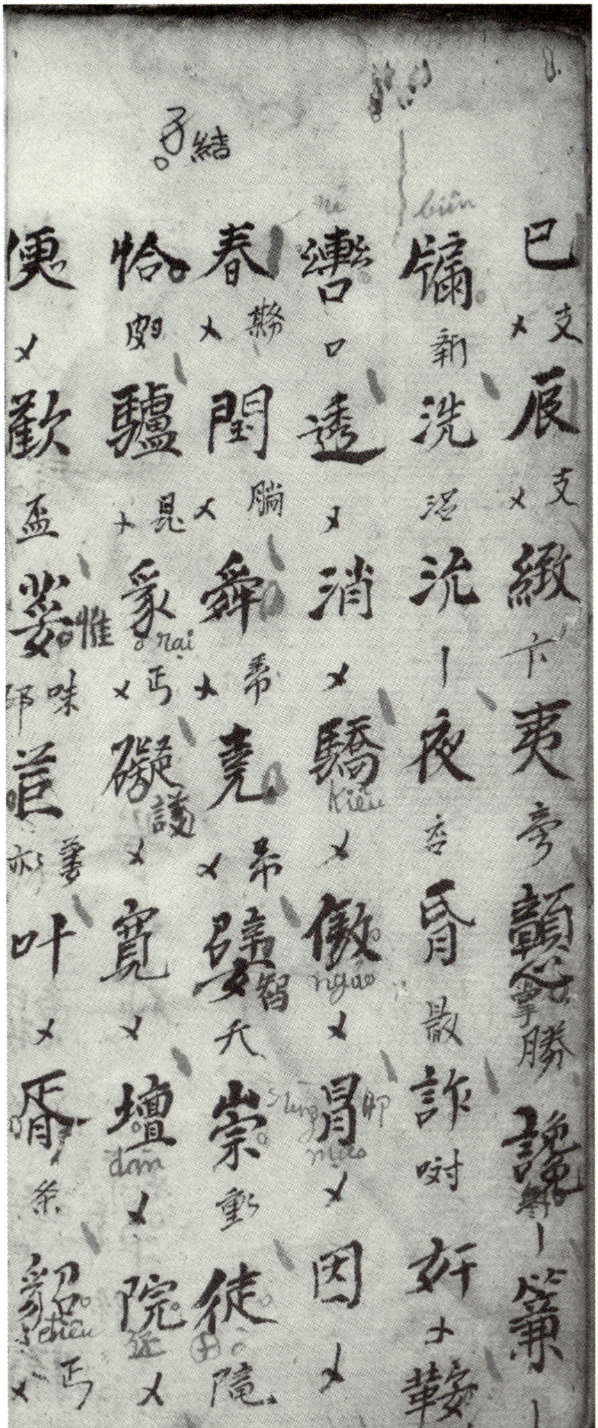

巳 详里切，上，止韵，邪。(sì)：地支的第六位。

◈ 支 ×[ʧe^{52}tɐi^{214}]

辰(辰) 植邻切，平，真韵，禅。(chén)：地支的第五位。

◈ 支 ×[ʧe^{52}t^{h}in^{21}]

致 直利切，去，至韵，澄。(zhì)：细密，精密。

◈ 卞 [men^{214}]

夷 以脂切，平，脂韵，以。(yí)：我国古代中原地区华夏族对东部各族的总称。

◈ 旁 [baŋ^{21}]

𩔗

◈ 胜 [t^{h}ɐŋ^{35}]

讒(讒) 士咸切，平，咸韵，崇。(chán)：说别人的坏话，说谄害人的话。

◈ 丨 [ʃan^{22}]

簾(簾) 力盐切，平，盐韵，来。(lián)：以布、竹等制成的遮蔽门窗的用具。

◈ 丨 [k^{h}em^{52}]

𦟛

◈ 礿 [kə^{35}]

洗 先礼切，上，荠韵，心。(xǐ)：用水涤除污垢。

◈ 沿 [la^{214}]

沉(沈) 直深切，平，侵韵，澄。(chén)：沉没，人或物没入水中。

◈ 丨 [p^{h}ai^{35}/ʃɐm^{35}]

夜 羊谢切，去，祃韵，以。(yè)：从天黑到天亮的一段时间，与“日”“昼”相对。

◈ 杏 [ɦi^{33}]

昏 呼昆切，平，魂韵，晓。(hūn)：天刚黑的时候，傍晚。

◈ 最 [tɔi^{35}]

詐 侧驾切，去，祃韵，庄。(zhà)：欺骗。

◈ 㖡 [dɔi^{35}]

奸 古颜切，平，删韵，见。(jiān)：奸邪。

◈ ×[ian^{52}]

鞍 于寒切，平，寒韵，影。(ān)：鞍子。

◈ ×[an^{52}]

轡(轡) 兵媚切，去，至韵，帮。(pèi)：驾驭马的缰绳。

◈ 口 [k^{h}ɐu^{214}]

透 他候切，去，候韵，透。(tòu)：通过，穿过；透露，显露。

◈ ×[t^{h}ɐu^{35}]

消 相邀切，平，宵韵，心。(xiāo)：消失，消除，不复存在。

◈ ×[ɬeu^{52}]

驕(驕) 举乔切，平，宵韵，见。(jiāo)：骄傲，骄纵。

◈ ×[kieu^{52}]

傲 五到切，去，号韵，疑。(ào)：骄傲，高傲。

◈ ×[ŋau^{21}]

冒(冐) 莫报切，去，号韵，明。(mào)：覆盖；冒犯；轻率。

◈ ×[mau^{52}/məu^{33}]

因 于真切，平，真韵，影。(yīn)：顺应；依托。

◈ ×[ȵɐn^{214}]

春 昌唇切，平，谆韵，昌。(chūn)：春季，春天。

◈ 粖 ×[mɔ^{21}ʧ^{h}um^{52}]

閏 如顺切，去，稕韵，日。(rùn)：历法术语。

◈ 脜×[t^{h}aŋ^{35}ȵun^{214}]

舜 舒闰切，去，稕韵，书。(shùn)：人名。五帝之一，传说中我国父系氏族社会后期部落联盟的贤明首领。

◈ 帝×[p^{h}ɔ^{21}t^{h}ən^{35}]

堯(尧) 五聊切，平，萧韵，疑。(yáo)：传说中古帝陶唐氏之名号。

◈ 帚×[p^{h}ɔ^{21}ŋe^{33}]

嬖(嬖) 博计切，去，荠韵，帮。(bì)：宠爱。

◈ 夭[ieu^{52}]

崇 锄弓切，平，东韵，崇。(chóng)：高，高大。

◈ 動[tuŋ^{21}]

徒 同都切，平，模韵，定。(tú)：步行；徒众。

◈ 隴[lɔŋ^{33}]

恰 苦洽切，入，洽韵，溪。(qià)：正好。

◈ 庖[mə^{33}]

驢(驢) 力居切，平，鱼韵，来。(lǘ)：家畜名。

◈ 昆×[kɔn^{52}lu^{33}]

豸 池尔切，上，纸，澄。(zhì)：本指无足之虫。后泛指虫类。

◈ 丐×[kai^{35}lən^{214}/ta^{52}]

礙 五溉切，去，代韵，疑。(ài)：限止，阻挡；妨碍。

◈ ×[?]

寬 苦官切，平，桓韵，溪。(kuān)：宽阔，广阔。

◈ ×[k^{h}uan^{52}]

壇

◈ ×[dan^{21}/t^{h}an^{33}]

院 王眷切，去，线韵，云。(yuàn)：庭院。

◈ ×[uen^{214}]

便(便) 婢面切，去，线韵，并。(biàn)：有利，便利。

◈ ×[ben^{214}]

歡(歡) 呼官切，平，桓韵，晓。(huān)：快乐，喜悦。

◈ 盃[fui^{33}/p^{h}ui^{21}]

荽 息遗切，平，脂韵，心。(suī)：芫荽，又称胡荽。一年生草本植物，茎和叶有特殊香气，通称香菜。

◈ □味[mui^{33}ən^{35}]

苣(苣) 其吕切，上，语韵，群。(jù)：蔬菜名，即莴苣。

◈ 蒌亦[lɐu^{33}ʃik^{55}]

叶 与涉切，入，叶韵，以。(yè)：植物的营养器官之一。斜生于枝茎之上，以司同化、呼吸、蒸发等作用。

◈ ×[ɬep^{22}]

胥 相居切，平，鱼韵，心。(xū)：蟹酱。

◈ 条[deu^{21}]

貂 都聊切，平，萧韵，端。(diāo)：哺乳动物。形似鼬，身体细长，四肢短，尾粗，毛长，呈黄色或紫黑色。

◈ 丐×[kai^{35}?]

豕 thì 昆 𠰺 鉅 𩕲 𧗱 滌 瑞 怡 妖 捧 阻 〆 攔 根

戒 鄭 蠶 所 助 〆 㑮 晋 除 備 馭 屯 棟 顒 ngung 丨

覗 䑩 裔 挑 献 〆 俿 遣 遍 𠯇 逞 耘 穀 楯 伯 bá 挖

渚 㰀 痓 坡 事 蜍 欽 敬 政 〆 刑 〆 洄 舵

祖 遡 恴 勝 特 優 ŭu 繞 欣 褻 節 瀾 龔 弓 宮 敬 詠 〆 吟 〆

漫 淫 澄 朗 槃 Bàn 柳 遠 舵 倫 〆 倒 〆 待 〆

豕 施是切，上，纸韵，书。(shǐ)：猪。

◈ 昆猪 [kɔn^{52}lən^{214}]

鉅 其吕切，上，语韵，群。(jù)：坚硬的铁。

◈ 贏 [lai^{214}]

滋 子之切，平，之韵，精。(zī)：滋生，生长。

◈ 添 [t^{h}em^{52}]

瑞 是伪切，去，寘韵，禅。(ruì)：古代用作符信的玉。

◈ 怡 [hɐi^{52}]

妖 于乔切，平，宵韵，影。(yāo)：指反常、怪异的事物；精怪。

◈ 择 [kə^{35}]

阻 侧吕切，上，语韵，庄。(zǔ)：险要，险要之地；阻止，阻拦。

◈ ×[tɔ^{214}]

攔（搁） 落干切，平，寒韵，来。(lán)：遮拦，阻拦。

◈ 垠 [k^{h}ən^{35}]

戒 古拜切，去，怪韵，见。(jiè)：防备，警戒。

◈ 嘟 [lən^{33}]

鳌

◈ 所 [ɬə^{35}]

助（助） 床据切，去，御韵，崇。(zhù)：辅助，帮助。

◈ ×[ʧɔ^{214}]

悛 此缘切，平，仙韵，清。(quān)：悔改；停止。

◈ 除 [tɯ^{21}]

備（僃） 平秘切，去，至韵，并。(bèi)：完备，齐备。

◈ 驭 [mə^{214}]

屯（屯） 徒魂切，平，魂韵，定。(tún)：聚集，集聚。

◈ 楝 [duŋ^{52}]

顒 鱼容切，平，钟韵，疑。(yóng)：凝视，不转头。

◈ 丨 [ŋau^{35}]

視 常利切，去，至韵，禅。(shì)：看；观察。

◈ 祐 [ʧ^{h}em^{52}]

齊（斋） 徂奚切，平，齐韵，从。(qí)：整齐。

◈ 执 [dem^{52}]

獻（献） 许建切，平，愿韵，晓。(xiàn)：奉献。

◈ ×[hen^{24}/hin^{35}]

伻 普耕切，平，耕韵，滂。(bēng)：使，使者。

◈ 遗 [ɬi^{33}]

逅

◈ 逯 [də^{52}]

耘 王分切，平，文韵，云。(yún)：除草。

◈ 袯 [?]

播（播） 补过切，去，过韵，帮。(bō)：布种，撒种。

◈ 掘 [fai^{214}]

渚 章与切，上，语韵，章。(zhǔ)：小洲，水中小块陆地。

◈ 摆 [pai^{35}]

涯 五佳切，平，佳韵，疑。(yá)：水边。

◈ 坡 [be^{21}]

事 鉏吏切，去，志韵，崇。(shì)：官职，职业，事情。

◈ 蜍 [tʰə^{21}]

欽 去金切，平，侵韵，溪。(qīn)：尊敬，恭敬。

◈ 敬 [kiŋ^{35}]

政 之盛切，去，劲韵，章。(zhèng)：政治，政事；政权；政策。

◈ ×[ʧiŋ^{35}]

刑 户经切，平，青韵，匣。(xíng)：惩罚，处罚。

◈ ×[hiŋ^{21}]

洄（洄） 户恢切，平，灰韵，匣。(huí)：逆流而上；水流回旋。

◈ ⿰舟尧 [ŋauŋ^{52}]

遡（遡） 桑故切，去，暮韵，心。(sù)：逆流而上；追溯。

◈ ⿱占心 [laɯ^{214}]

胜 诗证切，去，证韵，书。(shèng)：战胜，胜利。

◈ 特 [dək^{22}]

優（優） 于求切，平，尤韵，影。(yōu)：优良，美好，优越。

◈ 欣 [hə:n^{52}]

⿰麦要

◈ 澜 [lam^{33}]

龔

◈ 敬 [kiŋ^{35}]

詠 为命切，去，映韵，云。(yǒng)：歌唱，曼声长吟。

◈ ×[ueŋ^{35}/kueŋ^{35}]

吟 鱼近切，平，侵韵，疑。(yín)：吟咏，诵读。

◈ ×[kɐm^{21}]

浸 子鸩切，去，沁韵，精。(jìn)：泡在液体中。

◈ 滛 [ɬəm^{33}]

澄 唐亘切，去，邓韵，定。(dèng)：使液体中的杂质沉淀；虑。

◈ 朗 [laŋ^{214}]

槃（槃） 薄官切，平，桓韵，并。(pán)：旋转，盘绕。

◈ 郴 [leu^{21}]

遶（遶） 而沼切，上，宵韵，日。(rǎo)：围绕，环绕。

◈ ⿰舟尧 [iak^{35}]

伶 郎丁切，平，青韵，来。(líng)：机灵，灵活。

◈ ×[liŋ^{33}]

俐 (lì)：爽快，利落。

◈ ×[li^{214}]

待 徒亥切，上，海韵，定。(dài)：等待，等候。

◈ ×[dai^{214}/dai^{35}]

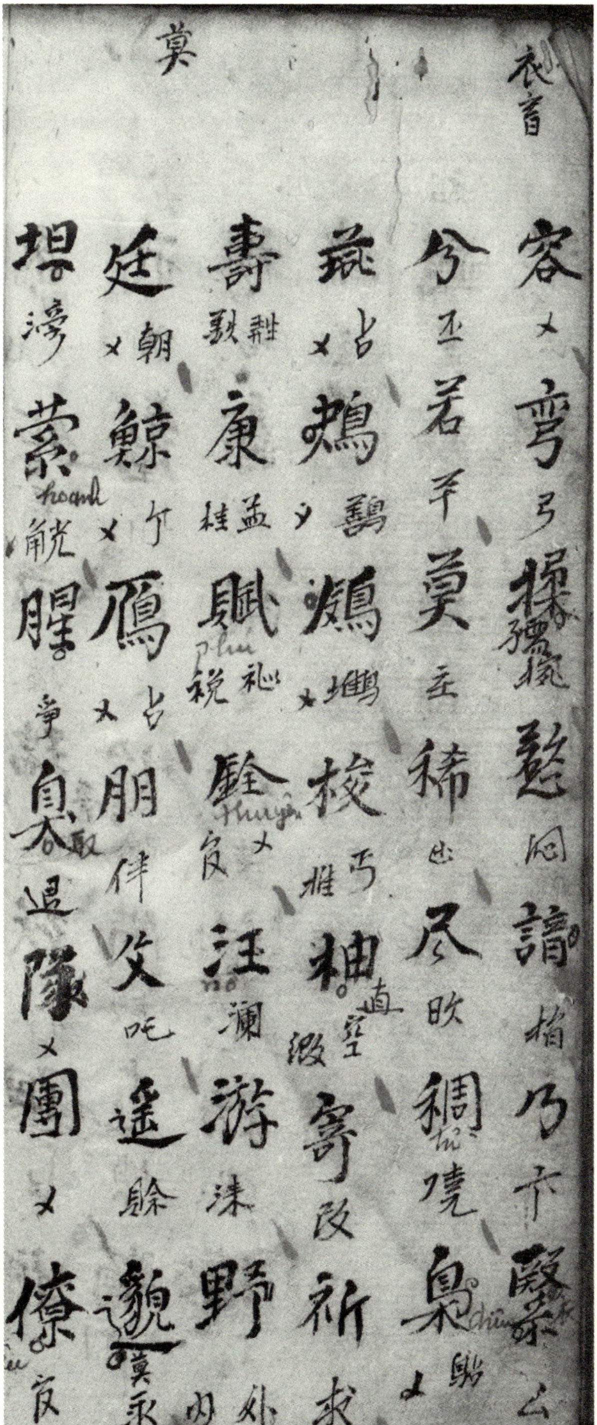

衣盲

容 ㄨ 穹 弓 [illegible] 慈 [illegible] 請 [illegible] 乃 六 [illegible] 厶

兮 丕 若 羊 莫 丕 稀 也 尽 吹 裯 [illegible] 嶢 梟 [illegible] ㄨ [illegible]

燕 ㄨ 占 鵝 ㄨ [illegible] 鴆 ㄨ [illegible] 梭 丐 椎 柚 直 [illegible] [illegible] 寄 良 祈 求

壽 [illegible] [illegible] 康 桂 益 賦 [illegible] 税 [illegible] 銓 [illegible] 良 ㄨ 汪 瀾 游 洙 野 外 内

廷 ㄨ 朝 鯨 ㄨ 个 雁 ㄨ 占 朋 伴 父 吒 遥 [illegible] 邈 莫 永

垾 滂 蒙 hoanh 觥 腥 [illegible] 臭 [illegible] 退 隊 ㄨ 團 ㄨ 僚 [illegible] 良

莫

容 余封切，平，钟韵，以。(róng)：容纳；宽容；仪容。

◈ ×[ɬɔŋ^{33}]

弯 乌关切，平，删韵，影。(wān)：拉弓；折，使弯曲。

◈ 弓 [kuŋ^{52}]

揉 耳由切，平，尤韵，日。(róu)：使木弯曲或伸直；摩擦。

◈ 捥 [?]

慾(慾) 余蜀切，入，烛韵，以。(yù)：欲望，嗜欲。

◈ 闷 [mɔn^{214}]

諳 乌含切，平，覃韵，影。(ān)：熟悉，知道。

◈ 掮 [?]

乃 奴亥切，上，海韵，泥。(nǎi)：你，你的；就是。

◈ 卞 [men^{214}]

繄(繄) 乌奚切，平，齐韵，影。(yī)：是；语气助词。

◈ 厶 [ŋɐi^{35}]

兮 胡鸡切，平，齐韵，匣。(xī)：古代韵文中的助词。用于句中或句末，表示停顿或感叹。与现代的“啊”相似。

◈ 丕 [p^{h}e^{52}]

若(若) 而灼切，入，药韵，日。(ruò)：如，像。

◈ 羊 [bɐŋ^{21}]

莫(莫) 莫故切，去，莫韵，明。(mò)：没有谁，没有什么。

◈ 庄 [ʧɐŋ^{35}]

稀 香衣切，平，微韵，晓。(xī)：疏，不密；少，不多。

◈ □ [ʔit^{55}]

尽 慈忍切，上，轸韵，从。(jìn)：空，空无；竭尽，完。

◈ 吹 [het^{55}]

稠 直由切，平，尤韵，澄。(chóu)：多；繁密；浓厚。

◈ 垚 [dɐu^{33}]

枭 古尧切，平，萧韵，见。(xiāo)：鸟名，猫头鹰一类的鸟。

◈ 鸼 ×[ʧim^{52}?]

燕(莚) 于甸切，去，霰韵，影。(yàn)：鸟纲燕科各种类的通称。

◈ 占 ×[ʧim^{52}en^{35}]

鴂 古穴切，入，屑韵，见。(jué)：鸟名，通称伯劳。

◈ 鷍 ×[ten^{214}?]

鸰 郎丁切，平，青韵，来。(líng)：鸟名，鹡鸰。

◈ 鸺 ×[dɔi^{52}?]

梭 须闰切，去，稕韵，心。(suō)：木名。

◈ 丐推 [kai^{35}dɔi^{52}]

柚 余救切，去，宥韵，以。(yòu)：木名。

◈ 空緻 [k^{h}uŋ^{52}k^{h}əi^{214}]

寄(寄) 居义切，去，寘韵，见。(jì)：寄放，寄存。

◈ 改 [kai^{214}/k^{h}əi^{214}]

祈 渠希切，平，微韵，群。(qí)：向天或神告求。

◈ 求 [kɐu^{21}]

寿(壽) 殖酉切，上，有韵，禅。(shòu)：长寿；长久。

◈ 酙数 [ɬuŋ^{35}lɐu^{33}]

康 苦冈切，平，唐韵，溪。(kāng)：安乐，安宁。

◈ 孟桂 [meŋ^{24}k^{h}ue^{24}]

賦 方遇切，去，遇韵，非。(fù)：田地税。

◈ 袦税 [lɐi^{35}lai^{35}]

銓 此缘切，平，仙韵，清。(quán)：衡量轻重的器具。

◈ 㝗 ×[kuan^{52}ten^{21}]

汪 乌光切，平，唐韵，影。(wāng)：广大，深广。

◈ 瀾? [lan^{33}]

游 以周切，平，尤韵，以。(yóu)：人或动物在水中行动。

◈ 涞 [lai^{24}]

野 羊者切，上，马韵，以。(yě)：郊外，离城市较远的地方。

◈ 外内 [uai^{24}nɔi^{24}]

廷 特丁切，平，青韵，定。(tíng)：朝廷，君主受朝施政的地方。

◈ 朝 ×[teu^{21}/ʧau^{21}ɖiŋ^{21}]

鯨（鲸） 渠京切，平，庚韵，群。(jīng)：水栖哺乳纲动物，俗称"鲸鱼"。

◈ 㐃 ×[ka^{35}k^{h}iŋ^{21}]

鴈 五晏切，去，谏韵，疑。(yàn)：候鸟名。形状略似鹅，劲和翼较长，足和尾较短，羽毛淡紫褐色。善于游泳和飞行。

◈ 㕣 ×[ʧim^{52}ȵan^{214}]

朋 步崩切，平，登韵，并。(péng)：朋友，弟子，志同道合的人。

◈ 伴 [ban^{24}]

父 扶雨切，上，麌韵，奉。(fù)：父亲。

◈ 咤 [ʧa^{33}]

遥 余昭切，平，宵韵，以。(yáo)：指距离远或时间长。

◈ 賖 [ʃa^{33}]

邈 莫角切，入，觉韵，明。(miǎo)：遥远，指空间距离大；久远，指时间长。

◈ 永 [ɦiŋ^{33}]

坦 他坦切，上，旱韵，透。(tǎn)：平直，广阔。

◈ 滂 [baŋ^{21}]

縈 于营切，平，清韵，影。(yíng)：回旋缠绕；牵缠，牵挂。

◈ 觥 [?]

腥 桑经切，平，青韵，心。(xīng)：腥气。

◈ 爭 [ʧeŋ^{52}]

臭 尺救切，去，宥韵，昌。(chòu)：秽恶之气，与"香"相对。

◈ 哏 [t^{h}ɔi^{52}]

隊 徒对切，去，队韵，定。(duì)：行列。

◈ ×[dɔi^{24}]

團 度官切，平，桓韵，定。(tuán)：工作或活动的集体。

◈ ×[duan^{21}]

僚 落萧切，平，萧韵，来。(liáo)：官吏。

◈ 㝗 [kuan^{52}]

吏 ㄨ 覔 塚 躩 䟸 厘 丨 寸 則 呢 嚧 嗤 嗼

握 苔 埃 䳗 㣼 ㄨ 鐵 銀 鉑 劉 鏈 江 滝 滸 洨 致 典

遈 蓮 殿 田 開 隱 息 利 原 ㄨ 勸 丨 諏 嗨

脫 塊 饒 他 而 赤 旦 尼 詎 可 雝 ㄨ 淇 ㄨ 滝

汜 ㄨ 滝 渭 ㄨ 滝 涇 ㄨ 滝 营 ㄨ 肴 ㄨ 漘 渚 澮 泳

韂 擂 勒 加 蝍 ㄨ 螻 螺 ㄨ 蚜 蛤 蠋 螵 學 蚪 螺 蠖

吏（叓） 力置切，去，志韵，来。（lì）：古代对官员的通称。

◈ ×[lai^{214}]

麗（麗） 郎计切，去，霁韵，来。（lì）：偶，成对；并驾；结伴而行。

◈ 熼 [?]

躔 直连切，平，仙韵，澄。（chán）：兽的足迹。

◈ 扺 [di^{52}]

厘 里之切，平，之韵，来。（lí）：数量单位。

◈ 丨 [li^{214}]

寸 仓困切，去，慁韵，清。（cùn）：长度名。

◈ 㝵 [t^{h}uɔn^{35}]

呃 乌界切，去，怪韵，影。（ài）：不平声；叹气。

◈ 喔 [ek^{35}]

嗤

◈ 哄 [kəi^{21}]

猩 所庚切，平，庚韵，生。（xīng）：猩猩的省称。

◈ 苔埃 [?ai^{52}]

鷟（鷟） 士角切，入，觉韵，崇。（zhuó）：鸟名。

◈ □×[?ɲup^{22}]

銀（銀） 语巾切，平，真韵，疑。（yín）：金属元素。

◈ 鉑 [bak^{22}]

釧 尺绢切，去，线韵，昌。（chuàn）：臂镯的古称。

◈ 鉒鏤 [tuŋ^{35}lɐu^{33}]

江 古双切，平，江韵，见。（jiāng）：江河的通称。

◈ 滝 [ʧ^{h}uəŋ^{33}]

滸 呼古切，上，姥韵，晓。（hǔ）：水边。

◈ 浚 [bien^{35}]

致 直利切，去，至韵，澄。（zhì）：细密，精密。

◈ 典 [den^{35}]

暹 息廉切，平，盐韵，心。（xiān）：太阳升起。

◈ 蓮 [len^{33}]

殿（殿） 都甸切，去，霰韵，端。（diàn）：高大的房屋的通称。

◈ 畂 [den^{24}]

閞

◈ 隘 [ai^{55}/ai^{35}]

息 相即切，入，职韵，心。（xī）：呼吸，一呼一吸谓之一息。

◈ 利 [ləi^{214}]

原 愚袁切，平，元韵，疑。（yuán）：本原，根本。

◈ ×[ŋuen^{33}]

勸（勸） 去愿切，去，愿韵，溪。（quàn）：奖励，鼓励；劝导，劝说。

◈ 丨 [kɐn^{22}]

諏 子于切，平，虞韵，精。（zōu）：咨询，询问。

◈ 晦 [hɔi^{214}]

脫（脱）徒活切，入，末韵，定。（tuō）：离开，摆脱。

◈ 塊 [k^{h}uai^{35}]

饒（饒） 如招切，平，宵韵，日。（ráo）：

富裕，丰足。

◈ 他 [tʰa^{52}]

而 如之切，平，之韵，日。(ér)：代词。汝，你。连词。和，及。

◈ 麻 [ma^{21}]

且 七也切，上，马韵，清。(qiě)：副词。尚且。

◈ 𬨠 [den^{35}]

詎 其据切，去，御韵，群。(jù)：副词。何，岂。

◈ 呵 [kʰa^{35}]

雖(雖) 息遗切，平，脂韵，心。[suī]：连词。表假设或让步。

◈ ×[ɬɐi^{55}]

淇 渠之切，平，之韵，群。(qí)：水名。在河南省北部。

◈ 滝 ×[ʃuəŋ^{33}ki^{21}]

汜 详里切，上，止韵，邪。(sì)：水名。发源于河南省，注入黄河。

◈ 滝 ×[ʃuəŋ^{33}?]

渭 于贵切，去，未韵，云。(wèi)：水名。黄河最大支流。

◈ 滝 ×[ʃuəŋ^{33}ue^{214}]

涇 古灵切，平，青韵，见。(jīng)：水名。

◈ 滝 ×[ʃuəŋ^{33}kiŋ^{52}]

营 余倾切，平，清韵，以。(yíng)：环绕而居，四围垒土而居。

◈ ×[ŋiŋ^{21}]

省(省) 息井切，上，静韵，心。(xǐng)：视察，察看。

◈ ×[ɬieu^{52}]

澫

◈ 渚 [ʧə^{35}]

澮(澮) 古外切，去，泰韵，见。(kuài)：田间排水道。

◈ 外彡 [ŋuai^{214}]

鞭 卑连切，平，仙韵，帮。(biān)：鞭打，敲打。

◈ 擂 [lɔi^{21}]

勒 卢则切，入，德韵，来。(lēi)：捆住，套住，或捆、套以后在拉紧。

◈ 扣 [kʰɐu^{35}]

螂 鲁当切，平，唐韵，来。(láng)：虫名。

◈ 蝼 ×[tʰɐu^{214}laŋ^{21}]

蜾 古火切，上，果韵，见。(guǒ)：虫名。

◈ 虷 ×[fu^{22}?]

蛤 古沓切，入，合韵，见。(há)：一种有介壳的软体动物，生活在海底，肉可食。

◈ 蠋 [hɐp^{55}]

螺 落戈切，平，戈韵，来。(luó)：具有回旋形贝壳的软体动物，种类很多。

◈ 屋 [?]

蚪 当口切，上，厚韵，端。(dǒu)：蝌蚪。

◈ 蠓蟵 [nuŋ^{35}lɐi^{52}]

蛾巧蝴 蝠蛦 螟蟢 鞏乂 擧車 茗茶 薰捻

尾梶 𦬇筝 荼軋乂 葛詈 侯射 躲瞅 洗麗 蒙乂

鵖哆 台乂 猿陵 舩 址墰 增㾓 縳 攅扒 撄匆 扪初

蜉蠷 蝶蚊 欖果 斬 艳之 果魚 蓝爭 篋细 盒桀

恩

扉

奩屛 箏乂 坛 管嗜 稍 篆恩 糕 纂糜 粈 芳嗆 寶丨

陋乂 訾斯 吱 梨 果乂 粟律 果乂 怍日 淹 潯 杠捦

蛾 五何切，平，歌韵，疑。（é）：蛾子。
◈ 丐蝦 [kai^{35}ŋəi^{21}]

蝠 方六切，入，屋韵，非。（fú）：蝙蝠。
◈ 蛦 [ɬi^{52}]

螟
◈ 蟮 [t^{h}en^{214}]

輦 力展切，上，狝韵，来。（niǎn）：人拉的车。
◈ ×[lən^{214}]

轝 以诸切，平，鱼韵，以。（yú）：车厢；车。
◈ 車 [ɬe^{52}]

茗 莫迥切，上，迥韵，明。（míng）：茶芽；茶。
◈ 茶 [ʃa^{21}/ȵa^{35}]

蕉 即消切，平，宵韵，精。（jiāo）：植物名。香蕉、芭蕉、美人蕉等芭蕉科植物的简称。
◈ □ [ʧeu^{52}]

凡
◈ 抏 [dem^{52}]

茅 莫交切，平，肴韵，明。（máo）：草名。禾本科。
◈ 箏 [ieŋ^{33}]

苓 郎丁切，平，青韵，来。（líng）：药草名。
◈ 鞊 ×[ʔleŋ^{22}]

葛（葛） 古达切，入，曷韵，见。（gé）：植物名。多年生的蔓草。
◈ 綝縫 [ɬi^{21}ʔ]

射 神夜切，去，祃韵，船。（shè）：射箭。
◈ 躲 [ban^{24}]

畋 徒年切，平，先韵，定。（tián）：耕种，打猎。
◈ 洗 [tɐi^{35}]

麟（麟） 力珍切，平，真韵，来。（lín）：大鹿；麒麟。
◈ 蒙 ×[mɔŋ^{33}luŋ^{33}]

鵠 胡沃切，入，沃韵，匣。（hú）：通称天鹅。
◈ 占 ×[ʧim^{52}kau^{35}]

棱 鲁登切，平，登韵，来。（léng）：物体的棱角。
◈ 船 [ʔ]

址 诸市切，上，止韵，章。（zhǐ）：根基，基础。
◈ 墙 [dam^{35}]

增（增） 作滕切，平，登韵，精。（zēng）：加多，加添。
◈ 添 [t^{h}em^{52}]

損 苏本切，上，混韵，心。（sǔn）：减少。
◈ 扒 [pɐt^{55}]

援（援） 雨元切，平，元韵，群。（yuán）：牵拉，牵引；攀援。
◈ 勿 [fuət^{22}]

捫 莫奔切，平，魂韵，明。（mén）：执持，按住。
◈ 初 [ʧ^{h}ə^{52}]

蜉 缚谋切，平，尤韵，奉。（fú）：虫名。寿命最短的昆虫。
◈ 蚆 [bə^{35}]

蝶 徒协切，入，帖韵，透。（dié）：蝴蝶。
◈ 蚟 [p^{h}at^{22}]

欖（欖） 卢敢切，上，敢韵，来。（lǎn）：橄榄的省称。

◈ 果斩 [kua²¹⁴tam²¹⁴]

栀（梔） 章移切，平，支韵，章。（zhī）：木名，亦指栀子的果实。

◈ 果盈 [kua²¹⁴ieŋ³³]

蓝（藍） 鲁甘切，平，谈韵，来。（lán）：植物名；颜色的一种。

◈ 箏 [ʧeŋ⁵²]

篋 苦协切，入，帖韵，溪。（qiè）：小箱子，藏物之具。

◈ 绱 [?]

盒 侯合切，入，合韵，匣。（hé）：一种由底盖相合的盛器。也有抽屉式的，如火柴盒。

◈ 枼 [ɬep²²]

奩 力盐切，平，盐韵，来。（lián）：古代盛梳妆用品的器具。

◈ 屏 [biŋ²¹]

筝 侧茎切，平，耕韵，庄。（zhēng）：拨弦乐器，形似瑟。

◈ 圪 ×[??]

管 古满切，上，缓韵，见。（guǎn）：管乐器名。

◈ 啃稍 [tieŋ³⁵ɬieu⁵²]

粢 即夷切，平，脂韵，精。（zī）：谷物名，即稷。

◈ 粘 [kʰau²¹⁴]

粲 苍案切，去，翰韵，清。（càn）：精米。

◈ 柑 [kəm⁵²]

芳 敷方切，平，阳韵，敷。（fāng）：草香，花卉。

◈ 喰 [tʰəm⁵²]

寶 博抱切，上，晧韵，帮。（bǎo）：贵重的东西。

◈ 丨 [bau³⁵]

陋 卢候切，去，侯韵，来。（lòu）：狭小，低矮；低微，卑贱。

◈ ×[lɐu³⁵]

訾 将此切，上，纸韵，精。（zǐ）：诋毁，指责。

◈ 吱 [ʧe⁵²]

梨 力脂切，平，脂韵，来。（lí）：果木名。果实多汁，可食。

◈ 果 ×[kua²¹⁴li³³]

栗 力质切，入，质韵，来。（lì）：木名；栗树的果实。

◈ 果 ×[kua²¹⁴lɔt²²]

忤 五故切，去，暮韵，疑。（wǔ）：违逆，触犯。

◈ 日 [ɳɐt²²]

淹 央盐切，平，盐韵，影。（yān）：浸泡；淹没，沉没。

◈ 潯 [tɐm²¹]

扛 古双切，平，江韵，见。（gāng）：双手举重物；阻拦；用言语顶撞。

◈ 扲 [kɐm²¹]

燃 㯅 節 杪 丞 吾 樓 揹 抱 邑 擾 极 揚

吊 㩆 搘 神 糭 两 磐 糊 ✕ 滘 㮇 ✕ 核 枳 ✕ 核 𡸁 ✕ 核 尝

蔓 ✕ 姜 符 ✕ 姜 臂 翻 縢 之 𦴣 ✕ 孝 姜 低 樸 孛 尾 汁 冒 滘

興音 紺 耕 滘 饍 賫 掂 吭 津 侍 滘 汗 质 戈 凿 ✕ 聰 炎 结 浦 巖 ✕ 要

黴 爲 ✕ 姜 并 ✕ 黏 擂 ✕ 核 趙 ✕ 滘 羲 ✕ 弗 從 智 想 浴 滲 飭 繊

粧 槌 七 棋 磁 蟒 蚲 昆 帝 蚽 昆 蟯 熏 㶿 灼 炪 了

撚(撚) 奴协切，入，贴韵，泥。(niē)：捏，揉塑。

◈ 捙 [lɔt^{22}]

節 子结切，入，屑韵，精。(jié)：竹节。

◈ 椤 [ɬa^{33}]

莖 户耕切，平，耕韵，匣。(jīng)：植物体的一部分，下部与根连接。

◈ 苫 [ʧim^{52}]

摟 力朱切，平，虞韵，来。(lǒu)：搂抱，用胳膊胧着。

◈ 揞 [ɔm^{35}]

抱 薄浩切，上，晧韵，并。(bào)：用手臂围持。

◈ 邑 [paɯ^{52}]

掖 羊益切，入，昔韵，以。(yē)：塞进，藏。

◈ 扱 [kək^{55}/kək^{22}]

揚 与章切，平，阳韵，以。(yáng)：显扬；传播。

◈ □ [ia^{52}]

吊 多啸切，去，啸韵，端。(diào)：悬挂。

◈ 撝 [fe^{33}]

捐 与专切，平，仙韵，以。(juān)：献出，捐助。

◈ 補 [bɔ^{35}]

粶 卢谷切，入，屋韵，来。(lù)：火爆米。

◈ 丙砮 [beŋ^{35} ？]

糊 户吴切，平，模韵，匣。(hú)：稠粥。

◈ 渃 ×[nək^{55}hu^{21}]

梧(椇) 五乎切，平，模韵，疑。(wú)：木名。梧桐。

◈ 核 ×[kɐi^{52}ŋɔ^{33}]

枳 诸氏切，上，纸韵，章。(zhǐ)：木名。

◈ 核 ×[kɐi^{52}tik^{55}]

苡 羊己切，上，止韵，以。(yǐ)：薏苡。

◈ 核 ×[kɐi^{52} ？]

芸 王分切，平，文韵，云。(yún)：香草名，即芸香。

◈ 核 ×[kɐi^{52} ？]

蓴(蓴) 常伦切，平，谆韵，禅。(chún)：莼菜。

◈ 荄 ×[kai^{35}ʧien^{52}]

荇 何梗切，上，梗韵，匣。(xìng)：多年生水生草本植物，叶呈对生圆形，嫩时可食，亦可入药。

◈ 荄 ×[kai^{35} ？]

臂(臂) 卑义切，去，寘韵，帮。(bì)：胳膊。

◈ 翅 [keŋ^{21}]

肢 章移切，平，支韵，章。(zhī)：人的手足与鸟兽翼足的总称。

◈ 粞 [tɐi^{52}]

□

◈ 婁低 [dɐi^{52}lɐu^{33}]

槿(槿) 居隐切，上，隐韵，见。(jǐn)：木名，即木槿。

◈ 芃孛 [p^{h}uŋ^{52}bɔk^{22}]

汁 之入切，入，缉韵，章。(zhī)：含有某种物质的液体。

◈ 渃買 [nək^{55}ui^{35}]

泔 古三切，平，谈韵，见。(gān)：淘米水。

◈ 渃粓 [nək^{55}kəm^{52}]

馥 房六切，入，屋韵，奉。(fù)：香气浓郁；香气。

◈ 萻 [t^{h}əm^{52}]

甛 徒兼切，平，添韵，定。（tián）：像糖或蜜的味道。

◈ 吼 [ŋɔn^{33}]

津 将邻切，平，真韵，精。（jīn）：生物的液体。

◈ 渃涥 [nək^{55} ？]

汗 候旰切，去，翰韵，匣。（hàn）：人和高等动物汗腺排除的液体。

◈ 戈灰 [ʧɐt^{55}p^{h}at^{22}]

茴（茴） 户恢切，平，灰韵，匣。（huí）：茴香。

◈ 聰 ×[tɯ^{52}tai^{52}]

荚 古协切，入，帖韵，见。（jiá）：豆类植物的果实。

◈ 湳结 [bu^{24}ket^{55}]

蕨（蕨） 居月切，入，月韵，见。（jué）：多年生草本植物。

◈ 蒌 ×[lɐu^{33} ？]

薇（薇） 无非切，平，微韵，微。（wēi）：菜名。也称野豌豆。

◈ 蒌 ×[lɐu^{33}fi^{33}]

芝（芝） 止而切，平，之韵，章。（zhī）：芝草，菌类植物，生枯木上。

◈ 黏 ×[ʧi^{55} ？]

榴（榴） 力求切，平，尤韵，来。（liú）：果木名，即石榴。

◈ 核 ×[kɐi^{52} ？]

趙 治小切，上，小韵，澄。（zhào）：古国名。

◈ 渃 ×[nək^{55}teu^{214}]

羲 许羁切，平，支韵，晓。（xī）：古代传说三皇之一伏羲氏的略称。

◈ 帀 ×[p^{h}uɔ^{21}ŋe^{33}]

徒 同都切，平，模韵，定。（tú）：步行。

◈ 跿 [di^{52}]

浴 余蜀切，入，烛韵，以。（yù）：洗身，洗澡。

◈ 渗 [ʃam^{35}]

飭 耻力切，入，职韵，彻。（chì）：整治，整顿。

◈ 檝 [？]

粧（粧） 侧羊切，平，阳韵，庄。（zhuāng）：妆饰。

◈ 槌 [tɔi^{52}]

七 亲吉切，入，质韵，清。（qī）：数词，六加一所得之和。

◈ 媒 [məu^{33}]

磁 墙之切，平，之韵，从。（cí）：物质能吸引铁、镍、钴等物质的性能。

◈ 蝣 [de^{35}]

蛭 之日切，入，质韵，章。（zhì）：环节动物，生活在淡水或湿润处，能吸人畜的血。

◈ 昆帝 [kɔn^{52}de^{35}]

蚯 去鸠切，平，尤韵，溪。（qiū）：蚯蚓。

◈ 昆蠍 [kɔn^{52} ？]

燻（燻）（xūn）：同“熏”。

◈ 燶 [nuŋ^{22}]

灼 之若切，入，药韵，章。（zhuó）：烧，炙。

◈ 灿 [ɬa^{33}]

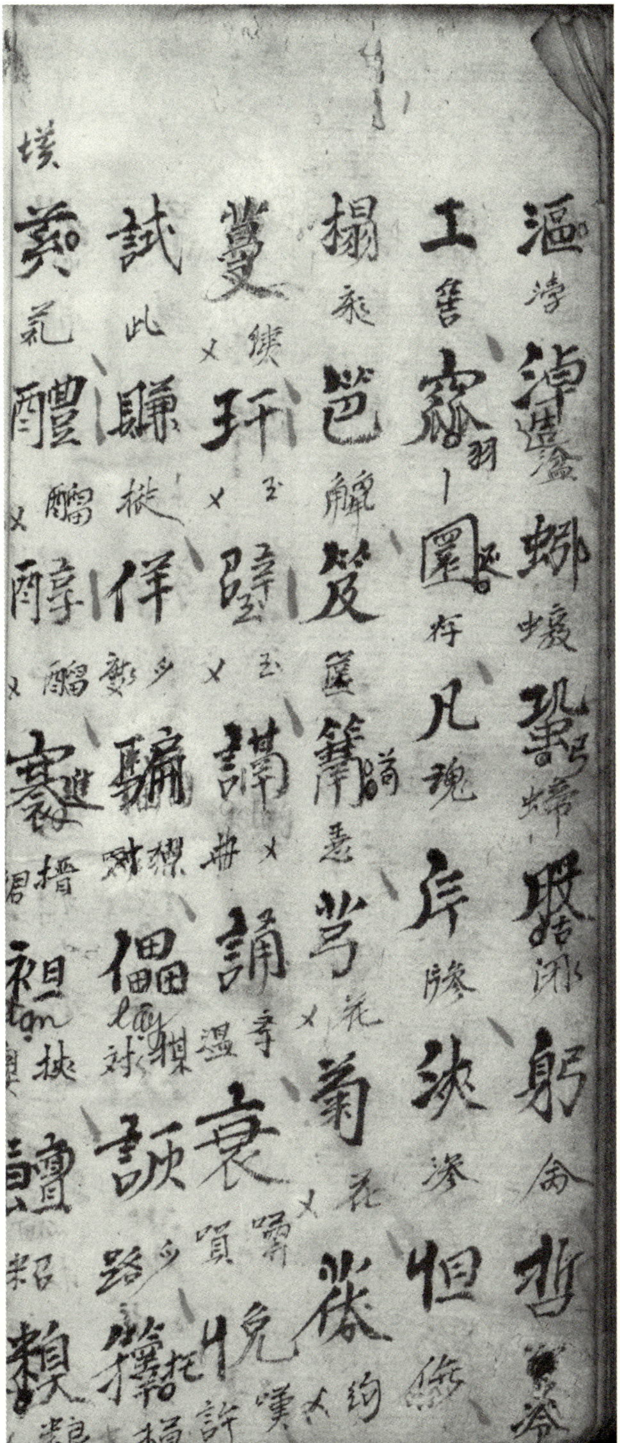

漚 乌侯切，去，侯韵，影。（òu）：长时间浸泡。

◈ 涥 [pak^{35}]

淖 奴教切，去，效韵，泥。（nào）：烂泥，泥沼。

◈ 溢 [ban^{21}]

蚓 余忍切，上，轸韵，以。（yǐn）：蚯蚓。

◈ 蠍 [？]

蛩（蛩） 渠容切，平，钟韵，群。（qióng）：蝗的别名。

◈ 蟒 [de^{35}]

股 公户切，上，姥韵，见。（gǔ）：大腿。

◈ 闭 [be^{35}]

躬 居戎切，平，东韵，见。（gōng）：身体；自身。

◈ 𠊎 [meŋ^{214}]

哲 陟列切，入，薛韵，知。（zhé）：明智，有智慧。

◈ 冷 [leŋ^{214}]

工 古红切，平，东韵，见。（gōng）：古时对从事各种技艺的劳动者的总称。

◈ 窖 [kau^{52}/kau^{55}]

窳 以主切，上，虞韵，以。（yǔ）：凹陷，低下；粗略；懒惰。

◈ 丨 [fɐu^{214}]

圜（圜） 王权切，平，仙韵，云。（yuán）：天；钱币；牢狱；同“圆”。

◈ 存 [tɔn^{21}]

凡 符咸切，平，凡韵，奉。（fán）：所有，凡是；平常，普通。

◈ 瑰 [hɔn^{21}]

斥

◈ 傍 [？]

浃 子协切，入，贴韵，精。（jiā）：遍及，满。

◈ 渗 [ʃam^{35}]

怛 当割切，入，曷韵，端。（dá）：悲伤，愁苦。

◈ 㑽 [ɬəŋ^{52}]

榻 吐盍切，入，盍韵，透。（tà）：狭长而矮的坐卧用具。

◈ 床 [ɬaŋ^{21}/ɬəŋ^{21}]

笆 伯加切，平，麻韵，帮。（bā）：用竹或荆条编成的障隔或盛器。

◈ 䲽 [？]

笈 其立切，入，缉韵，群。（jí）：盛器。多竹、藤编织，常以放置书籍、衣巾、药物等。

◈ □ [k^{h}uəŋ^{52}]

篱

◈ 悉 [lɔŋ^{21}]

芎 去宫切，平，东韵，溪。（xiōng）：芎䓖。

◈ 花 ×[ua^{52}？]

菊 居六切，入，屋韵，见。（jú）：菊花。

◈ 花 ×[ua^{52}kuk^{55}]

茯（茯） 房六切，入，屋韵，奉。（fú）：茯苓。

◈ 絇 ×[kɐu^{52}taŋ^{214}]

蔓 无贩切，去，愿韵，微。（màn）：草本蔓生植物的细长不能直立的枝茎。

◈ 絏 ×[ɬi^{33}man^{33}]

玕 古寒切，平，寒韵，见。（gān）：琅玗的简称。

◈ 玉×[ŋɔk²² ？]

璧（璧） 必益切，入，昔韵，帮。（bì）：玉器名。

◈ 玉×[ŋɔk²² ？]

講

◈ ×冊[kek³⁵ʧek⁵⁵]

诵 似用切，去，用韵，邪。（sòng）：朗读，念诵。

◈ 孛温[ieu³⁵ɔn⁵²]

衰 所追切，平，脂韵，生。（shuāi）：衰微，衰亡。

◈ 噂唄[tɔn⁵²fen³³]

悦 弋雪切，入，薛韵，以。（yuè）：欢乐，喜悦。

◈ 嘆許[tʰan⁵²hɯ³⁵]

試（試） 式吏切，去，志韵，书。（shì）：任用，使用，运用。

◈ 此[tɯ²¹]

賺 直陷切，去，陷韵，澄。（zhuàn）：获得利润。

◈ □[ʃan³³]

佯 与章切，平，阳韵，以。（yáng）：假装。

◈ ⺫彦[lam²¹dɔ²¹⁴]

騙（骗） 匹线切，去，线韵，滂。（piàn）：欺骗，哄骗。

◈ □□[？？]

儡 鲁回切，平，灰韵，来。（léi）：丧败。

◈ 摸对[məu³³dɔi³⁵]

詠

◈ ⺫路[lam²¹lɔ²⁴]

籜 他各切，入，铎韵，透。（tuò）：竹笋皮。

◈ 模[mak²² ？]

荄（荄） 古哀切，平，咍韵，见。（gāi）：草根。

◈ 莍[lɐi³⁵]

醴（醴） 卢启切，上，荠韵，来。（lǐ）：甜酒。

◈ 醴×[ɬeu²¹⁴ ？]

醇 常伦切，平，谆韵，禅。（chún）：味道淳正浓厚的酒。

◈ 醴×[ɬeu²¹⁴ ？]

褰

◈ 揩□[tən³⁵ ？]

袒 徒旱切，上，旱韵，定。（tǎn）：脱衣露出上身。

◈ 挟□[ap³⁵ ？]

饘（饘） 诸延切，平，仙韵，章。（zhān）：稠粥。

◈ 粨[kʰau²¹⁴]

糗 去久切，上，有韵，溪。（qiǔ）：炒熟的米麦，亦泛指干粮；冷粥。

◈ 粮[ləŋ³³]

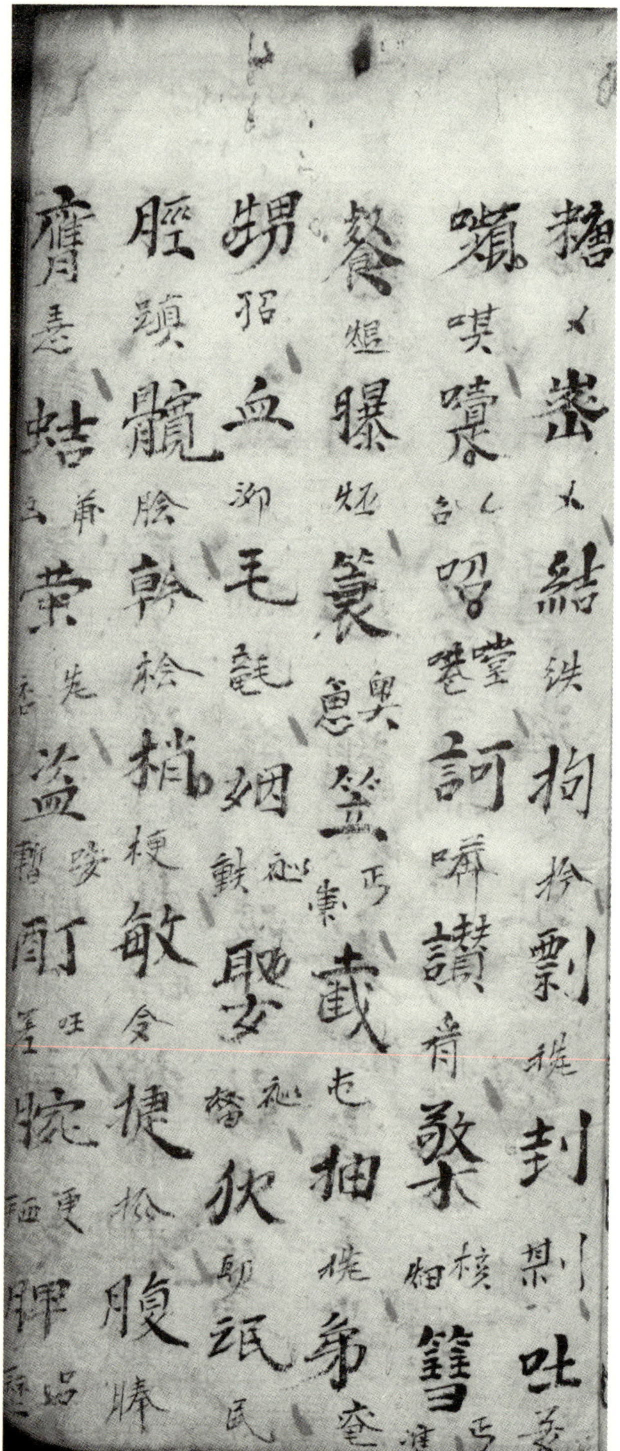

糖 徒郎切，平，唐韵，定。（táng）：从甘蔗、米、麦、甜菜等提制出来的供食用的甜的物质。

◈喃 ×[dəŋ^{21}]

𡨸

◈喃 ×[mɐt^{22}]

結 古屑切，入，屑韵，见。（jié）：用线、绳、草等条状物打结或编织。

◈喃 洁 [ket^{55}/k^{h}uet^{55}]

拘 举朱切，平，虞韵，见。（jū）：逮捕，囚禁。

◈喃 拎 [kɐm^{21}]

剽 匹妙切，去，笑韵，滂。（piào）：抢劫，掠夺。

◈喃 扰 [dem^{52}]

刲 苦圭切，平，齐韵，溪。（kuī）：刺，割。

◈喃 荆 [məu^{33}]

吐 他鲁切，上，姥韵，透。（tǔ）：使东西从口中出来。

◈喃 邦 [？]

嚬（嚬） 步真切，平，真韵，并。（pín）：皱眉。

◈喃 唭 [kəi^{21}]

嗁（嗁）（dī）：小语。

◈喃 乙台 [？ dai^{21}]

㕲 敕宵切，平，宵韵，彻。（chāo）：喉鸣；打断别人说话。

◈喃 噹啫 [dəŋ^{21} ？]

訶 虎何切，平，歌韵，晓。（hē）：大声呵斥，责骂。

◈喃 嗙 [bən^{52}]

讚 则旰切，去，翰韵，精。（zàn）：赞美，颂扬。

◈喃 㕸 [həu^{22}]

檠（檠） 渠京切，平，庚韵，群。（qíng）：矫正弓弩的器具；烛台，灯台。

◈喃 核畑 [kɐi^{52}dien^{21}]

簦

◈喃 丐準 [kai^{35}ʧɔn^{35}]

餐 七安切，平，寒韵，清。（cān）：吃，吞食；饭食。

◈喃 炮 [t^{h}ɔi^{35}]

曝（曝） 薄木切，入，屋韵，并。（pù）：晒。

◈喃 炋 [bɔi^{22}]

蓑（蓑） 苏禾切，平，戈韵，微。（suō）：雨具。

◈喃 奥篭 [aŋ^{35}dəŋ^{21}]

笠 力入切，入，缉韵，来。（lì）：笠帽，用竹篾、箬叶、棕皮等编成，可以御属，亦可御雨。

◈喃 丐崠 [kai^{35}nɔn^{21}/nɔn^{33}]

截（截） 昨结切，入，屑韵，从。（jié）：断，割断。

◈喃 屯 [duən^{21}]

抽 丑鸠切，平，尤韵，彻。（chōu）：引，拉；拔。

◈喃 扰 [dem^{52}]

弟 特计切，去，霰韵，定。（dì）：同辈后生的男子，对兄而言。

◈喃 奄 [em^{55}]

甥 所庚切，平，庚韵，生。（shēng）：姊妹之子；女儿之子。

◈喃 招 [ʧɐu^{35}]

血 呼决切，入，屑韵，晓。(xuè)：血液。
◈ 㳌 [mau^{214}]

毛 莫袍切，平，豪韵，明。(máo)：人体或动植物表皮上所生的丝状物；鸟禽类的羽毛。
◈ 毦 [ɬɔŋ^{33}]

姻 于真切，平，真韵，影。(yīn)：婚姻，结亲；泛指由婚姻关系结成的亲戚。
◈ 䙌䵹 [lɐi^{35}ʧɔŋ^{21}]

娶 七句切，去，遇韵，清。(qǔ)：男子结婚。把女子接过来成亲。
◈ 䙌婿 [lɐi^{35}fə^{214}]

狄 徒历切，入，锡韵，定。(dí)：我国古代民族名。
◈ 助 [？]

氓 莫耕切，平，耕韵，明。(méng)：民，百姓。
◈ 民 [men^{21}]

胫 胡定切，去，径韵，匣。(jìng)：人的小腿。
◈ 踳 [ʧun^{52}]

髋 苦官切，平，桓韵，溪。(kuān)：臀部；髋骨。
◈ 脍 [hɔi^{214}]

榦 古案切，去，翰韵，见。(gàn)：指器物，事物的主干。
◈ 桧 [kɔi^{214}]

梢 所交切，平，肴韵，生。(shāo)：树木或其他植物的末端。
◈ 梗 [keŋ^{21}]

敏 眉殒切，上，轸韵，明。(mǐn)：疾速，敏捷。
◈ 令 [leŋ^{214}]

捷 疾叶切，入，叶韵，从。(jié)：迅速，敏疾。
◈ 拎 [iuŋ^{35}]

腹 方六切，入，屋韵，非。(fù)：肚子。
◈ 腖 [bɔŋ^{35}]

膺 于陵切，平，蒸韵，影。(yīng)：胸。
◈ 悉 [lɔŋ^{21}]

蛣 去吉切，入，质韵，溪。(jié)：虫名。
◈ 莆□ [p^{h}u^{35}huŋ^{52}]

萤 户扃切，平，青韵，匣。(yíng)：萤火虫。
◈ 先杏 [dem^{52}fi^{33}]

盗 徒到切，去，号韵，定。(dào)：偷窃，劫掠。
◈ 咹暂 [ɐn^{52}tam^{214}]

酊 都挺切，上，迥韵，端。(dǐng)：酩酊，大醉貌。
◈ 吐□ [kuɔk^{55}ɬai^{52}]

腕
◈ 更掴 [keŋ^{21}tɐi^{52}]

脾(脾) 符支切，平，支韵，并。(pí)：人或高等动物的内脏之一。在胃的左下侧，贮血和产生淋巴与抗体的器官，有调节新陈代谢的作用。
◈ 吕□ [la^{214}lik^{22}]

迎

客咷〆親等〆連|復吏顧兑訕吱蟜〆昆

蟒昆〆榜〆屏爭灣委䋎抄卒斤棟楧㧡尾弇

鮲蒙盧狂揣楳摩杈婆〆䋩鍗畬笨

姥嫫鬆予些些〆覲迸包体賁迸翺戀姜菰私

諸核𧾷薯矩埋罟紂網鯉騁㮤逑搓腿〆腓

䏈闭税〆租〆湖〆沚凼梭璬𥳑稷湛壴

客 苦格切，入，陌韵，溪。（kè）：来宾，宾客。

◈ 馭×[ŋəi^{21}kʰek^{55}]

親 七人切，平，真韵，清。（qīn）：亲人，亲戚。

◈ 等×[dɐŋ^{35}tʰən^{52}]

運（運） 王问切，去，问韵，云。（yùn）：移动，挪动。

◈ 丨[fɐn^{214}]

復 房六切，入，屋韵，奉。（fù）：又，更，再。

◈ 吏[lai^{214}]

顧 古暮切，去，暮韵，见。（gù）：回首，回视。

◈ 免[dai^{21}]

訕 所晏切，去，谏韵，生。（shàn）：毁谤，讥讽；羞愧，难为情。

◈ 吱[ʧe^{52}]

螭（螭） 丑知切，平，支韵，彻。（chī）：古代传说中无角的龙。

◈ 昆×[kɔn^{52}le^{33}]

蟒 模朗切，上，阴韵，明。（mǎng）：巨蛇。

◈ 昆×[kɔn^{52}bun^{35}]

榜 北朗切，上，荡韵，帮。（bǎng）：木片，匾额；告示应试录取的名单。

◈ ×[baŋ^{21}]

屏 薄经切，平，青韵，并。（píng）：照壁，对着门的小墙；屏障之物。

◈ 箏[ieŋ^{33}]

湾 乌关切，平，删韵，影。（wān）：水流弯曲处；海湾。

◈ 安繞[？？]

杪 亡沼切，上，小韵，明。（miǎo）：树木末端，树梢；细小，微小。

◈ 卒几[ʧɔt^{55}/tuɔt^{35}？]

揀 都动切，上，董韵，端。（dǒng）：打击。

◈ 拱[ʧɔn^{214}]

抛 匹交切，平，肴韵，滂。（pāo）：丢弃，撇开。

◈ 芃[pʰuŋ^{52}]

鯎

◈ 蒙[muŋ^{33}]

盧 落胡切，平，模韵，来。（lú）：饭器；黑色；良犬。

◈ 狂[ʧɔ^{35}]

揣 初委切，上，纸韵，初。（chuāi）：量度，衡量。

◈ 楳[məu^{55}]

摩 莫婆切，平，戈韵，明。（mó）：摩擦。

◈ 扠[kuen^{21}]

婆 薄波切，平，戈韵，并。（pó）：年老的妇女。

◈ ×[ba^{21}]

妳

◈ 獢[bɔ^{24}]

箸 正奢切，平，麻韵，章。（zhē）：〈方〉父亲。

◈ 爷□[？？]

姥 莫补切，上，姥韵，明。（mǔ）：老妇的通称。

◈ 娭婼[me^{214}ia^{21}]

予 余吕切，上，语韵，以。（yǔ）：赐予，给予。

◈ 些[ta^{52}]

些 写邪切，平，麻韵，心。(xiē)：一点点，少量。

喃 𠃋 [ʔi^{35}]

覲(覲) 渠遴切，去，震韵，群。(jìn)：会见，拜见。

喃 包体 [fau^{21}t^{h}e^{35}]

賓(賓) 必邻切，平，真韵，帮。(bīn)：宾客。

喃 遴朝 [lien^{33}ʧɐu^{21}]

蔬(蔬) 所菹切，平，鱼韵，生。(shū)：蔬菜。

喃 蒌 [lɐu^{33}]

菰 其立切，入，缉韵，群。(jí)：冬瓜。

喃 秘 [mi^{35}]

藷 章鱼切，平，鱼韵，章。(zhū)：甘蔗。

喃 核䒧 [kɐi^{52}？]

薯 常恕切，去，御韵，禅。(shǔ)：甘薯、马铃薯等薯类作物的统称。

喃 矩埋 [kə^{52}mai^{33}]

㗅

喃 紿 [tai^{21}]

網 文两切，上，养韵，微。(wǎng)：用绳、线等结成的捕鱼或捉鸟兽的用具。

喃 鯉 [li^{214}]

聘 匹正切，去，劲韵，滂。(pìn)：探寻；聘问。

喃 慨 [k^{h}ai^{35}]

逑(逑) 巨鸠切，平，尤韵，群。(qiú)：配偶；相匹敌的人。

喃 堆 [dɔi^{52}]

腿(腿) 吐猥切，上，贿韵，透。(tuǐ)：胫和股的总称。俗称胫为小腿，股为大腿。

喃 腄 [t^{h}ɔi^{52}]

啾 雌由切，平，尤韵，清。(qiū)：膝盖弯。

喃 闭 [be^{35}]

税 舒芮切，去，祭韵，书。(shuì)：赋税，税收。

喃 ×[iuɐi^{35}]

租 则吾切，平，模韵，精。(zū)：田赋；泛指赋税。

喃 ×[tɔ^{214}]

湖 户吴切，平，模韵，匣。(hú)：积水的大泊。

喃 ×[hu^{21}]

沚 诸市切，上，止韵，章。(zhǐ)：水中小块陆地。

喃 㛔 [bien^{35}]

瑕(瑕) 胡加切，平，麻韵，匣。(xiá)：玉上的斑点或裂痕；比喻事物的缺点或人的过失，毛病。

喃 𢵰 [nɔn^{33}]

湛 直深切，平，侵韵，澄。(chén)：沉没；隐没；深沉。

喃 𤇮 [ɬuŋ^{52}]

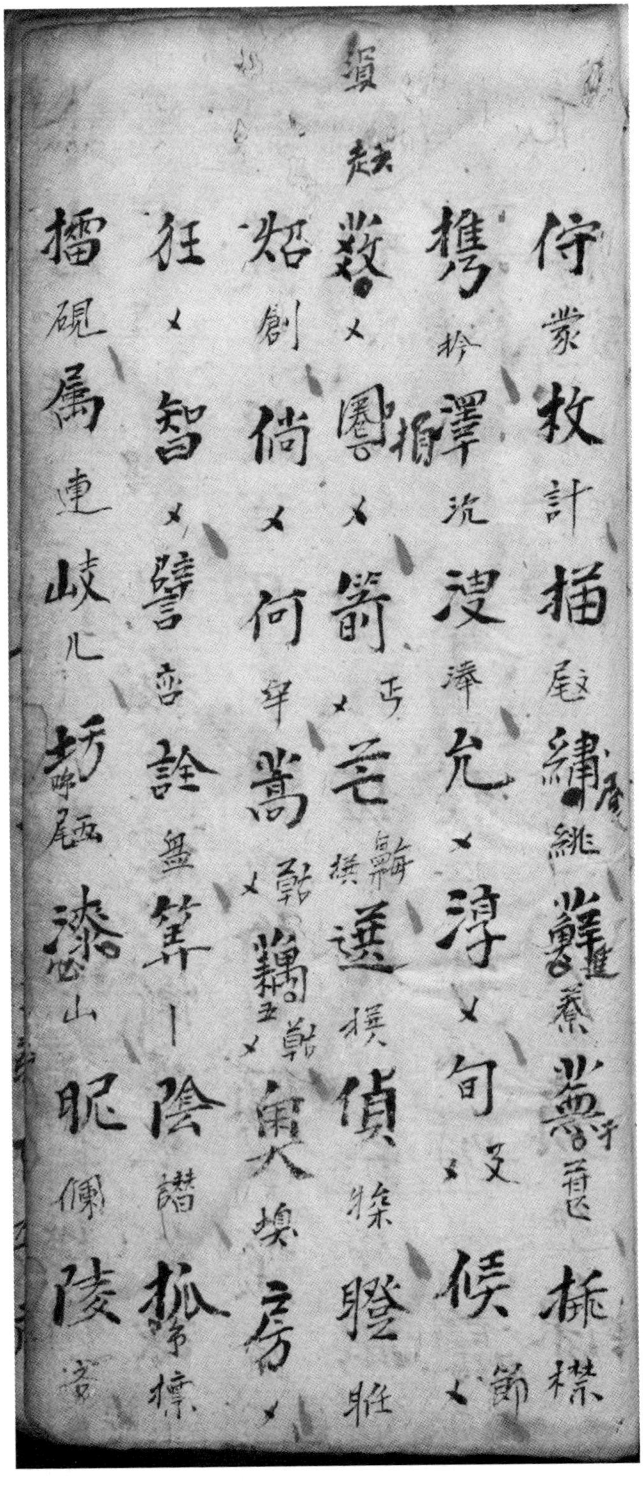

侍蒙枚計插㕞縛絩蘚蔡蕃蒀桸襟

携拎澤沆浸漨允淳旬文侯節

頂趺蔱團掮箭丐芑鰢摸逜摸偵絛騰𬺡

炤創倘何穿嵩郭鶓郭鼡大塻房

狂智譬音詮盘算丨陰譖掀撑

擂硯屬連岐儿坊崪尾漆山眠僩陵客

伫（佇） 直吕切，上，语韵，澄。（zhù）：久立；期盼。

◈ 蒙 [mɔŋ^{33}]

枚 莫杯切，平，灰韵，明。（méi）：量词。

◈ 計 [ke^{35}]

描（描） 武儦切，平，宵韵，明。（miáo）：描画，摹写。

◈ 䏎 [fe^{33}]

绣 息救切，去，宥韵，心。（xiù）：用彩色线的布帛上刺成花、鸟、图案等。

◈ 絩 [dau^{21}]

藓（蘚） 息浅切，上，狝韵，心。（xiǎn）：苔藓。

◈ 蓚 [lieu^{33}]

芜（蕪） 武夫切，平，虞韵，微。（wú）：田地荒废，野草丛生；丛生的杂草。

◈ 萁 [k^{h}am^{214}]

捇

◈ 襟 [kəm^{35}]

携（攜） 户圭切，平，齐韵，匣。（xié）：提起，提着。

◈ 扲 [kɐm^{21}]

澤 场伯切，入，陌韵，澄。（zé）：水聚会处。

◈ 沉 [tɐm^{21}]

洩

◈ 漨 [p^{h}uŋ^{214}]

冗（宂） 而陇切，上，肿韵，日。（rǒng）：多余；闲散。

◈ ×[ŋɐn^{21}]

淳 常伦切，平，谆韵，禅。（chún）：深厚，浓厚；质朴，敦厚。

◈ ×[？]

旬 详遵切，平，谆韵，邪。（xún）：十天。

◈ 乂 ×[mɔt^{22}tən^{21}/t^{h}ən^{21}]

候 胡遘切，去，侯韵，匣。（hòu）：时节，时候。

◈ 節 ×[tit^{55}hɐu^{214}]

薮（薮） 苏后切，上，厚韵，心。（sǒu）：湖泽；人或物聚集之所。

◈ ×[？]

圈 去爰切，平，元韵，溪。（quān）：圈子，环形物。

◈ ×[k^{h}uen^{35}]

箭（箭） 子贱切，去，线韵，精。（jiàn）：搭在弓上发射的武器。

◈ 丐 ×[kai^{35}ʧien^{55}]

芒 莫郎切，平，唐韵，明。（máng）：多年生草本植物，状如茅，俗称“笆茅”。

◈ 鱑 拱 [？ ʧɔn^{214}]

选（選） 思兖切，上，狝韵，心。（xuǎn）：选择，挑选。

◈ 拱 [ʧɔn^{214}]

偵 丑真切，平，清韵，彻。（zhēn）：问；探问。

◈ 悇 [t^{h}am^{35}]

瞪 丈证切，去，证韵，澄。（dèng）：直视；用力睁大眼睛。

◈ 眲 [ɳɔm^{33}]

炤 之少切，去，笑韵，章。（zhào）：照耀；依照。

◈ 創 [ɬaŋ^{35}]

倘 坦朗切，上，荡韵，透。（tǎng）：倘若，假如。

喃 ×[tʰaŋ^{35}]

何 胡歌切，平，歌韵，匣。（hé）：代词；副词。

喃 牢 [ɬau^{52}]

蒿（蒿） 呼毛切，平，豪韵，晓。（hāo）：蒿草。

喃 鞊 ×[？？]

藕 五口切，上，厚韵，疑。（ǒu）：荷的根茎。

喃 鞊 ×[？？]

奥 乌到切，去，号韵，影。（ào）：室内西南隅；室内深处。

喃 堬[？]

房 符方切，平，阳韵，奉。（fáng）：古代指正室两旁的房间。

喃 ×[pʰɔŋ^{21}]

狂 巨王切，平，阳韵，群。（kuáng）：疯癫，精神失常。

喃 ×[uaŋ^{35}]

智 知义切，去，寘韵，知。（zhì）：智慧，聪明。

喃 ×[ti^{52}/ʧi^{35}]

譬（譬） 匹赐切，去，寘韵，滂。（pì）：比喻，比方。

喃 否 [fi^{35}]

詮 此缘切，平，仙韵，清。（quán）：详尽解释，阐明。

喃 盘 [ban^{21}]

筭 苏贯切，去，换韵，心。（suàn）：古代计数的筹码；数额；计数。

喃 丨 [tuan^{52}]

陰 于金切，平，侵韵，影。（yīn）：不见阳光的地方。

喃 諳 [tʰi^{35}]

抓 侧交切，去，肴韵，庄。（zhuā）：用手爪取物或握物。

喃 擽[？]

擂 卢对切，去，灰韵，来。（léi）：敲击，打。

喃 硯 [ŋen^{21}]

属 之欲切，入，烛韵，章。（zhǔ）：连接；聚集。

喃 連 [lien^{33}]

岐 巨支切，平，支韵，群。（qí）：山名；水名。

喃 儿 [ŋi^{33}]

坊 府良切，平，阳韵，非。（fāng）：城市居民聚居地的名称，与街市里巷相类似。

喃 廇 [lɐu^{35}]

潻

喃 山 [ɬɔn^{52}]

昵 尼质切，入，质韵，娘。（nì）：亲近，亲昵。

喃 僩 [lan^{33}]

陵 力膺切，平，蒸韵，来。（líng）：大土山；坟墓，墓地。

喃 斉 [lɐn^{214}]

瓦

phục gù gập ngắc ngây

thận

耄陣悖佐陽啼乂乳占此種注殯稀嫌雞

伏峙邑填馬垃錮攘填拒件慚噐妥妄諫干

箴所優語昂高啸嗃諭咐頸古顱顎浩

唉乂舌䄡揄標拓槐犧悽䂓悟禰魚

鑛羊甕𪏂乂拳甚握捻挑嘌喊嚓謹燃式

寤式嘁垰垰蹉俟除覽対吠嗯噴吟慄律懷

恚 于避切，去，寘韵，影。(huì)：愤怒，怨恨。

◈ 陣 [tɐn^{214}/ʧən^{35}]

憐 落贤切，平，先韵，来。(lián)：哀怜，怜悯。

◈ 㑳 [ɬəŋ^{52}]

陽 与章切，平，阳韵，以。(yáng)：日光照得见的一面，向阳部分。

◈ 唏 ×[hɐi^{52}？]

㐾

◈ 種㐲 [ʧuŋ^{21}ʧi^{35}]

雌 此移切，平，支韵，清。(cí)：禽鸟中能产卵的。

◈ 𤠄 [mai^{214}]

稺

◈ 𦃓 [nɔn^{33}]

雏(雛) 仕于切，平，虞韵，崇。(chú)：小鸡，泛指幼禽或幼兽。

◈ 㕓昆 [ʧim^{52}kɔn^{52}]

伏(伕) 房六切，入，屋韵，奉。(fú)：面向下，背朝上俯卧着。

◈ 峙邑 [tʰu^{35}pauɯ^{21}]

填(填) 徒年切，平，先韵，定。(tián)：填塞。

◈ 垃 [la^{33}]

錮 古暮切，去，暮韵，见。(gù)：用金属溶液填塞空隙。

◈ 埙 [？？]

攘(攘) 如雨切，上，养韵，日。(rǎng)：驱逐；排斥；抵御。

◈ 揁 [den^{21}/tʰen^{214}]

扼 乙革切，入，麦韵，影。(è)：掐住，握住。

◈ 拑 [kʰien^{214}]

慚 昨甘切，平，谈韵，从。(cán)：羞愧。

◈ 噅 [tʰien^{214}]

妥 他果切，上，果韵，透。(tuǒ)：适当，合适。

◈ 安 [an^{52}]

諫 多动切，上，东韵，端。(dǒng)：多言。

◈ 干 [tʰep^{55}]

箴(箴) 职深切，平，侵韵，章。(zhēn)：规谏，告诫。

◈ 所 [ɬə^{35}]

偃 于幰切，上，阮韵，影。(yǎn)：仰卧，安卧；倒伏。

◈ 語 [ŋauɯ^{214}]

昂 五刚切，平，唐韵，疑。(áng)：高，与“低”相对；抬起，扬起。

◈ 髙 [kau^{52}]

啸(嘯) 苏吊切，去，萧韵，心。(xiào)：鸟兽长声鸣叫。

◈ 嗃 [kau^{52}]

谕(諭) 羊戍切，去，遇韵，以。(yù)：告晓，告知。

◈ 咄 [dɔ^{24}]

頸 居郢切，上，静韵，见。(jǐng)：颈项。

◈ 古 [kɔ^{35}]

顱 落胡切，平，模韵，来。(lú)：头，头颅。

◈ 頭 [dɐu^{21}]

喉 户钩切，平，侯韵，匣。(hóu)：人和陆栖脊椎动物呼吸道的前端部分，上通咽，下接气管，兼有通气和发声的功能。
◈ ×[hɐu^{214}]

舌 食列切，入，薛韵，船。(shé)：舌头。
◈ 𥿢 [lin^{214}]

榆(梌) 羊朱切，平，虞韵，以。(yú)：榆树。
◈ 椤 [pai^{35}]

柘 之夜切，去，祃韵，章。(zhè)：木名。
◈ 梚 [dɐu^{33}]

犧 许羁切，平，支韵，晓。(xī)：古代祭祀用的纯色牲畜。
◈ 䁖 [tɐu^{33}]

㺝
◈ 狢 [lən^{214}]

瀾(澜) 落干切，平，寒韵，来。(lán)：大波浪。
◈ 洊寅 [ɬuŋ^{35} ？]

籟 落盖切，去，泰韵，来。(lài)：古代一种竹制管乐器。
◈ □羊 [？ ɬəŋ^{33}]

瓢 符宵切，平，宵韵，并。(piáo)：浮萍。
◈ ×[p^{h}eu^{21}]

莽 模朗切，上，荡韵，明。(mǎng)：草；草丛。
◈ 葚 [tam^{214}k^{h}am^{35}]

握 于角切，入，觉韵，影。(wò)：执持；屈指成拳。
◈ 捻 [nien^{214}]

挑 徒了切，上，篠韵，定。(tiǎo)：挑动，挑拨。
◈ □ [kua^{214}]

喊(喊) 呼览切，上，敢韵，晓。(hǎn)：大声呼叫。
◈ 嘹 [lieu^{33}]

讙(讙) 呼官切，平，桓韵，晓。(huān)：喧哗。
◈ 呔 [ɬək^{55}]

寤 五故切，去，暮韵，疑。(wù)：睡醒；醒悟。
◈ 式□ [ɬək^{55}ʧɐk^{55}]

旰 古案切，去，翰韵，见。(gàn)：晚，迟。
◈ 昨睖 [？ lɔ^{52}]

俟 床史切，上，止韵，崇。(sì)：等待。
◈ 除 [tɯ^{21}]

貿 莫候切，去，侯韵，明。(mào)：交易，买卖。
◈ 对 [dɔi^{35}]

吹 昌垂切，平，支韵，昌。(chuī)：撮口用力出气。
◈ 啫 [t^{h}ɔi^{52}]

噴 普魂切，平，魂韵，滂。(pēn)：(液体、气体、粉粒状物体等)受压力而疾速逸出。
◈ 吩 [p^{h}ɐn^{33}]

慄 力质切，入，质韵，来。(lì)：恐惧；战栗。
◈ 憞 [tən^{35}]

跳距蔔漘埋壙嵬乂岗碽碬乂騹骍醜醮
满菩低湿吃吶垃喃吶譢凡乂俗乂觸丨
敲嘔王茄壽暠乂業鈴㚖摳扦備犻人鬿方相
向乂椬挑塿壏霤毛毛媒帽丨嫗同耗逡陶
堙垃早湿剩甚承堤坡踊距適侵共乂
桶丨籥雝䳤棟溪乂㸚双菊故為丕起趣

𧿳 （é）：大跛。

◈ 距 [kaɯ^{214}]

蓄 许竹切，入，屋韵，晓。（xù）：积聚，储藏。

◈ 渚 [ʧə^{35}]

埋 莫皆切，平，皆韵，明。（mái）：藏于土中或其他细碎物体之中。

◈ 墱 [tɔn^{52}]

昆（崑） 古浑切，平，魂韵，见。（kūn）：“昆仑”的省称。

◈ 岗 ×[nui^{33}kɔn^{33}]

碔（碱） 文甫切，上，虞韵，微。（wǔ）：似玉之石。

◈ 碬 ×[da^{35}fɐu^{214}]

睡 是伪切，去，寘韵，禅。（shuì）：睡觉。

◈ 昨 [ŋu^{22}]

酰

◈ 醝 [ɬɐi^{55}]

满 莫旱切，上，缓韵，明。（mǎn）：充满，布满。

◈ 沓 [t^{h}ɐi^{52}]

低（仾） 都溪切，平，齐韵，端。（dī）：与“高”相对，谓由下至上距离小。

◈ 湿 [t^{h}əp^{55}]

吃 居乞切，入，迄韵，见。（chī）：吞咽食物，饮料；说话结巴。

◈ 呐譢谗 [la^{55}nɔi^{22}]

喃 女咸切，平，咸韵，娘。（nán）：象声词。低语声；读书声；鸟啼声。

◈ 呐謏 [ʃan^{22}nɔi^{22}]

凡 符咸切，平，凡韵，奉。（fán）：平常，普通。

◈ ×[fan^{21}]

俗 似足切，入，烛韵，邪。（sú）：平庸，一般。

◈ ×[ȵɯ^{33}]

觸 尺玉切，入，烛韵，昌。（chù）：用角顶物；接触。

◈ 丨 [tuk^{22}]

敲 口交切，平，肴韵，溪。（qiāo）：敲击，叩打。

◈ 呕 [k^{h}uɔ^{52}]

王 雨方切，平，阳韵，云。（wáng）：泛指首领。

◈ 茹帚 [ȵa^{21}p^{h}uɔ^{21}]

霸（覇） 必驾切，去，祃韵，帮。（bà）：做诸侯联盟的首领，称霸；霸主，古代诸侯联盟的首领。

◈ 桊 ×[nuŋ^{33}ŋep^{22}]

鑰 以灼切，入，药韵，以。（yuè）或（yào）：门下上贯横闩，下插入地的直木或直铁棍。

◈ 夸 [k^{h}ua^{35}]

樞 昌朱切，平，虞韵，昌。（shū）：门上的转轴或承轴之臼。

◈ 扦 [ʃin^{52}]

俑 余陇切，上，肿韵，以。（yǒng）：古时用以殉葬的偶人，一般为木制或陶制。

◈ 辅人 [？ ȵin^{33}]

魋

◈ 方相 [p^{h}əŋ^{52}təŋ^{52}]

向 许亮切，去，漾韵，晓。（xiàng）：趋向；朝着，对着。

◈ ×[həŋ^{35}]

拖 讬何切，平，歌韵，透。（tuō）：曳引，拉。

◈ 抣 [diem^{52}]

堧

◈ 墘 [dam^{35}]

霤（**霤**）力救切，去，宥韵，来。（liù）：屋檐水；向下流的水。

◈ 霳 [？]

媒（**媒**）莫杯切，平，灰韵，明。（méi）：说合婚姻的人。

◈ 帽丨 [mau^{33}məu^{33}]

娅 衣嫁切，去，祃韵，影。（yà）：姊妹丈夫的互称。俗称连襟。

◈ 同耗 [？ hau^{52}]

浚（**浚**）私闰切，去，稕韵，心。（jùn）：疏浚，深挖。

◈ 陶 [dau^{21}]

堙 于真切，平，真韵，影。（yīn）：填，堵塞。

◈ 垃 [kat^{35}]

卑（**卑**）府移切，平，支韵，帮。（bēi）：低微，低贱。

◈ 湿 [t^{h}əp^{55}]

剩 实证切，去，证韵，船。（shèng）：多余，余下。

◈ 承 [t^{h}ə^{21}]

隄 都奚切，平，齐韵，端。（dī）：拦水的堤坝。

◈ 坡 [be^{35}]

踊 尹竦切，上，肿韵，以。（yǒng）：向上跳，跳跃。

◈ 跙 [kɯ^{52}]

適 施只切，入，昔韵，画。（shì）：去往；适合，符合。

◈ 侵 [də^{52}]

共 渠用切，去，用韵，群。（gòng）：同用，共同具有或承受。

◈ ×[kuŋ^{21}]

桶 他孔切，上，董韵，透。（tǒng）：盛水或盛其他物品的容器，多为长圆形，有提梁。

◈ 丨 [t^{h}uŋ^{35}]

筩 徒红切，平，东韵，定。（tǒng）：管；竹筒。

◈ 豵 [？]

阜 房久切，上，有韵，奉。（fù）：土山；山。

◈ 揀 [duŋ^{52}]

溪 苦奚切，平，齐韵，溪。（xī）：山间小河沟。

◈ ×[k^{h}e^{52}]

然（**然**）如延切，平，仙韵，日。（rán）：如此，这样；竟然；然而。

◈ 双离 [ʃuəŋ^{52}le^{33}]

故 古暮切，去，暮韵，见。（gù）：缘故，原因；指旧的事物；因此。

◈ 爲丕 [fi^{33} ？]

起 墟里切，上，止韵，溪。（qǐ）：起立，站起。

◈ □ [k^{h}ə^{35}]

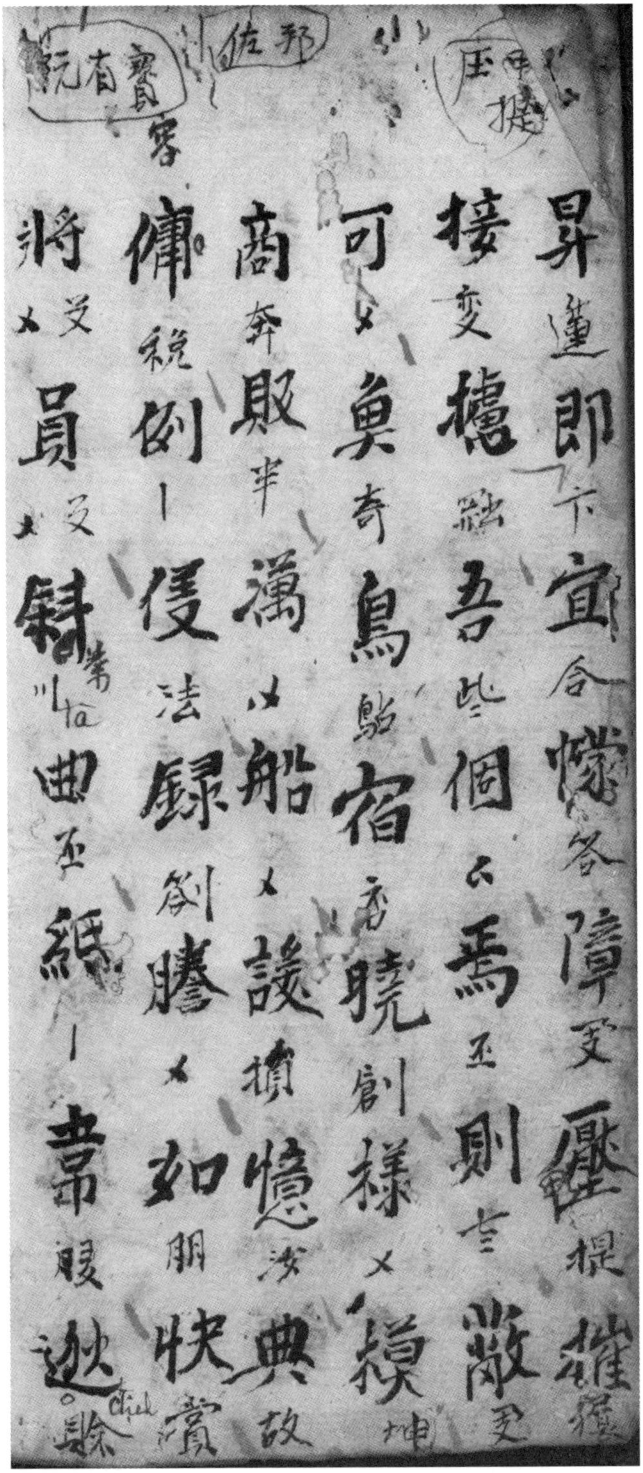

昇郎宜障壓攏
接吾個焉則撒
可鳥宿曉樣模
商敗滿船議憶典
傳例侵錄騰如快
將員射曲紙常逃

昇 识蒸切，平，蒸韵，书。(shēng)：升起，上升。
◈ 蓮 [len³³]

即 子力切，入，职韵，精。(jí)：就，接近，靠近；就是。
◈ 卞 [men²¹⁴]

宜 鱼羁切，平，支韵，疑。(yí)：合适，适当，适宜。
◈ 合 [hap²²]

蒙(幪) 谟蓬切，平，东韵，明。(méng)：忠厚老实。
◈ 答 [dap³⁵]

障 之亮切，去，漾韵，章。(zhàng)：阻塞，阻隔。
◈ 㓀 [ʧe⁵²]

壓
◈ 提 [de²¹]

摧 昨回切，平，灰韵，从。(cuī)：坠毁，毁坏。
◈ □[？]

接 即叶切，入，叶韵，精。(jiē)：接近，接待；连续，继续；承托，收受。
◈ 变 [ben³⁵]

攄 丑居切，平，鱼韵，彻。(shū)：扩大散布，传播；舒展。
◈ 䣊 [ɬa³³]

吾 五乎切，平，模韵，疑。(wú)：我，我们。
◈ 些 [ta⁵²]

個 古贺切，去，个韵，见。(gè)：量词。
◈ 𠂨 [ʔi³⁵]

焉 于干切，平，仙韵，影。(yān)：疑问代词；语气词。
◈ 丕 [bɔi²¹]

则 子德切，入，德韵，精。(zé)：规律，法则；副词；连词。
◈ 𡗶 [tʰi²¹]

蔽(蔽) 必袂切，去，祭韵，帮。(bì)：遮盖；隐蔽。
◈ 㓀 [ʧe⁵²]

可 枯我切，上，哿韵，溪。(kě)：表示同意，许可。
◈ ×[kʰa³⁵]

魚(奐) 语居切，平，鱼韵，疑。(yú)：水生脊椎动物。一般身体侧扁，有鳞和鳍，用腮呼吸。
◈ 奇 [ka³⁵]

鳥 都了切，上，莜韵，端。(niǎo)：脊椎动物一纲，全身有羽毛，一般会飞。
◈ 鮎 [ʧim⁵²]

宿 息逐切，入，屋韵，心。(sù)：住宿，过夜。
◈ 杏 [fi³³]

晓(暁) 馨皛切，上，莜韵，晓。(xiáo)：明亮，特指天亮。
◈ 创 [ɬaŋ³⁵]

様(様) 弋亮切，去，洋韵，以。(yàng)：形状；式样，标准。
◈ ×[iəŋ³³]

模(模) 莫胡切，平，模韵，明。(mó)：标准，规范；效法，仿效。
◈ 坤 [kʰɔn⁵²]

商 式羊切，平，阳韵，书。(shāng)：贩卖货物的人。
◈ 奔 [bun⁵²]

販 方愿切，去，愿韵，非。(fàn)：卖出货物。

◇喃 半 [ban^{35}]

滿(滿) 呼瓜切，平，麻韵，晓。(màn)：同“漫”，水大无际貌。

◇喃 ×[fan^{21}]

船 食川切，平，仙韵，船。(chuán)：水上主要运输工具的总称。

◇喃 ×[tien^{21}]

谖(諼) 况袁切，平，元韵，晓。(xuān)：欺诈。

◇喃 揕 [t^{h}am^{52}]

憶 于力切，入，职韵，影。(yì)：思念，想念；记住。

◇喃 汝 [ɳə^{35}]

典 多殄切，上，铣韵，端(diǎn)：简册，指可以作为典范的重要书籍；常道，准则。

◇喃 故 [kɔ^{35}]

傭 馀封切，平，钟韵，以。(yōng)：被雇用，雇佣；受顾之人，佣工。

◇喃 稅 [iɐi^{35}]

例 力制切，去，祭韵，来。(lì)：用来帮助说明或证明某种情况或说法的事物。

◇喃 丨 [liet^{22}]

倿

◇喃 法 [p^{h}ap^{55}/fap^{55}]

録 力玉切，入，烛韵，来。(lù)：记录，记载。

◇喃 札劄 [ʧep^{55}]

謄 徒登切，平，登韵，定。(téng)：抄写，过录。

◇喃 ×[t^{h}əŋ^{21}]

如 人诸切，平，鱼韵，日。(rú)：随顺，依照；像，如同。

◇喃 朋 [bɐŋ^{21}]

快 苦夬切，去，夬韵，溪。(kuài)：迅速，敏捷。

◇喃 賞 [ɬəŋ^{35}]

将 子亮切，去，漾韵，精。(jiàng)：将帅，将领。

◇喃 爻 ×[mɔt^{22}təŋ^{35}]

員 王权切，平，先韵，云。(yuán)：周围，四周；物的数量。

◇喃 爻 ×[mɔt^{22}təŋ^{35}]

斜 似嗟切，平，麻韵，邪。(xié)：不正，歪斜。

◇喃 川 [ʧ^{h}un^{52}]

曲 丘玉切，入，烛韵，溪。(qū)：弯曲，与“直”相对。

◇喃 丕 [bɔi^{21}]

紙 都奚切，平，齐韵，端。(dī)：纸张。

◇喃 丨 [ʧe^{35}]

韋(肀) 雨非切，平，微韵，云。(wēi)：熟皮。

◇喃 服 [da^{35}]

逖 他历切，入，锡韵，透(tì)：远，不近；疏远。

◇喃 賒 [ʃa^{33}]

㙁ao音
窮室齗恙裁枚列排韜㪷救乂除乂
渠乂蚝珀乂虎淨亦莊嚴襄禮禊乂道乂
心恙痾膀胯跛力鼓勍乂供乂嵩乂為泰乂尚
峨乂尚岱乂尚岈乂尚岵乂尚簿效銘範魑乂神魅乂神
會音
給乂妾乂瀆散攢tan合歛給僅隣遵蹊撓
述斫扒先轄裡仲料科移褒扒鶡乂占鳩乂占

穷 渠弓切，平，东韵，群。(qióng)：尽，完；贫苦。
◈ 室 [t^{h}ət^{55}]

断(斷) 都管切，上，缓韵，端。(duàn)：截断，折断。
◈ 悉 [lien^{214}]

裁(裁) 昨哉切，平，咍韵，从。(cái)：裁制，剪裁。
◈ 枚 [mai^{33}]

列 良薛切，入，薛韵，来。(liè)：行列，位次；陈列，排列。
◈ 排 [bai^{21}]

韬(韜) 土刀切，平，豪韵，透。(tāo)：掩藏，敛藏。
◈ 斟 [dɐu^{35}]

救 居佑切，去，宥韵，见。(jiù)：援助，使解脱。
◈ ×[kəu^{35}]

除(除) 直鱼切，平，鱼韵，澄。(chú)：清除，去除。
◈ ×[tɯ^{21}]

栗
◈ 蛇 ×[ʃa^{21} ？]

珀 普伯切，入，陌韵，滂。(pò)：琥珀。
◈ 虎 ×[hɔ^{35}bak^{22}]

淨 疾政切，去，劲韵，从。(jìng)：干净，清洁。
◈ 亦 [t^{h}it^{55}/ʃit^{55}]

莊 侧羊切，平，阳韵，庄。(zhuāng)：严肃，庄重。
◈ 嚴 [ŋiem^{33}]

裳 市羊切，平，阳韵，禅。(cháng)：古代称下身穿的衣裙，男女皆服。
◈ 襜 [ʧ^{h}əŋ^{21}]

襖 乌晧切，上，晧韵，影。(ǎo)：短于袍而长于襦的有衬里上衣。
◈ ×[au^{35}]

道 徒晧切，上，晧韵，定。(dào)：道路。
◈ ×[dau^{214}]

心 息林切，平，侵韵，心。(xīn)：心脏。
◈ 悉 [lɔŋ^{21}]

痀 举朱切，平，虞韵，见。(gōu)：驼背，曲背。
◈ 腠膀 [iɐŋ^{33}kuŋ^{21}]

跛 布火切，上，果韵，帮。(bǒ)：足瘸；瘸腿的人。
◈ 跋力 [di^{52} ？]

劾(劾) 胡德切，入，德韵，匣。(hé)：审理，判决。
◈ ×[？]

供 九容切，平，钟韵，见。(gōng)：供给，供应。
◈ ×[kuŋ^{35}]

嵩(嵩) 息弓切，平，东韵，心。(sōng)：嵩山的简称。
◈ 岗 ×[nui^{35} ？]

泰 他盖切，去，泰韵，透。(tài)：山名
◈ 岗 ×[nui^{35}t^{h}ai^{35}]

岱(岱) 徒耐切，去，代韵，定。(dài)：山名。即泰山。
◈ 岗 ×[nui^{35}t^{h}ai^{35}]

峫
◈ 岗 ×[nui^{35}kuɐn^{21}]

岵 侯古切，上，姥韵，匣。（hù）：多草木的山。

◈ 岗 ×[nui^{35}kɔ^{35}]

簿（簿） 裴古切，上，姥韵，并。（bù）：册籍，记载用的本子。

◈ 效 [ɬɔ^{35}]

銘 莫经切，平，青韵，明。（míng）：刻写在器物上的文字。

◈ 篰 [ki^{35}]

魑（魑） 丑知切，平，支韵，彻。（chī）：鬼怪。

◈ 神 ×[t^{h}ɐn^{21}kui^{35}]

魅（魅） 明秘切，去，至韵，明。（mèi）：鬼怪。

◈ 神 ×[t^{h}ɐn^{21}mit^{22}]

治 直吏切，去，志韵，澄。（zhì）：治理，统治。

◈ ×[tɐi^{214}]

安 乌寒切，平，寒韵，影。（ān）：安定，平静。

◈ ×[an^{52}]

潰 胡对切，去，队韵，匣。（kuì）：水冲破提防；败逃，散乱。

◈ 散 [tuan^{35}]

攢 在玩切，去，换韵，从。（cuán）：簇聚，聚集。

◈ 合 [hap^{22}]

斂 良冉切，上，琰韵，来。（liǎn）：聚集。

◈ 给 [k^{h}əp^{55}]

催 仓回切，平，灰韵，清。（cuī）：催促，促使。

◈ 丨 [？]

遵 将伦切，平，谆韵，精。（zūn）：遵照，依照。

◈ 攄踀 [kɯ^{35}ʃɯ^{35}]

述 食聿切，入，术韵，船。（shù）：记述，叙述。

◈ 斫扒 [pɐt^{55}ʧiəp^{55}]

先 苏前切，平，先韵，心。（xiān）：谓时间或次序在前。

◈ 䊀 [ʧək^{55}]

裡 良士切，上，止韵，来。（lǐ）：里面，内部。

◈ 仲 [ʧɔŋ^{52}]

料 力吊切，去，啸韵，来。（liào）：估量，忖度；材料，原料。

◈ 挌 [duŋ^{52}]

（衮）

◈ 扒 [pɐt^{55}]

鶡（鶡） 胡葛切，入，曷韵，匣。（hé）：鸟名，鹖鸡。

◈ 爏 ×[ʧim^{52}k^{h}at^{33}]

鳩 居求切，平，尤韵，见。（jiū）：鸟名，古为鸠鸽类，种类不一。

◈ 爏 ×[ʧim^{52}kəu^{35}]

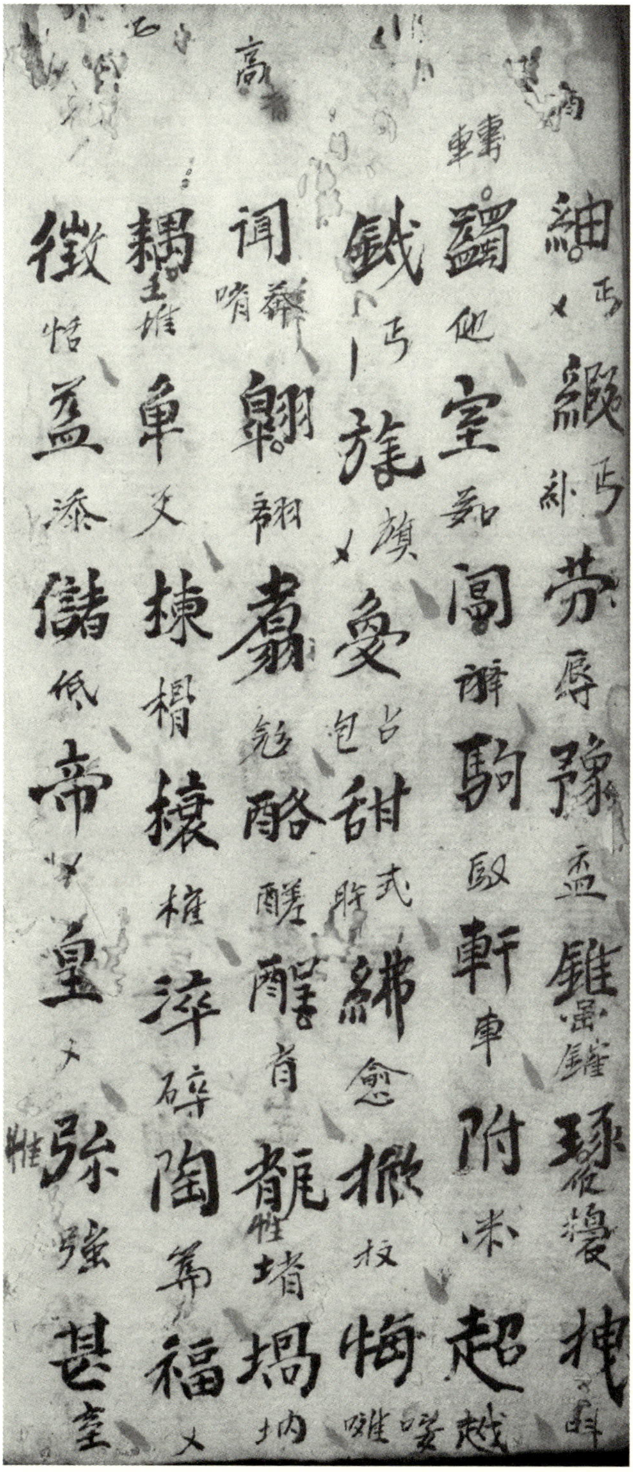
紬丐綴补丐劳辱豫盃錐鑵琢傻擾裨
轉伽室知闇辟駒馭斬車附米起越
鉞丐旌旗憂包台甜肸式紼愈撇杖悔嗟雖
高詞嗜彝翺翱翥酪醝醒首龍性增揭枘
耦堆单文揀楣穰樨淬碎陶筹福文
徵恬盃添儲低帝皇文弥性强甚臺

紬 直由切，平，尤韵，澄。(chōu)：粗稠。
◈ 丐×[kai^{35}ɬɔ^{35}]

缎（緞） 徒管切，上，缓韵，定。(duàn)：一种质地厚密而有光泽的丝织物。
◈ 丐紑 [kai^{35}bɔk^{22}]

劳 鲁刀切，平，豪韵，来。(láo)：操劳，劳动。
◈ 辱 [t^{h}in^{21}]

豫 羊洳切，去，御韵，以。(yù)：大象；安乐，顺适。
◈ 盃 [p^{h}ui^{21}]

錐 职追切，平，脂韵，章。(zhuī)：锥子；用锥子刺、戳。
◈ 鎚 [ʃui^{52}]

琢 竹角切，入，觉韵，知。(zhuó)：雕刻加工玉石。
◈ 擾 [niu^{35}]

拽（□） 羊列切，入，薛韵，以。(yè)：牵引，拖，拉。
◈ 呌 [keu^{35}]

蠲 古玄切，平，先韵，见。(juān)：虫名；明示，显示。
◈ 他 [t^{h}a^{52}]

室 式质切，入，质韵，书。(shì)：谓堂后之正室；房屋，宅社。
◈ 茹 [ȵa^{21}]

阊 尺良切，平，阳韵，章。(chāng)：倡导。
◈ 㘔阊 [ɬai^{33}]

驹（駒） 举朱切，平，虞韵，见。(jū)：二岁的马。泛指少壮的马。
◈ 馭 [mə^{214}]

軒 虚言切，平，元韵，晓。(xuān)：古代一种前顶较高而有帷幕的车子，供大夫以上乘坐；泛指车子。
◈ 車 [ʧ^{h}e^{52}]

附 符遇切，去，遇韵，奉。(fù)：依傍；依附；附着。
◈ 氺 [fe^{21}]

超 敕宵切，平，宵韵，彻。(chāo)：越过，胜过。
◈ 越 [ɬiet^{22}]

鉞 王伐切，入，月韵，云。(yuè)：古兵器。圆刃，青铜制，形似斧而较大。
◈ 丐丨 [kai^{35}？]

旄 莫袍切，平，豪韵，明。(máo)：古代用牦牛尾做竿饰的旗子。
◈ 旗×[kə^{21}？]

夒
◈ 凸包 [ʧim^{52}bau^{21}]

甜 徒兼切，平，添韵，定。(tián)：像糖或蜜的味道。
◈ 式昨 [ɬək^{55}ŋu^{214}]

紼 分勿切，入，物韵，非。(fú)：大绳。
◈ 愈 [ȵu^{33}]

掀 虚言切，平，元韵，晓。(xiān)：撩起，揭开。
◈ 扙 [hɯn^{52}/hən^{52}]

悔 呼最切，上，贿韵，晓。(huǐ)：悔恨，后悔。
◈ 咹愈 [ɐn^{33}nɐn^{21}]

闻 无分切，平，文韵，微。(wén)：听见；知识，见闻，消息。
◈ □嗜 [bɔn^{35}tieŋ^{35}]

翱 五劳切，平，豪韵，疑。(áo)：飞翔。

◈ 翗 [？]

翥 章恕切，去，御韵，章。（zhù）：飞举。
◈ 㣲 [？]

酪 卢各切，入，铎韵，来。（lào）：用牛羊马等的乳汁炼制成的食品，有干湿二种，干者成块，湿者为浆。
◈ 醝 [ɬɐi^{52}]

酲 直贞切，平，清韵，澄。（chéng）：病酒，酒醉后神志不清。
◈ 㣲酲 [ɬieu^{52}]

◈ 省 [teŋ^{35}]

堝 古禾切，平，戈韵，见。（guō）：坩埚。
◈ 坳 [nuɔi^{24}]

耦 五口切，上，厚韵，疑。（ǒu）：二人并肩而耕；配偶；双数。
◈ 堆 [dɔi^{52}]

单 都寒切，平，寒韵，端。（dān）：单独，一个。
◈ 爻 [mɔt^{22}]

栋 多贡切，去，送韵，端。（dòng）：屋的正梁。
◈ 榾 [kɔt^{35}]

榱 所追切，平，脂韵，生。（cuī）：椽。
◈ 榷 [ʃui^{52}]

淬 七内切，去，队韵，清。（cuì）：锻造时，把烧红的锻件浸入水中，疾速冷却，以增强硬度。
◈ 碎 [tuɔt^{55}]

陶 徒刀切，平，豪韵，定。（táo）：用黏土烧制的器物；烧制，烧制陶器。
◈ 篰 [？]

福 方六切，入，屋韵，非。（fú）：幸福，福气。
◈ ×[fuk^{55}/p^{h}uk^{55}]

徵 陟陵切，平，蒸韵，知。（zhēng）：预兆，迹象；证明，验证。
◈ 恬 [dem^{21}]

益 伊昔切，入，昔韵，影。（yì）：增加；利益，好处。
◈ 添 [t^{h}em^{52}]

儲 直鱼切，平，鱼韵，澄。（chǔ）：蓄积，储存。
◈ 低 [dɐi^{52}]

帝 都计切，去，霁韵，端。（dì）：君主，皇帝。
◈ ×[de^{35}]

皇 胡光切，平，唐韵，匣。（huáng）：君主，帝王。
◈ ×[uaŋ^{21}]

彌（弥） 武移切，平，支韵，明。（mí）：遍，满；广；久远。
◈ 强 [kaŋ^{21}]

甚 时鸩切，去，沁韵，禅。（shèn）：过分；厉害，严重；甚，大。
◈ 室 [t^{h}ət^{55}]

失杙沿綫渠俔渤漆俸〆糧〆尨強亦

方脯胣昭膳㕘粓蔘賫粹卒訥丨能阝沷尉生洞

世音殊音鸚貝段填眞証棋日呂鬪殊者粕把糟綿禎粧恬

蠻憂福祿〆祺餘彭〆悉㑋〆滁惟銑小惢柒銑

令階始買利〆藁𩵜均㫃雜命擇撲

鉗撥𨖅泂丨露昆寒列饜食gnem奴許朱誧吭

失 式质切，入，质韵，书。（shī）：丢掉，丢失。

◈ 秣 [mət^{55}]

沿 与专切，平，仙韵，以。（yán）：顺着。

◈ 踒 [nui^{35}]

渠（渠） 强鱼切，平，鱼韵，群。（qú）：人工开凿的水道，壕沟。

◈ 傀 [ŋɔi^{21}]

渤 蒲没切，入，没韵，并。（bó）：水涌貌；海名。

◈ 溙 [p^{h}uŋ^{24}]

俸 扶用切，去，用韵，奉。（fèng）：俸禄。

◈ ×[p^{h}uŋ^{24}]

粮 吕张切，平，阳韵，来。（liáng）：谷类食物的总称。

◈ ×[ləŋ^{33}]

尤（尤） 羽求切，平，尤韵，云。（yóu）：过失，罪愆；责备，怪罪。

◈ 强 [kəŋ^{21}]

亦 羊益切，入，昔韵，以。（yì）：也，也是。

◈ □[？]

脯（脯） 方矩切，上，虞韵，非。（fǔ）：干肉；干制的果仁和果肉。

◈ 㓟晤 [？？]

膳 时战切，去，线韵，禅。（shàn）：饭食；进食。

◈ 咶粓 [fi^{33}kəm^{33}]

芬（芬） 抚文切，平，文韵，敷。（fēn）：香，香气。

◈ 蕁 [t^{h}əm^{52}]

粹 虽遂切，去，至韵，心。（cuì）：不染，纯。

◈ 卒 [ʧɔt^{55}]

讷 内骨切，入，没韵，泥。（nè）：出言迟钝，口齿笨拙。

◈ 丨 [nap^{33}]

能（能） 奴登切，平，登韵，泥。（néng）：才能，能力；能够。

◈ 台 [t^{h}ɐi^{52}]

汝 人渚切，上，语韵，日。（rǔ）：古水名；你。

◈ 𠸛 [mɐi^{21}]

生 所庚切，平，庚韵，生。（shēng）：生育，养育；滋生，产生。

◈ 珂 [？]

赝 五晏切，去，删韵，疑。（yàn）：假，伪造。

◈ 䝘 [dan^{22}]

真（真） 职邻切，平，真韵，章。（zhēn）：真实。

◈ 𤯩 [ŋɐi^{33}]

替 他计切，去，霁韵，透。（tì）：代替。

◈ 㕣 [dɐi^{21}]

斟 虚郭切，入，铎韵，晓。（zhēn）：同“斟”。

◈ 者 [ia^{35}]

粕 匹各切，入，铎韵，滂。（pò）：糟粕，已漉果的酒滓。

◈ 把 [ia^{214}]

糟（糟） 作曹切，平，豪韵，精。（zāo）：酒渣。

◈ 綿 [men^{21}]

禎 陟盈切，平，清韵，知。（zhēn）：吉祥。

◈ 恬 [dem^{21}]

慶（慶） 丘敬切，去，映韵，溪。（qìng）：祝贺，庆贺。

◈ 福 [fuk^{55}]

禄 卢谷切，入，屋韵，来。（lù）：福运，气韵。

◈ ×[lɔk^{22}]

祺 渠之切，平，之韵，群。（qí）：幸福，吉祥。

◈ 齡 [t^{h}ien^{24}]

彭 薄庚切，平，庚韵，并。（péng）：鼓声。

◈ 谷 ×[ʔuŋ^{52}beŋ^{21}]

夭 于乔切，平，宵韵，影。（yāo）：草木茂盛貌。

◈ 㞐 ×[di^{52}ieu^{52}]

瀰（㳽） 绵婢切，上，纸韵，明。（mí）：水深满貌。

◈ 惟𦙶小 [ui^{35}ten^{52}tieu^{35}]

苾（苾） 毗必切，入，质韵，并。（bì）：芳香。

◈ 𦙶柒 [？ ten^{52}？]

今 居吟切，平，侵韵，见。（jīn）：现在。

◈ 㕾 [nɐi^{33}]

始 诗止切，上，纸韵，书。（shǐ）：开始，开端。

◈ 買 [məi^{35}]

利 力至切，去，至韵，来。（lì）：锋利，锐利；利益；吉利。

◈ ×[ləi^{214}]

蕃（蕃） 附袁切，平，元韵，奉。（fán）：生息，繁衍。

◈ 𩭹 [ŋeu^{33}]

均（均） 居匀切，平，谆韵，见。（jūn）：均匀；普遍。

◈ 条 [deu^{21}]

雜 徂合切，入，合韵，从。（zá）：混杂，掺杂；驳杂，不精纯。

◈ 侖 [lən^{33}]

擇 场伯切，入，陌韵，澄。（zé）：挑选。

◈ 选□ [ʧɔn^{214}？]

搬（搬） 北潘切，平，桓韵，帮。（bān）：移动物体的位置，搬运。

◈ 運 [fɐn^{214}]

润（润） 如顺切，去，稕韵，日。（rùn）：滋润，使滋润。

◈ 丨 [ɳən^{214}]

霑 张廉切，平，盐韵，知。（zhān）：浸润，沾湿。

◈ 氵乚 [ʔik^{55}/ʔək^{55}]

寒 胡安切，平，寒韵，匣。（hán）：冷。

◈ □ [liet^{22}]

饜（饜） 于艳切，去，艳韵，影。（yàn）：满足。

◈ 奶 [nɔ^{33}]

許 虚吕切，上，语韵，晓。（xǔ）：应允，许可。

◈ 朱 [ʧɔ^{52}]

諷 方凤切，去，送韵，非。（fěng）：背诵；用委婉的语言暗示、劝告或讽刺、指责。

◈ 吜 [dəi^{21}]

恒 乃 悠 從 圊 狂 寫 青 鑒 槽 穿 鏟 嵯 嘈

啓 懞 許歆 䵒 語 徊 陰 快 兇 惓 剥 栅 笞 逢 幡

則 䠞 謹 跳 跎 橐 袋 眥 韓 悙 岔 儔 邑 佐 杭

条 聊 汝 偈 情旗 幾 許㦰 臉 鵬 䵒 鋑 恒 寔

罰 葉 乳 和 尌 賊 儔 Thu 煩 般 制

迓 違 跬 跳 蹄 就 墉 城 㠻 域 牲 犄 姙 胎

怛 当割切，入，曷韵，端。(dá)：悲伤，愁苦。

◈ 厶乃 [ʔi^{35}nɐi^{35}]

恣 资四切，去，至韵，精。(zì)：放纵，放肆。

◈ 芃従 [p^{h}uŋ^{52}tuŋ^{21}]

囮

◈ 狂 [k^{h}uaŋ^{21}]

窟 苦骨切，入，没韵，溪。(kū)：指兽、虫、鱼等栖居的洞穴。

◈ 鲁 [lɔ^{24}]

鐪

◈ 撸 [lɔ^{35}]

穿 昌缘切，平，仙韵，昌。(chuān)：凿通，穿孔；把衣、帽、鞋、袜等套在身体相应部位上；透彻，彻底。

◈ 鎚 [ʧui^{52}]

恏

◈ □喂 [？？]

慨 苦盖切，去，代韵，溪。(kǎi)：感慨，慨叹。

◈ 歆許 [ʔum^{35}hɯ^{35}]

龉(齬) 鱼巨切，上，语韵，疑。(yǔ)：上下牙齿参差不相应。

◈ 齟×[iu^{55}？]

徊 户恢切，平，灰韵，匣。(huái)：回环。

◈ 陪×[bɔi^{35}/p^{h}ɔi^{35}？]

怏 于亮切，去，漾韵，影。(yàng)：郁郁不乐。

◈ 嵬ㄣ [ŋɔi^{21}？]

惓 逵眷切，去，线韵，群。(juàn)：危急，疲倦。

◈ 到ㄣ [dau^{35}？]

栅 所晏切，去，谏韵，生。(zhà)：栅栏。

◈ 笤 [t^{h}eu^{35}？]

篷 薄红切，平，东韵，并。(péng)：张盖在车船等上面用以遮蔽日光、风、雨的设备。

◈ 幡 [p^{h}an^{52}]

陟(陟) 竹力切，入，职韵，知。(zhì)：由低处向高处走。

◈ 蓮 [len^{33}]

跳 徒聊切，平，萧韵，定。(tiào)：跳跃，跨越。

◈ 跂 [ki^{35}]

橐 他各切，入，铎韵，绣。(tuó)：盛物的袋子。

◈ 袋 [dai^{214}]

苴 子鱼切，平，鱼韵，精。(jū)：鞋中草垫。

◈ 譚 [dəm^{21}/dam^{214}]

帡 旁经切，平，青韵，并。(píng)：帷帐。

◈ □ [？]

帱(幬) 直由切，平，尤韵，澄。(chóu)：帐子。

◈ 邑 [？]

佐 则个切，去，个韵，精。(zuǒ)：辅助，帮助。

◈ 扤 [p^{h}am^{21}]

聊(聊) 落萧切，平，萧韵，来。(liáo)：闲谈。

◈ 汝 [ȵə^{35}]

偶 五口切，上，厚韵，疑。(ǒu)：以土、木制成的人形像；配偶；双数。

喃 精旗 [tiŋ^{21}kə^{21}]

幾 居依切，平，微韵，见。(jī)：小桌子。

喃 午衼 [ŋɔ^{214}？]

臉(脸) 力减切，上，豏韵，来。(liǎn)：面颊，面部。

喃 腢 [ma^{33}]

齠 田聊切，平，萧韵，定。(tiáo)：儿童换牙，脱去乳齿，长出恒齿；年幼，年少。

喃 齠 [ɬɐŋ^{33}]

恒 胡登切，平，登韵，匣。(héng)：长久，固定。

喃 ×[hɐŋ^{21}]

寔 常职切，入，职韵，禅。(shí)：同"实"。

喃 ×[tʰɐi^{24}]

質 之日切，入，质韵，章。(zhì)：朴实，淳朴。

喃 ×[ʧət^{55}]

華 呼瓜切，平，麻韵，晓。(huā)：花。

喃 ×[ua^{52}]

比(㐺) 卑履切，上，旨韵，帮。(bǐ)：亲近，和睦。

喃 和 [ua^{21}]

尅 苦得切，入，德韵，溪。(kè)：战胜，制服。

喃 ×[kʰɐk^{55}]

賊(贼) 昨则切，入，德韵，从。(zéi)：抢劫或偷窃财务的人。

喃 丨 [iɐk^{22}]

儔(俦) 直由切，平，尤韵，澄。(chóu)：辈，同类；伴侣。

喃 頪 [lai^{214}]

般(般) 薄官切，平，桓韵，并。(pán)：旋转，回旋。

喃 制 [ʧəi^{52}]

迓 吾驾切，去，祃韵，疑。(yà)：迎接；迎击，抵御。

喃 逴 [dɔn^{35}]

跬 丘弭切，上，纸韵，溪。(kuǐ)：半步。古代称人行走，举足一次为跬，举足两次为步。

喃 趴 [bək^{55}]

蹁 布田切，平，先韵，并。(pián)：膝盖；指脚歪斜。

喃 絖 [kuaŋ^{52}]

墉 余封切，平，钟韵，以。(yōng)：城墙，墙垣。

喃 城 [tʰeŋ^{21}]

匯(滙) 胡罪切，上，贿韵，匣。(huì)：聚集，合并。

喃 㥏 [fək^{22}]

牡 莫厚切，上，厚韵，明。(mǔ)：鸟兽的雄性。

喃 特 [dək^{22}]

妊 汝鸩切，去，沁韵，日。(rèn)：怀孕，身孕。

喃 胎 [tʰai^{52}]

噂哩吞訒瓜卒醫乙突沖征打躲另

鋪〆縱沛紼沛彙補休健吁喂咈保理野

恍惹欽慮琢迩恐念咿竈夭踢对蹺蹊靚必

挨扒保寓虔信戒肅竹嚴敬訂〆謨課諛〆向誕的

嘱来遺丨答擂策撤滴突源丨泗盆強孟討

昌惑謐紫妥顔〆戾貴又夫异郭餛崩

宮

嚼 在爵切，入，药韵，从。(jué)：用牙齿磨碎食物，咀嚼。
◈ 咥 [kʰue^{52}]

吞 吐根切，平，痕韵，透。(tūn)：咽下。
◈ 訥 [nɔi^{35}]

瓜 古华切，平，麻韵，见。(guā)：葫芦科植物，种类甚多。亦指这类植物的果实。
◈ 卒 [ʧɔt^{55}]

臀(臋) 徒浑切，平，魂韵，定。(tún)：人体后面两股上端和腰相连的部位，亦指高等动物后肢上端和腰相连的部位。
◈ 囟 [huŋ^{52}]

突
◈ 冲 [ʧʰuŋ^{52}]

征 诸盈切，平，清韵，章。(zhēng)：远行；远去；征讨，征伐。
◈ 打 [deŋ^{35}]

躲 丁果切，上，戈韵，端。(duǒ)：避开，避让；隐藏，藏。
◈ 另 [liŋ^{33}]

鋪(舖) 普胡切，平，模韵，滂。(pū)：陈列，布置；展开，摊平。
◈ ×[pʰu^{35}]

綌 绮戟切，入，陌韵，溪。(xì)：粗葛布。
◈ 沛芻 [bai^{35}？]

絺 丑饥切，平，脂韵，彻。(chī)：细葛布。
◈ 沛䟪 [bai^{35}ʔit^{55}]

棄 诘利切，去，至韵，溪。(qì)：抛弃；废除。
◈ 補 [bɔ^{214}]

休 许尤切，平，尤韵，晓。(xiū)：休息；休假，休沐；停止，罢休。
◈ 催 [ʧʰui^{52}]

吁 况于切，平，虞韵，晓。(xū)：叹息；叹词。
◈ 喂 [kui^{35}]

咈 符弗切，入，物韵，奉。(fú)：不。表示否定之词；违背，违逆。
◈ 係 [he^{214}]

理 良士切，上，止韵，来。(lǐ)：治理，整理；道理，事理。
◈ 黙 [maɯ^{21}]

恍
◈ 悉 [lɔŋ^{21}]

釼
◈ 疺 [fɔŋ^{33}]

环 户关切，平，删韵，匣。(huán)：碧玉的一种，圆圈形的玉器；泛指圆圈形的物品。
◈ 忍 [ɲɐn^{214}]

忿 匹问切，去，问韵，敷。(fèn)：愤怒，怨恨。
◈ □ [tɐn^{214}]

寵(寵) 丑陇切，上，钟韵，彻。(chǒng)：恩宠，宠爱。
◈ 夭 [iu^{52}]

躡(踂) 尼辄切，入，叶韵，娘。(niè)：踩，踏。
◈ 对蹺 [dɔi^{52}ŋiu^{33}]

蹊 胡鸡切，平，齐韵，匣。(xī)：小路，泛指道路；践踏。
◈ 赳必 [di^{52}bik^{55}]

挨 于骇切，上，骇韵，影。(āi)：击；推。
◈ 扒 [bet^{55}]

保 博抱切，上，晧韵，帮。（bǎo）：守，保卫。

◈喃 廌［？ ］

虔

◈喃 成信 [tʰeŋ^{21}tin^{35}]

肃（肅） 息逐切，入，屋韵，心。（sù）：恭敬；庄严，严肃。

◈喃 嚴敬 [ŋiem^{33}kiŋ^{35}]

訂 徒鼎切，上，迥韵，定。（dìng）：评议，评定；订立，定制；订住，装订。

◈喃 ×□［？ diŋ^{52}]

謨（謨） 莫胡切，平，模韵，明。（mó）：计谋，策略。

◈喃 謀×[məu^{33}mɔ^{33}]

諛（諛） 羊朱切，平，虞韵，以。（yú）：谄媚，奉承。

◈喃 阿×[a^{33}？]

詭 过委切，上，纸韵，见。（guǐ）：欺诈；假冒。

◈喃 呐absence [nɔi^{35}dɔi^{35}]

囑 之欲切，入，烛韵，章。（zhǔ）：关照，叮嘱；托付，委托。

◈喃 耒 [lai^{33}]

遺 以追切，平，脂韵，以。（yí）：遗失，丢失；剩余，未尽。

◈喃 丨 [ɬi^{33}]

笞 丑之切，平，之韵，彻。（chī）：用鞭、杖或竹板打人。

◈喃 擂 [lɔi^{21}]

策（策） 楚革切，入，麦韵，初。（cè）：用鞭棒驱赶骡马役畜等；谋划，测度。

◈喃 撇 [fet^{22}]

滴 都历切，入，锡韵，端。（dī）：液体一点一点地落下；点点下落的液体：量词。

◈喃 㴆 [tʰəm^{52}]

源 愚袁切，平，元韵，疑。（yuán）：水流始出处。

◈喃 丨 [fen^{33}]

悶 莫困切，去，慁韵，明。（mèn）：烦忧，愤懑。

◈喃 盆 [ban^{21}]

强 巨良切，平，阳韵，群。（qiáng）：强盛，强大。

◈喃 孟 [meŋ^{214}]

昌 尺良切，平，阳韵，昌。（chāng）：兴盛，昌盛。

◈喃 盛 [tʰiŋ^{22}]

謐 弥毕切，入，质韵，明。（mì）：寂静；安宁。

◈喃 安 [an^{52}]

頑 五还切，平，删韵，疑。（wán）：愚妄，愚顽。

◈喃 ×[ŋuan^{33}]

戾 郎计切，去，霁韵，来。（lì）：乖张，违逆；暴虐，暴戾。

◈喃 □［？ ］

又 于救切，去，宥韵，云。（yòu）：重复出现。

◈喃 吏 [lai^{214}]

并 畀政切，去，劲韵，帮。（bìng）：并排，并列。

◈喃 𦓿 [pʰuŋ^{52}]

覦（覦） 羊朱切，平，虞韵，以。（yú）：祈求，希望获得。

◈喃 𥇀［？ ］

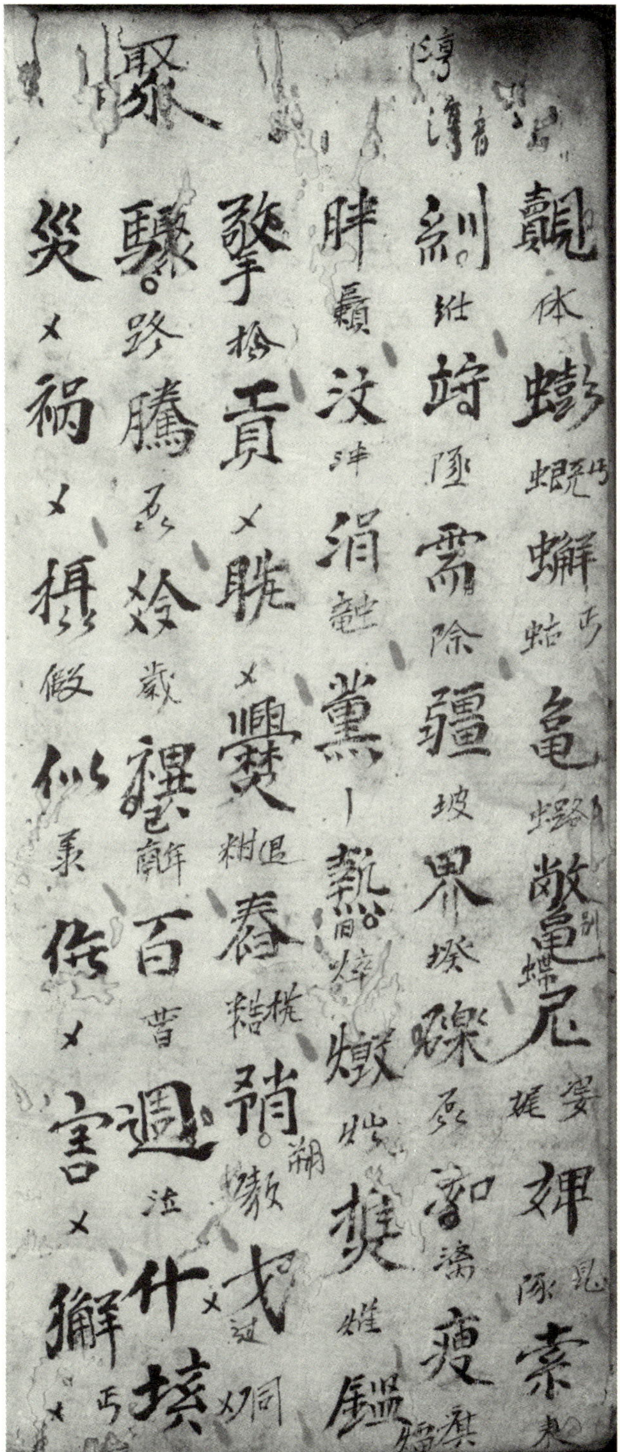

覿 徒历切，入，锡韵，定。(dí)：见，相见；观察，察看；显示，显现。

◈ 体 [tʰe^{35}]

蟛 蒲庚切，平，庚韵，並。(péng)：蟹的一种。

◈ 丐蝲 [kʰai^{35} ？]

蠏 胡买切，上，蟹韵，匣。(xiè)：螃蟹。

◈ 丐蛄 [kai^{35}kɔ^{52}]

亀

◈ 蟒 [lɔ^{214}]

鱉(鼈) 并列切，入，薛韵，帮。(biē)：甲鱼。

◈ 蟖 [？]

尼 女夷切，平，脂韵，娘。(ní)：梵语比丘尼的省称。俗称尼姑。

◈ 婆娓 [ba^{21}nɐi^{21}]

婢(婢) 便俾切，上，纸韵，並。(bì)：女奴，使女。

◈ 昆隊 [kɔn^{52}dui^{24}]

索 苏各切，入，铎韵，心。(suǒ)：粗绳。

◈ 耒 [lai^{33}]

紃 详遵切，平，谆韵，邪。(xún)：绦子。

◈ 紕 [ɬɐi^{214}]

竚 直吕切，上，语韵，澄。(zhù)：久立；期盼，期待。

◈ 陉 [dɔi^{22}]

需 相俞切，平，虞韵，心。(xū)：等待；迟疑，观望；需要。

◈ 除 [tɯ^{21}]

疆 居良切，平，阳韵，见。(jiāng)：疆域，疆土。

◈ 坡 [be^{52}]

界 古拜切，去，怪韵，见。(jiè)：地界，边界；界限，范围。

◈ 塓 [kui^{35}]

礫(礫) 郎击切，入，锡韵，来。(lì)：小石，碎石。

◈ 砬 [ɬɔi^{21}]

洳 人恕切，去，御韵，日。(rù)：潮湿。

◈ 漓 [le^{33}]

瘦(瘦) 所佑切，去，宥韵，生。(shòu)：肌肉不丰满。

◈ 瘨 [ki^{21}]

胖 普半切，去，换韵，滂。(pàng)：肥胖。

◈ 肆 [ŋə^{22}]

汶 亡运切，去，问韵，微。(wèn)：水名。

◈ 泮 [ban^{35}]

涓 古玄切，平，先韵，见。(juān)：细小水流。

◈ 酏 [ɬuəŋ^{35}]

薰(薰) 许云切，平，文韵，晓。(xūn)：香草名；香，发出香气。

◈ 丨 [？]

爇(爇) 如列切，入，薛韵，日。(rè)：温度高；加热，使之热；烧，烧灼。

◈ 焠 [duət^{55}]

□

◈ 灹 [ɬa^{33}]

揌 同“煺”。

◈ 熣 [ʧʰui^{52}]

鑑(鑑) 格忏切，去，鉴韵，见。(jiàn)：镜子。

◈ 燸 [lɔi^{21}]

擎（擎） 渠京切，平，庚韵，群。（qíng）：举起，向上托。

◈ 拎 [iuŋ^{35}]

貢 古送切，去，送韵，见。（gòng）：进贡。

◈ ×[kuŋ^{35}]

胅

◈ ×[tɐm^{21}]

爨（爨） 七乱切，去，换韵，清。（cuàn）：烧火煮饭。

◈ 退粓 [t^{h}ɔi^{33}kəm^{33}]

舂（舂） 书容切，平，钟韵，书。（chōng）：用杵臼捣去谷物的皮壳。

◈ 抌粘 [tɐm^{52}k^{h}au^{214}]

稍

◈ 㬫敖 [ɬɔk^{35}ŋau^{35}]

□

◈ 𠈒峒 [kua^{52}t^{h}ɔŋ^{21}]

□

◈ 路 [lɔ^{21}]

騰 徒登切，平，登韵，定。（téng）：马奔跃，奔驰；跳跃。

◈ 歹 [ɬɔi^{35}]

齡（羚） 郎丁切，平，青韵，来。（líng）：年龄。

◈ 歳 [te^{35}]

禩 详里切，上，止韵，邪。（sì）：年。

◈ 䎃 [nɐm^{33}]

百 博陌切，入，陌韵，帮。（bǎi）：数词，十的十倍。

◈ 替 [ʧɐm^{52}]

週 职由切，平，尤韵，章。（zhōu）：周围，环绕。

◈ 泣 [ɬɔp^{22}]

什 是执切，入，缉韵，禅。（shí）：古代兵制，五人为伍，两伍为什；古代户籍编织，十家为“什”。

◈ ×[ʧəp^{55}]

垓（垓） 古哀切，平，咍韵，见。（gāi）：谓兼备天下。

◈ ×[hai^{214}]

災 祖才切，平，咍韵，精。（zāi）：泛指灾害，祸患。

◈ ×[ɬim^{33}]

祸 胡果切，上，果韵，匣。（huò）：灾害，灾殃；作祸，犯罪。

◈ ×[ɔ^{52}]

摄（攝） 书涉切，入，叶韵，书。（shè）：提起，牵引；执持。

◈ 假 [ia^{35}]

似 详里切，上，止韵，邪。（sì）：像，类似；似乎。

◈ 羕？［？］

佇

◈ ×[t^{h}əŋ^{52}]

害（害） 胡盖切，去，泰韵，匣。（hài）：损害，伤害；祸患，灾害。

◈ ×[hai^{214}]

獬

◈ 丐×[kai^{35}iai^{214}]

駝丐乄座乄次乄額丰乄陪添謳唧衙幅乄

剛 蚺中蚢蟒蛒蜒蝳丐信乄乘人塀墖闌閘滌

切 蹠閑手喂但仍籙孔凭纈若多妄吼

疽丐瘜訥養儀廣翟砭數須參祭

掃枎犁棋聳羨照劇當乄公龍殘丐侊

濤洊涵冬徹通抗搽牆寻過戈

駝(駞) 徒河切，平，歌韵，定。(tuó)：骆驼。

◈ 丐×[kai^{35}lɔ^{21}]

座(座) 徂卧切，去，过韵，从。(zuò)：坐位，坐具。

◈ ×[tua^{214}]

次 七四切，去，至韵，清。(cì)：顺序，次序。

◈ ×[t^{h}ɯ^{35}]

預 羊洳切，去，御韵，以。(yù)：事先，事先有准备；干预，过问。

◈ ×[he^{22}]

陪 薄回切，平，灰韵，并。(péi)：伴随，陪伴。

◈ 添 [t^{h}em^{52}]

謚 神至切，去，至韵，船。(shì)：古代帝王贵族、大臣、士大夫或其他人死后，据其生前业迹评定的具有褒贬意义的称号。

◈ 宊啣 [kuan^{52}？]

御

◈ 冒耴 [mau^{35}ʧək^{55}]

幅 方六切，入，屋韵，非。(fú)：布帛的宽度；衣裳的边缘。

◈ ×[fu^{33}]

□

◈ 巾 [k^{h}ən^{52}]

蚢 胡郎切，平，唐韵，匣。(háng)：一种野蚕。

◈ 蛒蝽 [lən^{214}tɐn^{21}]

蜓(蜓) 特丁切，平，青韵，定。(tíng)：蜻蜓。

◈ 丐蝧 [kai^{35}mɔi^{214}]

倍 薄亥切，上，海韵，並。(bèi)：照原数加等。

◈ ×[p^{h}ui^{214}]

乘 食陵切，平，蒸韵，船。(chéng)：驾驭；乘坐。

◈ 人 [ɳin^{33}]

埒

◈ 墶 [lən^{33}]

闒 他达切，入，曷韵，透。(tà)：内门；小门。

◈ 阁 [kə^{35}]

滌 徒历切，入，锡韵，定。(dí)：清除，打扫。

◈ 沿 [la^{214}]

踈

◈ 閈 [k^{h}ai^{52}]

乎 户吴切，平，模韵，匣。(hū)：语气助词。

◈ 喂 [uɐi^{35}/kuɔi^{35}]

但 徒旱切，上，旱韵，定。(dàn)：只，仅；只是，但是。

◈ 仍 [ɳiəŋ^{214}]

鞏(鞏) 居悚切，上，肿韵，见。(gǒng)：巩固，牢固。

◈ 凭 [bɐŋ^{21}]

磐(磐) 薄官切，平，桓韵，并。(pán)：大石。

◈ 安 [an^{52}]

妄 巫放切，去，漾韵，微。(wàng)：虚妄，不实；非分。

◈ □□ [ʧ^{h}ek^{55}？]

□

◈ 吼嚕 [ʃɐu^{21}ɬɔn^{52}]

疽 七余切，平，鱼韵，清。(jū)：中医指皮肤肿胀坚硬的毒疮。

◈ 丐突 [kai^{35} ？]

痣 职吏切，去，志韵，章。(zhì)：人体皮肤所生的有色斑点或小疙瘩。

◈ 訥彩 [nɔi^{35}lai^{33}]

養 余两切，上，养韵，以。(yǎng)：供给人食物及生活所必须，使生活下去。

◈ 叟 [nui^{35}]

脩 息流切，平，尤韵，心。(xiū)：修理，修整。

◈ 户 [？]

濯 直角切，入，觉韵，澄。(zhuó)：洗涤。

◈ □ [la^{214}]

砭 府廉切，平，盐韵，帮。(biān)：古代治病用的石针。

◈ 埋 [mai^{33}/li^{33}]

数 所句切，去，遇韵，生。(shù)：数目，数量。

◈ 頪 [lai^{214}]

参 所今切，平，侵韵，生。(shēn)：星名，二十八宿之一。

◈ 寮 [te^{35}]

掃 苏老切，上，晧韵，心。(sǎo)：用扫帚出去污秽。

◈ 抉 [k^{h}uet^{55}]

犁 郎奚切，平，齐韵，来。(lí)：耕地翻土的农具；耕。

◈ 耝 [kə^{21}]

肇（肈） 直绍切，上，小韵，澄。(zhào)：开始，创始。

◈ 荄 [həi^{22}]

昭 止遥切，平，宵韵，章。(zhāo)：光明，明亮。

◈ 創 [ɬaŋ^{35}]

當 都郎切，平，唐韵，端。(dāng)：对等，相当；对着，向着；担当，充任。

◈ ×[daŋ^{52}/taŋ^{52}]

公 古红切，平，东韵，见。(gōng)：公平，公正；公共，共同。

◈ ×[ʔuŋ^{52}]

甑（甗） 子孕切，去，证韵，精。(zèng)：蒸食炊器。

◈ 坳卤 [nɔi^{24}huŋ^{52}]

瓴（瓴） 郎丁切，平，青韵，来。(líng)：陶瓦制的容器，似瓶。

◈ 丐虎 [kai^{35}ɬuŋ^{35}]

濤（濤） 徒刀切，平，豪韵，定。(tāo)：大波浪。

◈ 浡 [ʃuɔŋ^{35}]

洹 胡官切，平，桓韵，匣。(huán)：水名。

◈ 冬 [duŋ^{52}]

徹 丑列切，入，薛韵，彻。(chè)：撤除，撤去；尽，完。

◈ 通 [t^{h}uŋ^{52}]

抗 苦浪切，去，宕韵，溪。(kàng)：抗拒，抵御。

◈ 拎 [iuŋ^{35}]

曠 苦谤切，去，宕韵，溪。(kuàng)：空旷，开阔。

◈ 弄 [lɔŋ^{35}]

遼（遼） 落萧切，平，萧韵，来。（liáo）：遥远；开阔，远大。

喃 赊 [ʃa^{52}]

過（過） 古卧切，去，过韵，见。（guò）：经过；过去。

喃 戈 [kua^{52}]

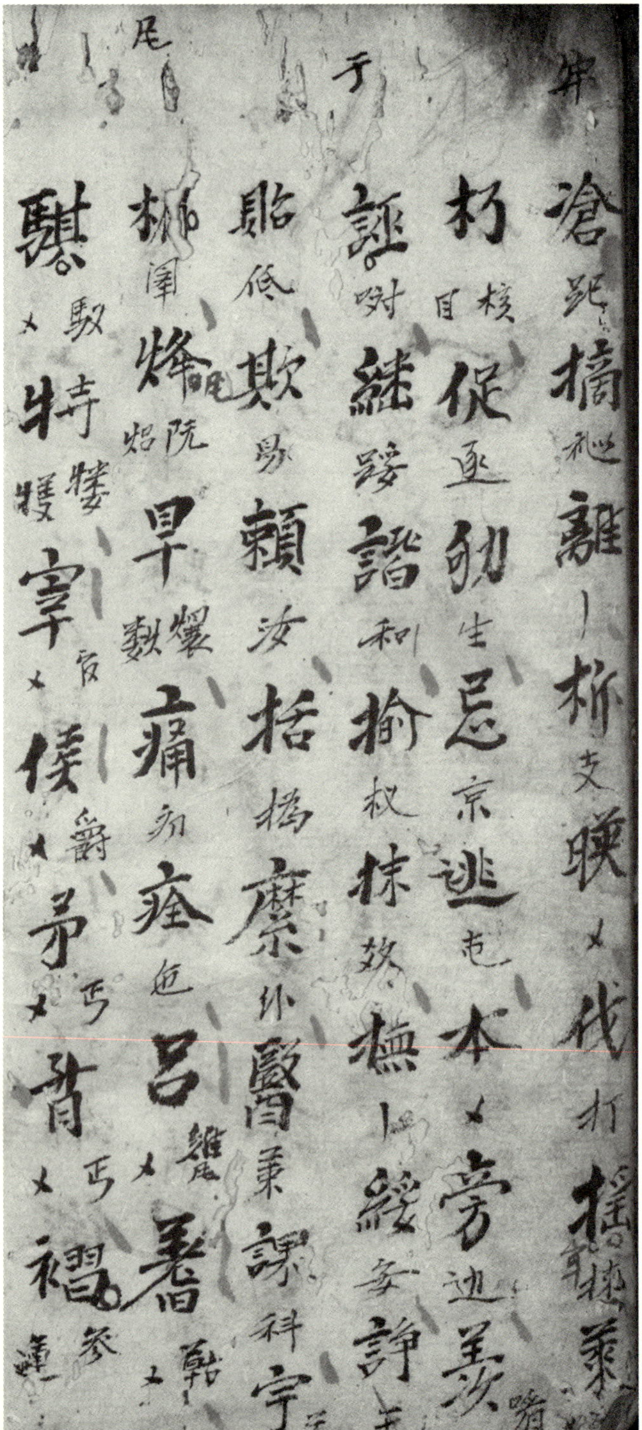

滄 七冈切，平，唐韵，清。（cāng）：寒冷，凉。

◈ 跁 [ki^{35}]

摘 陟革切，入，麦韵，知。（zhāi）：用手指采下或取下；除去，去掉。

◈ 裑 [$lɐi^{35}$]

離（离） 吕支切，平，支韵，来。（lí）：离开，分开；开，裂。

◈ 丨 [li^{33}]

析 先击切，入，锡韵，心。（xī）：劈，剖；分开，分散。

◈ 支 [$ʧi^{52}$]

暎（映） 于敬切，去，映韵，影。（yìng）：映照；光影。

◈ ×[？]

伐 房越切，入，月韵，奉。（fá）：砍斫；征讨，攻打。

◈ 打 [$deŋ^{35}$]

摇（摇） 馀昭切，平，宵韵，以。（yáo）：摆动，动摇。

◈ 挾 [？]

萊（莱） 落哀切，平，代韵，来。（lái）：草名，即藜。

◈ 丨 [？]

朽 许久切，上，有韵，晓。（xiǔ）：腐烂，腐朽；衰老，衰落。

◈ 核目 [$kɐi^{52}muk^{22}$]

促 七玉切，入，烛韵，清。（cù）：靠近，迫近；短促。

◈ 逐 [duk^{22}]

劬 其俱切，平，虞韵，群。（qú）：劳苦。

◈ 生 [$ɬiŋ^{52}$]

忌 渠记切，去，志韵，群。（jì）：憎恶，怨恨；猜忌，嫉妒；顾忌，忌惮。

◈ 京 [$kiŋ^{52}$]

逃 徒刀切，平，豪韵，定。（táo）：逃亡；躲避。

◈ 屯 [$dɔn^{24}$]

本 布忖切，上，混韵，帮。（běn）：草木的根；物的主体或根部；根基。

◈ ×[$bɔn^{35}$]

旁 步光切，平，唐韵，并。（páng）：近侧，旁边。

◈ 边 [ben^{52}]

羡 似面切，去，线韵，邪。（xiàn）：因喜爱而希望得到，羡慕。

◈ 啹 [$k^hɐn^{52}$]

誣 武夫切，平，虞韵，微。（wū）：加之以不实之辞，妄言；诬蔑，诬陷。

◈ 附 [$dɔi^{35}$]

繼（继） 古诣切，去，霁韵，见。（jì）：延续，使之不绝。

◈ 踒 [nui^{35}]

諧（谐） 户皆切，平，皆韵，匣。（xié）：和合，协调。

◈ 和 [ua^{21}]

揄（揄） 羊朱切，平，虞韵，以。（yú）：挥动；引出。

◈ 杈 [$kuen^{21}$]

抹 莫拨切，入，末韵，明。（mǒ）：涂敷，涂抹；涂掉，除去。

◈ 效 [$ɬɔ^{35}$]

撫 芳武切，上，虞韵，敷。（fǔ）：抚摩。

◈ 丨 [$fɔ^{33}$]

綏 息遗切，平，脂韵，心。(suí)：安，安抚。

◈ 安 [an52]

諍 侧迸切，去，诤韵，庄。(zhèng)：直言规劝。

◈ 干 [kan35]

貼 他协切，入，帖韵，透。(tiē)：粘附，张贴。

◈ 低 [dɐi52]

欺 去其切，平，之韵，溪。(qī)：欺骗，欺诈；欺负，凌辱。

◈ 易 [？]

頼 落盖切，去，泰韵，来。(lài)：依靠，凭借。

◈ 汝 [ɳə35]

括 古活切，入，末韵，见。(kuò)：结扎，捆束；包容，包括。

◈ 抣 [fi33]

縻 靡为切，平，支韵，明。(mí)：牛缰绳；束缚，牵制。

◈ 纣 [bɔk22]

醫（毉） 于其切，平，之韵，影。(yī)：治病的人；治病，医疗；医术，医学。

◈ 莱 [thuək55]

課 苦卧切，去，过韵，溪。(kè)：教学的科目。

◈ 科 [khua52]

宇（宇） 王矩切，上，虞韵，云。(yǔ)：屋檐；房屋，住所。

◈ 茹 [ɳa21]

□

◈ 阁 [kə35]

烽（烽） 敷容切，平，钟韵，敷。(fēng)：古时边境报警的烟火。

◈ 阮焔 [uen35la214]

旱 胡笴切，上，旱韵，匣。(hàn)：久未降雨。

◈ □数 [？ lɐu33]

痛 他贡切，去，送韵，透。(tòng)：疼痛；悲伤。

◈ 疠 [lik55]

痊 此缘切，平，仙韵，清。(quán)：痊愈。

◈ 缶 [da214]

吕 力举切，上，语韵，来。(lǚ)："膂"的古字，脊骨；我国古代音乐十二律中的阴律，有六种，总称六吕。

◈ 䏶 ×[fən21 ？]

耆

◈ 鞊 ×[ku35 ？]

騏（骐） 渠之切，平，之韵，群。(qí)：有青黑斑纹的马。

◈ 馭 ×[mə214ŋə22]

特 徒得切，入，德韵，定。(tè)：公牛，亦泛指牛。

◈ 犊犊 [tɐu52 ？]

宰 作亥切，上，海韵，精。(zǎi)：主宰，治理；屠宰，杀牲。

◈ 官 ×[kuan52ʧai52]

侯 户钩切，平，侯韵，匣。(hóu)：古代爵位名。

◈ 爵 ×[？ hɐu214]

矛 莫浮切，平，尤韵，明。(máo)：我国古代的主要兵器。在长柄上装上矛头，用于刺杀。

◈ 丐×[$kai^{35}mau^{21}$]

盾(盾) 徒损切，上，混韵，定。(dùn)：古代作战时用来抵御敌人刀剑等的兵器。

◈ 丐×[$kai^{35}tən^{35}$]

褶(褶) 徒协切，入，帖韵，定。(dié)：夹衣。

◈ 参□ [$t^{h}am^{52}fɐn^{214}$]

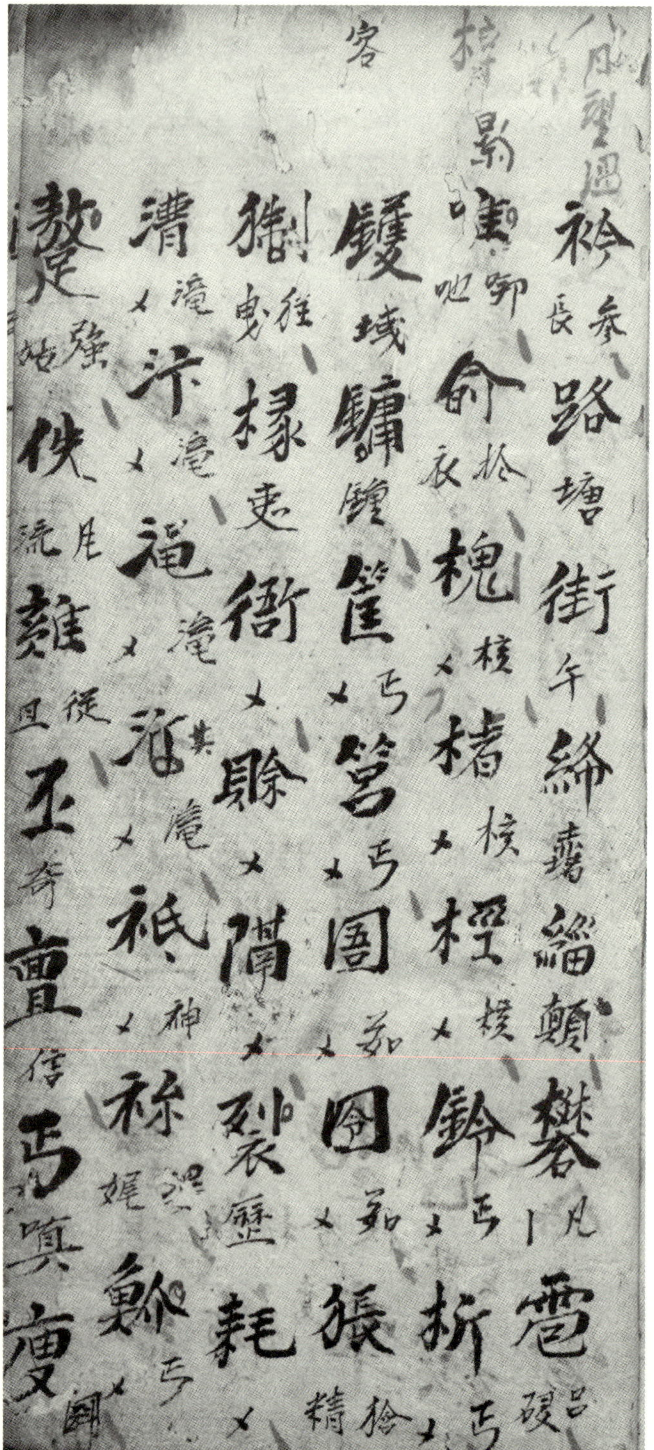

衿 居吟切，平，侵韵，见。(jīn)：古代衣服的交领；衣的前幅，衣襟。
◈ 参長 [ʃam^{35}tɐŋ^{21}]

路 洛故切，去，暮韵，来。(lù)：道路，路途。
◈ 塘 [tʰaŋ^{21}]

街 古膎切，平，佳韵，见。(jiē)：四通道，指城市的大道；市朝，市集，街市。
◈ 午 [ŋɔ^{214}]

绛(絳) 古巷切，去，绛韵，见。(jiàng)：深红色。
◈ 蠢 [？]

緇 侧持切，平，之韵，庄。(zī)：黑色。
◈ 顛 [dem^{35}]

礬 附袁切，平，元韵，奉。(fán)：矾石。
◈ 凡丨 [fan^{21} ？]

雹 蒲角切，入，觉韵，并。(báo)：冰雹。
◈ 吕碍 [la^{214}da^{35}]

□
◈ 唽吔 [fɐŋ^{33}/baŋ^{52}da^{214}/ɬa^{214}]

俞(俞) 羊朱切，平，虞韵，以。(yú)：答应，允许。
◈ 拎衣 [？ ʔi^{52}]

槐(槐) 户乖切，平，皆韵，匣。(huái)：槐树。
◈ 核 ×[kɐi^{52}uai^{21}]

楮 丑吕切，上，语韵，彻。(chǔ)：落叶乔木。叶子和茎上有硬毛，花淡绿色，雌雄异株，果实球形，皮可制纸。
◈ 核 ×[kɐi^{52}ia^{35}]

桱 古定切，去，径韵，见。(jìng)：木名。
◈ 核 ×[kɐi^{52}kiŋ^{52}]

鈴 郎丁切，平，青韵，来。(líng)：以铜铁为圆壳，下面微裂，置金属丸于内，摇则发声，大小不一。
◈ 丐 ×[kai^{35}liŋ^{33}]

析 相支切，平，支韵，心。(sī)：草名，形似燕麦。
◈ 丐 ×[kai^{35}ki^{21}]

镬(鑊) 胡郭切，入，铎韵，匣。(huò)：无足鼎。
◈ 域 [uak^{22}]

鏞 余封切，平，钟韵，以。(yōng)：大钟。
◈ 钟 [tuŋ^{21}]

筐 去王切，平，阳韵，溪。(kuāng)：筐子。
◈ 丐 ×[kai^{35}kʰuəŋ^{52}]

筥 居许切，上，语韵，见。(jǔ)：圆形的盛物竹器。
◈ 丐 ×[kai^{35}la^{214}]

圄 鱼巨切，上，语韵，疑。(yǔ)：监狱。
◈ 茹 ×[ȵa^{21} ？]

囹 郎丁切，平，青韵，来。(líng)：牢狱。
◈ 茹 ×[ȵa^{21}liŋ^{35}]

猖 丑亮切，去，漾韵，彻。(chàng)：怨望，失意。
◈ 猞精 [？ ʧiŋ^{52}]

猘 居例切，去，祭韵，见。(zhì)：狂犬，猛犬。
◈ 狂曳 [ʧɔ^{35}ɬai^{214}]

椂
◈ 叓 [lai^{21}]

衙 五加切，平，麻韵，疑。(yá)：旧时官署之称。
◈ ×[ȵa^{21}]

赊 式车切，平，麻韵，书。(shē)：买物延期交款。
◈ ×[ʃa^{33}/tʰə^{21}]

隔
◈ ×[kek^{55}]

裂 良薛切，入，薛韵，来。(liè)：割裂，分裂。
◈ 歷 [lik^{22}]

耗 呼到切，去，号韵，晓。(hào)：亏损，消耗。
◈ ×[hau^{35}]

漕(漕) 昨劳切，平，豪韵，从。(cáo)：水道运输；漕渠。
◈ 滝 ×[ʃiɔŋ^{35}ʃau^{21}]

汴 皮变切，去，线韵，并。(biàn)：古水名。
◈ 滝 ×[ʃiɔŋ^{35}？]

渑 食陵切，平，蒸韵，船。(shéng)：古水名。
◈ 滝 ×[ʃiɔŋ^{35}？]

沂 鱼衣切，平，微韵，疑。(yí)：古水名。
◈ 滝 ×[ʃiɔŋ^{35}？]

祇(祇) 巨支切，平，支韵，群。(qí)：地神。
◈ 神 ×[tʰɐn^{21}ʧi^{214}]

禰(祢) 奴礼切，上，荠韵，泥。(nǐ)：亲庙，父庙；父死，神主入庙后称祢。
◈ □娓 [ba^{21}fai^{214}]

魪(魪) 古拜切，去，怪韵，见。(jiè)：比目鱼。
◈ 丐 ×[kai^{35}？]

螯 五劳切，平，豪韵，疑。(áo)：螃蟹等节肢动物的变形的第一对脚。
◈ 强姑 [kəŋ^{21}kɔ^{52}]

佚 夷质切，入，质韵，以。(yì)：失落，散失。
◈ 凡流 [pʰaŋ^{52}ləu^{33}]

雍(雝) 于容切，平，钟韵，影。(yōng)：和谐；欢悦貌。
◈ 従且 [tʰɔŋ^{52}tʰa^{35}]

丕 敷悲切，平，脂韵，滂。(pī)：大。
◈ 奇 [ka^{35}]

亶(亶) 多旱切，上，旱韵，端。(dǎn)：诚；信。
◈ 信 [tin^{35}]

丐 古太切，去，泰韵，见。(gài)：求，祈求；乞讨；乞丐。
◈ 嗔 [ʧun^{52}]

庋
◈ [illegible] [ʃɐu^{35}]

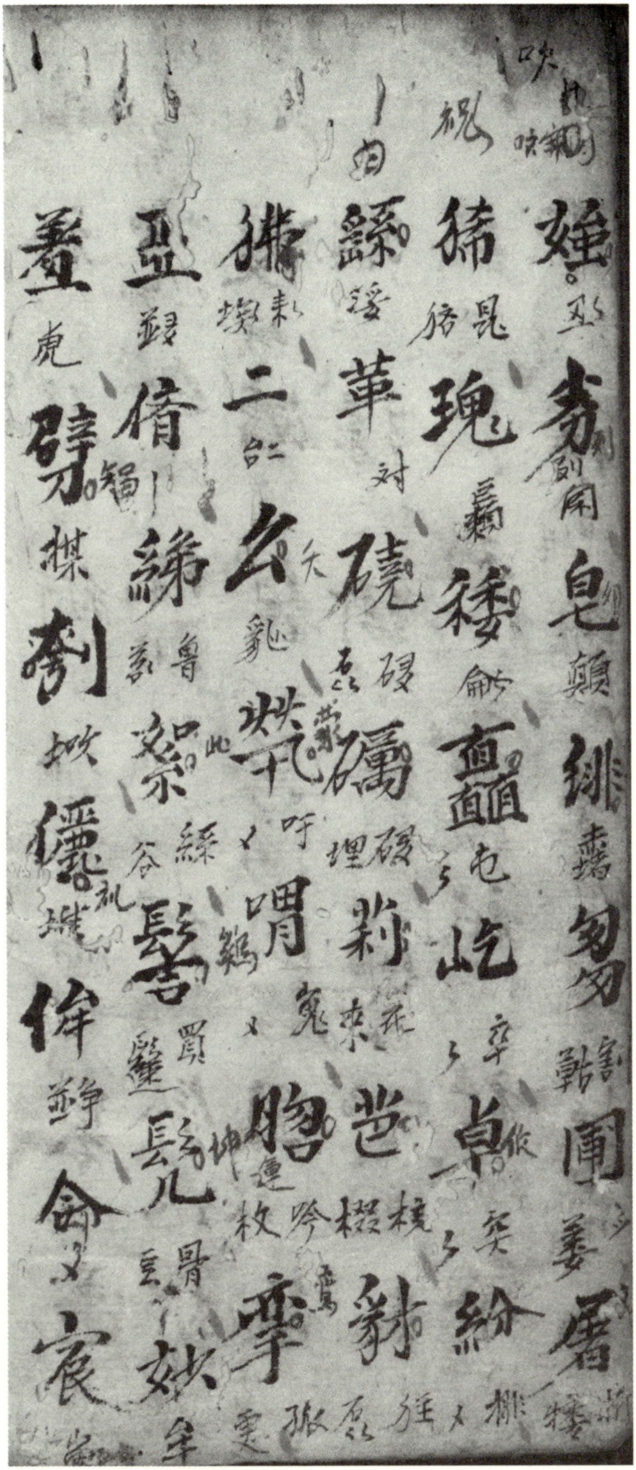

娩
◈ 𠁥 [ʃɐu^{35}]

劣 力辍切，入，薛韵，来。(liè)：弱，小，少；恶，坏。
◈ 闲 [？]

皂 昨早切，上，晧韵，从。(zào)：黑色。
◈ 顛 [dem^{52}]

绯 甫微切，平，微韵，非。(fēi)：红色。
◈ 𪓛 [？]

刍(芻) 测隅切，平，虞韵，初。(chú)：割草，刈割。
◈ 割鞊 [kat^{35}kɔ^{52}]

圃 博古切，上，姥韵，帮。(pǔ)：种植菜蔬、花果或苗木的园地。
◈ 罒萎 [lam^{21}ȵɐu^{33}]

屠 同都切，平，模韵，定。(tú)：宰杀；屠杀，杀戮；毁灭，毁坏。
◈ □□ [ʧiet^{55}tɐu^{52}]

狶 香依切，平，微韵，晓。(xī)：猪。
◈ 昆狢 [kɔn^{33}lən^{214}]

瑰(瓌) 公回切，平，灰韵，见。(guī)：美石或曰珠；魁伟；珍奇。
◈ 贏 [lai^{214}]

穟 思累切，去，寘韵，心。(suì)：禾四把之称；禾积；禾貌。
◈ 侖 [lən^{33}]

矗 丑六切，入，屋韵，彻。(chù)：直，笔直；高耸，向上直立。
◈ 屯 ϟ [duən^{21}duən^{21}]

屹 鱼迄切，入，迄韵，疑。(yì)：山势高耸，亦泛指高耸、耸立貌；坚定不移。
◈ 卒 ϟ [ʧɔt^{55}ʧɔt^{55}]

卓 竹角切，入，觉韵，知。(zhuō)：高超，超绝。
◈ 突 ϟ [？？？]

纷 抚文切，平，文韵，敷。(fēn)：丝带；旗上的飘带；盛多貌，众多貌。
◈ 排 ×[bɐi^{21}fən^{52}]

繇
◈ 浽 [nui^{35}]

革 古核切，入，麦韵，见。(gé)：加工去毛的兽皮。
◈ 对 [dɔi^{35}]

硗(磽) 口交切，平，肴韵，溪。(qiāo)：坚硬结实。
◈ 砐歹 [da^{35}ɬɔi^{35}]

砺(礪) 力制切，去，祭韵，来。(lì)：砺石；磨砺；磨炼。
◈ 砐埋 [da^{35}mai^{33}]

莉 郎奚切，平，齐韵，来。(lì)：茉莉。
◈ □来 [？ lai^{33}]

芭 伯加切，平，麻韵，帮。(bā)：芭蕉。
◈ 核椶 [kɐi^{52}？]

豺 士皆切，平，皆韵，崇。(chái)：兽名。犬科，形似狼而小，性凶猛。
◈ 狂歹 [ʧɔ^{35}ɬɔi^{214}]

狒 扶沸切，去，未韵，奉。(fèi)：兽名。狒狒。
◈ 㣇埃 [lai^{35}ai^{52}]

二 而至切，去，至韵，日。(èr)：数词，一加一所得。
◈ 㐌 [hai^{52}]

么 于尧切，平，萧韵，影。(yāo)：同“幺”。
◈ 乸 [ʔit^{55}]

𥑻 渠营切，平，清韵，群。（qióng）：同“茕”。

◈ 吁 ×[？？]

喟 丘愧切，去，至韵，溪。（kuì）：叹息，叹声。

◈ 鬼 ×[ŋɔi^{21}ui^{35}]

脗 武尽切，上，真韵，明。（wěn）：本为嘴唇，引申为合。

◈ 吟枚 [k^{h}ɐm^{21}mai^{33}]

孪 吕员切，平，仙韵，来。（luán）：牵系不断；卷曲不能伸展。

◈ 𠯿绨 [kɔ^{52}keŋ^{52}]

亞 衣嫁切，去，祃韵，影。（yà）：次，次于；低，低于。

◈ 𡜵 [da^{33}]

侪 士皆切，平，皆韵，崇。（chái）：辈，类；等同，并列。

◈ 丨[？]

綈 杜奚切，平，齐韵，定。（tí）：厚实平滑而有光泽的丝织物。

◈ 鲁谷 [lɔ^{35}？]

絮 息据切，去，御韵，心。（xù）：粗丝绵；弹松的棉花；称白色易扬而轻柔似絮者。

◈ 綠谷 [tə^{52}kuk^{55}]

髻 古诣切，去，霁韵，见。（jì）：在头顶或脑后盘成各种形状的发髻。

◈ 買鬘 [məi^{35}？]

髡 苦昆切，平，魂韵，溪。（kūn）：剃去毛发；古代剃发之刑。

◈ 骨豆 [kɔt^{35}dɐu^{35}]

妙（妙） 弥笑切，去，笑韵，明。（miào）：精微；巧妙。

◈ 牟 [miu^{35}]

羞（羞） 息流切，平，尤韵，心。（xiū）：美味的食物；耻辱。

◈ 虎 [hɔ^{35}]

劈（劈） 普击切，入，锡韵，滂。（pī）：破开；裂，裂开。

◈ 掑 [məu^{33}]

刳（刳） 苦胡切，平，模韵，溪。（kū）：挖，挖空；剖开；杀，割。

◈ 垁 [ʧ^{h}ui^{52}]

儷（儷） 郎计切，去，霁韵，来。（lì）：配偶；双，两。

◈ □ [le^{214}dɔi^{52}]

侔 莫浮切，平，尤韵，明。（móu）：齐等，相当；谋取，求。

◈ 𡜵 [？]

命 眉病切，去，映韵，明。（mìng）：差使；命令；命运。

◈ ×[meŋ^{214}]

宸（宸） 植邻切，平，真韵，禅。（chén）：屋边；北极星所居，借指帝王居所。

◈ □ [tɐn^{21}]

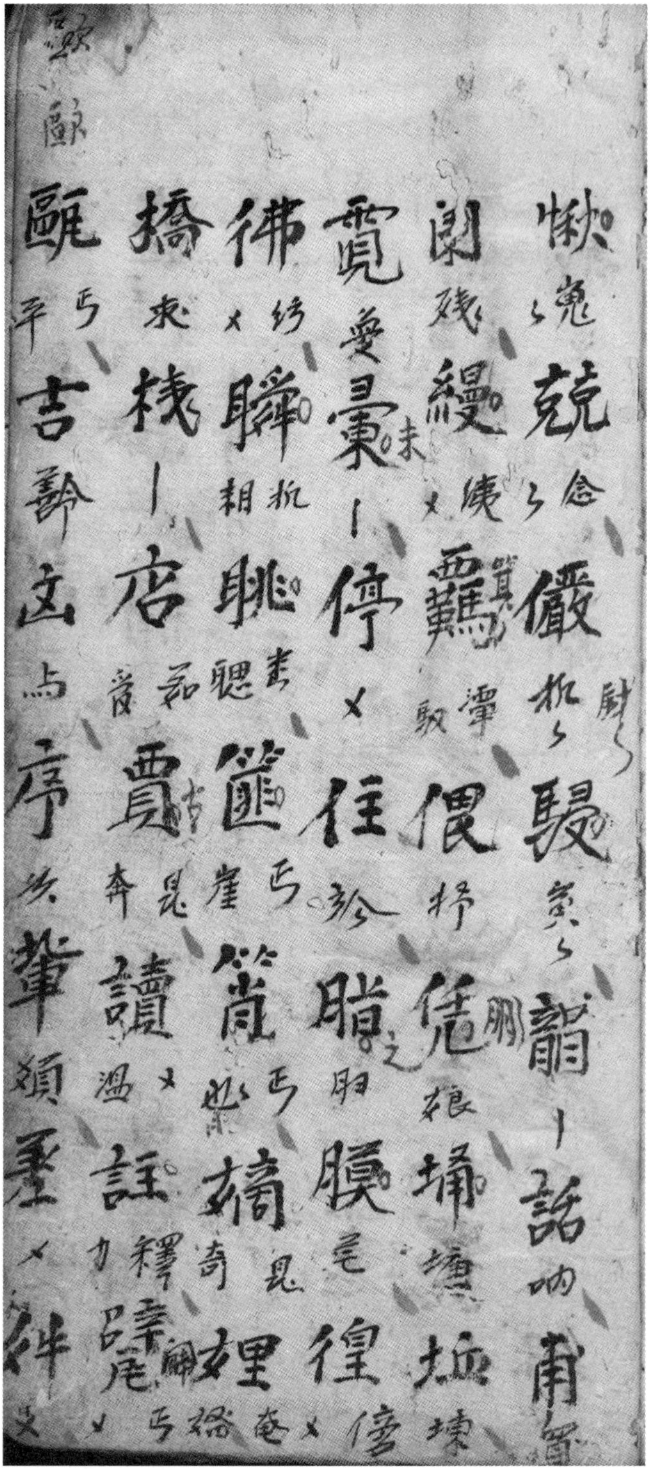

愀 亲小切，上，小韵，清。（qiǎo）：容色改变貌；忧戚貌；恭谨貌。

〔喃〕 鬼ㄣ [tʰu^{52}ŋɔi^{21}]

兢 居陵切，平，蒸韵，见。（jīng）：小心谨慎；战栗，恐惧。

〔喃〕 念ㄣ [nem^{214}nem^{214}]

儼（儼） 鱼埯切，上，俨韵，疑。（yǎn）：恭敬庄重，庄严。

〔壮〕 针ㄣ [？？]

〔喃〕 扚ㄣ [ʧəm^{52}ʧəp^{55}]

駸（骎） 七林切，平，侵韵，清。（qīn）：副词，逐渐。

〔喃〕 寅ㄣ [ɬen^{21}]

韻（韵） 王问切，去，问韵，云。（yùn）：音节的韵母部分。

〔喃〕 丨 [？]

話 下快切，去，夬韵，匣。（huà）：善言；话语。

〔喃〕 呐 [nɔi^{35}]

甫（甫） 方矩切，上，麌韵，帮。（fǔ）：大，广大。

〔喃〕 買 [məi^{35}]

□

〔喃〕 残 [tuan^{21}]

縵 莫半切，去，换韵，明。（màn）：无纹饰的缯帛。

〔喃〕 絖 ×[ɬi^{33}]

羈 居宜切，平，之韵，见。（jī）：马笼头；拘束。

〔喃〕 潭馭 [？ mə^{214}]

偎 乌恢切，平，灰韵，影。（wēi）：紧靠着，紧贴着。

〔喃〕 抒 [tʰə^{21}]

凭 扶冰切，平，蒸韵，并。（píng）：靠着；依托。

〔喃〕 娘 [naŋ^{21}]

埇 余陇切，上，肿韵，以。（yǒng）：地名用字。

〔喃〕 塘 [tʰaŋ^{21}]

坵 去鸠切，平，尤韵，溪。（qiū）：同“丘”。

〔喃〕 埬 [dɔŋ^{35}]

霰 苏佃切，去，霰韵，心。（xiàn）：霰。

〔喃〕 夋 [kʰuen^{22}]

彙 于贵切，去，未韵，云。（huì）：同“汇”。

〔喃〕 丨 [ɔn^{52}]

停（停） 特丁切，平，青韵，定。（tíng）：停止；停留。

〔喃〕 ×[diŋ^{21}]

住 持遇切，去，遇韵，澄。（zhù）：停留，留；停止，停住；居住。

〔喃〕 於 [ə^{35}]

脂（脂） 旨夷切，平，脂韵，章。（zhī）：油脂，脂肪。

〔喃〕 肙 [mə^{35}]

膜（膜） 慕各切，入，铎韵，明。（mó）：人或动物体内的薄皮形组织，具有保护性。

〔喃〕 芒 [maŋ^{33}]

徨 胡光切，平，唐韵，匣。（huáng）：心惊不宁貌；彷徨。

〔喃〕 傍 ×[baŋ^{21}uaŋ^{21}]

佛（佛） 敷勿切，入，物韵，敷。（fú）：仿佛。

〔喃〕 纺 ×[pʰɔŋ^{21}pʰət^{22}]

瞬 舒闰切，入，稕韵，书。（shùn）：一眨眼功夫，极言时间短暂。

◈ 扒相 [tʃəp^{55}mɐt^{55}]

眺 他吊切，去，啸韵，透。（tiào）：远望。

◈ 㐅聑 [iu^{55}tɯ^{52}]

篚 府尾切，上，尾韵，非。（fěi）：盛物的竹器。

◈ 丐崖 [kai^{35}？]

筲 所交切，平，肴韵，生。（shāo）：竹制的盛器；桶。

◈ 丐也 [kai^{35}ɬa^{214}]

嫡 都历切，入，锡韵，端。（dí）：正妻；嫡子。

◈ 昆奇 [kɔn^{52}ka^{35}]

娌 良士切，上，止韵，来。（lǐ）：妯娌。

◈ 奄婚 [em^{33}fə^{214}]

橋 巨娇切，平，宵韵，群。（qiáo）：桥梁。

◈ 求 [k^{h}ɐu^{33}]

栈（棧） 士谏切，去，谏韵，崇。（zhàn）：棚，阁。

◈ 丨[？]

店 都念切，去，韵，端。（diàn）：放置货物的栈房；商店；旅店。

◈ 茹受 [ȵa^{21}kuan^{35}]

賈 公户切，上，姥韵，见。（jiǎ）：做买卖；古指开设店铺做买卖的商人。

◈ 昆奔 [kɔn^{52}bɔn^{35}]

讀 徒谷切，入，屋韵，定。（dú）：诵读，阅读，理解书文的意义。

◈ ×温 [？ ɔn^{52}]

註 中句切，去，遇韵，知。（zhù）：注解，训释。

◈ 釋力 [tep^{22}lik^{22}]

㼾

◈ 丐×[kai^{35}？]

甌（甌） 乌侯切，平，侯韵，影。（ōu）：盆盂一类的瓦器。

◈ 丐平 [kai^{35}biŋ^{21}]

吉 居质切，入，质韵，见。（jí）：善，美；吉利，吉祥。

◈ 黔 [t^{h}en^{214}]

凶（㐫） 许容切，平，钟韵，晓。（xiōng）：形容死亡、灾难等不幸现象，与“吉”相对。

◈ 𡿨[？]

序 徐吕切，上，语韵，邪。（xù）：次序。

◈ 次 [t^{h}ɯ^{35}]

輩 补妹切，去，队韵，帮。（bèi）：同一类群的人、事、物；行辈，辈分；比并，比类。

◈ 頪 [lɔi^{35}]

差 初牙切，平，麻韵，初。（chà）：错，不当。

◈ ×[ɬai^{52}]

舛 昌兖切，上，狝韵，昌。（chuǎn）：错乱，差错。

◈ ×[？]

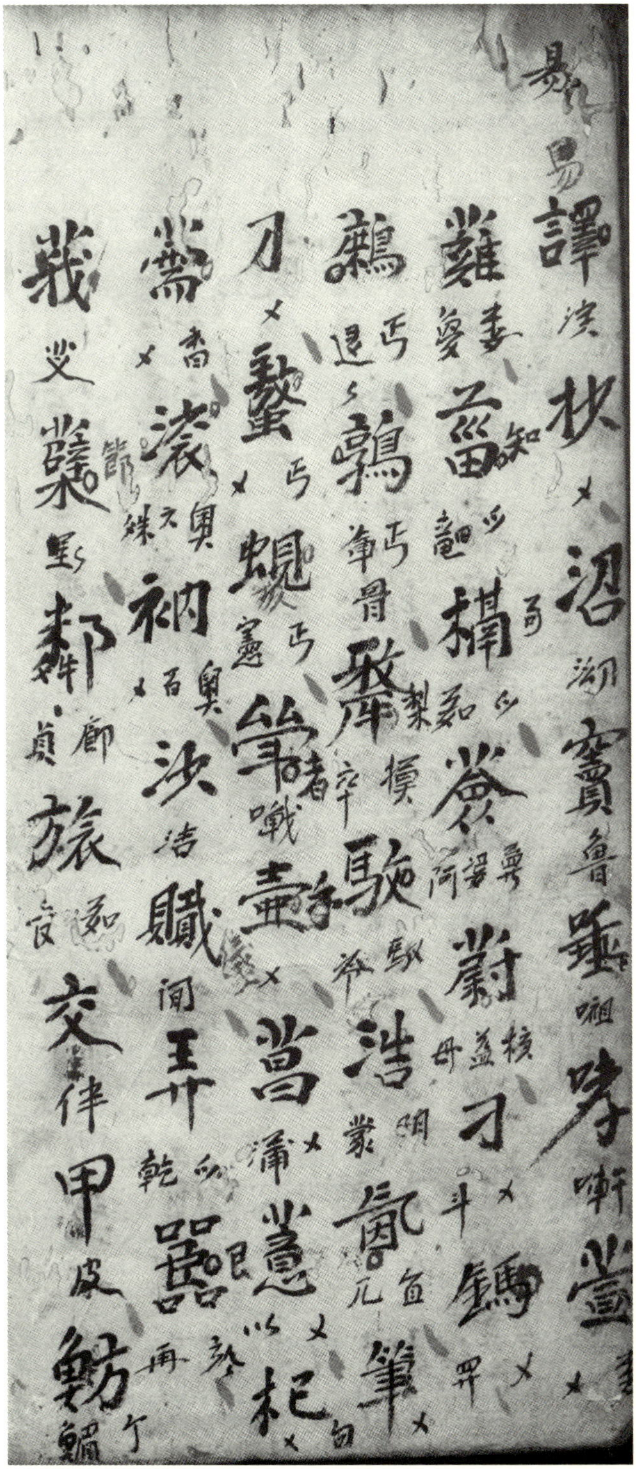

譯 羊益切，入，昔韵，以。(yì)：翻译。
◈ 滨 [iem^{35}/iem^{214}]

抄(抄) 楚交切，平，肴韵，初。(chāo)：誊写。
◈ ×[ʃau^{52}]

沼 之少切，上，小韵，章。(zhǎo)：水池。
◈ 洳 [ɐu^{35}]

竇 徒候切，去，候韵，定。(dòu)：空穴，洞；门旁小户。
◈ 鲁 [lɔ^{35}]

唾(唾) 汤卧切，去，过韵，透。(tuò)：唾沫；吐唾沫。
◈ 啪 [tɔ^{55}]

哮 许交切，平，肴韵，晓。(xiào)：兽怒吼；风浪呼啸。
◈ 唓 [ien^{52}]

萱 况袁切，平，元韵，晓。(xuān)：萱草。
◈ 娄×[lɐu^{33}？]

蕹(蕹) 于容切，平，钟韵，影。(wèng)：蕹菜。
◈ 娄夓 [lɐu^{33}？]

菑(菑) 呼罪切，上，灰韵，晓。(zī)：初耕的田地。
◈ ˇ䵺 [lam^{21}dien^{21}]

構
◈ ˇ茹 [lam^{21}ȵa^{21}]

莶 虚严切，上，严韵，晓。(xiān)：豨莶。
◈ 弈媭问 [la^{35}ba^{21}]

蔚 于胃切，入，未韵，影。(wèi)：草名。牡蒿。
◈ 核益母 [kɐi^{52}ʔik^{55}mɐu^{214}]

刁 都聊切，平，萧韵，端。(diāo)：无赖，狡诈；谓说话刻薄。
◈ × 斗 [？ dɐu^{35}]

鎷 莫交切，平，肴韵，明。(mǎ)：错认的第 43 号化学元素。
◈ × 罢 [？ la^{21}]

鷓(鷓) 之夜切，去，祃韵，章。(zhè)：鹧鸪。
◈ 丐逯 [kai^{35}də^{52}]

鶉 常伦切，平，谆韵，禅。(chún)：鹌鹑。
◈ 丐□骨 [kai^{35}də^{52}də^{52}]

䴼
◈ 摸卒 [mak^{55}ʧɔt^{55}]

駁(駁) 北角切，入，觉韵，帮。(bó)：马毛色不纯，亦指毛色不纯的马；色彩错杂。
◈ 馭冷 [mə^{214}leŋ^{214}]

浩 胡老切，上，晧韵，匣。(hào)：水势盛大貌。
◈ 明蒙 [miŋ^{33}muŋ^{33}]

氤 于真切，平，真韵，影。(yīn)：云烟、气色等弥漫貌。
◈ 宜几 [ŋi^{33}？]

笔 鄙密切，入，质韵，帮。(bǐ)：书写和绘画的工具。
◈ ×[bət^{35}]

刀 都牢切，平，豪韵，端。(dāo)：兵器名。
◈ ×[t^{h}au^{21}]

鳌
◈ 丐 ×[kai^{35}ŋau^{21}]

蚬 胡典切，上，铣韵，匣。(xiàn)：蝶类的幼虫。

◈ 丐宪 [kai^{35} ？]

斝 古疋切，上，马韵，见。(jiǎ)：古代青铜制贮酒器。

◈ 嘫 [ʧen^{35}]

壶(壺) 户吴切，平，模韵，匣。(hú)：容器名。

◈ ×[hu^{21}]

菖 尺良切，平，阳韵，昌。(chāng)：菖蒲。

◈ × 蒱 [？ bɔ^{24}]

薏 于力切，入，职韵，影。(yì)：莲子的心；薏苡。

◈ × 以 [ɐi^{35}ɬɐi^{214}]

杞 墟里切，上，止韵，溪。(qǐ)：木名。杞柳。

◈ 句 ×[kɐu^{52} ？]

葇 汝朱切，平，虞韵，日。(rú)：香葇。

◈ 香 ×[həŋ^{52} ？]

裟(裟) 所加切，平，麻韵，生。(shā)：袈裟。

◈ 奥六姝 [au^{35} ？]

衲 奴答切，入，合韵，泥。(nà)：僧衣。

◈ 奥百 ×[au^{35}bek^{35} ？]

沙(沙) 所加切，平，麻韵，生。(shā)：细小的石粒；沙滩。

◈ 洁 [ket^{55}]

𧹞

◈ 闬 [ian^{52}]

弄 卢贡切，去，送韵，来。(nòng)：用手把玩，舞弄；欺骗，戏弄。

◈ 罒乾 [lam^{21}kan^{21}]

嚚 语巾切，平，真韵，疑。(yín)：暴虐，愚顽；奸诈。

◈ 於再 [dai^{214}ə^{35}]

莪 五何切，平，歌韵，疑。(é)：莪蒿。

◈ 艾 [ŋai^{33}]

蘖(蘗) 鱼列切，入，薛韵，疑。(niè)：树木砍去后重生的枝条。

◈ 㲂 [tiŋ^{21}]

鄰(鄰) 力珍切，平，真韵，来。(lín)：亲，近。

◈ 廊貞 [laŋ^{33}ʧiŋ^{52}]

旅(旅) 力举切，上，语韵，来。(lǚ)：寄居外地，旅居；旅客；旅舍。

◈ 茹□ [n̥a^{21}kuan^{35}]

交 古肴切，平，肴韵，见。(jiāo)：结交，交往。

◈ 伴 [ban^{214}]

甲 古狎切，入，狎韵，见。(jiá)：某些动物身上的鳞片或硬壳。

◈ 皮 [be^{21}]

魴(魴) 符方切，平，阳韵，奉。(fáng)：鱼名。

◈ 个鲴 [ka^{35} ？]

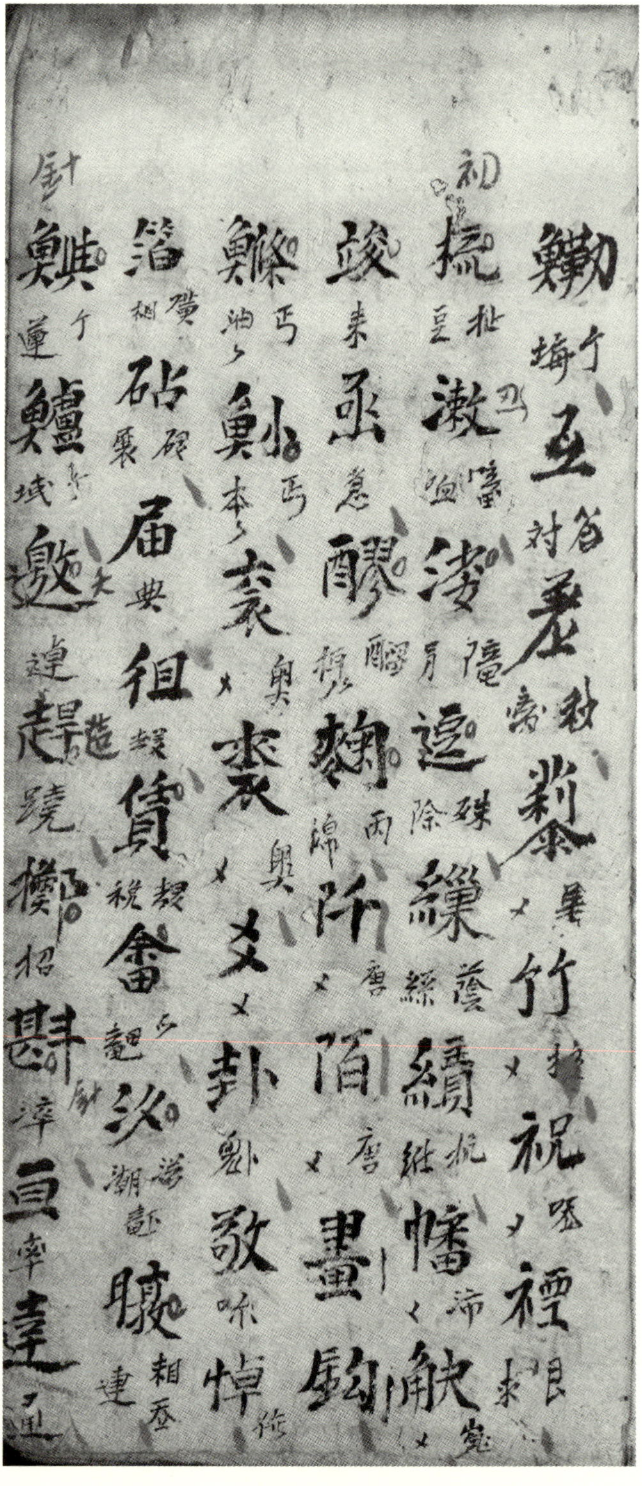

鰳（鳓） 历德切，入，德韵，来。（lè）：鳓鱼。

◈ 亇埆 [ka^{35}mɔi^{214}]

互

◈ 答对 [dap^{35}dɔi^{35}]

差（𢀩） 楚嫁切，去，祃韵，初。（chà）：派遣去做事。

◈ 秋𪞶 [？ le^{33}]

藜（藜） 郎奚切，平，齐韵，来。（lí）：灰藋，灰菜。

◈ □ ×[？ le^{33}]

竹 张六切，入，屋韵，知。（zhú）：一种多年生的禾本科木质常绿植物。嫩芽即笋，可食；茎圆柱形，中空，直而有节。

◈ 核 ×[kɐi^{52}t^{h}uk^{55}]

祝 之六切，入，屋韵，章。（zhù）：以言告神祈福。

◈ 咥 ×[iəi^{21}ʧuk^{55}]

禋（禋） 于真切，平，真韵，影。（yīn）：祭名；泛指祭祀。

◈ 艮求 [k^{h}ən^{35}kɐu^{21}]

梳 所葅切，平，鱼韵，生。（shū）：梳子；以梳理法。

◈ 扯豆 [ʧe^{35}dɐu^{35}]

漱 苏奏切，去，候韵，生。（shù）：含水洗口腔。

◈ 𠃌

◈ □咄 [ʧ^{h}uk^{55}uet^{55}]

娑（娑） 素何切，平，歌韵，心。（suō）：舞貌；飘动，轻扬貌。

◈ 隴□ [luŋ^{33} ？]

逗 田候切，去，候韵，定。（dòu）：止，停留。

◈ 殊除 [ʧɔ^{52}tɯ^{21}]

繅 苏遭切，平，豪韵，心。（sāo）：抽茧出丝。

◈ 蔭丝 [əm^{52}tə^{52}]

績（绩） 则历切，入，锡韵，精。（jī）：缉麻，把麻析成细缕捻接起来。

◈ 执紕 [ʧəp^{55}ɬɐi^{214}]

幡 孚袁切，平，元韵，敷。（fān）：旗帜；冠上的巾饰。

◈ 沛 ×[bai^{35}p^{h}an^{52}]

觖 古穴切，入，屑韵，见。（jué）：不满；怨望。

◈ 嵬 ×[ŋɔi^{21} ？]

竣 七伦切，平，谆韵，清。（jùn）：退，返回；完成，结束。

◈ 耒 [lai^{33}]

亟 纪力切，入，职韵，见。（jí）：疾速；紧急，急需；危急。

◈ 急 [kəp^{55}]

醪（醪） 鲁刀切，平，豪韵，来。（láo）：汁渣混合的酒，也称醪糟。

◈ 醴摲 [ɬeu^{35} ？]

麴

◈ 丙绵 [biŋ^{35} ？]

阡 苍先切，平，先韵，清。（qiān）：田间南北向的小路，亦泛指田间小路。

◈ 唐 ×[dəŋ^{21}ʧ^{h}in^{52}]

陌 莫白切，入，陌韵，明。（mò）：田间东西向的小路，亦泛指田间小路。

◈ 唐 ×[dəŋ^{21}bat^{22}]

畫 胡卦切，去，卦韵，匣。（huà）：绘画，作图。

◈

鉤 古侯切，平，侯韵，见。(gōu)：钩子。
◈

鰷(鲦) 徒聊切，平，萧韵，定。(tiáo)：鱼类的一种。
◈ 丐油ㄣ[kai³⁵ɬɔ³³ɬɔ³³]

鮹(鲔) 私兆切，上，小韵，心。(xiǎo)：细小的鱼。
◈ 丐油ㄣ[kai³⁵bɔn³⁵bɔn³⁵]

㸚
◈ 奥×[au³⁵？]

裘(裘) 巨鸠切，平，尤韵，群。(qiú)：用毛皮制成的御寒衣服。
◈ ×[au³⁵]

爻 胡茅切，平，肴韵，匣。(yáo)：《易》中组成卦的符号。
◈ ×[hau⁵⁵]

卦 古卖切，去，卦韵，见。(guà)：《易》中一套有象征意义的符号。
◈ 魁[ʔit⁵⁵]

敬(敬) 居庆切，去，映韵，见。(jìng)：恭敬，端素；尊敬，尊重。
◈ 咏[？]

悼 徒到切，去，号韵，定。(dào)：伤感，哀伤。
◈ 侉[ɬəŋ⁵²]

箔 傍各切，入，铎韵，并。(bó)：帘子；金属薄片；涂过金属粉的纸，作冥锭用。
◈ 僙相[faŋ²¹təŋ⁵²]

砧 知林切，平，侵韵，知。(zhēn)：捣衣石；捣衣声；切菜用的砧板。
◈ 碫展[da³⁵？]

届 古拜切，去，怪韵，见。(jiè)：至，到；量词，相当于“次”“期”。
◈ 典[dem³⁵]

徂 昨胡切，平，模韵，从。(cú)：往，去；及，至。
◈ 赹[di⁵²]

赁 乃禁切，去，沁韵，娘。(lìn)：出卖劳力，受雇；租赁，租借。
◈ 赹税[di⁵²iuɐi³⁵]

畲 式车切，平，麻韵，书。(shē)：我国少数民族名。
◈ 罒龃[lam²¹den²¹]

汐 祥易切，入，昔韵，邪。(xī)：晚上的潮水。
◈ 涾潮[nək⁵⁵ʧʰiu²¹]
◈ 𦨭[ʃuəŋ³⁵]

暾
◈ 相歪[mɐt⁵⁵iəi²¹]
◈ 连[len³³]

鱮(𫚉) 徐吕切，上，语韵，邪。(xù)：即鲢鱼。
◈ 𠆤蓮[ka³⁵len³³]

鱸(鲈) 落胡切，平，模韵，来。(lú)：鱼名，鲈鱼。
◈ □域[ka³⁵uɐk²²]

邀 于宵切，平，宵韵，影。(yāo)：招，邀请。
◈ 逴[dɔn³⁵]

赶 古旱切，上，寒韵，见。(gǎn)：追逐。
◈ 蹺[ŋeu³³]

掷 直炙切，入，昔韵，澄。(zhì)：投，抛。
◈ 招[ʧieu⁵²]

斟 职深切，平，侵韵，章。（zhēn）：用勺，瓢等舀取；用壶倒酒或茶水。

◈ 淬 [lut22]

亘 荀缘切，平，先韵，心。（xuān）：回旋；同“宣”，宣布，宣扬。

◈ 宰 [ʧɔt55]

達 唐割切，入，曷韵，定。（dá）：同“达”。畅通；到达；通晓，明白；显贵，显达。

◈ 通 [tʰuŋ52]

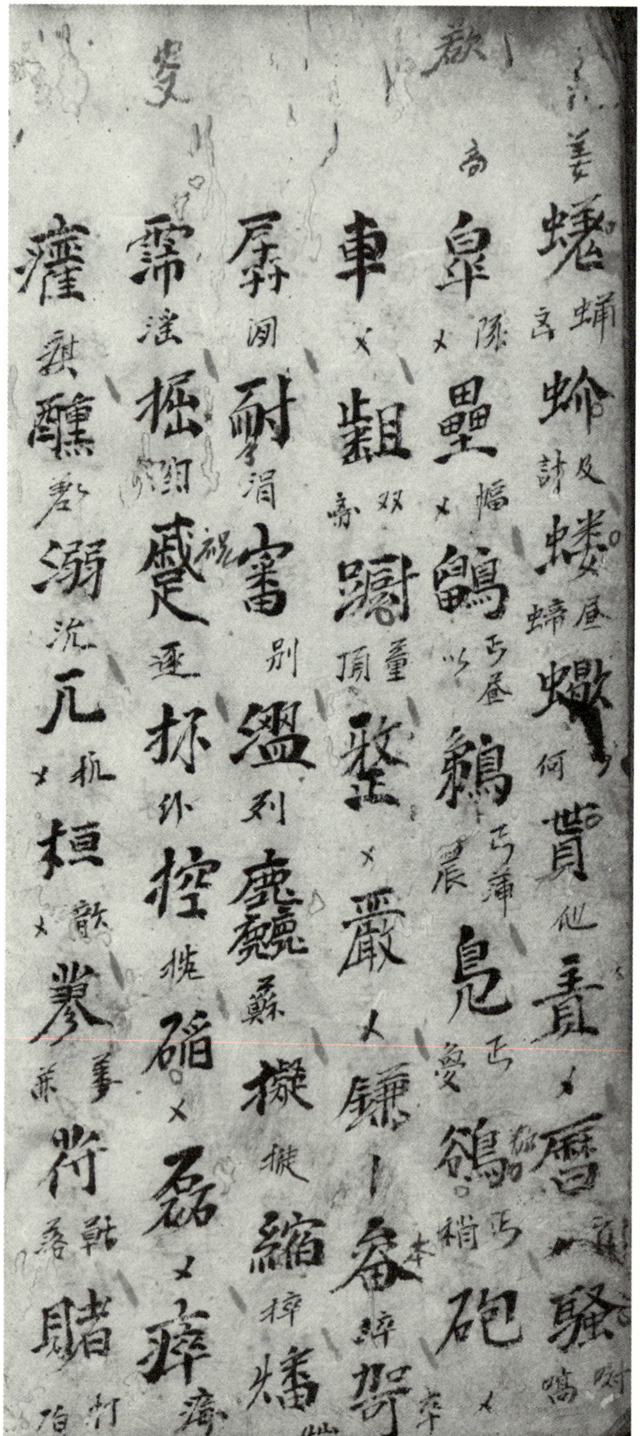

蜣（蜋） 去羊切，平，阳韵，溪。（qiāng）：蜣螂。

◈ 蛹凶 [？ huŋ^{52}]

蚧 居拜切，去，怪韵，见。（jiè）：蚌；蛤蚧；蚧壳虫。

◈ 及計 [kɐp^{22}ke^{35}]

蝼 落侯切，平，侯韵，来。（lóu）：蝼蛄。

◈ 昼蹄 [ɬu^{214}de^{35}]

蠍 许竭切，入，月韵，晓。（xiē）：蝎子。

◈ □何 [kai^{35}ha^{21}]

貰 舒制切，去，祭韵，书。（shì）：借贷；赊欠；租赁。

◈ 他 [t^{h}a^{52}]

责（責） 侧革切，入，麦韵，庄。（zé）：求，掌权；责令，督促。

◈ ×[ʧək^{55}]

历 郎击切，入，锡韵，来。（lì）：经历，经过。

◈ □佽 [lik^{22}？]

騷（騒） 苏遭切，平，豪韵，心。（sāo）：骚乱，动乱；忧愁。

◈ 尌嗃 [dɔi^{35}kau^{52}]

阜

◈ 队×[dɔi^{214}？]

壘 力委切，上，纸韵，来。（lěi）：砖坯。

◈ 幅×[p^{h}uk^{55}lɔi^{214}]

鹠（鶹） 力求切，平，尤韵，来。（liú）：鸺鹠。

◈ 丐昼以 [kai^{35}ɬu^{214}ɬɐi^{214}]

鹈 杜奚切，平，齐韵，定。（tí）：鹈鹕。

◈ 丐蒲□ [kai^{35}bɔ^{21}t^{h}in^{21}]

鳬 防无切，平，虞韵，奉。（fú）：野鸭。

◈ 丐夒 [kai^{35}？]

鸲 余蜀切，入，烛韵，以。（yù）：鸲鹆，即八哥。

◈ 丐稍 [kai^{35}ɬieu^{52}]

砲 匹皃切，去，效韵，滂。（pào）：火炮。

◈ ×[p^{h}au^{35}]

車 尺遮切，平，麻韵，昌。（chē）：车子，陆地上有轮子的交通工具。

◈ ×[ʃe^{52}]

龃（齟） 床吕切，上，语韵，崇。（jǔ）：龃龉，上下齿不相对应；不相合，抵触。

◈ 双离 [ɬɔŋ^{52}？]

蹰 直诛切，平，虞韵，澄。（chú）：踟蹰，心里迟疑，来回走动的样子。

◈ 董顶 [？ tiŋ^{35}]

鑿

◈ ×[？]

嚴（嚴） 语切，平，严韵，疑。（yán）：威严，严肃；严厉，严格。

◈ ×[ŋem^{33}]

鎌 力盐切，平，盐韵，来。（lián）：镰刀。

◈ 丨 [k^{h}em^{52}]

畚（畚） 布忖切，上，混韵，帮。（běn）：用草绳或竹篾编织的盛物器具。

◈ □ [ʧɔt^{55}]

哿 古我切，上，哿韵，见。（gě）：欢乐。

◈ 卒 [ʧɔt^{55}]

孱 士山切，平，山韵，崇。（chán）：怯懦，怯弱；衰弱，瘦弱。

◈ 闲 [ɳan^{33}]

耐 奴代切，去，代韵，泥。（nài）：忍受；禁得起；胜任。

◈ 涓 [kue^{52}]

審 式荏切，上，寝韵，书。（shěn）：详细，仔细；审问，审讯。

◈ 别 [biet^{55}]

澀（澁） 色立切，入，缉韵，生。（sè）：不光滑；味不甘滑。

◈ 列 [liet^{22}]

麤（麁） 仓胡切，平，模韵，清。（cū）：行超远；粗糙，粗劣；粗疏，粗浅。

◈ 董 穌 [tɔ^{52}]

擬 鱼纪切，上，止韵，疑。（nǐ）：比拟，类似；拟定；起草，撰写。

◈ 摊 [dɔ^{21}]

縮（縮） 所六切，入，屋韵，生。（suō）：捆扎；与“赢”“盈”相反。

◈ 捽 [ɬɔt^{22}]

燔 附袁切，平，元韵，奉。（fán）：焚烧；烤，炙。

◈ 炒 [ɬa^{33}]

霈 普盖切，去，泰韵，滂。（pèi）：雨雪充沛貌。

◈ 淫 [ɬəm^{33}]

掘 其月切，入，月韵，群。（jué）：挖。

◈ □ [t^{h}ut^{22}]

蹙 子六切，入，屋韵，精。（cù）：接近；逼迫。

◈ 逐 [duk^{22}]

抔 薄侯切，平，侯韵，並。（póu）：手捧；量词。

◈ 纣 [p^{h}ɔk^{22}]

控 苦贡切，去，送韵，溪。（kòng）：驾驭，控制。

◈ 扰 [dem^{21}]

碯

◈ ×[t^{h}au^{52}]

磊 落猥切，上，贿韵，来。（lěi）：众石委积貌。

◈ ×[ɬɔi^{214}]

瘁 秦醉切，去，至韵，从。（cuì）：劳累；忧愁。

◈ 痗 [mɔi^{214}]

癯

◈ 瘼 [kə^{21}]

醺 许云切，平，文韵，晓。（xūn）：醉；熏染，浸染。

◈ 差 [ɬai^{52}]

溺 奴历切，入，锡韵，泥。（nì）：沉于水，水淹；沉湎，无节制。

◈ 沆 [tɐm^{21}]

兀

◈ 扤 ×[ʧəp^{55}？]

桓 胡官切，平，桓韵，匣。（huán）：表柱；大。

◈ 歆 ×[hɔm^{33}？]

蓼（蓼） 乌鸟切，上，篠韵，来。（liǎo）：植物名；比喻辛苦。

◈ 萎 秝 [lau^{33}？]

苻 防无切，平，虞韵，奉。（fú）：草名。

◈ 鞊落 [kɔ^{35}lak^{22}]

賭 当古切，上，姥韵，端。（dǔ）：用财物作注比输赢。

◈ □□ [deŋ^{35}bak^{22}]

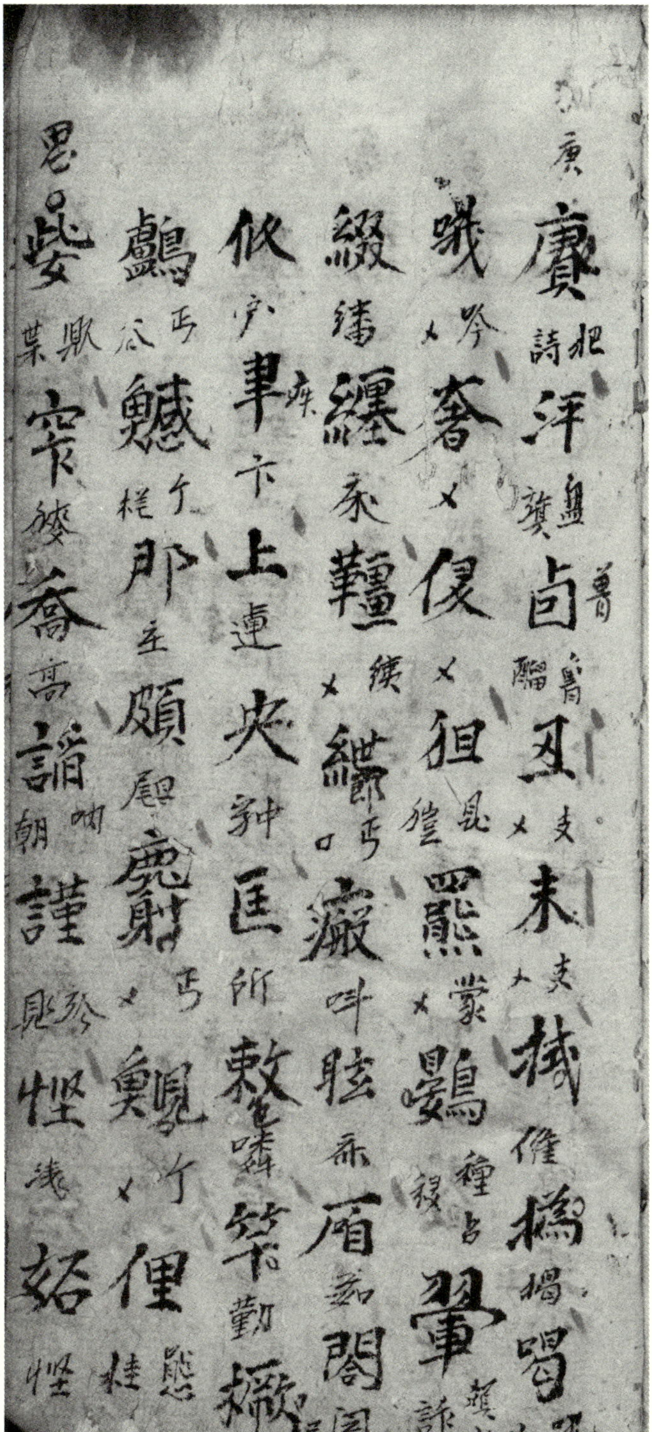

賡 古行切，平，庚韵，见。(gēng)：继续，连续；抵偿，补偿。

◈ 把诗 [ia^{214}tʰi^{52}]

泙 披庚切，平，庚韵，滂。(pēng)：水声。

◈ 盘旗 [ban^{21}kə^{21}]

卣 与久切，上，尤韵，以。(yǒu)：古代一种中型酒樽，青铜制。

◈ 鲁醴 [lɔ^{35}ɬieu^{214}]

丑(丒) 敕久切，上，有韵，彻。(chǒu)：地支的第二位。

◈ 支×[ʧi^{52}ɬəu^{35}]

未 无沸切，去，未韵，微。(wèi)：地支的第八位。

◈ 支×[ʧi^{52}mui^{21}]

拭(拭) 赏职切，入，职韵，书。(shì)：揩；擦。

◈ 催？ [ʃui^{52}]

搗

◈ 揭 [kʰat^{55}]

喝(喝) 许葛切，入，曷韵，晓。(hè)：恐吓威胁；大声喊叫。

◈ 吼×[kʰuŋ^{35}hat^{55}]

哦(哦) 五何切，平，歌韵，疑。(é)：吟咏。

◈ 吟×[kʰɐm^{21}ŋa^{33}]

奢 式车切，平，麻韵，书。(shē)：奢侈，浪费。

◈ ×[ia^{35}]

侈(侈) 尺氏切，上，歌韵，昌。(chǐ)：奢侈。

◈ ×[ʧʰəm^{52}]

狙 七余切，平，鱼韵，清。(jū)：猕猴。

◈ 昆獃 [kɔn^{52}ki^{21}]

羆 彼为切，平，歌韵，帮。(pí)：熊的一种。

◈ 蒙×[muŋ^{33}？]

鷃 乌涧切，去，谏韵，影。(yàn)：鴳雀。

◈ 种占稂 [iuŋ^{35}ʧim^{52}də^{52}]

翚 许归切，平，微韵，晓。(huī)：五彩山雉。

◈ □占诈 [？ ʧim^{52}tak^{55}]

綴 陟卫切，去，祭韵，知。[zhuì]：缝；连接。

◈ 繙 [pʰan^{52}]

纒

◈ 庅 [təŋ^{21}]

韁 居良切，平，阳韵，见。(jiāng)：拴牲口的绳子。

◈ 綀×[ɬi^{33}？]

紲 私列切，入，薛韵，心。(xiè)：牵牲畜的绳子，绳索；缚罪人的绳索。

◈ 丐口 [kai^{35}？]

瘢(瘢) 薄官切，平，桓韵，並。(bān)：创口或创口愈合留下的痕迹；皮肤上的斑点。

◈ 叫 [keu^{35}]

眩 黄练切，去，霰韵，匣。(xuàn)：眼昏发花；迷惑，迷乱。

◈ 麻 [ma^{21}]

厢

◈ 茹 [ṇa^{21}]

閤 古沓切，入，合韵，见。(gé)：侧门，小门；古代官署的门。

◈ 阁 [kə³⁵]

攸 以周切，平，尤韵，以。(yōu)：水流貌；安闲从容，自得其乐；连词，于是；助词。

◈ 户 [ɬə³⁵]

聿 余律切，入，术韵，以。(yù)：笔的别称；助词。

◈ 卞 [men²¹⁴]

上 时亮切，去，漾韵，禅。(shàng)：位置在高处；上天，上帝；君主，皇帝。

◈ 連 [len³³]

央 于良切，平，阳韵，影。(yāng)：中心，中央；尽，完了；请求，恳求。

◈ 㳚 [ʧuŋ⁵²]

匡 去王切，平，阳韵，溪。(kuāng)：辅佐；辅助。

◈ 所 [ɬə³⁵]

敕 耻力切，入，职韵，彻。(chì)：戒饬，告诫；整饬。

◈ 嶙 [ləm³³]

竿 古寒切，平，寒韵，见。(gān)：竹竿。

◈ 勤 [kɐn²¹]

㯸 巨斤切，平，欣韵，群。(qín)：尽力多做，不断的做。

◈ 桐 [kɔk²²]

鸕 落胡切，平，模韵，来。(lú)：鸬鹚。

◈ 丐谷 [kai³⁵kuk⁵⁵]

鱤 古禫切，上，感韵，见。(gǎn)：鱤鱼。

◈ 仐口 [ka³⁵maŋ³³]

那(卞) 诺何切，平，歌韵，泥。(nuó)：多；安闲貌；美好。

◈ 庄 [ʧɐŋ³⁵]

頗 滂禾切，平，戈韵，滂。(pō)：偏颇；斜；略微；甚。

◈ 甩 [den³⁵]

麝 神夜切，去，祃韵，船。(shè)：兽名。

◈ 丐 ×[kai³⁵ ？]

䲅(䰎)《六书故》均规切。(guī)：河豚。

◈ 仐 ×[ka³⁵ ？]

俚 良士切，上，止韵，来。(lǐ)：粗俗，不文雅。

◈ 態桂 [？ kue³⁵]

姕 即移切，平，支韵，精。(zī)：妇女柔弱之貌；舞；妇女不媚貌。

◈ 䫱桀 [ŋəi²¹ɬep²²]

窄 侧伯切，入，陌韵，庄。(zhǎi)：狭隘，狭小；紧迫，困难。

◈ 狭 [kʰɐp²²]

喬 巨娇切，平，宵韵，群。(qiáo)：高耸。

◈ 高 [kau⁵²]

謟

◈ 呐朝 [nɔi³⁵ʧau²¹]

謹(䜂) 居隐切，上，隐韵，见。(jǐn)：谨慎；恭敬。

◈ 於見 [ə³⁵ken²¹⁴]

慳 苦闲切，平，山韵，溪。(qiān)：节约，吝啬。

◈ 浅 [ʧen³⁵]

姶

◈ 慳 [ken⁵²]

尚

登蓬嗣浮鲛个討麂紀超乜阿朝箌臭弦乃圴鼓弓

馮忌娘恋卞練鎰嬝鐝群幘巾紳端洲溪圓夫

篕鉢垃笻忌竹鬆辛𩯭䰈箕妻數尊妻萱夫落黏懦猜

齊驪馭顛鶩闲蠢魏媳昆娲婕弹湜儂些伴乂蘿

意康乃畛剔貫枨荒舫勺波艘拴徒盂圩盎招發斗乂

屹潭乂趄斗款乂彬已魏川侵再舥裒逞踐秦上毋

登 都滕切，平，登韵，端。(dēng)：升，上。
◈ 蓮 [len^{33}]

嗣 祥吏切，去，志韵，邪。(sì)：继承君位；君位或职位的继承人；子孙，后代。
◈ 浽 [nui^{35}]

鲛(鮫) 古肴切，平，肴韵，见。(jiāo)：海中鲨鱼。
◈ 个对 [ka^{35}dɔi^{52}]

麂 居履切，上，旨韵，见。(jǐ)：哺乳动物的一种，是小型的鹿。
◈ 丐超 [kai^{35}t^{h}ieu^{52}]

阿 乌何切，平，歌韵，影。(ē)：大的丘陵；泛指山；水边；曲从，迎合。
◈ 朝 [ʧau^{21}]

绚 许县切，去，霰韵，晓。(xuàn)：文采貌，多彩貌；使炫惑迷乱。
◈ 裊 [nieu^{35}]

弦 胡田切，平，先韵，匣。(xián)：琴瑟类乐器上用以发音的生丝线。今亦用金属丝，尼龙丝等为之。
◈ 弓巧 [kuŋ^{52}k^{h}eu^{35}]

彀 古候切，去，候韵，见。(gòu)：张满弓弩。
◈ 弓□ [kuŋ^{52}]

憑
◈ 忌娘 [kɐi^{214}naŋ^{21}]

恋 力卷切，去，线韵，来。(liàn)：留恋，依依不舍；思念；指男女相爱。
◈ 卞練 [men^{214}lien^{214}]

鎰 夷质切，入，质韵，以。(yì)：古代重量单位，合二十两，一说二十四两。
◈ 堺 [？]

□
◈ □ [？]

帻(幘) 侧革切，入，麦韵，庄。(zé)：古代包扎发髻的巾；犹冠。
◈ 巾 [k^{h}ən^{52}]

绅 失人切，平，真韵，书。(shēn)：古代士大夫束于腰间，一头下垂的大带。
◈ 緒 [dai^{35}]

洲 职流切，平，尤韵，章。(zhōu)：水中的陆地。
◈ 渒 [bai^{35}]

囿 于救切，入，宥韵，云。(yòu)：古代帝王蓄养禽兽以观赏的园林；菜园，果园。
◈ □ [həu^{22}]

簋(簋) 居洧切，上，旨韵，见。(guǐ)：古代祭祀宴享时盛黍稷的器皿。
◈ 钵坛 [bat^{55}dan^{21}]

筇 渠容切，平，钟韵，群。(qióng)：竹名。可以做杖。
◈ 忌竹 [kɐi^{214}t^{h}uk^{55}]

髲 大到切，去，号韵，定。(dào)：长，发长。
◈ 卒鬔 [ʧɔt^{55} ？]

鬆
◈ 篕婁 [k^{h}am^{52}lɐu^{33}]

蔌
◈ □婁 [la^{35}lɐu^{33}]

蓲 乌侯切，平，侯韵，影。(ōu)：木名。即刺榆。
◈ 鞊落 [kɔ^{52}lak^{52}]

犨(犨) 五角切，入，觉韵，疑。(yuè)：白牛。
◈ 犊泊 [tɐk^{52}bak^{22}]

驪（驪） 吕支切，平，支韵，来。（lí）：深黑色的马。

◇喃 馭颠 [mə^{214}dem^{52}]

駑 乃都切，平，模韵，泥。（nú）：劣马。

◇喃 闲 [tɐn^{52}]

蠢 尺尹切，上，准韵，昌。（chǔn）：愚昧，愚蠢。

◇喃 □ [ɬai^{22}]

媳 相即切，入，职韵，心。（xí）：儿子的妻子。

◇喃 昆娒 [kɔn^{52}k^{h}ai^{35}]

媖（媖） 于惊切，平，庚韵，影。（yīng）：女子的美称。

◇喃 弹婆 [dan^{21}ba^{21}]

儂（儂） 奴冬切，平，冬韵，泥。（nóng）：我；人；他，他们；你。

◇喃 些 [ta^{52}]

伴 薄旱切，上，缓韵，並。（bàn）：伴侣，同伴；陪同，伴随。

◇喃 ×[ban^{214}]

龐 薄江切，平，江韵，並。（páng）：大。

◇喃 茹□ [ɳa^{21}]

庲

◇喃 丐皑 [kai^{35}ŋai^{21}]

剕

◇喃 □ [ŋiŋ^{33}]

柢 都礼切，上，荠韵，端。（dǐ）：树根；物体的底。

◇喃 礼 [lɐi^{35}]

航（航） 胡郎切，平，唐韵，匣。（háng）：渡，航行。

◇喃 勿波 [fɔt^{22}be^{52}]

艤（艤） 鱼倚切，上，纸韵，疑。（yǐ）：使船靠岸。

◇喃 拎徒 [iuŋ^{35}dɔ^{21}]

盂 羽俱切，平，虞韵，云。（yú）：盛汤浆或饭食的圆口器皿。

◇喃 圩 [fu^{33}]

盎 乌浪切，去，宕韵，影。（àng）：盆类盛器。

◇喃 招 [ʧeu^{52}]

孜 子之切，平，之韵，精。（zī）：勤勉，不懈怠。

◇喃 斗 ×[kieu^{35}？]

屹 鱼迄切，入，迄韵，疑。（yì）：山势高耸；坚定不移。

◇喃 潭 ×[dam^{21}k^{h}ət^{55}]

赳 居黝切，上，黝韵，见。（jiū）：威武貌。

◇喃 歆 ×[hɔm^{33}dɐu^{35}]

彬 卜巾切，平，真韵，帮。（bīn）：荟萃，美盛；文雅貌。

◇喃 □□ ×[？ ɬə^{35}？]

縿（縿） 所衔切，平，衔韵，生。（shān）：浅青，微黑。

◇喃 侵 [da^{52}]

再 作代切，去，代韵，精。（zài）：两次，第二次；重复，再现。

◇喃 缸 [hai^{52}]

袤 莫候切，去，侯韵，明。（mào）：长，一般指纵长。

◇壮 運下 [？？]

◇喃 躘 [ɬai^{214}]

紊 亡运切，去，问韵，微。（wěn）：乱。

◇壮 上母 [？？]

◇喃 𡚢 [ɬɔi^{214}]

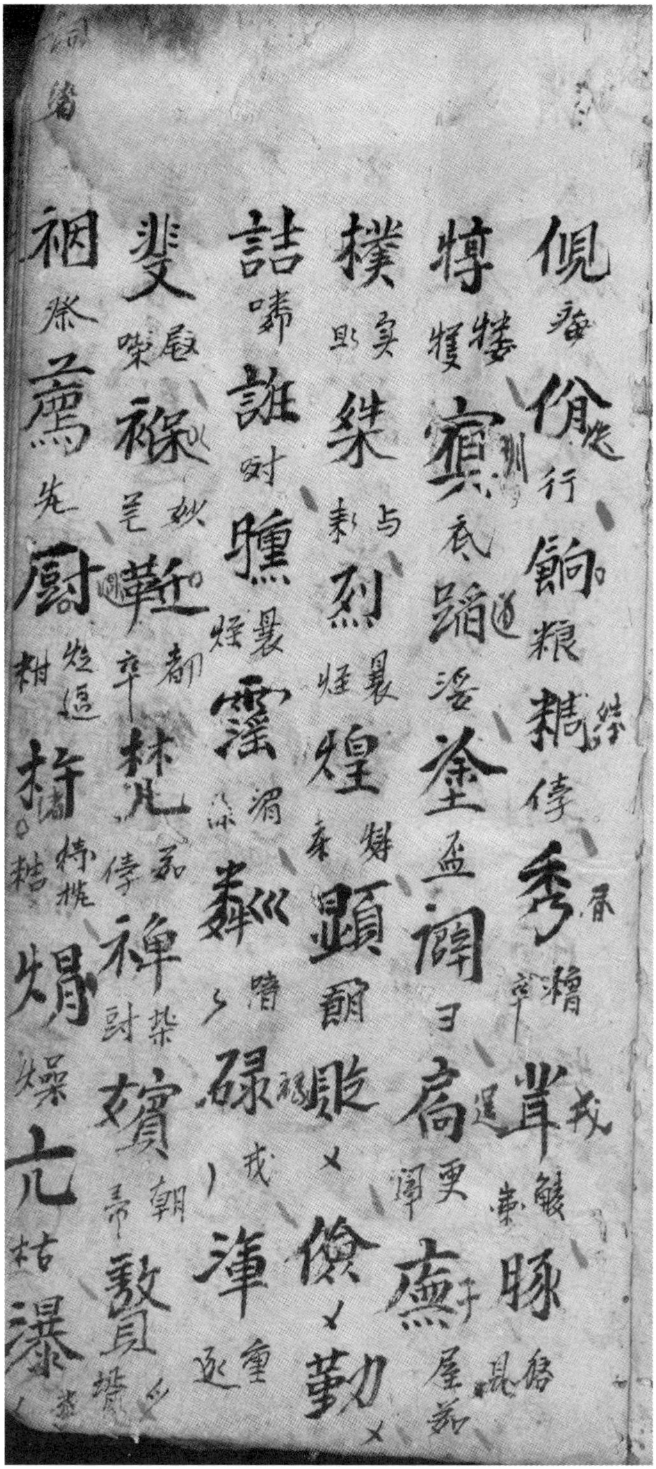

侰

◈ 痗 [mɔi^{214}]

佾 夷质切，入，质韵，以。（yì）：古代乐舞的行列。

◈ 行 [heŋ^{21}]

餉 式亮切，去，漾韵，书。（xiǎng）：军粮。

◈ 粮 [ləŋ^{33}]

粡 直流切，平，尤韵，章。（zhōu）：粄，米饼。

◈ 侼 [p^{h}ət^{22}]

秀 息救切，去，宥韵，心。（xiù）：禾类植物开花抽穗。

◈ 穭卒 [lɔ^{35}ʧɔt^{55}/kɔt^{55}]

茸 而容切，平，钟韵，日。（róng）：草类初生细软貌。

◈ 艈隶 [iɐŋ^{33}nɔn^{33}]

豚 徒浑切，平，魂韵，定。（tún）：小猪，亦泛指猪。

◈ 狢昆 [lən^{214}kɔn^{52}]

犉（犉） 如匀切，平，谆韵，日。（rún）：身长七尺的牛，泛指大牛。

◈ 犊犊 [tɐu^{52}uai^{21}]

寘（寘） 支义切，去，寘韵，章。（zhì）：放置，安置；处置，处理。

◈ 底 [de^{35}]

蹈

◈ 洖 [nui^{35}]

塗

◈ 盔 [p^{h}ui^{21}]

阈

◈ 彐 [mə^{35}]

扄 力求切，平，尤韵，来。（shǎng）：户耳。

◈ 更阑 [keŋ^{52}kə^{35}]

廡（廡） 文甫切，上，麌韵，微。（wǔ）：堂下周围的走廊、廊屋。

◈ 屋茹 [luk^{55}ɲa^{21}]

樸（樸） 匹角切，入，觉韵，滂。（pǔ）：未经加工成器的木材。

◈ 实㐌 [t^{h}ət^{22}t^{h}a^{35}]

桀 渠列切，入，薛韵，群。（jié）：杰出的人才；勇敢，健武；凶悍，横暴。

◈ 与耒 [ʔi^{52}lai^{33}]

烈 良薛切，入，薛韵，来。（liè）：指火势猛；严厉，严酷。

◈ 褭烂 [nɔŋ^{35}ʧɔi^{35}]

煌 胡光切，平，唐韵，匣。（huáng）：明亮。

◈ □床 [？ təŋ^{21}]

顯 呼典切，上，先韵，晓。（xiǎn）：露在外面容易看出来；表现，露出。

◈ 酘 [ʃɐu^{21}]

貶

◈ ×[bien^{35}]

儉 巨险切，上，琰韵，群。（jiǎn）：节俭，节省。

◈ ×[kiem^{214}]

勤（勤） 巨斤切，平，欣韵，群。（qín）：忙于，致力于。

◈ ×[kɐn^{21}]

詰 去吉切，入，质韵，溪。（jié）：追问，询问；责备，质问。

◈ 唠 [lən^{33}]

誆 居况切，去，漾韵，见。(kuáng)：霍乱，欺骗；谎言。

◈ 㕦 [dɔi^{35}]

曛(曛) 许云切，平，文韵，晓。(xūn)：赤黄色。

◈ 㬬烇 [nɔŋ^{35}ʧɔi^{35}]

䨮

◈ 湄□ [mə^{35} □]

𨚪

◈ 暗𠄏 [əm^{52}lən^{33}]

碌 卢谷切，入，屋韵，来。(lù)：随众附和貌，平庸无能貌。

◈ 丨戎 [lɔk^{55}iuŋ^{21}]

渾(渾) 户昆切，平，魂韵，匣。(hún)：浑浊。

◈ 重逐 [tuŋ^{21}t^{h}uk^{22}]

斐 敷尾切，上，尾韵，敷。(fěi)：有文彩貌。

◈ 㕟喋 [fai^{214}fiŋ^{33}]

褓 博抱切，上，晧韵，帮。(bǎo)：裹覆婴儿的小被。

◈ 妙芒 [ʃieu^{52}maŋ^{33}]

鞓

◈ 都卒 [dɔ^{52}ʧɔt^{55}]

梵 扶泛切，去，梵韵，奉。(fàn)：梵语；梵文。

◈ 茄倳 [ɳa^{21} ？]

禅 市连切，平，仙韵，禅。(chán)：佛教语。原指静坐默念，引申为禅理、阐法、禅学。

◈ 柴尌 [t^{h}ɐi^{21} ？]

嬪 符真切，平，真韵，并。(pín)：嫁；宫廷女官名，天子诸侯姬妾。

◈ 朝帯 [ʧau^{21}p^{h}ɔ^{21}]

贅(贅) 之芮切，去，祭韵，章。(zhuì)：入赘或招赘。

◈ ⺫[堉][lam^{21}te^{35}]

禋 伊真切，平，真韵，尹。(yīn)：成就。

◈ 祭 [te^{35}]

薦(薦) 作甸切，去，霰韵，精。(jiàn)：推荐，介绍。

◈ 先 [dɐm^{52}]

厨 直诛切，平，虞韵，澄。(chú)：厨房；主持烹饪的人。

◈ 炶□粓 [lip^{22}kam^{52}k^{h}u^{52}]

杵 昌与切，上，语韵，昌。(chǔ)：舂米、筑土、捣衣用的棒槌；捣，砸。

◈ □抌粘 [？ tɐm^{52}k^{h}au^{214}]

焆 孚讽切。(fèn)：火气。

◈ 燥 [ʃau^{52}]

亢 古郎切，平，唐韵，见。(háng)：颈项，咽喉。

◈ 枯 [kɔ^{52}]

瀑 薄报切，去，号韵，并。(bào)：急雨。

◈ ×□ [bau^{35} ？]

㶕燭 鏗 爽 聰 創 瞎 睇 狒 旗 絹 繒 坑 虎 穽 欽 陂 灣
柴 庚 楇 鬆 松 鬉 馭 痙 跡 蹉 泓 婆 沕 伴 髻 雞 鬉 曼 左 壅 嬉
君 句 条 儀 乂 醮 乂 乡 𠆤 乡 醚 醒 醒 酯 遛 隱 徑 倅
岩 䋎 糸 綜 總 慘 蔕 帝 叅 葩 昷 花 迢 駼 寂 永 練 簝 另 經 情 今
燦 擽 繒 瀫 冷 驍 孟 㦸 彧 忻 欣 盃 黶 㗅 未 納 胝 眉
脊 脊 隘 礅 砰 矢 䫃 請 吁 諎 美 東 曈 嗇 晨 娃 霖 濶 數 謳 歐 大 背

鏗
◈ 爽ㄣ [$ʧ^hɔŋ^{35}ʧ^hɔŋ^{35}$]

聰 鼲从切，平，东韵，精。(cōng)：听觉灵敏。
◈ 創 [$ɬaŋ^{35}$]

暗 乌绀切，去，堪韵，影。(àn)：光线不足，不明亮。
◈ 畘 [ma^{21}]

旆 蒲盖切，去，泰韵，並。(pèi)：旌旗。
◈ 旗 [$kə^{21}$]

絹 吉掾切，去，线韵，见。(juàn)：平纹的生丝织物；今多指蚕丝等化纤的混纺织品。
◈ 绵 [$lɔ^{214}$]

坑 客庚切，平，庚韵，溪。(kēng)：地上洼陷处。
◈ 虎 [$hɔ^{35}$]

穽 疾郢切，上，静韵，从。(jǐng)：捕野兽的陷坑；泛指深坑。
◈ 欽 [?]

陂 彼为切，平，支韵，帮。(bēi)：堤防，堤岸；池塘湖泊。
◈ □□ [? ?]

庚
◈ 楣 [ui^{35}]

鬆 (cōng)：头发。
◈ 鬘馭 [? $mə^{214}$]

踁 口茎切，平，耕韵，溪。(kēng)：牛胫骨。
◈ 偻踊 [$tɐu^{52}bɔ^{21}$]

泓 乌宏切，平，耕韵，影。(hóng)：水深广貌；潭，深水。
◈ 溇 [$lɐu^{33}$]

汨 美毕切，入，质韵，明。(mì)：潜藏。
◈ 伴 [ban^{214}]

髻 古诣切，去，霁韵，见。(jì)：在头顶或脑后盘成各种形状的发髻。
◈ 鬘曼 [? man^{33}]

左 臧可切，上，哿韵，精。(zuǒ)：左手；方位名。
◈ □招 [□ $ʧeu^{52}$]

匀（匂） 羊伦切，平，谆韵，以。(yún)：均匀，匀称；遍，普遍。
◈ 条 [deu^{21}]

俵（俵） 方庙切，去，笑韵，帮。(biào)：散发，分给。
◈ ×[?]

醂
◈ ᄀ ×[lam^{21} ?]

斋 侧则切，平，皆韵，庄。(zhāi)：古人在祭祀或其他典礼前清心寡欲，净身洁食，以示庄净。
◈ ᄀ ｜ [lam^{21} ?]

醚 (mí)：醉。
◈ 醝 [$ɬɐi^{52}$]

醒 (yǐng)：醒。
◈ 醅 [?]

遛（遛） 力求切，平，尤韵，来。(liù)：慢慢走，散步。
◈ 隴另 [$luŋ^{33}liŋ^{33}$]

徑
◈ 培傍 [$p^hui^{24}baŋ^{21}$]

緘（緘） 古咸切，平，咸韵，见。（jiān）：扎束器物的绳；束缚，捆扎。

◈ 庥 [ɬaŋ^{21}/təŋ^{21}]

綜 子宋切，去，宋韵，精。（zōng）：总集，聚合；整理，治理。

◈ 惨 [ʃam^{35}]

蔕 都计切，去，霁韵，端。（dì）：花或瓜果与枝茎相连的部分。

◈ 惗 [niem^{214}]

葩（葩） 普巴切，平，麻韵，滂。（pā）：花。

◈ 花 [ua^{52}]

迢 徒聊切，平，萧韵，定。（tiáo）：高貌；深貌；道路遥远貌；时间久长貌。

◈ 賒 [ʃa^{33}]

寂 前历切，入，锡韵，从。（jì）：静，无声；寂寞，孤单。

◈ 永 [fiŋ^{214}]

練

◈ 縲楷 [ʧɐm^{33}hɐi^{55}]

綦 渠之切，平，之韵，群。（qí）：指苍白色或青黑色。

◈ 缙撑 [lɔ^{214}ʧiəŋ^{52}]

□

◈ 冷 [leŋ^{214}]

驍（驍） 古尧切，平，萧韵，见。（xiāo）：良马；勇猛。

◈ 孟 [meŋ^{214}]

瞰

◈ 盛 [tʰiŋ^{22}]

忻 许斤切，平，欣韵，晓。（xīn）：启发，欣喜。

◈ 盃 [pʰui^{21}]

黶（黶） 于琰切，上，琰韵，影。（yǎn）：黑痣。

◈ 纳末 [lai^{33}nap^{22}]

胝 丁尼切，平，脂韵，知。（zhī）：皮厚成茧，手脚掌上的茧巴。

◈ 参胤 [？？]

礮（礮） 披教切，去，效韵，滂。（pào）：兵器的一种；炮石。。

◈ 碑 [bɐi^{52}]

矢 式视切，上，旨韵，书。（shǐ）：箭。

◈ 銑 [pien^{52}]

請 七静切，上，清韵，清。（qǐng）：请求，要求；召，延请。

◈ 吁 [ʧʰiŋ^{52}]

詣（詣） 五计切，去，霁韵，疑。（yì）：前往。

◈ 吏 [lai^{214}]

暉（暉） 许归切，平，微韵，晓。（huī）：光辉，日光。

◈ 褭烂 [ʧɔi^{35}]

霖 力寻切，平，侵韵，来。（lín）：久雨；甘雨，时雨。

◈ □□ [lɐu^{33}mə^{35}]

謳 乌侯切，平，侯韵，影。（ōu）：齐声歌唱；吟诵。

◈ 哨×[tieŋ^{35}？]

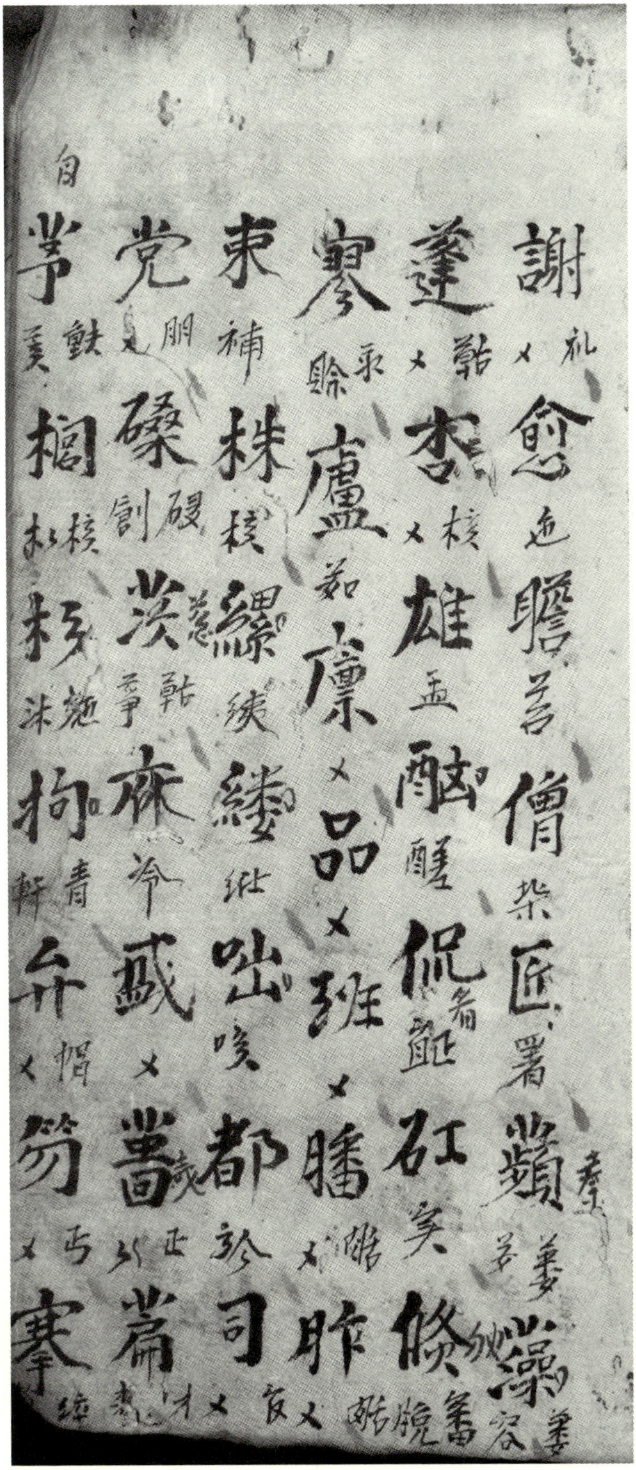

謝 辝夜切，去，禡韵，邪。（xiè）：酬谢，答谢。

◈喃 礼×[le^{214}da^{214}]

愈（瘉） 勇主切，上，噳韵，以。（yù）：痊愈。

◈喃 㐌[ta^{214}]

瞻（矙） 职廉切，平，盐韵，章。（zhān）：看，望。

◈喃 沓[？]

僧 苏增切，平，登韵，心。（sēng）：僧伽的省称。一般指出嫁修行的男性佛教徒，通称和尚。

◈喃 柴[t^{h}ɐi^{21}]

匠 疾亮切，去，漾韵，从。（jiàng）：木工；亦泛指工匠。

◈喃 署[ɬɯ^{35}]

蘋 符真切，平，真韵，並。（pín）：植物名，多年生草本，生浅水中。

◈喃 蒌安[lɐu^{33}nə^{35}]

藻 子晧切，上，晧韵，精。（zǎo）：植物名，藻类植物。

◈喃 蒌容[lɐu^{33}？]

蓬（蓬） 薄红切，平，东韵，并。（péng）：草名。

◈喃 𩋍×[kɔ^{35}？]

杏 何梗切，上，梗韵，匣。（xìng）：木名；果名。

◈喃 核×[kɐi^{52}heŋ^{214}]

雄 羽弓切，平，东韵，云。（xióng）：公鸟；勇武；雄壮。

◈喃 孟[meŋ^{214}]

酗（酌） 香句切，去，遇韵，晓。（xù）：沉迷于酒，醉而发怒。

◈喃 醝[ɬɐi^{52}]

侃 空旱切，上，旱韵，溪。（kǎn）：刚直；和乐貌。

◈喃 胥䶬[？ ŋɐi^{33}]

矼 古双切，平，江韵，见。（gāng）：石桥；石级；石岗。

◈喃 实[t^{h}ɐt^{22}]

倏 式竹切，入，屋韵，书。（shū）：犬疾行貌。

◈壮 狄[？]

◈喃 审脱[p^{h}an^{52}t^{h}uet^{55}]

寥（寥） 落萧切，平，萧韵，来。（liáo）：空虚无形，空旷；深远，宽广。

◈喃 永賒[fiŋ^{214}ʃa^{33}]

廬 力居切，平，鱼韵，来。（lú）：简易房舍。

◈喃 茹[ɳa^{21}]

廩（廪） 力稔切，上，寝韵，来。（lǐn）：粮仓。

◈喃 ×[lɐm^{35}]

品 丕饮切，上，寝韵，滂。（pǐn）：事物的种类；物品；品性。

◈喃 ×[pəm^{35}]

□

◈喃 ×[ban^{52}]

膰 附袁切，平，元韵，奉。（fán）：古代祭祀用的熟肉。

◈喃 䑙×[t^{h}ip^{33}t^{h}ip^{33}]

胙 昨误切，去，暮韵，从。（zuò）：祭祀用的酒肉。

◈喃 䑙×[t^{h}ip^{33}？]

束 书玉切，入，烛韵，书。（shù）：捆缚；拴，系，戴。

◈ 補 [bɔ³⁵]

株 陟输切，平，虞韵，知。（zhū）：露出地面的树根、树干和树桩；泛指草木。

◈ 核 [kɐi⁵²]

縲 伦追切，平，脂韵，来。（léi）：捆绑犯人的黑色绳索，引申为捆绑，拘禁。

◈ 绨 [ɬi²¹]

縷 力主切，上，虞韵，来。（lǚ）：线；泛指细而长的东西，线状物。

◈ 紕 [ɬɐi²¹⁴]

咄 当没切，入，没韵，端。（duō）：呵叱；叹词，表示嗟叹。

◈ 咳 [hɔi⁵⁵]

都 当孤切，平，模韵，端。（dū）：国都，京都。

◈ 於 [ə³⁵]

司 息兹切，平，之韵，心。（sī）：官职；掌管。

◈ 倌 ×[kuan⁵²tɯ⁵²]

党 多朗切，上，荡韵，端。（dǎng）：朋党，同伙。

◈ 朋 ×[bɐŋ²¹daŋ²¹⁴]

磉 苏朗切，上，荡韵，心。（sǎng）：柱下石礅。

◈ 碭創 [ɬaŋ³⁵da³⁵]

茨 疾资切，平，脂韵，从。（cí）：盖屋用的草；蒺藜。

◈ 軲箏 [kɔ⁵²ieŋ³³]

庥 许尤切，平，尤韵，晓。（xiū）：树荫；覆盖；庇护。

◈ 冷 [leŋ²¹⁴]

盛 承正切，去，劲韵，禅。（shèng）：旺盛，兴盛，茂盛。

◈ ×[tʰiŋ²¹⁴]

菑 侧持切，平，之韵，庄。（zī）：初耕的田地，泛指农田；开垦，耕耘；茂密的草丛。

◈ 正□ [ʧiŋ³⁵hun⁵²]

萹 布玄切，平，先韵，帮。（biān）：萹蓄。

◈ 才□ [bian⁵²kʰan²¹]

茅 莫交切，平，肴韵，明。（máo）：草名，禾本科。

◈ 蚨荄 [ʧuŋ²¹？]

櫚 力居切，平，鱼韵，来。（lǘ）：木名，热带常绿植物。

◈ 核杦 [kai⁵²mɔk⁵⁵]

杉 所咸切，平，咸韵，生。（shān）：常绿乔木的一种。

◈ □沐 [？ muk²²]

拘 举朱切，平，虞韵，见。（jū）：逮捕，囚禁；束缚，拘束。

◈ 青轩 [tʰeŋ⁵²ien⁵²]

弁 皮变切，去，线韵，並。（biàn）：古代贵族的一种帽子。

◈ 帽 ×[mau³³？]

笏 呼骨切，入，没韵，晓。（hù）：古代臣朝见君时所执的狭长板子。

◈ 丐 ×[kai³⁵fɔt²²]

搴 九辇切，上，狝韵，见。（qiān）：拔取，采取；举，扛。

◈ 踤□ [lɔt²²？]

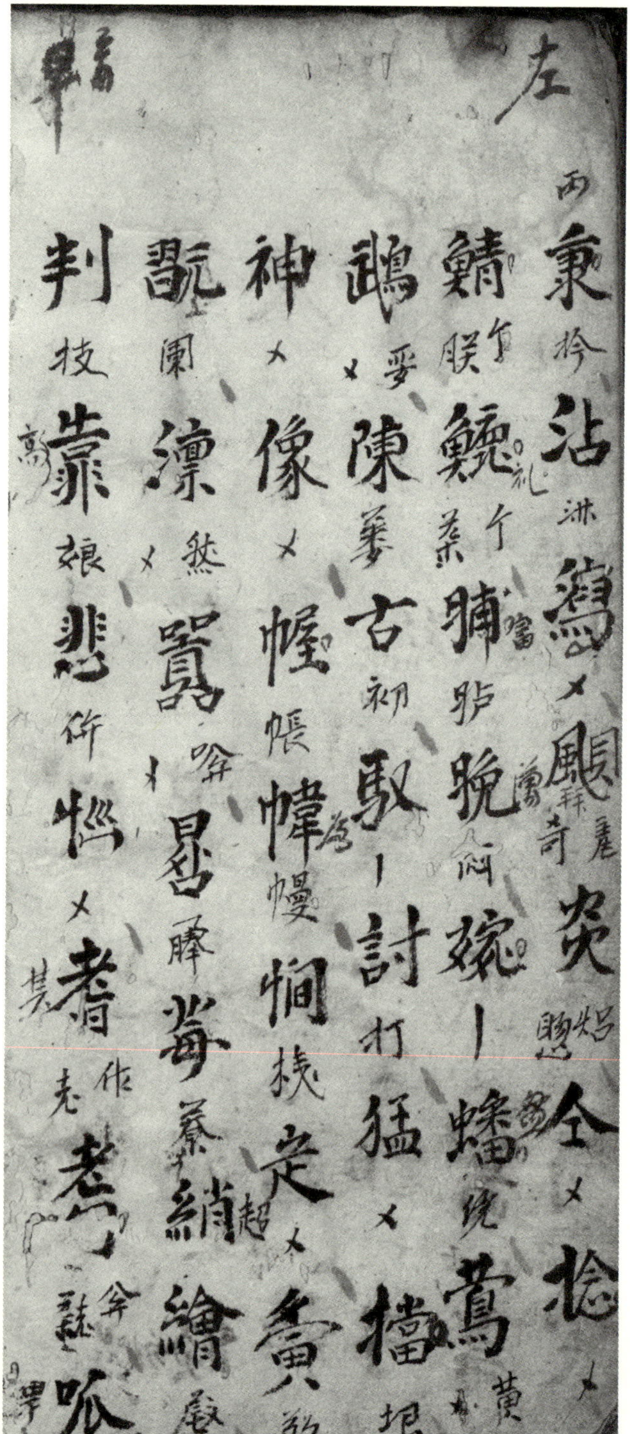

秉（秉） 兵永切，上，梗韵，帮。（bǐng）：执，持。

◈ 拎 [kɐm^{214}]

沾 掌廉切，平，盐韵，知。（zhān）：浸润，浸透。

◈ 淋 [ɬɐm^{21}]

瀉（瀉） 司夜切，去，祃韵，心。（xiè）：倾泻。

◈ ×[ɬe^{35}]

颶 衢遇切，去，遇韵，群。（jù）：飓风。

◈ 尭奇 [iɔ^{35}ka^{35}]

炎 于廉切，平，盐韵，云。（yán）：火焰升腾；烧，焚烧；热，极热。

◈ 焗憁 [la^{214}？]

仝 徒红切，平，东韵，定。（tóng）：相同，一样。

◈ ×[duŋ^{21}]

捻 奴协切，入，帖韵，泥。（niē）：捏，揉塑；持，取。

◈ ×[nem^{214}]

鯖（鯖） 仓经切，平，青韵，清。（qīng）：青鱼；鱼类的一科。

◈ 亇朕 [ʃɐm^{214}]

鱺（鱺） 狼狄切，入，锡韵，来。（lì）：鱼名，即鰅鱼。

◈ 亇茶 [ka^{35}ia^{35}]

脯（脯） 方矩切，上，麌韵，非。（fǔ）：干肉；干制的果仁和果肉。

◈ 眆 [lɔ^{52}]

晚 无远切，上，阮韵，微。（wǎn）：日暮，黄昏；夜晚；迟。

◈ 闷 [mən^{214}]v

婉（婉） 于阮切，上，阮韵，影。（wǎn）：顺从，温顺。

◈ 丨 [t^{h}uəi^{35}/pat^{55}]

蟠 薄官切，平，桓韵，並。（pán）：盘曲，盘结。

◈ 绕？ [ŋueŋ^{33}/ŋuaŋ^{33}]

鶯 乌茎切，平，耕韵，影。（yīng）：黄莺。

◈ 黄 ×[uɔŋ^{21}？]

鵡 文甫切，上，虞韵，微。（wǔ）：鹦鹉。

◈ 要 ×[eŋ^{33}fɐu^{214}]

陳 直珍切，平，真韵，澄。（chén）：久，陈旧。

◈ 萎 [lɐu^{33}？]

古 公户切，上，姥韵，见。（gǔ）：久远，古老。

◈ 初 [ʧ^{h}ə^{52}]

馭（馭） 牛倨切，去，御韵，疑。（yù）：驾驭车马。

◈ 丨 [mə^{214}]

討 他浩切，上，晧韵，透。（tǎo）：征讨。

◈ 打 [deŋ^{35}]

猛 莫杏切，上，梗韵，明。（měng）：凶猛；勇猛。

◈ ×[meŋ^{214}]

擋 丁浪切，去，唐韵，端。（dǎng）：阻拦；遮蔽；抵挡。

◈ 坦 [k^{h}ən^{35}]

神 食邻切，平，真韵，船。（shén）：神灵；神奇。

◈ ×[t^{h}ɐn^{21}]

像 徐两切，上，养韵，邪。（xiàng）：形象，形状；相似，类似。

◈ ×[$təŋ^{214}$]

幄 于角切，入，觉韵，影。（wò）：蓬帐。

◈ 帳[$ʧəŋ^{52}$]

幃（帏） 雨非切，平，微韵，云。（wéi）：帷，帷帐。

◈ 幔[man^{33}]

憪 下赧切，上，潸韵，匣。（xiàn）：不安貌；骄横貌。

◈ 栈[$ʧam^{214}$]

定 去径切，去，径韵，定。（dìng）：安定，平定。

◈ ×[$diŋ^{214}$]

夤 翼真切，平，真韵，以。（yín）：恭敬。

◈ 敬[$kiŋ^{35}$]

訮

◈ 阑[$luan^{33}$]

澟（凛） 中句切，去，虞韵，知。（lǐn）：寒。

◈ 㸐×[$n̥en^{33}lɐm^{35}$]

嚣

◈ 唅×[$ʔuŋ^{52}$？]

晷 居洧切，上，旨韵，见。（guǐ）：日影，日光；日晷。

◈ 𣈜[$bɔŋ^{35}$]

莓 莫杯切，平，灰韵，明。（méi）：蔷薇科，悬钩子属、蛇莓属植物的泛称。

◈ 荼[$lieu^{33}$]

綃 相邀切，平，宵韵，心。（xiāo）：薄的生丝织品；轻纱。

◈ 超[$t^{h}ieu^{52}$]

繪（绘） 黄外切，去，泰韵，匣。（huì）：彩绣；作画。

◈ 㕺[fai^{214}]

判 普半切，去，换韵，滂。（pàn）：分裂，分开；裁定，评判。

◈ 技[$ʧi^{52}$]

靠 苦到切，去，号韵，溪。（kào）：倚靠。

◈ 娘[$naŋ^{21}$]

悲 府眉切，平，脂韵，帮。（bēi）：哀痛，伤心。

◈ 㑽[$t^{h}əŋ^{52}$]

惱

◈ ×[nau^{214}]

□

◈ 作老[？ lau^{214}]

□

◈ 㚈𦵖[$ʔuŋ^{52}ia^{21}$]

呱（呱） 古胡切，平，模韵，见。（gū）：小儿哭声。

◈ 花ㄅ[ua^{52}？]

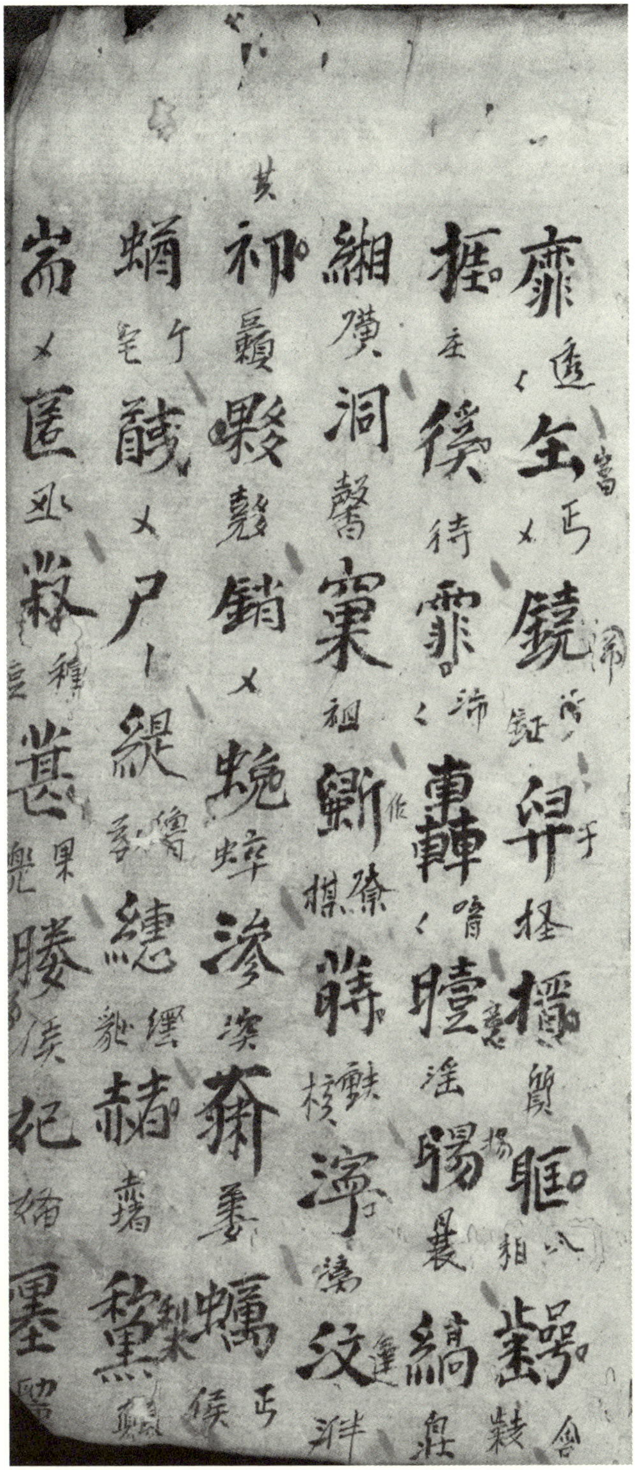

䃺 文彼切，上，纸韵，明。(mǐ)：披靡，倒下。

◈ 透×[tʰɐu^{35}？]

缶（缶） 方久切，上，有韵，非。(fǒu)：盛酒浆的瓦器，亦有用铜制造者；汲水或盛水的瓦器。

◈ 丐×[kai^{35}？]

鐃（铙） 女交切，平，肴韵，娘。(náo)：古代军中用以止鼓退军的乐器；一种打击乐器。

◈ 丐鉦[kai^{35}ieŋ^{52}]

巺

◈ 拐[kuai^{35}]

搢 即刃切，去，震韵，精。(jìn)：插；振动；古人所佩的饰带。

◈ 質[ʧət^{55}]

眶 去王切，平，阳韵，溪。(kuàng)：眼眶。

◈ □相[？ mɐt^{55}]

䴴

◈ 佮蕠[？ ɬɐŋ^{33}]

捱 宜佳切，平，佳韵，疑。(ái)：心焦的等待，熬；遭受。

◈ 庄[ʧɐŋ^{35}]

傒（徯） 胡鸡切，平，齐韵，匣。(xī)：等待，期望。

◈ 待[dai^{214}]

霏 芳非切，平，微韵，敷。(fēi)：雨雪盛貌；飘洒，飞扬。

◈ 沛×[pʰai^{35}pʰi^{52}]

轟 呼宏切，平，耕韵，晓。(hōng)：群车行进声。

◈ 喑×[əm^{52}ʧʰe^{52}]

曀 于计切，去，霁韵，影。(yì)：天阴而有风。

◈ 淫[ʃiem^{33}]

暘 与章切，平，阳韵，以。(yáng)：日出；太阳。

◈ 曩[ȵaŋ^{35}]

縞（缟） 古老切，上，晧韵，见。(gǎo)：细白的生绢；白色。

◈ 萻[ʧɐŋ^{35}]

緗 息良切，平，阳韵，心。(xiāng)：浅黄色；浅黄色的绢帛。

◈ 黄[faŋ^{21}]

洞 徒弄切，去，送韵，定。(dòng)：洞穴，窟窿。

◈ 馨[həŋ^{52}]

窠 苦禾切，平，戈韵，溪。(kē)：动物的巢穴。

◈ 祖[tɔ^{35}/tɔ^{214}]

䶞

◈ 潦摸[lieu^{33}mɔ^{33}]

蒔 市之切，平，之韵，禅。(shí)：一种多年生草本植物，羽状复叶，花小形黄色，果实椭圆形。

◈ 𡗶核[ʧuŋ^{21}kɐi^{52}]

濘（泞） 乃定切，去，径韵，泥。(nìng)：泥浆；烂泥。

◈ 漓[le^{33}]

汶 亡运切，去，问韵，微。(wèn)：水名。

◈ 泮[ban^{35}]

初 处居切，平，鱼韵，初。(chū)：同“初”。

◈ 𡗶[lai^{214}]

夥 胡果切，上，果韵，匣。(huǒ)：聚集，联合；众多，胜多。

◈ 髼 [ȵeu^{21}]

銷 相邀切，平，宵韵，心。（xiāo）：加热使金属变成液态；溶化，消融；消除，消散。

◈ ×[k^{h}ua^{35}]

蜕 他外切，去，泰韵，透。（tuì）：蝉、蛇等蜕皮；蝉、蛇等脱下的皮壳。

◈ 蜶 [ɬɔt^{35}]

滲 所禁切，去，沁韵，生。（shèn）：液体慢慢地透过或沁出。

◈ 㴱 [ʃɐm^{52}]

𥝧

◈ 蒌 [lɐu^{33}]

蠣（蠇） 力制切，去，祭韵，来。（lì）：牡蛎。

◈ 丐侯 [kai^{35}hɐu^{214}]

蝤 自丘切，平，尤韵，从。（qiú）：蝤蛴。

◈ 亇宅 [ka^{35}ʧa^{33}]

馘（聝） 古获切，入，麦韵，见。（guó）：古代战争中割取所杀敌人或俘虏的左耳以计数献功；所割下的耳朵。

◈ ×[？]

尸 式脂切，平，脂韵，书。（shī）：人或动物死后的躯体。

◈ 丨 [t^{h}e^{35}]

緹 杜奚切，平，齐韵，定。（tí）：橘红色，浅绛色。

◈ 缯□ [lɔ^{24} ？]

繐（繐） 相锐切，去，祭韵，心。（suì）：细而稀疏的麻布。

◈ 緤犰 [pai^{35}ʔit^{55}]

赭 章也切，上，马韵，章。（zhě）：红土；赤红如赭土的颜料。

◈ 𧹞 [ɬek^{22}]

黧（黧） 郎奚切，平，齐韵，来。（lí）：色黑而黄。

◈ 顛 [dem^{35}]

耑 多官切，平，桓韵，端。（duān）：同“端”。

◈ ×[t^{h}ɐi^{22}]

匿（匿） 女力切，入，职韵，泥。（nì）：隐藏，隐瞒。

◈ 𡗗 [ʃɐu^{35}]

菽 式竹切，入，屋韵，书。（shū）：豆类的总称。

◈ 種豆 [iuŋ^{35}dɐu^{35}]

葚 食荏切，上，寝韵，船。（shèn）：桑树果实。

◈ 果□ [kua^{214}dɐu^{33}]

媵 以证切，去，证韵，以。（yìng）：古代诸侯嫁女，以侄娣从嫁称媵；小妻。

◈ 侯 [hɐu^{214}]

妃 芳菲切，平，微韵，敷。（fēi）：配偶，妻。

◈ 婄 [fə^{214}]

廛 直连切，平，先韵，澄。（chán）：古代平民一家在城邑中所占的房地。后泛指民居，市宅。

◈ 帮 [ʧə^{214}]

鈢

肆行粸粮桲乂子結辛愁乂藘枝萎絚喬

鷲朝表鶴飡鼦渴羕隊乘旬隊乂咬咩覔都

思怗謅吪呰嘍槑寮僉系副异甚楪

挫頚維盃更芺黛清乂晶水乂牲三乂畜大乂

鎔篤錬丨褒年化吪覼覽覘結引先

侵香叮唄侑嘞蹐蓮婕徛嘖口二又噫口罔

肆 息利切，去，至韵，心。(sì)：作坊，店铺，市集。
◈ 行 [heŋ^{21}]

糇（糇） 户钩切，平，侯韵，匣。(hóu)：干粮。
◈ 粮 [ləŋ^{33}]

桲 薄没切，入，没韵，並。(bó)：米的粉末。
◈ ×[mɔk^{33}]

孑 居列切，入，薛韵，见。(jié)：单；读。
◈ 卒 [ʧɔt^{55}]

愁 士尤切，平，尤韵，崇。(chóu)：忧虑，忧愁。
◈ ×[iɐu^{52}]

蘆 落胡切，平，模韵，来。(lú)：芦苇。
◈ 核蒌 [kɐi^{52}lɐu^{33}]

殭
◈ 蒌乔 [lɐu^{33}kieu^{21}]

鶖 七由切，平，尤韵，清。(qiū)：秃鹙。
◈ 朝表 [ʧau^{21}bieu^{35}]

鶴（鹤） 下各切，入，铎韵，匣。(hè)：鸟纲鹤科各种类的统称。
◈ 鲇汤 [ʧim^{52}tʰaŋ^{52}]

羗
◈ 队×[dɔi^{214}？]

甸 堂练切，去，先韵，定。[diàn]：古代指郊外的地方；田野的出产物。
◈ 队×[dɔi^{214}ɖien^{214}]

唆 苏禾切，平，戈韵，心。(suō)：怂恿，唆使。
◈ 啃 [kʰen^{214}]

覩
◈ 都 [du^{214}]

思 息兹切，平，之韵，心。(sī)：思考，想。
◈ 忭 [lɔ^{52}]

誨 荒内切，去，队韵，晓。(huì)：教导，训诲。
◈ 吣 [dəi^{21}]

呿 丘倨切，去，御韵，溪。(qù)：张口貌。
◈ 唛 [ŋe^{214}]

噪 苏到切，去，号韵，心。(zào)：虫鸟喧叫；喧闹。
◈ 嘹 [lieu^{33}]

僉 七廉切，平，盐韵，清。(qiān)：都，皆。
◈ 条 [deu^{21}]

副 敷救切，去，宥韵，敷。(fù)：居第二位的，辅助的。
◈ 叐 [pʰɔ^{35}]

戡（戡） 口含切，平，覃韵，溪。(kān)：平定。
◈ 揲 [dep^{22}]

挫（挫） 则卧切，去，过韵，精。(cuò)：摧折，折断；失败，毁损。
◈ 頽 [dui^{21}]

維 以追切，平，脂韵，以。(wéi)：维护，维持。
◈ 盃 [pʰui^{21}]

更 古行切，平，庚韵，见。(gēng)：改变；替代。

◈ 夷 [lai^{214}]

黛（黛） 徒耐切，去，代韵，定。（dài）：青黑色。

◈ 清 ×[t^{h}eŋ^{52} ？]

晶 子盈切，平，清韵，精。（jīng）：水晶的简称。

◈ 水 ×[t^{h}i^{35}tiŋ^{52}]

牲 所庚切，平，庚韵，生。（shēng）：供祭祀和食用的家畜。

◈ 三 ×[tam^{52}tiŋ^{35}]

畜 许竹切，入，屋韵，晓。（chù）：人饲养的禽兽。

◈ 六 ×[luk^{22}ʧ^{h}uk^{55}]

鎔 余封切，平，钟韵，以。（róng）：熔铸金属的模具。

◈ 篤[？]

鍊 郎甸切，去，霰韵，来。（liàn）：冶炼，用加热等方法使物质纯净或坚韧。

◈ 丨[tuŋ^{35}]

襄（衮） 息良切，平，阳韵，心。（xiāng）：古代一种播种方法；除去；成，完成；相助，辅佐。

◈ 年 [nen^{33}]

化 呼霸切，去，祃韵，晓。（huà）：变化，改变。

◈ 吪 [dəi^{21}]

覼

◈ 𧡊 [t^{h}ɐi^{35}]

覘 丑廉切，平，盐韵，彻。（chān）：窥伺，侦查；观看，观察。

◈ 祜 [ʧ^{h}em^{52}]

引 余忍切，上，轸韵，以。（yǐn）：引导，带领。

◈ 𠂒 [dem^{52}]

侵 七林切，平，侵韵，清。（qīn）：越境进犯；侵占，夺取。

◈ 吝 [lɐn^{214}]

叮 当经切，平，青韵，端。（dīng）：昆虫类用针形口器蛰刺；叮嘱。

◈ 哏 [k^{h}ən^{35}]

侑 于救切，去，宥韵，云。（yòu）：劝，多用于酒食、宴饮；酬答，酬报。

◈ 嘞 [kɐn^{22}]

躋（踖） 祖稽切，平，齐韵，精。（jī）：升登，达到。

◈ 蓮 [len^{33}]

竢 床史切，上，止韵，崇。（sì）：等待。

◈ 待 [dai^{214}]

嘖 侧革切，入，麦韵，庄。（zé）：大声纷争貌；叹词。

◈ 亥 [hai^{214}]

噫 于其切，平，之韵，影。（yì）：叹词。

◈ 畏 [ui^{35}]

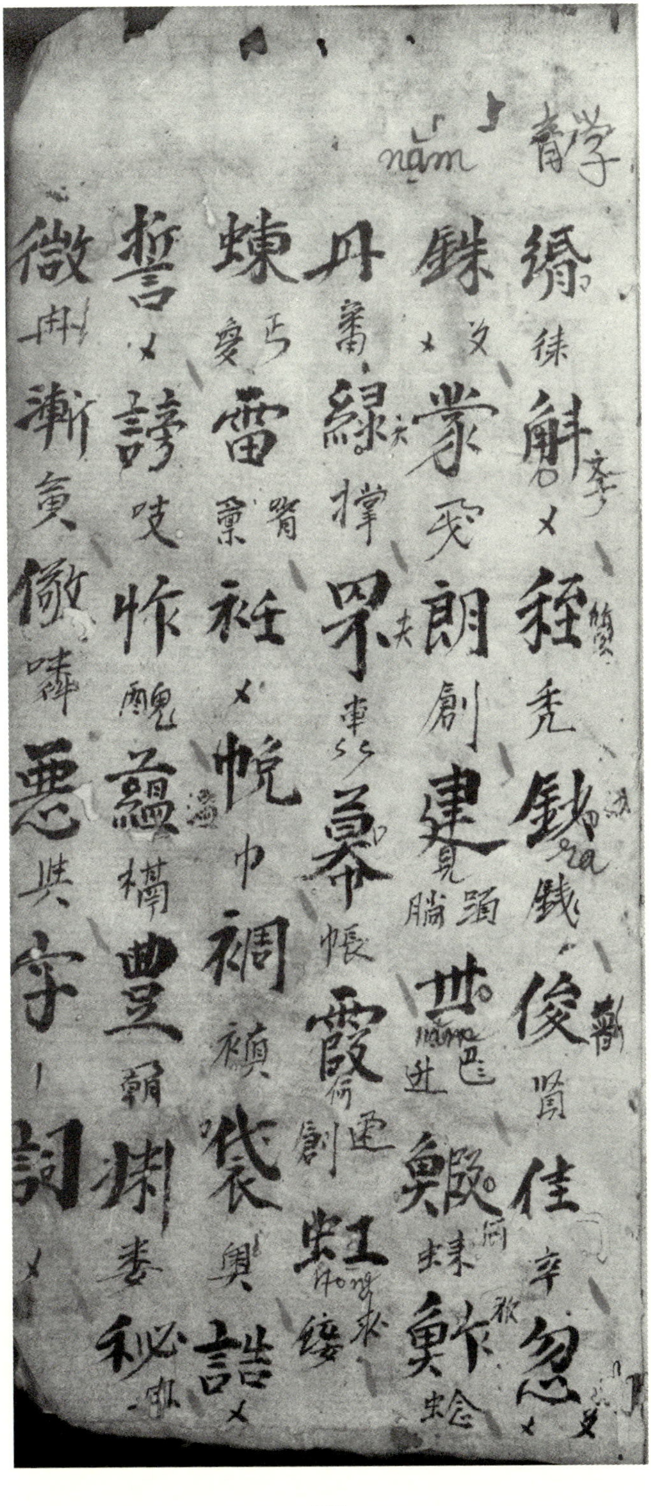

缗 武巾切，平，真韵，明。(mín)：同“缗”，钓丝。

◈ 徕 [lai^{214}]

斛 胡谷切，入，屋韵，匣。(hú)：量器。

◈ ×[hu^{21}]

秷 陟栗切，入，质韵，知。(zhì)：禾穗。

◈ 秃 [t^{h}uk^{55}]

鈔(鈔) 楚交切，去，肴韵，初。(chāo)：纸币名。

◈ 錢? [tien^{21}]

俊 子峻切，去，稕韵，精。(jùn)：才智超群的人。

◈ 贤 [ien^{21}]

佳 古膎切，平，佳韵，见。(jiā)：好，令人满意。

◈ 卒 [ʧɔt^{55}]

忽 呼骨切，入，没韵，晓。(hū)：忽略；迅速。

◈ 爻 ×[mɔt^{22} ？]

銖 市朱切，平，虞韵，禅。(zhū)：古代横制中的重量单位。

◈ 爻 ×[mɔt^{22}ʧɔ^{52}]

蒙(蒙) 莫蓬切，平，东韵，明。(méng)：忠厚老实。

◈ 叧 [kua^{52}]

朗 卢党切，上，党韵，来。(lǎng)：明亮；明了，解悟。

◈ 創 [ɬaŋ^{35}]

建 居万切，去，愿韵，见。(jiàn)：建立，创立；封立；树立。

◈ 蹎腨 [dɐu^{21}t^{h}aŋ^{35}]

丗

◈ 匹进 [ba^{52}məi^{33}]

鰕(鰕) 胡加切，平，麻韵，匣。(xiā)：大鲵。

◈ 蛛 [lai^{214}]

鲊(鮓) 侧下切，上，马韵，庄。(zhà)：用腌、糟等方法加工的鱼类食品；泛指腌制食品。

◈ 蜍 [niem^{214}]

丹 都寒切，平，寒韵，端。(dān)：红色。

◈ 審 [p^{h}an^{52}]

绿 力玉切，入，烛韵，来。(lù)：青黄色。

◈ 撑 [ʧəŋ^{52}]

罙

◈ 覅 [ʧ^{h}e^{52}]

幕(幕) 慕各切，入，铎韵，明。(mù)：悬空平遮在上面的帷幔。

◈ 帐 [ʧəŋ^{52}/təŋ^{52}]

霞(霞) 胡加切，平，麻韵，匣。(xiá)：日出、日落时天空及云层上因日光斜射而出现的彩色光象或彩色的云。

◈ 逑創 [mɐi^{52}ɬaŋ^{35}]

虹 户公切，平，东韵，匣。(hóng)：大气中一种光的现象。太阳光与水气相映，出现在天空中的彩晕。

◈ 求□ [kɐu^{21} ？]

蝀 德红切，平，东韵，端。(dōng)：虹的别称。

◈ 丐皛 [kai^{35} ？]

雷 鲁回切，平，灰韵，来。(léi)：云层放电时发出的声响。

◈ 啃𩆐 [tiem^{35}lɐm^{35}]

衽 汝鸩切，去，沁韵，日。(rèn)：衣襟。

◈ ×[ȵɐm^{214}]

帨 舒芮切，去，祭韵，书。(shuì)：佩巾。

◈ 巾 [k^{h}ən^{52}]

裯 直由切，平，尤韵，澄。(chóu)：单被。

◈ 禛 [ʧən^{52}]

袋(袋) 徒耐切，去，代韵，定。(dài)：囊。用软薄材料制成的有口盛器。

◈ 奥 [au^{35}]

誥 古到切，去，号韵，见。(gào)：告诉；告诫；皇帝的制敕。

◈ ×[kau^{35}]

誓 时制切，去，祭韵，禅。(shì)：立誓，发誓；盟约，誓言。

◈ ×[t^{h}e^{21}]

謗 补旷切，去，荡韵，帮。(bàng)：指责别人的过失；诽谤，毁谤。

◈ 吱 [ʧe^{52}]

怍 在各切，入，铎韵，从。(zuò)：羞惭；改变容色。

◈ 醜 [ʧ^{h}ɐu^{35}]

藴(縕) 于云切，平，文韵，影。(yùn)：积聚，积蓄。

◈ 構[？]

豊(豊) 卢启切，上，荠韵，来。(lǐ)：礼器。

◈ 翤 [ʧɐu^{21}]

淵

◈ 娄 [lɐu^{33}]

秘 兵媚切，去，至韵，帮。(mì)：秘密，不公开的。

◈ □[？]

微

◈ 冉 [ui^{21}]

漸 慈染切，上，琰韵，从。(jiàn)：缓进，逐步。

◈ 寅 [ɬɐu^{21}]

儆(儆) 居影切，上，梗韵，见。(jǐng)：告诫，警告；戒备，防备。

◈ 嶙 [lən^{33}]

惡(恶) 乌各切，入，铎韵，影。(è)：罪过；凶暴；坏人。

◈ 㹞 [ʔi^{52}]

字 疾置切，去，至韵，从。(zì)：文字。

◈ 丨 [ʧaɯ^{214}]

詞 似兹切，平，之韵，邪。(cí)：语言组织中的基本单位，能独立运用，具有声音、意义和语法功能。

◈ ×[tɯ^{52}]

指南解音

天文類

渾天 圣奇 㐌丐 宣天 安天 昕天 周髀 洪鈞

大空 虛 太塊 以上並仝 昊天 圣夏 㐌務夏 旻天 圣秋 㐌春

務秋 上天 圣冬 㐌務冬 均天 神圣 䋲㐌 碧漢 仝上 青穹 六合仝

日輪 翻圣 他𣊾 暘烏 暘谷 晛輪 火精龍

[illegible]曦馭 爔烏 金烏 大傘 以上並仝……

天文類

渾天（húntiān）：我国古代关于天体的一种学说。认为天地的形状浑圆如鸟卵，天包地外，就像壳裹卵黄一样。天半在地上，半在地下，其南北两极固定在天的两端，日月星辰每天绕南北两极的极轴旋转

歪奇 [tʃəi^{21}ka^{35}]

赿丐 [fa^{21}kai^{35}]

宣天（xuāntiān）

安天（āntiān）

昕天（xīntiān）：我国古代天体说之一。其说主天体北高南低。为三国吴姚信所倡。昕，通"轩"。

周髀（髀）（zhōubì）：即盖天。我国古代一种天体学说，谓天象无柄的伞，地象无盖的盘子。

涝鈎（鈎）（làobó）

大空虛（dàkōngxū）

大塊（塊）（dàkuài）：大自然，大地；犹大片。

以上

并仝

昊天（hàotiān）：苍天；指一定季节的天空；指一定方位的天。

歪夏 [tʃəi^{21}ha^{214}]

□騖夏 [fa^{214}mu^{33}ha^{214}]

旻天（míntiān）：泛指天；特指秋天。

歪秋騖 [tʃəi^{21}tʰu^{52}？]

赿□秋 [fa^{214}mɔ^{33}tʰu^{52}]

上天（shàngtiān）：天空，天上；古人观念中的万物主宰者，能降祸福于人；前一天或前几天。

歪冬 [tʃəi^{21}tuŋ^{52}/duŋ^{52}]

赿騖冬 [fa^{214}mɔ^{33}tuŋ^{52}]

□天

㐲歪 [tɔŋ^{33}iəi^{21}]

㧊赿 [di^{52}fa^{214}]

碧漢（bìhàn）：银河；亦指青天。

仝上

青穹（qīngqióng）：苍穹，碧空。

亦仝

日［輪］（rìlún）：太阳。日形如车轮而运行不息，故名；指帝王车驾。

㴵歪 [mɐt^{22}tʃəi^{21}]

他𢓜 [tʰa^{52}uɐn^{21}]

暘烏（yángwū）：太阳。古代神话云日中有乌，故称太阳为"旸乌"。

暘谷（yánggǔ）：古称日出之处。

免輪（miǎnlún）

火精（huǒjīng）：太阳；凤凰；茯苓。

龍燭（lóngzhú）

曦馭（xīyù）

［熾］烏（chìwū）

金烏（jīnwū）：指古代吐蕃等少数民族报急的使者；对飞鸟的美称。

大傘（dàsǎn）

以上

并仝

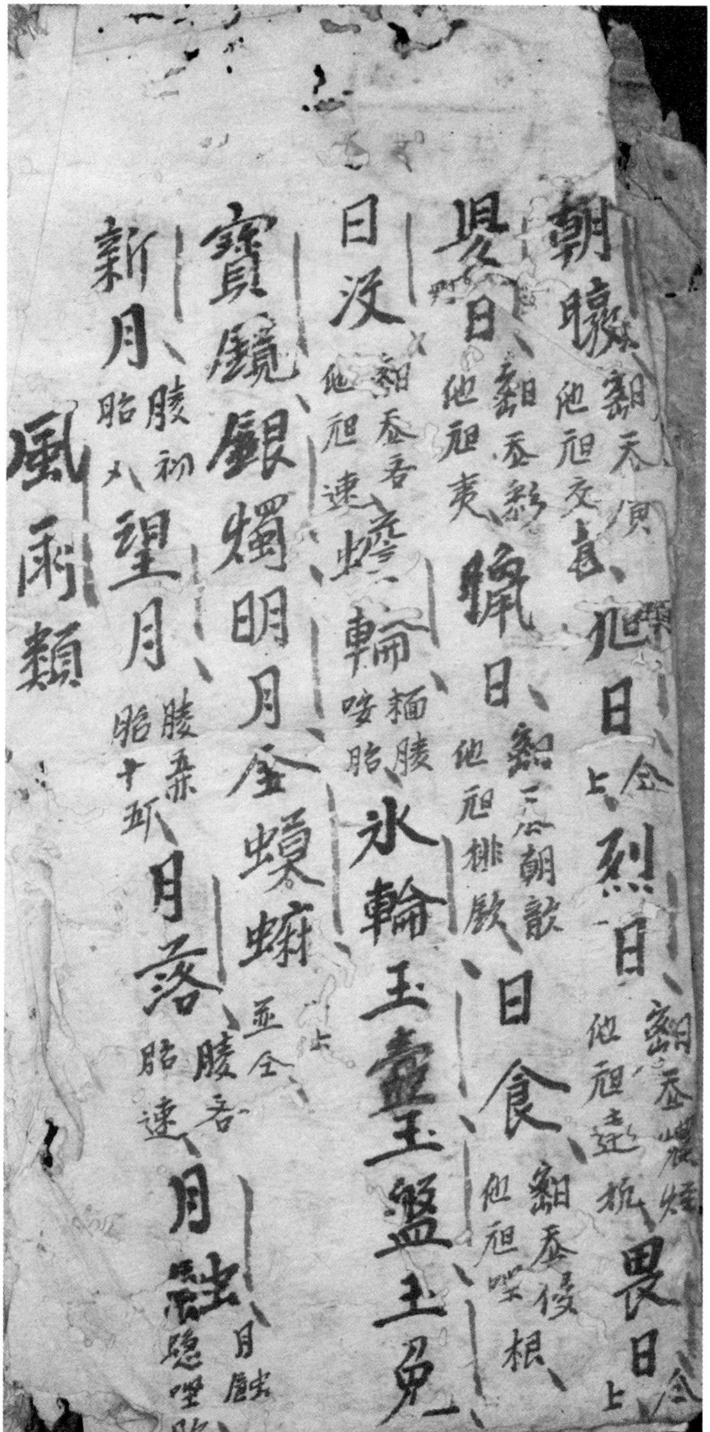

朝曦、旭日、烈日、畏日
杲日、曦日、日食
日没、蟾輪、冰輪、玉壺、玉盤、玉兔
寶鏡、銀燭、明月、金蟾蜍
新月、望月、月落、月蝕
風雨類

風雨類

朝暾 （zhāotūn）：初升的太阳。
𠁅丕□ [mɐt^{22}tʃəi^{21} ？]
他冚交□ [t^{h}a^{33}uɐn^{21}ʃau^{33}k^{h}əi^{35}]

旭日 （xùrì）：初升的太阳。
仝上

烈日 （lièrì）：炎热的太阳。
𠁅丕嶩烇 [mɐt^{22}tʃəi^{21}nɔŋ^{35}tʃ^{h}ɔi^{35}]
他冚□扒 [t^{h}a^{52}uɐn^{21}ɬi^{21}]

畏日 （wèirì）：夏天的太阳。
仝上

婁日
𠁅丕彩 [mɐt^{22}tʃəi^{21}ʧ^{h}ɔi^{35}]
他冚夷 [t^{h}a^{52}uɐn^{21}ɬi^{21}]

膔日
𠁅丕朝歆 [mɐt^{22}tʃəi^{21}tieu^{21}hɔm^{33}]
他冚排钦 [t^{h}a^{52}uɐn^{21}p^{h}ai^{21}k^{h}ɐm^{33}]

日食 （rìshí）：月球运行到地球和太阳中间时，太阳的光被月球挡住，不能射到地球上来，这种现象叫日食。
𠁅丕侵 [mɐt^{22}tʃəi^{21}ʃɔm^{52}]
他冚㗟根 [t^{h}a^{52}uɐn^{21}kin^{52}kɐn^{52}]

日没（沒）（rìmò）：太阳落下去。
𠁅丕吝 [mɐt^{22}tʃəi^{214}lɐn^{214}]
他冚速 [t^{h}a^{52}uɐn^{21}tuk^{55}]

蟾（蟮）輪 （chánlún）：喻圆月。
𣘦腠 [mɐt^{33}tʃɐŋ^{33}]
咹胎 [ɐn^{33}hai^{52}]

冰輪 （bīnglún）：指明月。

玉壺 （yùhú）：喻明月。

玉盘（盤）（yùpán）：喻圆月。

玉免 （yùmiǎn）

寳镜 （bǎojìng）

銀燭 （yínzhú）

明月 （míngyuè）：光明的月亮。

金蟆（蟆）蟵
以上
并仝

新月 （xīnyuè）：农历每月初出的弯形的月亮；农历月逢十五日新满的月亮；朔日的月相。
腠初 [iɐŋ^{33}ʃə^{52}]
胎 ×[hai^{52}ʃɔ^{52}]

望月 （wàngyuè）：满月。
腠森 [iaŋ^{33}/tʃɐŋ^{33}məi^{21}nɐm^{33}]
胎十㕛 [hai^{52}ʃip^{55}ha^{35}]

月落 （yuèluò）：月亮已落，参星横斜。形容天色将明。
腠吝 [iɐŋ^{33}lɐn^{214}]
胎速 [hai^{52}tuk^{55}]

月蝕 （yuèshí）：月望日，地球运行到太阳与月球之间，月球因受地球所阻，照射不到太阳光，月面变黑的天文现象。
月蝕 [ŋuet^{22}t^{h}ək^{22}]
隐㗟胎 [kuk^{55}kin^{33}hai^{52}]

朔風 巫尾黪冬 芇尾务久 谷風 巫尾边東 荒尾丙東 凱風 巫尾进南 荒尾丙

薰風 仝上 清風 巫尾海〻 荒尾名久 颶風 巫尾貝衆 芇尾包

對雨 湄淫 分且正 雹雨 湄矴 分几汇 [illegible]雨 湄逐 分衬破

野雲 逮蹺巫尾 贺蹺荒尾 旋鞭 丕杭 厯叶 雷震 丕凜 厯登

霹靂 丕刻 厯八 猛雷 凜荣 登遠 鼹盂 覞敉 讛荖

天虹 覞求亡 也荒媳祐 虹霓 覞敉 竜茋 螮蝀 仝

朔（朔）风（shuòfēng）：北风，寒风。
芁嵍冬 [iɔ^{24}mu^{21}tuŋ^{52}]
梵务冬 [lum^{21}mɔ^{33}tuŋ^{52}]

谷風（gǔfēng）：东风。
芁边東 [iɔ^{24}ben^{52}tuŋ^{52}]
梵丙東 [lum^{21}bəŋ^{35}tuŋ^{52}]

凱風（kǎifēng）：和暖的风，指南风。
芁边南 [iɔ^{24}ben^{52}nam^{33}]
梵丙 ×[lum^{21}bəŋ^{35}nam^{33}]

薰風（xūnfēng）：和暖的风，指初夏时的东南风。
仝上

清風（qīngfēng）：清微的风；清凉的风。
芁海□ [iɔ^{35}hɔi^{24}？]
梵名ㄣ [lum^{21}ɬeŋ^{21}？]

颶風（jùfēng）
芁暴 [iɔ^{35}bau^{35}]
梵包 [lum^{21}pʰau^{33}]

澍雨（shùyǔ）：大雨，暴雨；时雨。
湄滛 [mə^{35}ɬəm^{33}]
分且丐 [pʰəŋ^{52}ʃa^{33}kai^{35}]

雹雨（báoyǔ）
湄矴 [mə^{35}da^{35}]
分几汇 [pʰəŋ^{52}mak^{55}hɐt^{55}]

密雨（mìyǔ）：细密的雨点。
湄逫 [mə^{24}mɐi^{52}]
分対破 [pʰəŋ^{52}？ Pʰa^{35}]

野雲（yěyún）
逫蹺芁 [mɐi^{52}tʰeu^{52}iɔ^{35}]
破蹺梵 [pʰa^{35}ɬeu^{21}lum^{21}]

施鞭（shībiān）
歪□ [iəi^{21}tʃəp^{55}]
瓩叶 [fa^{214}ȵep^{33}]

雷震（léizhèn）：雷击，雷鸣。
歪漂 [tʃəi^{21}lɐm^{35}]
瓩登 [fa^{214}dɐŋ^{52}]

霹靂（pīlì）：雷电急击。
歪刻 [tʃəi^{21}kʰɐk^{55}]
瓩丿 [fa^{214}pʰɐt^{33}]

猛雷（měngléi）
凛荣 [lɐm^{35}fiŋ^{33}]
登遗 [dɐŋ^{52}ɬi^{21}]

銀杯（yínbēi）：银制酒杯；银质杯型礼器。
琨效 [kɔn^{33}tʃʰɔ^{35}]
龃花 [luəŋ^{21}ua^{52}]

天虹（tiānhóng）
琨求亡 [kɔn^{33}kɐu^{21}fəŋ^{33}]
□花蝓□ [ŋu^{21}ua^{52}kɐp^{55}tuŋ^{35}]

虹霓（hóngní）：为雨后或日出，日没之际天空中所现的七色圆弧。
琨效 [kɔn^{33}tʃʰɔ^{35}]
竜花 [luəŋ^{21}ua^{52}]

螮蝀（dàidōng）
仝上

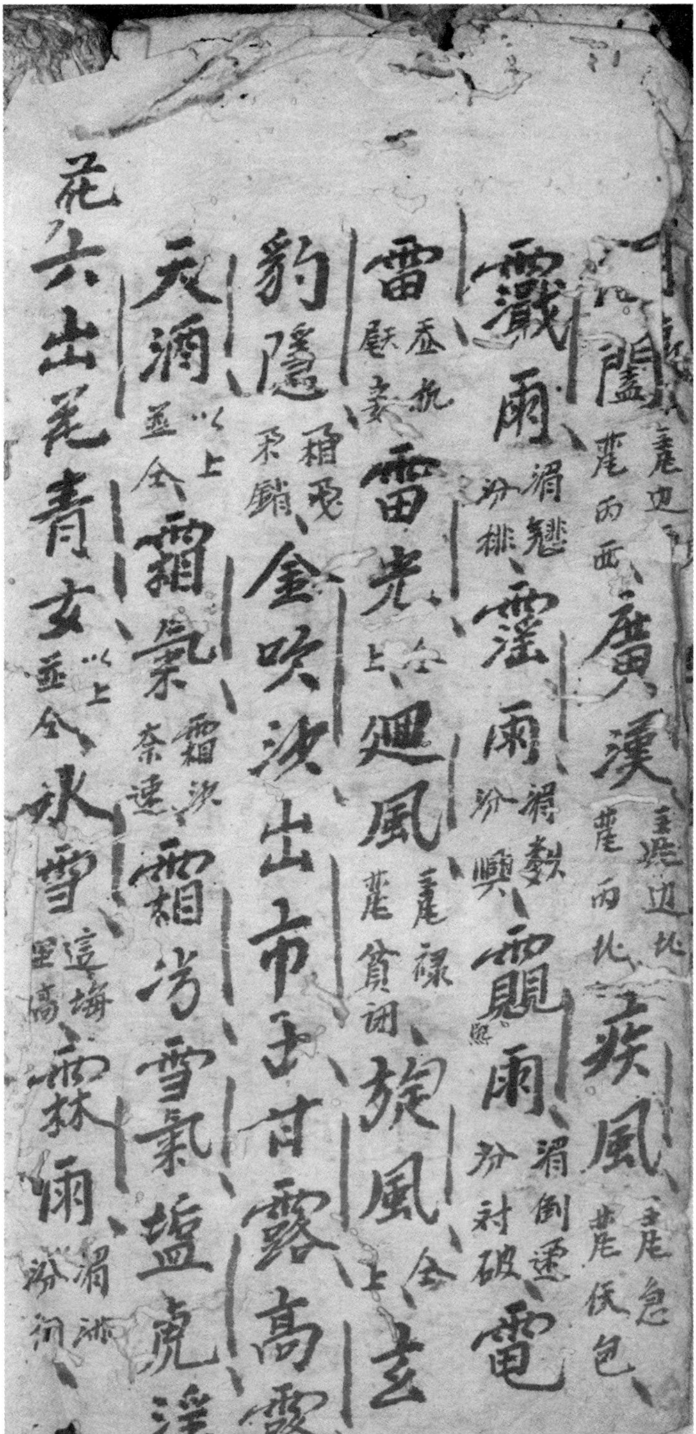

陰 重尾边 雚丙西 廣漢 重尾边北 雚丙北 疾風 重尾息 雚伏包

霰雨 渭戀 扮排 霪雨 渭數 扮嶼 覼雨 渭倒逐 扮衬破 雹

雷 歪枕 厌妻 雷光 仝上 廻風 重尾祿 雚貧翊 旋風 仝上 玄

豹隱 稻㲋 禾鏽 金吹波出市玉甘露高露

天酒 以上 並仝 霜氣 霜波 奈逐 霜澇雪氣塩虎滛

花 六出花青女 以上 並仝 氷雪 逭壋 巠僑 霖雨 渭淋 扮洧

□闔 （hé）
尭边□ [iɔ^{35}ben^{52}tɐi^{52}]
梵丙西 [lum^{21}bəŋ^{35}ɬi^{52}]

廣漢（漢）（guǎnghàn）
尭边北 [iɔ^{35}ben^{52}bɐk^{55}]
梵丙北 [lum^{21}bəŋ^{35}pə^{21}]

疾風 （jífēng）：急剧而猛烈的风。
尭急 [iɔ^{35}kəp^{55}]
梵伕包 [lum^{21}p^{h}ɐt^{22}p^{h}au^{33}]

霵雨
涓䰗 [mə^{35}bai^{21}]
汾排 [p^{h}ən^{52}p^{h}ai^{21}]

霪雨 （yínyǔ）：久雨。
涓数 [mə^{35}lɐu^{33}]
汾興 [p^{h}ən^{52}həŋ^{52}]

𩆲雨
涓倒逫 [mə^{35}dau^{21}mɐi^{52}]
汾对破 [p^{h}ən^{52}dɔi^{35}p^{h}a^{35}]

電雷 （diànléi）：即雷电。
歪扒 [n̥ɔi^{21}tʃəp^{55}]
貶妾 [fa^{214}tʃ^{h}iet^{55}]

雷光 （léiguāng）：闪电的光。
仝
上

廻風
尭禄 [iɔ^{35}lɔk^{22}]
梵贫闭 [lum^{21}p^{h}in^{21}p^{h}ɐi^{21}]

旋風 （xuànfēng）：螺旋状的疾风。
仝上

玄豹隱 （xuánbàoyǐn）

稻叐 [ɬaŋ^{52}kua^{52}]
禾销 [mɔk^{55}tua^{35}]

金吹沙（沙）（jīnchuīshā）

出市子 （chūshìzǐ）

甘露 （gānlù）：甘美的露水。

高露 （gāolù）

天酒 （tiānjiǔ）：甘露。古人附会为仙酒。
以上并仝

霜氣 （shuāngqì）：刺骨的寒气。
霜沙 [ɬaŋ^{52}ɬa^{52}]
奈速 [dai^{35}tuk^{55}]

霜泻

雪氣 （xuěqì）：积雪散发出来的寒气。

𧇊虎

淫花 （yínhuā）

六出花 （liùchūhuā）：亦称“六出公”。雪花的别称。

青女 （qīngnǚ）：传说中掌管霜雪的女神；借指霜雪。
以上并仝

□雪
這塰 [tʃe^{24}mɔi^{21}]
里高 [li^{22}kau^{52}]

霖雨 （línyǔ）：连绵大雨；甘雨，时雨。
涓淋 [mə^{35}lɐm^{21}]
汾□ [p^{h}ən^{52}？]

地理類
土塊 魂坦 魂地 大阜 姑坦 圻地 峴 呂岗坦 山丘地 崖嵬 岗碍 丘峀
山崔 仝上 砥柱 槅碍 新滝 橈香江滝 耒石 碩蘭 𥗐文 巖石 𧮫碍
𡎝岩 山脊 頂峀 芋邑 嵌 埏 林 棱櫎 東祿 滄海 渡𦼔 𠀧丐 長江
滝䫏 沱夷 滂瀑 丐㵢 𡎝㵢 小流 溪水 滝洞 洞淦美 湶淵
岁𦻹 朋湖 丐湖 丘 姑坦 圩地 寒潭 丐潭 𡎝堀 大澤 仝

地理類

土塊（塊）（tǔkuài）：成疙瘩或成团块的泥土。
塊坦 [hɔn^{21}dət^{55}]
塊坅 [ŋɔn^{33}tum^{52}]

大阜（dàfù）
姑坦 [kɔ^{52}dət^{55}]
圩坅 [pʰɔ^{21}tum^{52}]

岨峈
冇坦 [nui^{35}dət^{55}]
丘坅 [ʃa^{52}tum^{52}]

崔嵬（嵬）（cuīwéi）：本指有石的土山。后泛指高山。
冇碬 [nui^{35}da^{35}]
丘岜 [ʃa^{52}tʰin^{52}]

山崔（shāncuī）
仝
上

砥柱（dǐzhù）：山名。
榾碬㹁滝 [kɔt^{35}da^{35}tʃuŋ^{52}ʃuəŋ^{33}]
橈吞江沱 [kʰau^{33}tʰin^{52}tʃaŋ^{52}tʰa^{33}]

采石（cǎishí）：有彩色花纹的石头；宝石。
碬蘭 [da^{35}lam^{21}]
吞 ×[tʰin^{52}lam^{21}]

巖石（yánshí）
豁咹 [da^{35}həŋ^{52}]
碬岩 [ɐn^{33}ŋəm^{21}]

山脊（shānjǐ）：山的高处象兽类脊骨似的隆起部分。
丫岜 [tʰiŋ^{21}ʃa^{52}]

叢林（cónglín）：茂密的树林。
棱樶 [lɐŋ^{33}tʃam^{24}]
東禄 [duŋ^{52}luak^{33}]

滄海（cānghǎi）：大海；我国古代对东海的别称；神话中的海岛名。
波奇 [be^{52}ka^{35}]
× 丐 [pe^{55}kai^{35}]

長江（chángjiāng）：泛指长的江流；水名，古专称江，后以江为大川的通称，始称长江。
滝□ [ʃuəŋ^{33}ɬai^{214}]
沱夷 [tʰa^{33}ɬi^{21}]

滂湶（pāngquán）
丐瀶 [kai^{35}ɬɔi^{21}]
咹瀶 [ɐn^{52}kʰuɔi^{35}]

小流（xiǎoliú）

溪水（xīshuǐ）：山间小河沟。
滝闭 [ɬuəŋ^{33}ʔit^{55}]
湧淰英 [ɬɔŋ^{33}nɐm^{21}eŋ^{52}]

深淵（shēnyuān）：：深潭。
□溇 [？ ʃɐu^{52}]
□□ [？？]

朋湖（pénghú）
丐湖 [kai^{35}hɔ^{21}]
□ ×[ɐn^{52}hɔ^{21}]

丘（qiū）：小土山；像小土山凸起的。
姑坦 [kɔ^{52}dət^{55}]
圩坅 [pʰɔ^{21}tum^{52}]

寒潭（hántán）：寒凉的水潭。
丐潭 [kai^{35}tam^{214}]
咹据 [an^{52}kʰə^{52}]

大澤（dàzé）：大湖沼；大薮泽。
仝□

水

〻淊屆
以竪澬汀羁箕沼淊賤澮貢夷芳塥淊賤似滄澮夷育泥沼汕
丐洽奇竪兼丐鑿井陶洪梘汕毽井丐布淊竪吶淊甘井全止渫井節
洪乾汕淊卜清水淊仲澬井濁水淊濁淊淊瘢珊沼淵澣澬貢小潦淊犀
淊澬貢洪水淊杏淊瀼湿滸泊濟神滄淊澬江崗滸滆滸居法淊灌水
滲膢塌悵洛鉢淊柱淊渴瀑瀑淊甲淊甲澗流淊界淊貫洞波濤淊淊
七淊湿泥坦盆地灘橋梁來上家來姜眉石缸來破來喬浮拆

□

……[ɐn^{52}tʰum^{55}]

咹澬门罸等 [ɐn^{52}tʰum^{55}mən^{21}ɬi^{55}təŋ^{55}]

沼 （zhǎo）

□䞃 [？ ia^{21}]

澬夷 [tʰum^{52}ɬi^{21}]

芳塘 （fāngtáng）

泑䞃似滝 [ɐu^{35}ɬai^{214}tɯ^{21}ʃɔŋ^{33}]

澬夷斉沱 [tʰum^{52}ɬi^{21}tɐi^{35}tʰa^{33}]

沼沚 （zhǎozhǐ）：池塘。亦借指积水坑。

丐沾奇 [kai^{35}tʃem^{52}ka^{35}]

咹兼丐 [ɐn^{52}kʰem^{21}kai^{35}]

□井

陶汫 [dau^{21} tʃiŋ^{35}] 掘洰 [kʰut^{55}tʃiŋ^{35}]

甃井

丐布㳥 [kai^{35}bɔ^{55}nək^{55}]

安咘淰 [ɐn^{52}bɔ^{55}nɐm^{214}]

甘井 （gānjǐng）：水味清甜的井或水泉。

仝上

渫井 （xièjǐng）

汫乾 [tʃiŋ^{35}kan^{52}]

洰淰卜 [tʃiŋ^{35}nɐm^{21}buk^{55}]

清水 （qīngshuǐ）：澄澈的水；白水。

㳥仲 [nək^{55}tʃuŋ^{33}]

㳥□ [nɐm^{214}ɬaw^{52}]

濁水 （zhuóshuǐ）

㳥濁 [nək^{55}tʰuk^{22}]

淰淰 [nɐm^{214}uɐm^{33}]

瘊沼

泑澵 [ɐu^{35}kan^{52}]

澬卜 [tʰum^{55}buk^{55}]

潦 （lǎo）：雨水大貌；谓积水。

㳥淰 [nək^{55}lɔt^{22}]

□澬 [nɐm^{214}tʰuəŋ^{35}]

洪水 （hóngshuǐ）：大水，多指因大雨或融雪等引起的暴涨的水流。

㳥奇 [nək^{55}ka^{35}]

淰濃 [nɐm^{214}nɔŋ^{21}]

湿浡 （shībó）

㳥洊㳿滝 [nək^{55}tɐn^{21}tʃuŋ^{52}ɬuəŋ^{33}]

淰澬江湡 [nɐm^{214}tʰuəm^{35}tʃaŋ^{52}tʰuŋ^{33}]

浮漚 （fúōu）：水面上的泡沫。因其易生易灭，常比喻变化无常的世事和短暂的生命。

浡㳥 [pʰu^{21}nək^{55}]

法淰 [pɔp^{55}/kʰɔp^{55}nɐm^{214}]

□水

浲楼 [pʰuŋ^{21}tɐu^{52}]

埧侬 [kʰə^{52}uai^{21}]

汐鉢 （xībō）

㳥杆 [nək^{55}tʰak^{35}]

淰渴 [nɐm^{214}hat^{55}]

渫水

㳥甲 [nək^{55}iap^{55}]

淰甲 [nɐm^{214}kap^{55}]

洄流 （huíliú）：回旋的水流。

㳥界 [nək^{55}iai^{52}]

淰貧闭 [nɐm^{214}pʰin^{21}pe^{55}]

波濤（濤）（bōtāo）：江河湖海中的大波浪。

浰润 [tʃʰuəŋ^{55}tʃɔn^{214}] 亡淰 [fɔŋ^{21}nɐm^{214}]

湿泥 （shīní）

坦盆 [dət^{55}ban^{21}] 圵□ [tum^{52}dit^{55}]

橋梁（梁）（qiáoliáng）：架在水上或空中以便通行的建筑物。

求上家 [$k^{h}\text{ɐu}^{33}t^{h}\text{əŋ}^{214}\text{ia}^{52}$]

求邦眉□ [$k^{h}\text{ɐu}^{33}\text{nə}^{52}\text{mi}^{21}$ ？]

石矼（shígāng）：石桥。一说为置于水中供人渡涉的踏脚石。

求碽 [$\text{kɐu}^{22}\text{da}^{35}$]

求吞 [$k^{h}\text{ɐu}^{33}t^{h}\text{in}^{52}$]

浮橋（fúqiáo）：在并列的船、筏、浮箱或绳索上面铺木板而造成的桥。

求浽 [$\text{kɐu}^{21}\text{nui}^{35}$]

浮祝 [？？]

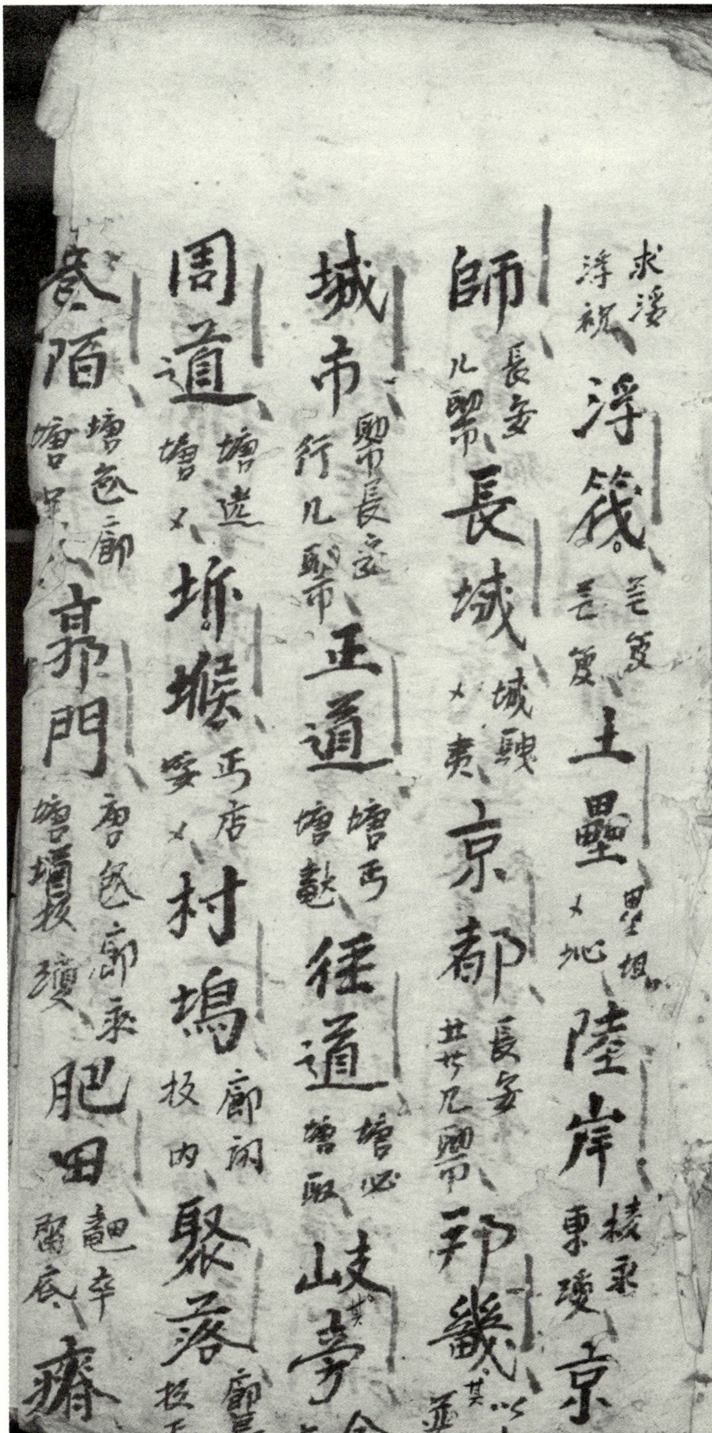

浮筏 土壘 陸岸 京
師 長城 京都 邦畿
城市 王道 徑道 岐亭
圍道 坼堠 村塢 聚落
參陌 郭門 肥田 齋

浮筏（fúfá）：在並列的船、筏、浮箱或繩索上面鋪木板而造成的桥。
芒筬 [maŋ^{33}be^{52}]
芒筬 [maŋ^{33}be^{52}]

土壘（tǔlěi）
□坦 [lɔi^{33}dat^{55}]
× 坹 [lɔi^{33}tum^{52}]

陸岸（lùàn）
棱永 [lɐŋ^{33}fiŋ^{214}]
東瑗 [duŋ^{52}k^{h}ueŋ^{214}]

京師（jīngshī）：首都。
長安 [taŋ^{21}an^{52}]
儿髜 [ke^{35}tʃə^{214}]

長城（chángchéng）：供防御用的绵亘不绝的城墙。
城䟕 [t^{h}eŋ^{21}ɬai^{21}]
× 夷 [ʃiŋ^{21}ɬi^{21}]

京都（jīngdū）：京师，国都。
長安 [taŋ^{21}an^{52}]
艹艹几髜 [la^{33}ki^{35}tʃə^{214}]

邦畿（bāngjī）：王城及其所属周围千里的地域；借指国家。
以上並仝

城市（chéngshì）：人口集中，工商业发达，居民以非农业人口为主的地区，通常是周围地区整治经济文化中心。
髜長安 [tʃə^{214}taŋ^{21}an^{52}]
行几髜 [haŋ^{55}ki^{35}tʃə^{214}]

正道（zhèngdào）：要道；主干道。
塘丐 [dəŋ^{21}kai^{35}]
塘䡮 [t^{h}aŋ^{21}luəŋ^{52}]

徑道（jìngdào）：小路；捷径。
塘必 [dəŋ^{21}bik^{55}]
塘取 [t^{h}aŋ^{21}ʃɔ^{33}]

岐旁（qípáng）/（bàng）
仝上

周道（zhōudào）
塘迯 [dəŋ^{21}kueŋ^{52}]
塘 ×[t^{h}aŋ^{21}kueŋ^{52}]

圻堠（坼堠）（qíhòu）
丐店 [kai^{35}dem^{52}]
咹 ×[ɐn^{33}tem^{33}]

村塢（瑦）（cūnwù）：
廊闭 [laŋ^{33}ʔit^{55}]
扳内 [ban^{35}nɔi^{21}]

聚落（落）（jùluò）：村落；人们聚集的地方。
廊䨓 [laŋ^{33}lai^{214}]
扳丐 [ban^{35}kai^{35}]

巷陌（xiàngmò）：街巷的通称。
塘包廊 [dəŋ^{21}fau^{21}laŋ^{21}]
塘□□ [t^{h}aŋ^{21}k^{h}ɐu^{35}ban^{35}]

郭（𡊨）門（guōmén）：外城的门。
唐包廊永 [dəŋ^{21}fau^{21}laŋ^{21} ？]
塘埍扳□ [t^{h}an^{21}t^{h}ɔ^{52}ban^{35}]

肥田（féitián）：肥沃的田地。
𪕋卒 [ɬɔŋ^{33}tuɔt^{55}]
罶底 [na^{21}dɐi^{52}]

田（竜丕 畓夷）田畔（坡𡓃 𡐙畓）阡陌（𡏧隊 𡓇𡐙畓）野𤎕（知𡗶桑 𤎕非）佳域

（墓媽 墓非）埽皐高陵土𡑝土壤（𠀧仝坫坦 埋圩𠱋）遂道

（唐必 塘𠫾）蹊徑（仝上）大路（唐奇 塘馬）中洲（𡓃吉沛淹 圻𡑲江沱）坻洲（仝上）

水竇（斬貢𣳔 須貢淦）棧道（來憂 來度）罧積（𠶀𠂻 筘𤿭）

人倫部

瘠田 （jítián）：不肥沃的田地
□𡊨 [ɬɔŋ^{33}ʃɐu^{35}]
罶叓 [na^{21}ɬai^{214}]

田畔 （tiánpàn）：田界；田边。
坡𪔪 [be^{52}ʃuəŋ^{33}]
勤罶 [k^{h}ɐn^{21}na^{21}]

阡陌 （qiānmò）：田界；田野，田垄。
坡隊 [be^{52}dɔi^{214}]
塘勤雷 [t^{h}aŋ^{21}k^{h}ɐn^{21}na^{21}]

野燐 （yělín）
炽麻𦁁 [la^{214}ma^{33}kə^{35}]
焈非 [fɐi^{21}p^{h}i^{52}]

佳城 （jiāchéng）：喻指墓地。
墓墕 [mɔ^{33}mə^{214}]
墓非 [mɔ^{33}p^{h}i^{52}]

墩（壊）阜 （guōfù）

高陵 （gāolíng）：高丘，山丘；指陵墓；陵墓名。

土陲 （tǔchuí）

土壤 （tǔrǎng）：泥土，土地；封地，领土。
並仝埬坦 [？ dɔŋ^{35}dət^{55}]
堺圩圠 [pai^{35}p^{h}ɔ^{21}tum^{52}]

遂道 （suìdào）
唐必 [dəŋ^{21}bi^{55}]
塘取 [t^{h}aŋ^{21}tʃ^{h}ɔ^{55}]

蹊徑 （xījìng）：小路。
仝上

大路 （dàlù）：大道。犹正道，正当途径。
唐奇 [dəŋ^{21}ka^{35}]
塘丐 [t^{h}aŋ^{21}kai^{35}]

中洲 （zhōngzhōu）：洲中；海中仙岛，借称道士所居。
堺吉𤅷滝 [bai^{35}kɐt^{55}tʃuŋ^{52}ʃuəŋ^{33}]
圩柴江沱 [p^{h}ɔ^{21}ɬai^{21}tʃaŋ^{52}t^{h}a^{33}]

坻洲 （dǐzhōu）
仝
上

水竇 （shuǐdòu）：贮水之地窖；水道，水之出入孔道。
箌貢湁 [kə^{35}kuŋ^{35}nək^{55}]
須貢淰 [tu^{52}kuŋ^{52}nɐm^{214}]

栈（棧）道 （zhàndào）：在险绝处傍山架木而成的一种道路；飞阁间相连通的复道。
求戞 [kɐu^{21}tʃam^{24}]
求笈 [kɐu^{21}be^{52}]

槑積
吒亇 [tʃa^{33}ka^{35}]
笳䎬 [tʃa^{33}nɐi^{21}]

人倫部

帝王 𢃊治𣅶 𢃊治天下
明王 𢃊治㕵 𢃊治坦
皇后 婦奇𢃊 𤰷谷𢃊

貴妃 嬸次𠄩 媚次双
娘宮 各娘㑀下 各㛪內
皇儲 皇太子 𠇍𦎛谷𢃊

公主 𡚦公主 𠇍𡢐𢃊
附馬 官附馬 𠇍𡞕𢃊
皇考 户𢃊 丈𢃊
高祖 翁𨑗𦎛 𢃊三代

曾祖 翁𠄩𦎛 𢃊𠄼代
祖父 翁祖 𢃊渚
祖母 𡚦祖母 𡛔𠊛渚

嚴父 吒底 𢃊沃
聖善 㛪底 丈次
尊師 柴 𢃊仕
朋友 伴 𢃊伴

帝王（dìwáng）：泛指君主，国家的最高统治者。
帝治茋 [$p^hu^{21}tɐi^{214}dəi^{21}$]
帝治天下 [$p^hu^{21}tɐi^{214}t^hin^{52}ha^{214}$]

明王（míngwáng）：圣明的君主。
帝治渃 [$p^hu^{21}tɐi^{214}nək^{55}$]
帝治填 [$p^hu^{21}tɐi^{214}diŋ^{52}$]

皇后（huánghòu）：皇帝的正妻。
婚奇帝 [$fə^{214}ka^{35}p^hu^{21}$]
娟谷帝 [$me^{33}kuk^{55}p^hu^{21}$]

貴妃（guìfēi）：女官名。
婚次缸 [$fə^{214}t^hɯ^{35}hai^{55}$]
娟次双 [$me^{33}t^hɐi^{33}ɬɔŋ^{52}$]

娘宫（niánggōng）
各娘侯下 [$kɔk^{55}naŋ^{21}hɐu^{214}ha^{214}$]
各媄内 [$kɔk^{55}me^{33}nɔi^{214}$]

皇儲（huángchǔ）：皇太子。
皇太子 [$uaŋ^{21}t^hai^{35}tɯ^{35}$]
㐱耦谷帝 [$luk^{33}ʃai^{21}kuk^{55}p^hu^{21}$]

公主（gōngzhǔ）：帝王、诸侯之女的称号。
娶公主 [$ba^{21}kuŋ^{52}tʃɔ^{35}$]
㐱婧帝 [$luk^{33}ɬau^{52}p^hu^{21}$]

駙（附）馬（fùmǎ）：指皇帝的女婿。
官附馬 [$kuan^{52}p^hu^{35}ma^{214}$]
㐱闸帝 [$luk^{33}k^hɔi^{55}p^hu^{21}$]

皇考（huángkǎo）：古代对已故曾祖的尊称；父祖的通称；对亡父的尊称。
户帝 [$hɔ^{214}p^hu^{21}$]
× 帝 [$hɔ^{214}p^hu^{21}$]

高祖（gāozǔ）：始祖，远祖；曾祖的父亲；多为开国之君的庙号。
□巴茋 [$ʔuŋ^{21}ba^{21}dəi^{21}$]
甫三茋 [$p^hɔ^{33}ɬam^{52}t^hai^{33}$]

曾（鲁）祖（zēngzǔ）：祖父的父亲。
㚢缸茋 [$ʔuŋ^{52}hai^{52}dəi^{21}$]
甫双茋 [$p^hɔ^{33}ʃə^{214}$]

祖父（zǔfù）：父亲的父亲。
㚢祖 [$ba^{21}tɔ^{35}mɐu^{214}$]
甭渚 [$me^{33}n̥a^{33}ʃə^{214}$]

祖母（zǔmǔ）：父亲的母亲。
娶祖母 [$ba^{21}tɔ^{35}mɐu^{214}$]
媄糀母 [$me^{33}n̥a^{33}ʃə^{214}$]

□父
吒底 [$tʃa^{33}de^{35}$]
甭沃 [$p^hɔ^{33}ɔk^{55}$]

聖善（shèngshàn）：聪明贤良；专用以称颂母德；父母的代称。
媄底 [$me^{21}de^{35}$]
× 沃 [$me^{33}ɔt^{55}$]

尊師（zūnshī）：对老师或他人师傅的敬称。
柴 [$t^hɐi^{21}$]
甭仕 [$p^hɔ^{33}ɬɐi^{55}$]

朋友（péngyǒu）：同学，志同道合的人，后泛指交谊深厚的人；明代士大夫对儒学生员之称。
伴 [ban^{214}]
甭伴 [$p^hɔ^{33}ban^{214}$]

令兄要耕䏶沓　家弟奄耕儂沓　阿姉姊姑䏶嫱　阿妹奄姑儂嫱

令嗣褪耕孖沓　令愛褪姑孖嫱　媳婦娘妯㐅妭　襟兄要嫱䏶闹

襟弟奄嫱儂闹　大舍梅嫱闹谷　小舍嫱闹闹湯　嫡孫招奇孀谷

女孫招姑奇蘭嫱谷　衆孫各招祝蘭　曾孫招㐌甚孫三代　玄孫

招眾甚孫𦊊代　羊寘上全　來孫招𨙻甚孫𨙻代　晜孫招赵甚孫六代

□兄（xiōng）
要耕 [əŋ^{52}iai^{52}]
舰背 [p^{h}i^{33}ʃai^{21}]

家弟（jiādì）：对别人称自己的弟弟。
□耕 [em^{33}iai^{52}]
傥背 [nɔŋ^{214}ʃai^{21}]

阿妤（āyú）
姊妈 [tʃi^{214}k^{h}ai^{35}]
舰婧 [p^{h}i^{33}ɬau^{52}]

阿妹（āmèi）：妹妹。
奄妈 [em^{33}k^{h}ai^{35}]
傥婧 [nɔŋ^{214}ɬau^{52}]

令嗣（lìngsì）：指才德美好的儿子；用为称对方儿子的敬词。
琨耕 [kɔn^{52}iai^{52}]
犷背 [luk^{33}ʃai^{21}]

令爱（爱）（lìngài）：亦作“令嫒”。
琨妈 [kɔn^{52}k^{h}ai^{35}]
犷婧 [luk^{33}ɬau^{52}]

媳妇（xífù）：儿子的妻子；妻子；泛指已婚女子。
娘妯 [naŋ^{21} ？]
乂妒 [nɔŋ^{21}luɔ^{21}]

襟兄（jīnxiōng）：对妻姊之夫的称呼。
要墒 [eŋ^{33}te^{35}]
舰闲 [p^{h}i^{33}k^{h}əi^{52}]

襟弟（jīndì）
奄墒 [em^{33}te^{35}]
傥闲 [nɔŋ^{21}k^{h}əi^{52}]

大舍（dàshè）：宋元以来对官僚富家子弟称“舍”。大舍，犹言大少爷，大公子。

□墒 [？？]
闲谷 [k^{h}əi^{52}kuk^{55}]

小舍（xiǎoshè）
墒闲 [te^{35}ʔit^{55}]
闲湯 [k^{h}əi^{52}t^{h}aŋ^{52}]

嫡孫（dísūn）：嫡长孙。
招奇 [tʃɐu^{35}ka^{35}]
獮谷 [lan^{52}kuk^{55}]

女孫（nǔsūn）：孙女。
招妈奇 [tʃɐu^{35}k^{h}ai^{35}ka^{35}]
蘭婧谷 [lan^{52}ɬau^{52}kuk^{55}]

衆孫
各招 [kak^{55}tʃɐu^{35}]
祝蘭 [ʃɔk^{33}lan^{52}]

曾（鲁）孫（zēngsūn）：孙子的儿子；对曾孙以下的统称。
招匹茂 [tʃɐu^{35}ba^{52}dəi^{21}]
猶三茂 [lan^{53}ɬəm^{52}t^{h}əi^{21}]

玄孫（xuánsūn）：自身以下的第五代；泛指远孙。
招罘茂 [tʃɐu^{35}bɔn^{35}dəi^{21}]
猶罡茂 [lan^{52}ɬi^{55}t^{h}əi^{33}]

羊寘
仝上

來孫（láisūn）：玄孙之子，从自身算起的第六代。亦泛指远孙。
招甋茂 [tʃɐu^{35}nɐm^{53}dəi^{21}]
猶㐀茂 [lam^{52}ha^{35}t^{h}əi^{33}]

晜孫（kūnsūn）：第五世孙。
招赻茂 [tʃɐu^{35}ʃɐu^{35}dəi^{21}]
猶六茂 [lan^{52}huk^{55}t^{h}əi^{33}]

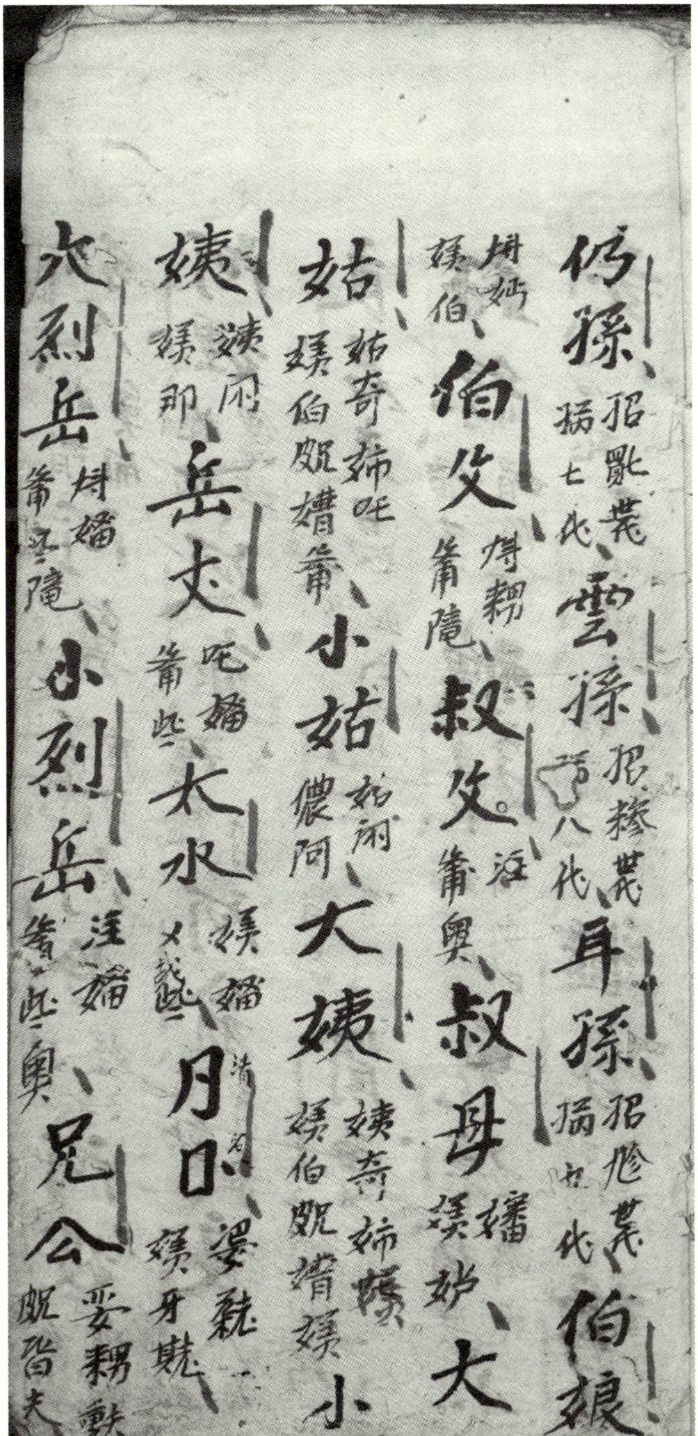
仍孫、招䏧𦽰搞七代 雲孫、招𢹣𦽰[illegible]八代 耳孫、招[illegible]𦽰搞𠃩代 伯娘
姆伯、坦姅 伯父、坦耨𠁀隴 叔父。[illegible]𠁀奥 叔母[illegible]姆妙、大
姑 姑奇姉吒姆伯舰𡞕𠁀 小姑 姑閑儂阿 大姨 姨奇姉[illegible]姆伯舰𡞕姆 小
姨 姨閑姆那 岳丈 吒婚𠁀些 太水 姆婚[illegible] 月[illegible] 清[illegible] 婆[illegible]
大烈岳 坦婚𠁀些隴 小烈岳 注婚𠁀些奥 兄公 要耨[illegible] 舰[illegible]夫

仍孫（réngsūn）：从自身下数到第八世孙称仍孙。
招毘茋 [tʃɐu^{35}bɐi^{35}dəi^{21}]
猏七茋 [lan^{52}tʃet^{55}tʰəi^{22}]

雲孫（yúnsūn）：从本身算起的第九代孙。亦泛指远孙。
招糁茋 [tʃɐu^{35}tam^{35}dəi^{21}]
□八茋 [lan^{52}pet^{55}tʰəi^{33}]

耳孫（ěrsūn）：玄孙之子。
招尨茋 [tʃɐu^{35}tʃim^{35}dəi^{21}]
猏九茋 [lan^{52}kɐu^{35}tʰəi^{33}]

伯娘（bóniáng）：伯父的妻子。
□㚷 [bak^{35}kʰai^{35}]
媄伯 [me^{33}pa^{35}]

伯父（bófù）：父亲的哥哥；称呼跟父亲辈分相同而年纪较大的男子。
□耭 [bak^{35}iai^{52}]
甫隴 [pʰɔ^{33}luŋ^{21}]

叔父（shūfù）：通称父亲的弟弟。
□ [tʃu^{35}]
甫奥 [pʰɔ^{21}au^{55}]

叔母（shūmǔ）：叔父的妻子。
𪧘 [fə^{214}]
媄妒 [me^{33}luɔ^{21}]

大姑（dàgū）：称夫之姐。
姑奇姉吒 [kɔ^{52}ka^{35}tʃi^{214}tʃa^{52}]
媄伯觬婧甫 [me^{33}pa^{35}pʰi^{33}ɬau^{52}pʰɔ^{33}]

小姑（xiǎogū）：称丈夫之妹。
姑闭 [kc^{33}ʔit^{55}]
儂阿 [nɔŋ^{21}a^{52}]

大姨（dàyí）：最大的姨母。
姨奇姉媄 [ɬi^{33}ka^{33}tʃi^{214}me^{214}]
媄伯觬婧媄 [me^{33}pa^{35}pʰi^{33}ɬau^{52}me^{33}]

小姨（xiǎoyí）：妻妹。
姨闭 [ɬi^{33}ʔit^{55}]
媄邢 [me^{33}na^{33}]

岳丈（yuèzhàng）：岳父。
吒婚 [tʃa^{33}fə^{214}]
甫些 [pʰɔ^{33}ta^{55}]

太水（tàishuǐ）
媄婚 [me^{21}fə^{214}]
乂些 [me^{33}tai^{55}]

□□
娶糀 [ba^{21}ia^{35}]
媄牙㔆 [me^{33}ɳa^{33}ke^{55}]

大烈岳（dàlièyuè）
□婚 [bak^{35}fə^{214}]
甫□隴 [pʰɔ^{33}ta^{55}luŋ^{21}]

小烈岳（xiǎolièyuè）
注婚 [tʃu^{35}fə^{214}]
甫些奥 [pʰɔ^{33}ta^{55}au^{55}]

兄公（xiōnggōng）：丈夫之兄。
耍耭麸 [eŋ^{33}iai^{33}tʃuŋ^{21}]
觬㝵夫 [pʰi^{33}tʃʰai^{21}pʰu^{52}]

私人 妝婿 臭閙 阿舅 女舅 爺句 阿妗 媽 媄妇 阿嫂 姉妯 走姒娘

阿娌 婈妯 儂姊 阿家 媄黏 乂 爺 阿翁 吒父 爺爺 良人 父 爺夫

良君夫君 以上 並全 荆布 婚 媢乂 賤妻 婚坤巧 媢乂乂

舒緣 婚業 媢低嘈 醜婦 婚丑 媢兎所 鬼婦 婚棋 媢兎 小

妾 婚祀 媄[illegible] 棄母 媄祀吒 乂[illegible]爺 繼母 媄儿 乂陵 嫡母

私人（sīrén）：古时称公卿、大夫或王室的家臣；亲戚朋友或以私交、私利相依附的人；个人。对公家而言。
狀堦 [tʃɔŋ^{33}te^{35}]
奥開 [au^{33}k^{h}əi^{52}]

阿舅（ājiù）：舅父；妻的弟兄。
艻舅 [la^{33}kɐu^{214}]
斧句 [p^{h}ɔ^{33}kɐu^{214}]

阿妗（ājìn）
媽 [ma^{33}]
娭妇 [me^{33}p^{h}ɐu^{214}]

阿嫂（嫂）（āsǎo）
姊妯 [tʃi^{21}fə^{214}]
觙娘 [p^{h}i^{33}naŋ^{21}]

阿娌（ālǐ）
婄妯 [em^{33}fə^{214}]
儂妒 [nɔŋ^{214}luɔ^{214}]

阿家（āgū）：古代公主、郡主、县主的称呼；丈夫的母亲。
娭糀 [me^{214}ia^{21}]
×粨 [me^{33}ȵa^{33}]

阿翁（āwēng）：祖父；对年长者的敬称；为老年男子的自称；父亲；用以称丈夫的父亲。
吒鈇 [tʃa^{33}tʃuŋ^{21}]
斧希 [p^{h}ɔ^{33}bɔ^{35}]

良人（liángrén）：古代女子称丈夫。
鈇 [tʃuŋ^{21}]
斧夫 [p^{h}ɔ^{33}p^{h}uɔ^{52}]

良君（liángjūn）

夫君（fūjūn）：妻子称丈夫。
以上並仝

荆（荆）布（jīngbù）：用为对己妻的谦称。
嫍苦 [fə^{214}k^{h}ɔ^{35}]
娟 ×[me^{33}k^{h}ɔ^{35}]

賢妻（xiánqī）
嫍坤巧 [fə^{214}k^{h}ɔn^{52}k^{h}eu^{35}]
娟 ××[me^{33}k^{h}ɔn^{52}k^{h}eu^{35}]

好縁（hǎoyuán）
嫍牒 [fə^{214}dep^{22}]
娟低媠 [me^{33}dɐi^{52}ɬau^{52}]

醜（醜）婦（chǒufù）
嫍丒 [fə^{214}ʃɐu^{35}]
娟夷邪 [me^{33}na^{35}ɬai^{214}]

鬼婦（guǐfù）
嫍䢽 [fə^{214}？]
娟夷 [me^{33}ɬai^{214}]

小妾（xiǎoqiè）：古称年轻女奴；古代妇人谦称自己；旧时谦称己妾；指妾，以与妻相对为小，故称。
嫍䄷 [fə^{214}ʔit^{55}]
娭内 [me^{33}nɔi^{214}]

庶（庶）母（shùmǔ）：父亲的妾。
娭礼吒 [me^{21}ʔit^{55}tʃa^{33}]
× 为斧 [me^{33}nɔi^{214}p^{h}ɔ^{33}]

繼母（jìmǔ）：父亲的继配，又称后母。
娭儿 [me^{214}ke^{35}]
× 陵 [me^{33}lɐŋ^{52}]

嫡母（dímǔ）：妾生的子女称父之正妻。
娭 ××[me^{214}tʃi^{214}mɐu^{214}]
娭畝 [me^{33}luəŋ^{52}]

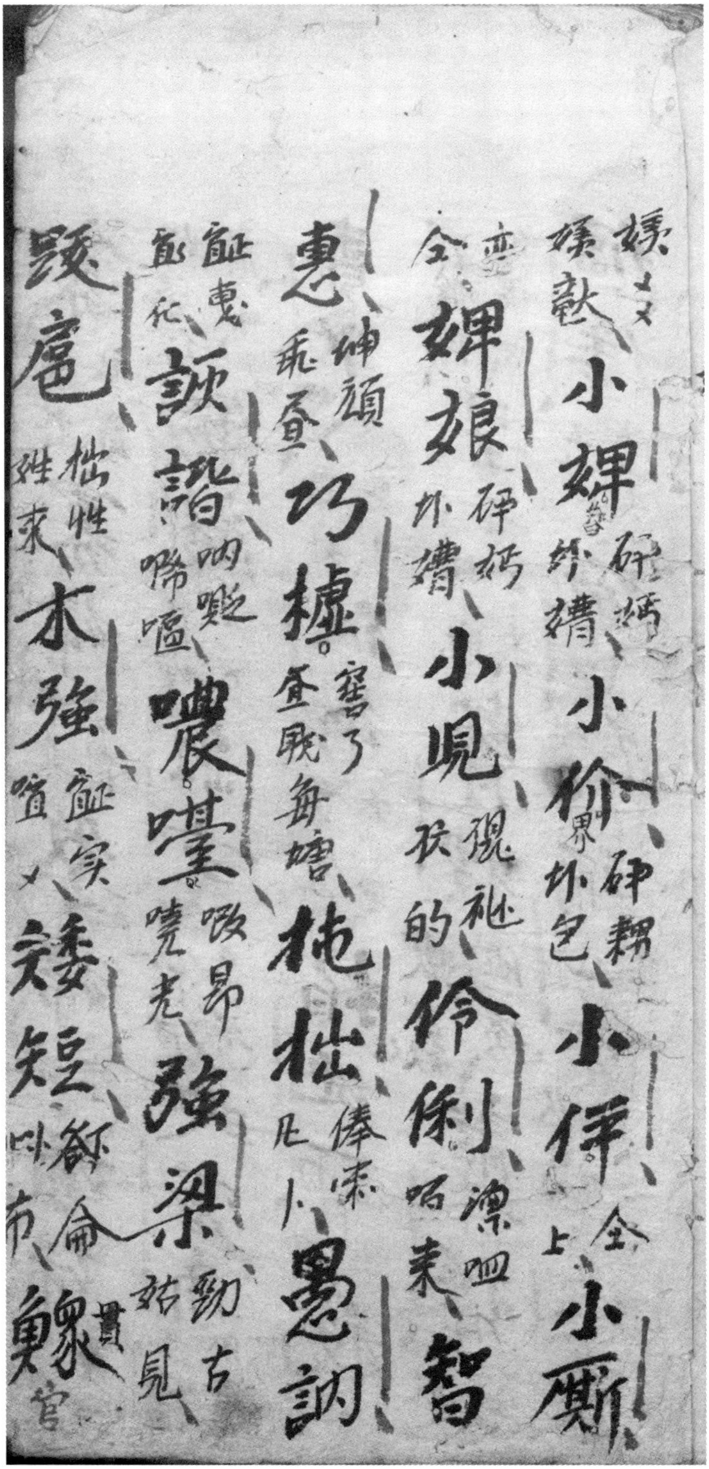
婈ㄨㄨ 婈歓 小婢 砰婣 外嫱 小伱 界 砰糊 外包 小伴 全 上 小廝
仝 婢娘 砰婣 外嫱 小兒 覌祉 袄的 伶俐 漂咖 咟来 智
惠 坤頑 乖叠 巧𢢀 窖了 叠戚 毎塘 桅柮 俸柰 凡卜 愚訥
皛止 皛和 惠 訣 諧 吶呹 嗁嘔 噥 嘘 吸昂 嘵光 強 梁 勁古 姑見
踐 庵 柮牲 姓求 木 強 皛止 實 喧ㄨ 矮 短 斜 命 以卜 布 鰥 貫 官

小婢（婢）（xiǎobì）：未成年的女奴。
砳娔 [tɔi^{52}kʰai^{35}]
圤嫱 [kʰɔi^{35}ɬau^{52}]

小价（xiǎojiè）：亦作“小介”。
砳耦 [tɔi^{52}iai^{52}]
圤包 [kʰɔi^{35}bau^{35}]

小伻（xiǎopēng）
仝上

小厮（xiǎosī）：称年轻男仆；用作对人的昵称；称儿子，男孩。
亦仝

婢（婢）娘（bìniáng）
砳娔 [tɔi^{52}kʰai^{35}]
圤嫱 [kʰɔi^{35}ɬau^{52}]

小見（xiǎojiàn）：小见识，浅见；略见，略知；汉代诸侯王朝见天子的仪制之一，即于禁门内宴见，为非正式。
掍尟 [kɔn^{33}ʔit^{55}]
犺的 [luk^{33}dit^{55}]

伶俐（línglì）：机灵，灵活；轻盈，轻巧。用于否定形式。
凛咂 [lɐm^{24}uet^{55}]
□来 [pak^{33}lai^{52}]

智惠（zhìhuì）：聪明才智。
坤頑 [kʰɔn^{52}ŋuan^{33}]
乖昼 [kuai^{52}ɬu^{214}]

巧槒（qiǎoxū）
窖了 [kʰeu^{35}leu^{214}]
昼戝每塘 [ɬu^{214}tʃɐk^{55}mɔ^{214}tʰaŋ^{52}]

扽（扽）拙（dènzhuō）
俸氺 [pʰuŋ^{24}fə^{21}]
□卜 [fən^{21}pɔi^{35}]

愚訥（yúnè）
飷叓 [ŋɐi^{33}ɬai^{214}]
宜化 [ŋɐi^{21}ua^{35}]

詼諧（huīxié）：谈吐幽默风趣；戏语，笑话。
呐嘏 [nɔi^{35}kəi^{21}]
啈嘔 [tʃaŋ^{35}kʰuɔ^{52}]

噥噻
啟昂 [kʰəi^{35}ŋaŋ^{33}]
嘵光 [ŋeu^{33}kuaŋ^{52}]

强（強）梁（qiángliáng）：强劲有力；勇武；强横凶暴。
勁古 [keŋ^{35}kɔ^{52}]
姑見 [kʰɔ^{21}ken^{55}]

跋（跋）扈（báhù）：骄横，强暴；勇壮貌。
拙性 [tʃɔt^{55}tiŋ^{35}]
姓來 [ɬiŋ^{33}lai^{52}]

木强（強）（mùqiáng）：质直刚强。
飷实 [ŋɐi^{33}tʰɐt^{22}]
喧×[ŋɐi^{21}tʰɐt^{22}]

矮短（ǎiduǎn）
簕侖 [dak^{35}luən^{33}]
□布 [tɐm^{55}bɔ^{35}]

鰥（鰥）寡（guānguǎ）：老而无妻或无夫的人。引申指老弱孤苦者。
馭化 [ŋəi^{21}ua^{35}]
欣買 [kʰən^{21}mai^{35}]

寡（果）𠁅化 叭買、寡婦 丐化 嫫罽、娶婦 亦仝、孀婦 彈罢 室覡、

嫫堅保 眉犾、鰥縷 䉷埋 乂入、紅女 䉷改更 乂禿流、大富商 𠁅奔巨顧 叭奔丐、

賣卜人 柒䏓 柒乂、仙術 柒胎坦 柒地里、柏地師 同上、教唆

㑣傩件 仈佬件、星士 柒䏓 乂乂、瞽瞍 𠁅最 他洟、聾聳 𠁅的 叭𨵦、

傴僂 工睖 陵𠆳、啞口 哄唖 㖿潭、頑嚚 𠁅䁥 叭䨼、饕餮

寡婦（guǎfù）：丧夫的妇人；独居守候丈夫的妇人。
丐化 [kʰai³⁵ua³⁵]
媄買 [me³³mai³⁵]

婺婦
亦仝

孀婦（shuāngfù）：寡妇；指独居的已婚妇女。
弹娶空䂬 [dan²¹ba²¹kʰuŋ⁵²kɔn⁵²]
媄娶保眉犺 [me³³ŋiŋ²¹bɐu⁵⁵mi²¹luk³³]

鍼縷（zhēnlǚ）
窖埋 [kʰeu³⁵mai³³]
×入 [kʰeu³⁵ȵɐp³³]

紅女（gōngnǚ）：工女。古指从事纺织缝纫等工作的妇女。
窖改更 [kʰeu³⁵kai²¹⁴kəŋ²¹]
×秃沛 [kʰeu³⁵tʰɔk⁵⁵bai³⁵]

大富商（dàfùshāng）
馭奔贏 [ŋɐi²¹bɔn³⁵lai²¹⁴]
𠊛奔丐 [kʰən²¹pɔn³⁵kai³⁵]

賣卜人（màibǔrén）
柴卟 [tʰɐi²¹pɔi³⁵]
柴× [ɬɐi⁵⁵pɔi³⁵]

仙術（xiānshù）：道教、方士谓修炼成仙或奇幻变化之术。
柴贴坦 [tʰɐi²¹ʃim³³dət⁵⁵]
柴地里 [ɬɐi⁵⁵tʰi³³li²¹⁴]

柏地師（bódìshī）
同上

教唆（jiàosuō）：怂恿指使（别人做坏事）。
𠬠催件 [ŋəi²²ʃui³³kʰen²¹⁴]
［𠊛］促件 [kʰən²¹tʰɔ²¹kʰen²¹⁴]

星士（xīngshì）：以星命术为人推算命运的术士。
柴卟 [tʰi²¹pɔi³⁵]
×× [ɬɐi⁵⁵pɔi³⁵]

瞽瞍
馭𣋚 [ŋəi²¹tui³⁵]
他淡 [kʰən²¹tʰam⁵²]

聾聳
馭的 [ŋəi²¹dik⁵⁵]
𠊛睹 [kʰən²¹nɔk⁵⁵]

傴僂（yǔlǚ）：特指脊梁弯曲，驼背。
工腠 [kuŋ⁵²iɐŋ³³]
陵庫 [lɐŋ⁵²kʰɔ⁵²]

啞口（yǎkǒu）：沉默不语；无话可说。
哄嗢 [hɔŋ²¹uet⁵⁵]
咟凛 [pak⁵⁵uɐm²¹⁴]

頑嚚（wányín）：愚妄奸诈；泛指愚妄而奸诈的人。
馭𡊱 [ŋəi²¹？]
𠊛叓 [kʰən²¹ɬai²¹⁴]

饕（飻）（tāotiè）：传说中的一种贪残的怪物，古代钟鼎彝器上多琢其形以为装饰；贪残。
馭咹貪 [ŋə²¹ɐn³³tʰam⁵²]
𠊛貪姑 [kʰən²¹tʰam⁵²kʰɔ²¹]

夥嫈貪 伙貪姑 咡䎘 嚅 立 講唔把 詭詠 吶 講習 謏佞 吶噥 講促

譸諙 吶嘵悉夥 講嘵恫欺 倉頭 砕䊸 卦色 㯳揖 夥拎慶 伙土塔 顧

賃 夥慢 伙又 蕩子 覡敗 伙郎耶 女娘 媽行正 嫧開希 雪見

覡破 嫧鬗色 妓女 仝 上 媯娘 阿頭 猜吹喝 覔甲 刧蕊豁 色吹喝

樵夫 伇鴻檜 伙徒彡 牧童 𥘷顛䶀 孩英仝依 匆匆人 伇劃勤 伙徒芽 行乞

囁嚅（nièrú）：窃窃私语貌；欲言又止貌。

□立 [？？]

讛咟把 [tʃaŋ^{35}pak^{55}ba^{35}]

詭（詭）詐（guǐzhà）：狡诈；欺诈。

□咐 [？ dɔi^{35}]

讛喑 [tʃaŋ^{35}ia^{52}]

讒佞（chánnìng）：谗邪奸佞之人；谗邪奸佞之言；谗邪奸佞。

呐□ [nɔi^{35}ŋɔn^{33}]

讛促 [tʃaŋ^{35}tʃ^{h}ɔk^{55}]

讁語

呐蹺悉趴 [nɔi^{35}ȵɐu^{33}lɔŋ^{33}ŋɔi^{21}]

讛嶢惘𠯿 [tʃaŋ^{35}ȵɐu^{33}t^{h}uŋ^{33}k^{h}ən^{21}]

倉頭（cāngtóu）：汉代对奴仆的称呼。

硈粸 [tɔi^{52}iai^{52}]

圤包 [k^{h}ɔi^{35}bau^{55}]

擡担

趴拎□ [ŋɔi^{21}kɐm^{21}？]

𠯿士塔 [k^{h}ən^{21}ɬɐi^{55}t^{h}at^{55}]

顧賃（gùlìn）

趴慢 [ŋɔi^{21}man^{33}]

𠯿乂 [k^{h}ən^{21}man^{33}]

蕩子（dàngzǐ）：指辞家远出、羁旅忘返的男子；谓游手好闲，不务正业或败坏家业的人。

琨敗 [kɔn^{52}bai^{214}]

𠯿郎㴆 [k^{h}ən^{21}laŋ^{33}ȵa^{21}]

女娘（nǚniáng）：对妇女的通称。

㚻行正 [k^{h}ai^{35}heŋ^{21}tʃiŋ^{35}]

嫱闹希 [ɬau^{52}k^{h}ai^{52}dɐi^{52}]

雪見（xuějiàn）

琨砣 [kɔn^{52}？]

嫱□包 [ɬau^{52}ləm^{214}bau^{55}]

妓女（jìnǚ）：女歌舞艺人；以卖淫为业的女子。

仝上

媳娘

阿頭 [a^{55}dɐu^{21}]

犕吹喝 [ɬau^{52}het^{55}hat^{55}]

曶甲

刧茹路 [kɔi^{55}ȵa^{21}lɔ^{214}]

包吹喝 [bau^{55}het^{55}hat^{55}]

樵夫（qiáofū）：打柴的人。

𡰪海檜 [ŋɔi^{21}deŋ^{35}kuɔi^{214}]

𠯿徒亏 [k^{h}ən^{21}t^{h}ɔ^{21}fuən^{21}]

牧童（mùtóng）：放牧牛、羊的儿童。

袘□楼 [ʔit^{55}tʃən^{33}tʃɐu^{33}]

狆……㤘 [luk^{33}eŋ^{52}leŋ^{214}uai^{21}]

芻人

𡰪割鞊 [ŋɔi^{21}kat^{35}kɔ^{35}]

𠯿徒芽 [k^{h}ən^{21}t^{h}ɔ^{21}ȵa^{35}]

行乞（xíngqǐ）：乞讨；佛教语。谓僧人托钵以求布施。

趴咹嗔 [ŋɔi^{21}ɐn^{33}tʃən^{52}]

𠯿啞初 [k^{h}ən^{21}kin^{55}tʃ^{h}ɔ^{52}]

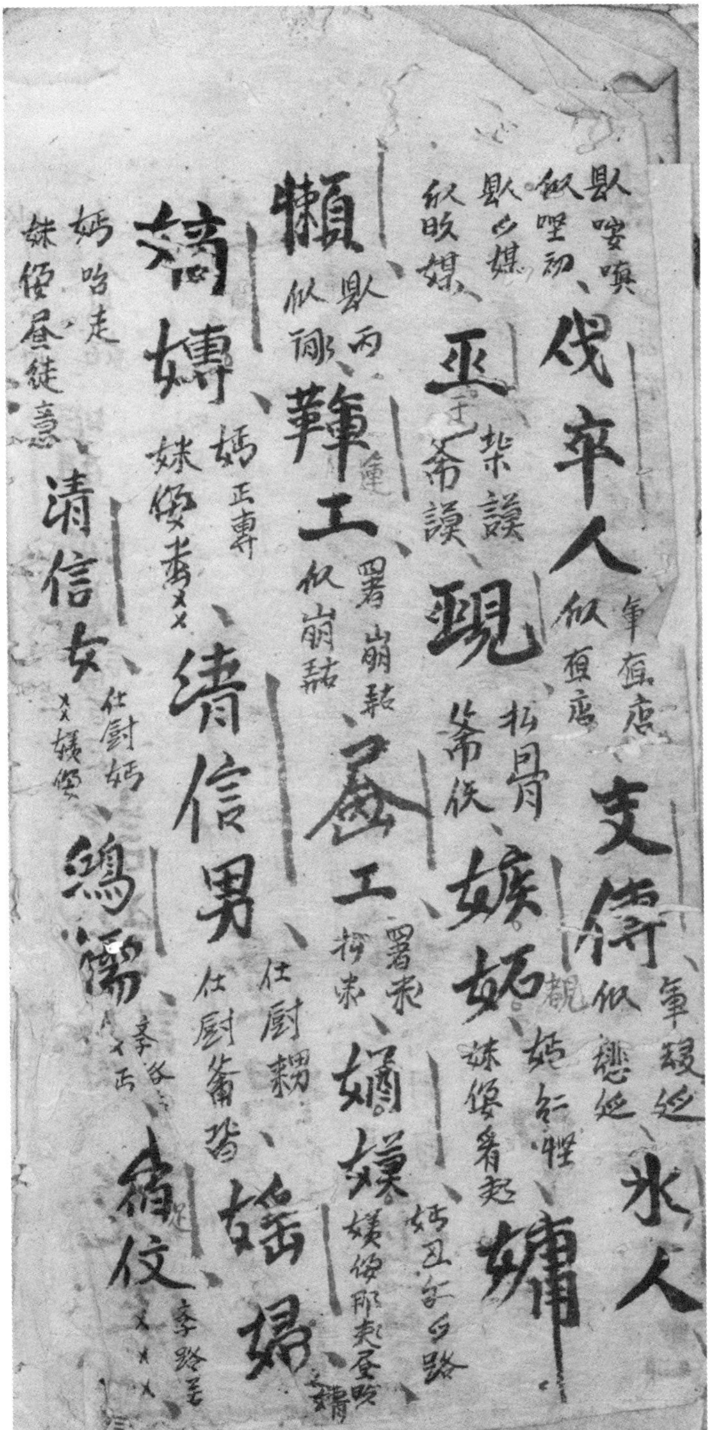

伐卒人（fázúrén）
奞直店 [kɔn^{52}tək^{22}dem^{52}]
斦直店 [k^{h}ən^{21}ʃək^{22}tem^{55}]

支傅（zhīfù）
奞扨疋 [kɔn^{55}li^{55}tɐn^{214}]
斦□疋 [k^{h}ən^{21}pɐi^{52}ʃən^{21}]

氷人（bīngrén）：媒人。
臥罒媒 [ŋəi^{21}lam^{21}məu^{33}]
斦昖媒 [k^{h}ən^{21}het^{55}mɔi^{21}]

巫（wū）：古代从事祈祷、卜筮、星占，并兼用药物为人求福、却灾、治病的人。
柒謨 [t^{h}ɐi^{21}mɔ^{52}]
希謨 [p^{h}ɔ^{33}mɔ^{52}]

覡（xī）：男巫。
払骨 [？？]
希佚 [p^{h}ɔ^{33}p^{h}ət^{33}]

嫉妬（jídù）：忌妒。
妠缸慳 [k^{h}ai^{35}hai^{52}ken^{52}]
妹娞肴朿 [me^{33}ȵin^{21}k^{h}an^{52}ɬai^{214}]

嫞懶（yōnglǎn）：懒惰；懒散。
臥丙 [ŋəi^{21}biŋ^{35}]
斦阘 [k^{h}ən^{21}tʃ^{h}an^{214}]

鞾（鞾）工
署崩秥 [ɬw^{55}bɐŋ^{21}kɔ^{52}]
斦崩秥 [k^{h}ən^{21}bɐŋ^{21}kɔ^{52}]

畫（畵）工（huàgōng）：以绘画为职业的人；指从事绘画的工匠。
署米 [ɬɯ^{35}fe^{21}]
払米 [？ fe^{21}]

嫸嫫（嫫）（cùmó）
妠刄缸罒路 [k^{h}ai^{35}ʃɐu^{35}hai^{33}lam^{21}lɔ^{35}]
媄娞邦朿昼昖 [me^{33}ȵin^{21}na^{35}ɬai^{214}ɬu^{214}het^{55}]

嫡婠（dízhuān）
妠正専 [k^{h}ai^{35}tʃiŋ^{35}tʃin^{52}]
妹娞猌爻 [me^{33}ȵiŋ^{21}iu^{55}tʃiŋ^{55}]

清信男（qīngxìnnán）：同清信士。
仕厨糗 [ɬɐi^{55}ʃɔ^{24}iai^{52}]
仕厨肴咠 [ɬɐi^{55}ʃɔ^{24}p^{h}ɔ^{33}ʃai^{21}]

媱婦（yáofù）
婧妠咍走 [k^{h}ai^{35}t^{h}ɐi^{52}tɐu^{35}]
妹娞昼徒意 [me^{33}ȵiŋ^{21}ɬu^{214}t^{h}ɔ^{21}e^{35}]

清信女（qīngxìnnǚ）：佛教指接受五戒的在家女居士。亦通称一切在家的佛教女信徒。
仕厨妠 [ɬɐi^{214}ʃɔ^{214}k^{h}ai^{35}]
××媄娞 [ɬɐi^{55}ʃɔ^{214}me^{33}ȵiŋ^{21}]

鴻儒（hóngrú）：大儒。泛指博学之士。
□□ [hɔk^{22}tɔ^{55}]
□丐 [ka^{35}]

宿仪（sùxìn）
孛路苦 [hɔk^{22}tɔ^{52}k^{h}ɔ^{35}]
×××[hɔk^{22}tɔ^{52}k^{h}ɔ^{35}]

寒儒 上仝 女士 亦仝、豎儒 ××奚 李衍 初士 亦仝 達夫 夫

几士坤 柴夫乘 士師、官守獄 ×酉× 獄丞 上仝 田叟 備 顯 貝顯 寺根 耳遣 讅讀 詣

謗 訟譏歌 昼促仅 主人 歌窖 仅× 識人 祖顯樓 挨奚令悵 地仙 柔相 地

柴地理、婀孃 嬰勤 嫫伕 解太人 署侵核 丈語美 果漢 璟曳 仅化

初世帯 几哆扱 仅勤繩冠 盜八 几盜 莆勤 叢启 吃底 莆? 親父

寒（搴）儒（hánrú）：贫寒的读书人。
仝上

火士（huǒshì）
亦仝

竖儒（shùrú）：对儒生的鄙称；有时用以谦称自己。
孝□□ [hɔk²² ？？]
×× 英 [hɔk²² ？ Eŋ⁵²]

初士（chūshì）
亦仝

达吏（吏）（dálì）：向上举荐官吏。
几吏坤 [ke⁵⁵lai²¹⁴kʰun⁵²]
柴吏乖 [ɬɐi⁵⁵lai²¹⁴kuai⁵²]

士師（shìshī）：古代执掌禁令刑狱的官名；兵众，军队。
官守獄 [kuan⁵⁵tʰɐu²¹⁴uɔk²²]
× 直 ×[kuan⁵⁵tʃʰɔk²²uɔk²²]

獄丞（獄亟）（yùchéng）
仝上

奭鼠
奇恨 [ka³⁵hen²¹⁴]
牙遗 [ȵa²¹ɬi³³]

□讀謗
的諦䫹 [tʰɐi⁵² ？ ŋɔi²¹]
昼促队 [ɬu²²tʃɔk²²kʰɔn²¹]

玉人（yùrén）：雕琢玉器的工人；玉雕的人像；容貌美丽的人；对亲人或所爱者的爱称；仙女。
䫹窖 [ŋɔi²¹kʰeu³⁵]
队 ×[kɔn²¹kʰeu³⁵]

識人
祂蹎楼 [ʔit⁵⁵tʃɐn³³tʃɐu³³]
孙英令侬 [luk³³eŋ⁵⁵leŋ²¹⁴uai²¹]

地仙（dìxiān）：方士称住在人间的仙人；比喻闲散享乐的人；比喻美丽的女子。
柴相桬地 [tʰɐi²¹ɬan⁵²te²¹⁴]
地理 [ɬɐi⁵⁵tʰi³³li²⁴]

姆孃（lǎoniáng）：外祖母。
娿勃 [ba²¹ba²¹]
娭伕 [me³³pʰɔt²²]

鮮木人（xièmùrén）
署侵核 [ɬɯ³⁵tʰɔm⁵²kɐi⁵²]
丈湉美 [tʃaŋ³⁵kɯ⁵⁵mɐi²¹⁴]

呆漢（dāihàn）：对男子的蔑称，痴呆的人；傻男子。
㞫叓 [ŋɔi²¹ɬai²¹⁴]
队化 [kʰɔn²¹ua³⁵]

招帶（zhāodài）
几咹极 [ke³⁵ɐn⁵²kep⁵⁵]
队勒繩氻 [kʰɔn²¹lɐk²²tʰɐn²¹uɐn²¹]

盜人（dàorén）：犹盗贼；劫掠人口；窃取他人财物。
几滥 [ki⁵²kam³⁵]
甭勤 [pʰɔ³³lɐk²²]

嚴（嚴）君（yánjūn）：父母之称；指父亲。
□底 [tʃa⁵²de³⁵]
甭沃 [pʰɔ³³ɔk⁵⁵]

親父（qīnfù）：生父。

嚴父、椿樹、以上並仝 萱堂、以次嫫氏 慈母、壵母、令
堂親、母、以上並仝 亞父、注爺奥 阿叔、注奇奥关爺 仲父、仝上
叔父、注次红奥次双 季父、注辛奥渴 從父、注户奥乂 表兄弟、
要奔堆覞姨 娓儂扶伯扶邦、甥男女、招姉招奄娓儂猫伯猫邦、姪男女、仝上
堂兄弟、要奄覞持覞注娓儂扶遠扶奥 從兄弟、要奄招持招注娓儂猫隐猫奥

嚴（厳）父（yánfù）：父亲。

椿樹（chūnshù）
以上
並仝

萱室（xuānshì）：萱堂。
媄底 [me^{21}de^{35}]
× 沃 [me^{21}ɔk^{55}]

慈母（címǔ）：古谓父严母慈，故称母为慈母；古称抚育自己成长的庶母为慈母。

老母（lǎomǔ）：年老的母亲；泛指老妇。

令堂（lìngtáng）：尊称对方的母亲。

親母（qīnmǔ）：生母。
以上
並仝

亞父（yàfù）：谓仅次于父。表示尊敬的称呼。
注 [ʧu^{35}]
𤕦奥 [p^{h}ɔ^{33}au^{55}]

阿叔（āshū）：叔父；妇女称丈夫的弟弟。
注奇 [ʧu^{35}ka^{35}]
奥尖𤕦 [au^{55}ʧem^{52}p^{h}ɔ^{33}]

仲父（zhòngfù）：古代称父亲的大弟；春秋时齐桓公尊管仲为仲父；用于帝王对宰相重臣的尊称；指孔丘。
仝上

叔父（shūfù）：通称父亲的弟弟；周朝天子称同姓小邦诸侯为叔父。
注次缸 [ʧu^{35}t^{h}ɯ^{35}hai^{52}]
奥次双 [au^{55}t^{h}ɯ^{35}ɬɔŋ^{52}]

季父（jìfù）：最小的叔父。
注卒 [ʧu^{35}ʧɔt^{55}]
奥湯 [au^{55}t^{h}aŋ^{52}]

從父（cóngfù）
注户 [tʃu^{35}hɔ^{214}]
奥 ×[au^{52}hɔ^{214}]

表兄弟（biǎoxiōngdì）：谓表兄与表弟的亲属关系。
要奋堆掍姨 [eŋ^{55}em^{55}dui^{52}kɔn^{52}ɬi^{21}]
觇儂犾伯犾那 [p^{h}i^{33}nɔŋ^{214}luk^{33}pa^{35}luk^{33}na^{33}]

甥男女（shēngnánnǚ）：姊妹之子。
招姊招奄 [ʧɐu^{35}ʧi^{214}ʧɐu^{35}em^{33}]
觇儂𤞟伯𤞟那 [p^{h}i^{33}nɔŋ^{214}lan^{52}pa^{35}lan^{52}na^{33}]

姪男女（zhínánnǚ）：兄弟之子。
仝上

堂兄弟（tángxiōngdì）：同祖的兄弟。
要媕掍口掍注 [eŋ^{33}em^{33}kɔn^{52}bak^{35}kɔn^{52}ʧu^{35}]
觇儂犾 [隆] 犾奥 [p^{h}i^{33}nɔŋ^{214}luk^{33}luŋ^{21}luk^{33}au^{55}]

從兄弟（cóngxiōngdì）：稱已死的伯叔。
要媕招口招注 [eŋ^{33}em^{33}ʧɐu^{35}bak^{35}ʧɐu^{35}ʧu^{35}]
觇儂𤞟隆𤞟奥 [p^{h}i^{33}nɔŋ^{214}lan^{52}luŋ^{21}lan^{52}au^{55}]

繼父 吃儿 篇陵 冡弟 耍掩共吃恪 妮偎共篇祥嫫 外姊妹 耍掩

共嫫恪吃 妮偎共嫫祥篇 阿哥 耍耦 妮眥 大雎 令兄 玉昆 元

號 以上 並仝 夫漢 覡耦 㹤眥 弄璋 才貴子 仝上 弄瓦

覡耦㹤 㹤犢ㄱ 淑女 正女 貞女 以上 並仝 室女

香閨 門楣

王饋 婚奇 娟谷 專房 夫人 內助 世 以上 並仝

繼父 （jìfù）：母亲的后夫；犹养父。
吒几 [ʧa^{52}ki^{35}]
甭陵 [p^{h}ɔ^{33}lɐŋ^{52}]

晜弟 （kūndì）：兄弟；哥哥和弟弟。
娶婶共吒恪□ [eŋ^{33}em^{33}kuŋ^{21}ʧa^{52}k^{h}ak^{55}me^{214}]
觬儂共甭祥媄 [p^{h}i^{33}nɔŋ^{214}kuŋ^{33}p^{h}ɔ^{33}taŋ^{52}me^{33}]

外好妹 （wàiyúmèi）
娶共媄恪吒 [eŋ^{33}em^{33}kuŋ^{21}me^{214}k^{h}ak^{55}ʧa^{52}]
婶觬儂共媄祥甭 [p^{h}i^{33}nɔŋ^{21}k^{h}uŋ^{33}me^{33}taŋ^{55}p^{h}ɔ^{33}]

阿哥 （àgē）：哥哥；对年纪跟自己相近的男子表示亲热的称呼；满俗，同辈彼此间的互称；为父母对儿子的称呼；为对皇子的通称。
娶耩 [eŋ^{33}iai^{33}]
觬皆 [p^{h}i^{33}ʃai^{21}]

大難（難）（dànàn）：异常艰难；巨大的灾难、祸变；大傩。

令元 （lìngyuán）

玉昆（昆）（yùkūn）

元號 （yuánhào）
以上
並仝

夫漢 （fūhàn）
琨耩 [kɔn^{52}iai^{52}]
犾皆 [lukq^{3}ʃai^{21}]

弄璋 （nòngzhāng）：《诗·小雅·斯干》："乃生男子，载寝之床，载衣之裳，载弄之璋。"

才貴子 （cáiguìzǐ）
仝上

弄瓦（𤬪）（nòngwǎ）：《诗·小雅·斯干》："乃生女子，载寝之地，载衣之裼，载弄之瓦。" 瓦，纺砖，古代妇女纺织所用。后因称生女曰弄瓦。
琨耩娡 [kɔn^{52}k^{h}ai^{35}]
犾媠 [luk^{33}ɬau^{52}]

淑女 （shūnǚ）：贤良美好的女子；泛指女人，多含嘲讽义。

正女 （zhèngnǚ）：贞女，贞洁的女人。

貞女 （zhēnnǚ）：贞洁的妇女；指修道院的修女。
以上
並仝

室女 （shìnǚ）：未出嫁的女子。
琨娡渚可□ [kɔn^{52}k^{h}ai^{35}ʧə^{52}ka^{214}？]
犾媠闭闬夫 [luk^{33}ɬau^{52}mi^{55}k^{h}ai^{52}p^{h}u^{52}]

主饋 （zhǔkuì）：旧时指妇女主持烹饪等家事；指妻室。
嬏奇 [fə^{21}ka^{35}]
娟谷 [me^{33}kuk^{55}]

尃房 （fūfáng）

夫人 （fūrén）：古代命妇的封号；对已婚妇女的尊称；对自己及他人妻子的尊称。

内助 （nèizhù）：旧称妻子对丈夫的帮助；称妻子为"内助"。
世□
以上
並仝

身體類

顛頂、𩓐頭寺堷、頂心、钟狀地竄、耳竅、鼻肥窗秋、渲宮亡沃弘堷

額顱、钟羲留彰、眉毛、𩬊翻坤朝、眼目、覝䄂奠佃、顴腮甲姑媽钟劇

頰車、岡合各䶩、地額斳合罗岡、耳輪丙車腮弘秋、鼻梁

蚌鯩京登、年壽中廷江登、印堂𩬊翻交坤朝、孔鼻鼻鯩窗登

身體類

顛頂（diāndǐng）：指头顶，顶端。
頂頭 [tiŋ^{35}dɐu^{21}]
丰［塇］[tʰiŋ^{21}tʰuɔ^{52}]

頂心（dǐngxīn）：指头顶的中央；棉花等作物主茎的顶端。也叫顶尖。
㺯快 [ʧuŋ^{21}kʰuai^{35}]
地寬 [tʰi^{33}kʰuɐn^{52}]

耳竅（ěrqiào）
鲁聰 [lɔ^{24}tɯ^{33}]
窗秋 [ɬu^{21}ʃu^{52}]

洹宮（huángōng）
亡沃 [fɔŋ^{33}ɔk^{55}]
弘塇 [？ tʰɔ^{52}]

額顙（ésǎng）
㺯盞 [ʧuŋ^{21}ʧen^{35}]
罶觡 [na^{24}kɔk^{55}]

眉毛（méimáo）：眼眶上缘的毛。
氈氇 [ɬɔŋ^{33}mau^{33}]
坤朝 [kʰun^{52}ʃɐu^{21}]

眼目（yǎnmù）：眼睛。
䀉相 [kɔn^{52}mɐt^{55}]
莫他 [mak^{55}tʰa^{52}]

頰腮（jiásāi）：脸的两侧。
姑媽 [kɔ^{52}ma^{24}]
㺯劔 [ʧuŋ^{33}kem^{35}]

頰車（jiáchē）：牙下骨，载齿的腭骨；人体经穴名，在耳下曲颊端近前八分，陷中；犹牙慧。
岡含 [kəŋ^{21}hum^{21}]
答劔 [kuk^{55}kem^{35}]

地額（dìé）
鄯含 [dai^{35}hum^{21}]
罡岡 [taɯ^{35}kʰaŋ^{21}]

耳輸（ěrshū）
丙車聰 [beŋ^{35}ʃe^{52}tɯ^{52}]
弘秋 [tən^{35}ʃu^{52}]

鼻（鼻）梁（bíliáng）：鼻子隆起的部分。
犄鰰 [ʃuŋ^{35}？]
京登 [kʰeŋ^{21}dɐŋ^{52}]

年壽（壽）（niánshòu）：人的寿命。
中□ [ʧuŋ^{52}diŋ^{21}]
江登 [ʧaŋ^{52}tɐŋ^{52}]

印（印）堂（yìntáng）：旧时相面的人称额部两眉之间为“印堂”，根据印堂的气色判断人的富贵祸福；人体经穴名，位于两眉头之间。
氈氇交 [ʃaŋ^{33}mi^{21}iau^{21}]
坤朝□ [kʰɔn^{52}ʃau^{21}]

孔鼻（鼻）（kǒngbí）
鲁鰰［？？ ］
窗登 [ɬu^{21}dɐŋ^{52}]

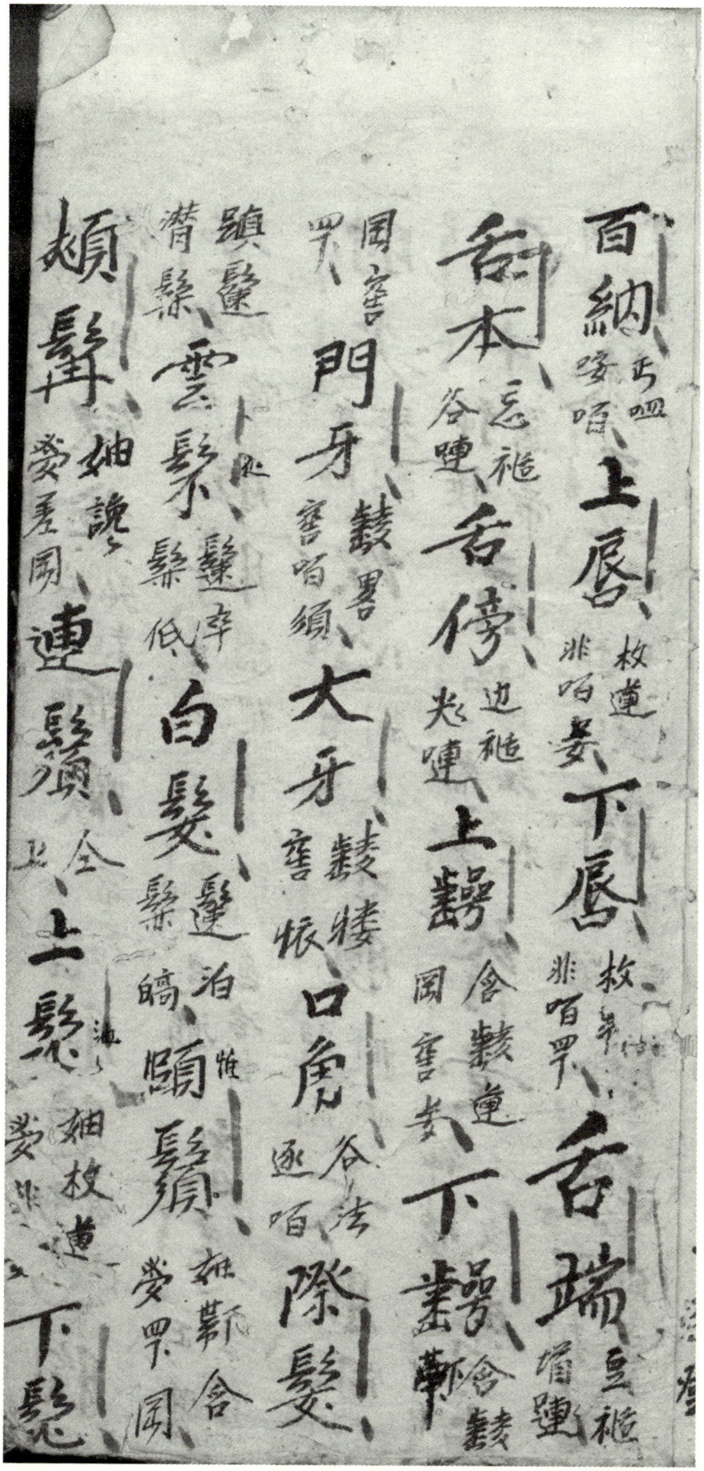

百納 上唇 下唇 舌端
舌本 舌停 上齶 下齶
門牙 大牙 口虎 際髮
雲髮 白髮 顱鬚
頰鬚 連鬢 上鬚 下鬚

百納 （bǎinà）：指僧衣。
丐咃 [kai^{35}uet^{55}]
咹陌 [ɐn^{21}pak^{55}]

上唇 （shàngchún）
枚蓮 [mai^{33}len^{33}]
非陌□ [p^{h}i^{52}pak^{55}nə^{52}]

下唇 （xiàchún）
枚□ [mai^{33}]
非陌罡 [p^{h}i^{52}pak^{55}taɯ^{35}]

舌端 （shéduān）：舌尖，舌头；舌所以言，因引申为言词。
豆裰 [dɐu^{21}lɐi^{35}]
埇嗹 [t^{h}uɔ^{52}lin^{214}]

舌本 （shéběn）：舌根；舌头。
忘裰 [kɐi^{21}kən^{55}]
谷嗹 [kuk^{55}lin^{214}]

舌傍 （shébàng）
边裰 [ben^{52}lɐi^{35}]
尖嗹 [ʧim^{33}lin^{214}]

上齶
含鲮蓮 [hun^{21}ɬaŋ^{33}len^{33}]
岡窖妄 [k^{h}aŋ^{21}k^{h}eu^{35}nə^{52}]

下齶
含鲮骶 [hum^{21}ɬɐŋ^{33}dai^{35}]
岡窖罡 [k^{h}aŋ^{21}k^{h}eu^{35}tɐɯ^{35}]

門牙 （ményá）：门齿的通称。
鲮署 [ɬɐŋ^{33}ʧək^{55}]
窖陌須 [k^{h}eu^{35}pak^{55}tu^{52}]

大牙 （dàyá）：槽牙；门牙。
鲮楼 [ɬɐŋ^{33}tɐu^{52}]
窖怀 [k^{h}eu^{35}uai^{21}]

口角 （kǒujiǎo）：嘴边；嘴。
谷法 [kuk^{55}fap^{55}]
逐陌 [k^{h}ɔk^{33}pak^{55}]

際（際）髮 （jìfà）
踑鬛 [ʧən^{52}tuk^{55}]
潜鬏 [t^{h}ɐi^{55}ʃum^{52}]

雲鬃
鬛卒 [？ tɔt^{55}]
鬏低 [ʃum^{52}dɐi^{52}]

白髮 （báifà）：白头发，亦指老年。
鬛泊 [？ bek^{33}]
鬏皜 [ʃum^{52}k^{h}au^{52}]

頤鬚
妯骶含 [ȵɯ^{33}dai^{35}hum^{21}]
爱罡岡 [mum^{33}taɯ^{35}k^{h}aŋ^{21}]

頰髯 （jiárán）
妯謰 [iɐu^{55}tien^{21}]
爱差岡 [mum^{33}ɬaŋ^{33}k^{h}aŋ^{21}]

連鬚 （liánxū）
仝上

上髭
妯枚□ [ɬɔ^{33}mai^{33}len^{33}]
爱［非］□［？？？ ］

下髭
妯枚骶 [ɬɔ^{33}mai^{33}dai^{35}]
爱非罡 [mum^{33}p^{h}i^{52}taɯ^{35}]

妯枚鄙𤍠非罗鈌盆亡京弘京咽喉鲁古畣茹胸臆钟山留㾜胸

堂娘竟弘嗃胞膊豆𧃁增把胞腋退溺色洽綿乳房乓吊姿嘀

肘尖更𦝫猌翢坎心某悪劉依小腹腹闭恫肉大腹腹奇恫那

甲臍中钟膜篤帝肩髃钟𦣛江把脊堂钟膝江陵[illegible]夫

顗畣業右膝蓋豆檜增以腳膊甡顕更㪚腳踝猊相奇他萧

缺盆（quēpén）：前胸壁上方锁骨上缘的凹陷处；穴位名，位于缺盆部的正中央，属足阳明胃经。
亡京 [fɔŋ³³kiŋ⁵²]
弘京 [tən³⁵kiŋ⁵²]

咽喉（yānhóu）：咽与喉的并称；喻指扼要之处或关键部门。
鲁古 [lɔ³⁵kɔ³⁵]
窗茹 [ɬu²¹kʰɔ²¹]

胸（胸）臆（xiōngyì）：胸部，躯干的一部分；内心，心中所藏；胸襟和气度。
艸□ [ʧuŋ⁵² ？]
翻□ [na²⁴ək⁵⁵]

胸（胸）膛（堂）（xiōngtáng）：泛指胸部，腔腔。
娘竜 [naŋ²¹lɔŋ³³]
弘喃 [taɯ³⁵num²¹]

肐膊（gēbó）：胳膊，肩膀以下手腕以上的部分。
豆腖 [dɐu²¹ken⁵²]
埥把 [tʰɔ⁵²ba⁵⁵]

肐腋（gēyè）
退溺 [tʰɔi³⁵ȵɔk³³]
色治綿 [ɬak²²ʃe²¹⁴men⁵²]

乳（乣）房（rǔfáng）：人和哺乳动物所特有的哺乳器官。
丐咘 [kai³⁵bu³⁵]
咹喃 [ɐn⁵²nəm²¹]

肘尖（zhǒujiān）
更硒 [keŋ²¹tɐi⁵²]
族朔 [tʰuk²²ɬɔk⁵⁵]

坎心（kǎnxīn）
某悪 [mɔ³³ak³⁵]
剳低 [ʧep⁵⁵dɐi⁵²]

小腹（xiǎofù）：指人体脐以下的部位。
腹闭 [pʰuk²²ʔit⁵⁵]
恫内 [tʰɔŋ²¹⁴nɔ³³]

大腹（dàfù）
腹奇 [pʰuk²²ka³⁵]
恫邦 [tʰɔŋ²¹na⁵²]

膻中（qízhōng）
艸朕 [ʧuŋ⁵²ʧɔn²¹⁴]
篤帝 [duk⁵⁵di³⁵]

肩髃（jiānyóng）
艸糒 [ʧuŋ⁵²ken⁵²]
江把 [ʧaŋ⁵²ba³⁵]

背堂（bèitáng）
艸胬 [ʧuŋ⁵²iɐŋ³³]
江陵 [ʧaŋ⁵²lɐŋ⁵²]

臀尖（túnjiān）：猪臀部隆起处的肉。
顡崙 [tʰuk⁵⁵lən³³]
禁后 [kəm³⁵hɐu²¹⁴]

膝蓋（xīgài）：膝的通称。
豆檜 [dɐu²¹kuɔi³⁵]
埥叹 [tʰuɔ⁵²kʰɐu⁵⁵]

脚膊（jiǎobó）
秈蹎 [ɬuŋ³⁵ʧən⁵²]
更軻 [kʰeŋ²¹kʰa⁵²]

脚踝（jiǎohuái）：小腿与脚之间左右两侧的突起部分。
琨相奇 [kɔn⁵²mɐt⁵⁵ka³⁵]
他蒲 [tʰa⁵²pu⁵²]

股髀 顩滕 傍柯 合胞 頁吉 脚踝 塩顛 埂信 脚跟 骨 顛

膜 吽 脚背 膝顛 陵柯 腎囊 瑰界 莫滦 陰毛 髭培 神希 睪子

豆句 堉樺 圈子 仝上 吊子 亦仝 髮 玉莖 亦是 玉門 丐侖 嗲希

陰户 仝上 𨷲門 亦仝 格子 丐的 嗲叱希 鬏道 鲁失 畜𥻿 乱

毛 髭帯 神埋 尻骨 昌旁 瘍句 虎要 紅盈晒 奴坡季 人中 火神枚 朝冰

股髀（股髀）（gǔbì）
頹膝 [？？]
傍柯 [pʰaŋ33kʰa52]

合胞（hébāo）
□蹎 [？？]
貢告 [kuŋ55kau35]

脚口
盘蹎 [ban21ʧən52]
坡信 [pʰa52tin35]

脚跟（jiǎogēn）：脚的后部。
骨膡 [kɔt35ʧən52]
蹎吽 [ɬən35keu35]

脚背（jiǎobèi）：脚掌的背面。
胰蹎 [iɐŋ33ʧən55]
陵柯 [lɐŋ52kʰa52]

肾囊（囊）（shènnáng）：中医指阴囊。
魂界 [hɔn21iai35]
莫深 [mak55tʰɐm52]

陰（陰）毛（yīnmáo）：在青春期开始出现在阴阜的毛。
毦培 [ʃiɔŋ35pʰɔi214]
坤希 [kʰun52hi52]

鞢子
豆句 [dɐu21kɐu52]
墒捶 [tʰu52uɐi21]

图子
仝上

吊子（diàozǐ）
亦仝

玉莖（yùjìng）：指阴茎。
亦是

玉門（yùmén）：中医谓处女的子宫口。
丐崙 [kai35lɔn21]
咹希 [ɐn33hi52]

陰（陰）戶（yīnhù）：指女子阴道外口。又名女阴。
仝上

阉門
亦仝

格子（gézǐ）
丐的 [kai35dik55]
咹吃希 [ɐn52ʧʰət55hi52]

穀道（gǔdào）
鲁失 [lɔ24tʰət55]
窗氣 [ɬu21kʰi35]

乱毛（luànmáo）
毦帯 [ʃuəŋ35dai35]
坤埋 [kʰɔn52mai52]

尻骨（骨）（jūgǔ）
昌穷 [ʃiɔŋ35kuŋ21]
湯□ [tʰaŋ52tʰuŋ33]

虎要
缸盘硒 [hai52ban21tɐi33]
双坡摩 [ɬɔŋ52pʰa52mɯ21]

人中（rénzhōng）：人的鼻下唇上的凹下部分；穴位名，位于上唇人中沟正中近上方处，为急救昏厥的要穴。
夾翀枚 [ʧap22ʧuŋ52mai33]
朝［沐］[ʃau21muk22]

耳垂 両車聰 弘秋 指甲縫 谷爰 各立 腳趾 兀槽 鼻𧿫 兀顛 鼻㐱柯

手腕 古𢬣 蚯𢬣 掌心 𢚸盘𢬣 江坡𢬣 拇指 兀丐 鼻㐱𧸝 竪指 樹

兀槽 鼻㐱止 中指 兀𦟐 鼻㐱江 無名指 兀末𦟐 鼻㐱保𠍿 季指 兀乙 鼻㐱㑌

支指 兀外 鼻㐱朿 耳根 𠃩聰 進秋 額角 谷𧸝 㑌錯 顖門 双

𢬣法 咟㑌 紺髮 鬔堵 𩯀丁 遶髮 鬔𩯀 𩯀姑 鬅鬠 鬔𦆴 𩯀戊

耳垂 （ěrchuí）：耳廓下端的肥柔部分。也叫耳朵垂儿。
丙車聰 [beŋ^{35}ʃe^{52}dɯ^{52}]
弘秋 [tən^{35}ʃu^{52}]

指甲缝 （zhǐjiǎfèng）
谷夋 [kuk^{55}muŋ^{33}]
谷立 [kuk^{55}lep^{22}]

脚趾 （jiǎozhǐ）：脚前端的分支。
几蹪 [？ ʧən^{52}]
裊柯 [niu^{22}k^{h}a^{52}]

手腕（腕）（shǒuwàn）：手和臂连接的部分。
古掚 [ku^{35}tɐi^{52}]
姑摩 [k^{h}ɔ^{21}mɯ^{21}]

掌心 （zhǎngxīn）：手心。
悉盘掚 [lɔŋ^{21}ban^{21}tɐi^{52}]
江坡摩 [ʧaŋ^{52}p^{h}a^{52}mə^{21}]

母指 （mǔzhǐ）
兀丐 [ŋɔn^{35}kai^{35}]
裊媄 [niu^{22}me^{33}]

竖指 （shùzhǐ）
兀撸 [ŋɔn^{35}lɔ^{35}]
裊止 [niu^{22}ʃi^{24}]

中指 （zhōngzhǐ）：手的第三指。
兀㑖 [ŋɔn^{35}ȵə^{35}]
裊江 [niu^{22}ʧaŋ^{52}]

無名指 （wúmíngzhǐ）：中指与小指之间的指头。
兀末□ [ŋɔn^{35}mat^{22}？]
裊保□恩 [niu^{22}bɐu^{55}mi^{21}t^{h}uŋ^{21}]

季指 （jìzhǐ）：小指。
兀乙 [ŋɔn^{35}hɐt^{55}]
裊悔 [niu^{22}hɔi^{35}]

支指 （zhīzhǐ）：谓手枝生一指而有六指。
兀外 [ŋɔn^{35}ŋuai^{214}]
裊来 [niu^{22}lai^{52}]

耳根 （ěrgēn）：耳朵的根部。亦指耳朵。
芒聰 [maŋ^{33}tɯ^{52}]
進秋 [tən^{24}ʃu^{52}]

額角 （éjiǎo）：额头，额的两旁。
谷盏 [kuk^{55}ʧen^{35}]
族錯 [kuk^{55}ʃak^{55}]

顖門
㑖法 [ʧuŋ^{52}fap^{55}]
咟族 [pak^{55}ʃɔk^{33}]

紺髮 （gànfà）：原指佛教如来绀琉璃色头发。后亦指道教得道者之发，或泛指一般绀青色头发。
𩯁堵 [tɔk^{55}dɔ^{214}]
鬖丁 [ʃum^{52}deŋ^{52}]

毬髮 （qiúfà）
𩯁群 [tɔk^{55}kuɐn^{35}]
鬖姑 [ʃum^{35}k^{h}ɔ^{21}]

鬅鬙（鬙）（péngsēng）：头发散乱貌。
𩯁纇 [tɔk^{55}lui^{35}]
鬖□ [ʃuən^{52}ȵuŋ^{35}]

椲子、理聽 氣秋、花池、正血 咹唷、𦞂目 𦞂吾、䥫秋 害鷊、離 㚘曲、䥫 妹 槿

𡨦 則、𦞂圓 𦞂、䥫隴 𡨦見、罰 側、景屋 倡見、罰 肚、屋 倡 鈇 溫、

腰 膠、腠 䩄 地 浪、軒 腄、氐 肸 醒 棠 得、轘 轉、吾 呂 起 过 ヨ、贅 疣、路 職 报 边 爱、

班 瘂、鈇 辛味 边 逐、餱 子、鍼 喝 粗 边 卒、相 鍼、針 氏 月 僥 机 根、相 覓、鱼、

𢺈 僥 歐 根、相 通、赵 僥 意 根、杄 秋、全 上、撒 尿、道 清 帯 尾 瀖、放 尿

棯子

理聣 [mai^{33}dɯ^{52}]

氣秋 [ki^{24}ʧ^{h}u^{52}]

花（花）池 （huāchí）

丐㗂 [kai^{35}uet^{55}]

咹咟 [ɐn^{52}pak^{55}]

齟齬（齟齬）（jǔyǔ）：上下齿不相对应。

䔶秋脷 [ɬaŋ^{33}t^{h}u^{52}li^{33}]

窖錫 [k^{h}eu^{24}t^{h}ik^{55}]

□曲 （qū）

䔶妹 [ɬaŋ^{33}me^{214}]

窖則 [k^{h}eu^{35}tɐt^{55}]

齥齒

䔶隴 [ɬaŋ^{33}luŋ^{33}]

窖𪘶 [k^{h}eu^{35}k^{h}ɔn^{21}]

朆側

□㞞 [？？]

倡見 [ʃaŋ^{35}ken^{55}]

朆肹

㞞□ [？？]

倡温 [ʃaŋ^{52}ɔn^{55}]

腰胯

胬裙 [iɐŋ^{33}kɐn^{21}]

地浪 [t^{h}i^{33}ɬɐŋ^{214}]

鼾睡 （hānshuì）：熟睡而打呼噜。

昨醝 [ŋu^{214}ɬɐi^{52}]

𣞻得 [nɔt^{22}dɐt^{55}]

輾轉 （zhǎnzhuǎn）：翻来覆去的样子。

吝吕 [lɐn^{21}la^{24}]

𧺀过彐 [uɐn^{21}kua^{55}mɯ^{24}]

瞀疣

𨊄报 [t^{h}eŋ^{21}bau^{35}]

边娄 [p^{h}in^{21}mɐu^{21}]

班痣 （bānzhì）

𨊄卒咪 [t^{h}eŋ^{21}tuət^{55}lai^{33}]

边迷 [p^{h}in^{21}mɐi^{21}]

䬲子

𨊄喝粓 [t^{h}eŋ^{21}hat^{55}kəŋ^{33}]

边卒 [p^{h}in^{21}tɔt^{55}]

相鍼 （xiāngzhēn）

昏侥 [？？]

扒根 [ʧip^{55}kɐn^{52}]

相覧

掩侥 [em^{33}ȵɐu^{33}]

飲根 [əm^{35}kɐn^{52}]

相通 （xiāngtōng）：彼此沟通；连通；互相通融。

𧼨侥 [ʃɐu^{35}ȵɐu^{33}]

意根 [ʔi^{52}kɐn^{52}]

扦秋 （qiānqiū）

仝上

撒尿 （sāniào）：小便。

淯帯 [ʧɐi^{21}dai^{35}]

尾濃 [fai^{214}neu^{33}]

放尿 （fàngniào）

𢫕滯 [di^{52}dai^{35}]

□濃 [pɐi^{52}neu^{33}]

鬆滯戀澷望風大便沃氣呻吟啃連亨江津液新昌潛勃淦棟腤身

命彥坡當𤸫胎祉㮯秃扶隊土胎全上污穢鳥餘太喂亂中風

沛耄秃𪓰禁口吟嗌䔄哂大瘋鍼悔边辰頭瘡息豆增宋眩目众䏥先他

泥顛狂鍼曳边伯疰蟲蛀䗉蟀窨蒴横誕旦𡗶生𤳸昂生扶恍倒生衣虎生失鼻

鼻喘又鰝登示㱡𦑃手栗𦐇示棄托腮众沅甚䬓䝬屎吉廿氣

望風（wàngfēng）：为正在进行秘密活动的人观察动静。

大便 [dai^{22}bien^{214}]

沃氣 [ɔk^{55}k^{h}i^{35}]

呻吟（shēnyín）：诵读，吟咏；因忧劳苦痛而嗟叹，亦指嗟叹声。

哨連 [teŋ^{35}len^{33}]

亨江 [？？]

津液（jīnyè）：中医对体内一切液体的总称，包括血液、唾液、泪液、汗液等，通常专指唾液。

渃勃 [nək^{55}bɔk^{22}]

淰捒 [nɐm^{21}lai^{21}]

胎身（tāishēn）

命彥 [meŋ^{21}lieu^{33}]

坡當 [p^{h}a^{52}daŋ^{52}]

憜胎（duòtāi）：流产。

祉掍 [ɬɐi^{214}kɔn^{52}]

秃孩 [t^{h}uk^{55}luk^{33}]

墜胎（zhuìtāi）：堕胎，人工流产。

仝

上

污穢（wūhuì）：肮脏的东西。

餘�威 [t^{h}ə^{21}bən^{214}]

喂雷 [ɐu^{33}ɬɔi^{52}]

中風（zhòngfēng）：病名，指脑血管栓塞或脑内小血管破裂等病患。

沛蕘 [bai^{35}iɔ^{35}]

秃羮 [t^{h}uk^{55}lun^{21}]

禁口（jìnkǒu）：由于疾病或其他原因禁忌吃不相宜的食物。

吟咄 [kɐm^{21}uet^{55}]

禁咟 [kəm^{35}pak^{55}]

大瘋（dàfēng）

铖悔 [t^{h}eŋ^{21}hɔi^{24}]

边后 [p^{h}in^{21}hɐu^{24}]

頭痛（tóutòng）：头部疼痛，一种病症。

息豆 [tik^{55}dɐu^{21}]

埫宋 [t^{h}uə^{52}tɔŋ^{35}]

眩目（xuànmù）：耀眼。

众粗 [ʧuŋ^{35}mɐt^{55}]

先他 [tɐm^{33}t^{h}a^{52}]

顛狂（diānkuáng）：精神病名，也指精神病人的狂乱表；举止狂乱貌。

铖叓 [t^{h}eŋ^{21}ɬai^{214}]

边伯 [p^{h}in^{21}ba^{35}]

蓝蛭

鯪蝼 [ɬɐŋ^{33}lɐu^{33}]

窖崩 [k^{h}eu^{35}mɐŋ^{33}]

横□

生掍昂 [ɬiŋ^{55}kɔn^{52}ŋaŋ^{33}]

生秐恍 [ɬeŋ^{52}luk^{33}k^{h}uaŋ^{52}]

倒生（dàoshēng）：草木由下向上长枝叶，故称草木为“倒生”；谓树木向下生长。

底虐 [de^{35}？]

生失 [ɬeŋ^{52}t^{h}ət^{55}]

鼻（鼻）（bí）：呼吸兼嗅觉的器官。

鼻（鼻）喘（bíchuǎn）

文鰰 [？ Mui^{35}]

登不 [dɐŋ^{33}p^{h}et^{55}]

擺（擺）手（bǎishǒu）：挥手；摇手。

栗捶 [lɐt^{22}tɐi^{33}]

不摩 [pɐt^{55}mɯ^{21}]

托腮（tuōsāi）：凝思貌。

仌泥 [ʃiuŋ^{35}nɐi^{33}]

甚劔 [t^{h}ɐm^{21}kem^{35}]

屎（shǐ）：粪便。

吉 [kət^{55}]

屮氣 [la^{33}k^{h}i^{35}]

飮食類

奚稷（則）穧糯〻䐨 口奴橽 穧稷 穧糯〻 口奴 惡黍（此）穧糯〻 口奴鬼 糯米

粘事 口車 穧稷 穧禾 口𥟩（除）穧稻（道）穧糯〻嚌 口奴款 白稻 穧糯〻皂 口奴鴿

（六）稑米 粘占 口大毛 赤稌 穧咼 口陵 粱秔 穧慘 口八款 秫麥 穧白 可次

口鴉 八 稑麥 穧皂 口鵪 大麥 穧皂 口大毛 玉粒 粘白粧 口加鵪 粳（庚）

飲食類

美稷（měijì）

穭糯𦝼 [lɔ^{24}nep^{55}mə^{35}]

口奴擡 [kʰɐu^{24}nu^{52}dai^{52}]

𥢶稷（dāngjì）

穭糯 [lɔ^{24}nep^{55}]

口奴 [kʰɐu^{24}nu^{52}]

悪黍（èshǔ）

穭糯 [lɔ^{24}nep^{55}]

口奴兂 [kʰɐu^{24}nu^{52}dɐm^{52}]

糙米（cāomǐ）：脱壳后尚未碾白或碾得不精的米。

糙車 [kʰau^{214}ʃe^{52}]

口車 [kʰɐu^{24}ʃe^{33}]

穤稷

穭老 [lɔ^{24}]

口闲 [kʰɐu^{24}ʔit^{55}]

稻稥（稲）（xiāngdào）

穭糯噉 [lɔ^{24}nep^{55}tʰəm^{52}]

口奴歆 [kʰɐu^{21}nuɔ^{52}hɔm^{52}]

白稻（稲）（báidào）

穭糯暜 [lɔ^{24}nep^{55}ʧeŋ^{35}]

口奴縞 [kʰɐu^{24}nuɔ^{52}kʰau^{52}]

稑米（lùmǐ）

糙占 [kʰɐu^{24}ʧim^{52}]

口六毛 [kʰɐu^{24}luk^{22}mau^{21}]

赤稌（chìtú）

穭闷 [lɔ^{24}mun^{33}]

口陵 [kʰɐu^{24}lɐŋ^{52}]

梁秔

穭摻 [lɔ^{24}tam^{35}]

口八歆 [kʰɐu^{24}pat^{55}hɔm^{52}]

秝麥（láimài）

穭且□ [lɔ^{24}tʰa^{35}mə^{21}]

□八 [tʰaŋ^{52}pat^{55}]

稑麥（lùmài）

穭暜 [lɔ^{24}ʧɐŋ^{35}]

口皜 [kʰɐu^{24}kʰau^{52}]

大麥（dàmài）：禾本科植物，叶子宽条形，子实的外壳有长芒，麦粒可食；指这种植物的子实。

穭占 [lɔ^{24}ʧim^{52}]

口六毛 [kʰɐu^{24}luk^{22}mau^{21}]

玉粒（yùlì）：指米、粟。

糙暜 [kʰau^{214}ʧɐŋ^{35}]

口圠皜 [kʰɐu^{214}tɐm^{55}kʰau^{52}]

粳米（jīngmǐ）：粳稻碾出的米。

糙宰 [kʰau^{214}ʧai^{52}]

□針 [kʰɐu^{24}ʧɐm^{52}]

来糙窜口卧糯柔米糙糯口叔粗糯丸糙碓口乂陳米糙首口棘粟

来纥計口榛麳麰陌花陌乂玉米穆吴口洗白豆豆缔土差襖榛赤

小豆豆婧土丁青豆豆撑土丘黑豆豆颠土先黄豆豆停土倡

穤豆豆腭土肥赧豆豆杴土扒麺思眉穗訖耕毎口束糠清杵糙云口增各

麩殼補叁儿叐稻道稈吾娃洶弗稃吾稈夜儿廯紅稴

糯米（nuòmǐ）：糯稻碾出之米。富于黏性，可做糕点，亦可酿酒。
粘糏 [kʰɐu^{24}net^{55}]
口奴 [kʰɐu^{24}nuɔ^{52}]

粗糲（粝）（cūlì）：糙米，泛指粗劣的食物；形容食物的粗劣。
粘磋 [kʰau^{214}ɬɐi^{52}]
口 ×[kʰɐu^{24}ɬɐi^{33}]

陳米（chénmǐ）：隔年的米。
粘峘 [kʰau^{214}kɐu^{21}]
口粸 [kʰɐu^{24}kɐu^{55}]

粟米（lìmǐ）
纥計 [kʰət^{55}ke^{35}]
口榜 [kʰɐu^{24}pʰaŋ^{35}]

麳麸
陌花 [pek^{24}ua^{52}]
陌 ×[pek^{24}ua^{52}]

玉米（yùmǐ）：玉蜀黍的俗名。
穭吴 [lɔ^{24}ŋɔ^{33}]
口洗 [kʰɐu^{24}tɐi^{55}]

白豆（báidòu）：豆的一种。
豆绁褄 [dɐu^{35}dai^{35}au^{35}]
土差褦 [tʰuɔ^{55}ɬai^{52}ɬə^{35}]

赤小豆（chìxiǎodòu）：一年生草本植物，茎直立，叶互生，花黄色。种子一般呈暗红色，可供食用及入药。
豆堵 [dɐu^{35}ʧə^{35}]
土丁 [tʰuɔ^{55}deŋ^{52}]

青豆（qīngdòu）：青色豆荚；绿豆。
豆撑 [dɐu^{35}ʧəŋ^{52}]
土丘 [tʰuɔ^{55}kʰeu^{52}]

黑（黒）豆（hēidòu）：子实表皮黑色的大豆。多做牲口的饲料。
豆顛 [dɐu^{35}dem^{35}]
土㐱 [tʰuɔ^{55}dɐm^{52}]

黄豆（huángdòu）：带淡黄色的大豆。可制豆腐、豆油等。
豆偐 [dɐu^{35}niŋ^{33}]
土倡 [tʰuɔ^{35}ʃɐŋ^{35}]

稨豆（biǎndòu）：豆科。一年生草本。荚果扁平，宽而短，淡绿、红或紫色。
豆馬 [dɐu^{35}mə^{214}]
土肥 [tʰuɔ^{55}fɐi^{21}]

板豆（bǎndòu）
豆板 [dɐu^{35}ban^{35}]
土扒 [tʰuɔ^{55}pak^{55}]

粞糠（糠）
訖柑 [ki^{35}kəm^{33}]
每口束 [mɔi^{55}kʰɐu^{35}ɬuk^{55}]

糠杵（kāngchǔ）
粘豆 [kʰau^{214}dɐu^{21}]
口墒各 [kʰɐu^{24}tʰuɔ^{52}kuk^{55}]

麸殼（fūké）
捕卷 [bɔ^{21}tɐu^{35}]
几森 [？？]

稻（稲）稈（dàogǎn）
苫烓 [？？]
油弗 [ɳɐu^{21}pʰət^{33}]

稕程（zhùnchéng）
夜 [ɬa^{214}]
儿□ [ke^{35}faŋ^{21}]

紅□
苫 [ʧem^{55}]
儿油 [ə^{21}/ŋi^{33}ɳɐu^{21}]

菩儿油 糠粑 池 秃𤎍 口 粟壳 足 敢 几𣪊 尝新 嘧甜買 𠱥口亂 粘粘 𣴓

感 口戈 粿飯 甜覓 口旗佞 焦飯 甜㛂 口余 冷飯 甜饒 口煙 白

粥 招弄 乄僚 糗糒 乜 備 甜娘 口庫 糭粽 好弯 秃適 衣飡 斋 飯

甜㛂 口余 糕糖 集 感 口戔 饅粥 胡寧 喂口斟 黍粱 此 肖 胡耕 喂口發

好酒 酾唁 陋底 酾 池 苗 酾丐 陋 宽 葡萄 酾濃 陋黑 酴 敍

糠粃（粇）（kāngbǐ）：谷皮和瘪谷；比喻粗劣而无价值之物；引申为视作糠秕。
秃臈 [tʰɔk^{55}lap^{33}]
口丨 [kʰɐu^{55}lap^{33}]

粟壳（sùké）
□ [iam^{35}]
几刧 [ke^{35}kep^{55}]

嘗新（chángxīn）：古代于孟秋以新收获的五谷祭祀祖先，然后尝食新谷；品尝应时的新鲜果品等。
咹粓買 [ɐn^{33}kəm^{33}məi^{35}]
啳口□ [kʰin^{33}kʰɐu^{24}maɯ^{55}]

粺粭（míngyí）
感 [kam^{214}]
口戈 [kʰɐu^{35}mɔ^{21}]

糅飯（róufàn）：杂饭。
粓覓 [kam^{52}ken^{35}]
口扒佞 [kʰɐu^{24}ke^{55}uan^{52}]

焦飯（jiāofàn）：锅巴。
粓烍 [kəm^{33}ʧi^{35}]
口余？ [kʰɐu^{24}neŋ^{35}]

冷飯（lěngfàn）：冷掉的饭。
粓瑰 [kam^{52}kui^{35}]
口煙 [kʰɐu^{24}in^{52}]

白粥（báizhōu）：白米煮的稀饭。
招弄 [ʧau^{35}ɬuŋ^{33}]
× 僚 [ʧau^{35}lien^{52}]

糗糒（qiǔ）
粓烺 [kəm^{52}ɬɐŋ^{21}]
口庫 [kʰɐu^{24}kʰuɔ^{35}]

粿粰
砮 [？]
秃適 [tʰɔk^{55}tik^{55}]

底飱
炶烍 [kəm^{33}ʧi^{35}]
口余 [kʰɐu^{24}neŋ^{35}]

糲粿
感 [kam^{214}]
口戋 [kʰɐu^{33}mɐu^{35}]

饅粥（mánzhōu）
胡宰 [hu^{33}ʧai^{52}]
喂口針 [uɐi^{33}kʰɐu^{35}ʧəm^{52}]

黍糜（shǔmí）
胡粿 [ŋɔ^{33}nep^{55}]
喂口□ [ɔi^{52}kʰɐu^{24}nu^{52}]

好酒（hǎojiǔ）
醽啈 [ɬeu^{214}/ieu^{214}ŋɔn^{33}]
陋底 [lɐu^{24}dɐi^{52}]

酏黃（yǐhuáng）
醽丐 [ɬeu^{214}kai^{35}]
陋宛 [lɐu^{24}uan^{52}]

葡萄（pútao）落叶藤本植物，叶掌状分裂，浆果多为圆形和椭圆形，亦可酿酒。亦指此植物的果实。
醽濃 [ɬeu^{214}nuŋ^{35}]
陋黒 [lɐu^{24}hɐk^{55}]

酴（酴）酥（túsū）：酒名。
醽藥 [ɬeu^{214}ɳak^{22}]
陋酹 [lɐu^{24}ɳa^{35}]

酥 醋藥 陌酥 鹹酒 醋㨌 陌招 麴生 果綿 莫兩 釀酒 匆醋 枚陌

苦酒 醋洙 陌窩 鮻 何 漿 鮑更 東鮑 茄羹 姜䶢 芘䶢 雪壚

每皂 鋸鳩 鮮肉 進 醅唷 姜八 睛肉 醅䍐 姜忍 脩脯 醅唷 姜文

炙肉 醅奸 姜丙 猪號 鳥歸 徒牾 徒獏 元猪 豆牾 增獏 膾肉

醅雜 姜雜 軒 膾 个噲 鮑恠 魼 魚 个洙 鮑窩 鱇 魚 个唷 鮑乂

鹹（鹹）酒
醽淳 [ieu^{22}ȵat^{22}]
陋招 [lɐu^{24}tʃiu^{52}]

麴生
果绵 [kua^{214}men^{33}]
莫丙 [mak^{55}peŋ^{35}]

釀酒（niàngjiǔ）：造酒。
勿醽 [fət^{33}ɬeu^{214}]
板陋 [pan^{35}lɐu^{35}]

苦（苦）酒（kǔjiǔ）：劣质味酸的酒；用以比喻痛苦、辛酸的生活感受；醋的别名。
醽洙 [ɬeu^{214}tʃɔ^{52}]
陋窨 [lɐu^{24}pʰən^{55}]

鰕（鰕）叕
魜更 [tum^{52}keŋ^{21}]
禀魜 [bɔm^{35}tum^{52}]

茹（茹）菜（rúcài）：蔬菜；吃蔬菜。
萎觎 [lɐn^{33}kiem^{214}]
芘觎 [pʰɐk^{55}kiem^{55}]

雪鹽（盐）（xuěyán）
每苦 [mɔi^{21}tʃɐŋ^{35}]
鋸皜 [ke^{52}kʰau^{52}]

鲜肉（xiānròu）
胋咱 [tʰip^{33}ia^{52}]
安八 [nə^{214}maɯ^{55}]

腈肉（jīngròu）：精肉。
胋慝 [tʰit^{22}nək^{55}]
安忍 [nə^{214}tʃʰun^{214}]

脩脯（xiūfǔ）：干肉；旧时亦指致送老师的薪金。
胋咱 [tʰep^{22}iɐ^{52}]
安 ×[ȵə^{214}ia^{52}]

炙肉（zhìròu）：烤肉。
胋奸 [tʰit^{33}naŋ^{21}]
安丙 [nə^{214}piŋ^{35}]

猪號（zhūhào）
徒猣 [dɔ^{21}lən^{24}]
徒獏 [nə^{21}mu^{52}]

元猪（yuánzhū）
豆猣 [dɐu^{21}lən^{24}]
墥獏 [tʰuɔ^{52}mu^{52}]

膾肉（kuàiròu）
胋雜 [tʰip^{33}tʃap^{22}]
安雜 [nə^{214}ʃap^{33}]

軒膾（xuānkuài）
亇噲 [ka^{35}hɔi^{214}]
鲃恠 [tʃa^{52}dai^{35}]

鮓魚（zhǎyú）
亇洙 [ka^{35}tʃɔ^{52}]
鲃審 [tʃa^{21}men^{52}]

糠魚（kāngyú）
亇咱 [ka^{35}ia^{52}]
鲃 ×[tʃa^{52}ia^{52}]

蟹胥 亇押 兜乂 太羹 奚空 苑嫖俗 玉糝 更略 苑嫖姿 魚

鹹 亇姿 兜凜 醃魚 亇押 兜乂 肉清 湯湯 滄更 鹹水 湯滄 滄凜

餈餅 丙善 丙寅 饊餅 同上 薄餅 糗餅 餅 餅䭔 以上並全

方餅 丙蒸 丙素 起溲 全上 齊餅 丙齊 木知 棗餅 丙尋 丙宗 結

考 丙柆 丙庫 水團 來落 宍濃 糍䊦 丙銅 丙輕 蓋餅 丙兒 丙二

蟹昏
亇押 [ka^{35}iap^{55}]
鲃 ×[ʧa^{52}əp^{55}]

太羮 （tàigēng）
羮空 [keŋ^{52}k^{h}uŋ^{52}]
芘熛㑆 [ʃɐp^{33}peu^{52}dəi^{21}]

玉糁 （yùshēn）：玉糁羹。
更䑙 [keŋ^{35}t^{h}ip^{33}]
芘熛妟 [bɐk^{55}p^{h}ieu^{35}nə^{214}]

魚（奂）鹹 （yúxián）
亇銮 [kua^{35}bum^{52}]
鲃凛 [ʧə^{52}lɐm^{35}]

庵（奂）魚 （ānyú）
亇押 [ka^{35}iap^{55}]
鲃 ×[ʧa^{52}əp^{55}]

肉清 （ròuqīng）
渃湯 [nək^{55}t^{h}aŋ^{33}]
淰更 [nɐm^{21}keu^{52}]

鹹水 （xiánshuǐ）：含盐分的水。
渃銮 [nək^{55}dək^{55}]
淰凛 [nɐm^{214}bɐm^{35}]

餈餅 （cíbǐng）
丙苔 [peŋ^{35}hai^{52}]
丙寅 [piŋ^{35}t^{h}ɐn^{21}]

饚餅
同上

薄餅 （báobǐng）：一种面食。用烫面做成很薄的饼，两张相叠，烙熟后能揭开。

糗餅 （qiǔbǐng）

餌餅 （ěrbǐng）
以上
並仝

方餅 （fāngbǐng）
丙蒸 [beŋ^{35}ʧəŋ^{52}]
丙素 [peŋ^{35}ʃɔ^{33}]

超溲
仝上

齊餅 （qíbǐng）
丙斉 [beŋ^{35}te^{21}]
本知 [mɔk^{22}ʧi^{52}]

桊餅 （yèbǐng）
丙辣 [beŋ^{35}la^{35}]
丙宗 [peŋ^{35}tɔŋ^{52}]

枯考 （kūkǎo）
丙枯 [beŋ^{35}kɔ^{52}]
丙庫 [peŋ^{35}kɔ^{52}]

水團 （shuǐpǔ）
□耒渃 [？ lai^{33}nək^{55}]
□□濃 [？ lai^{55}ŋəm^{21}]

糍粿 （shuǐfù）
丙銅 [beŋ^{35}tɯ^{52}/k^{h}əŋ^{52}]
丙輕 [peŋ^{35}t^{h}iŋ^{52}]

書餅
丙免 [beŋ^{35}ŋi^{33}]
丙□ [peŋ^{35} ？]

粄粺 丙皮 丙翊、鼠 丙尋曲 丙牙门、鼢鼥 丙妲 丙㛄、粮粑 嫯帝 墻

秃石 朝佬、玉屑 鼻鄉 木 𦬆木、補遺身體

臎肉 𦙶申 委郁、心臟 果諒 莫魚、脾臟 莫丕 恫素、肝葉 莫肝 咹當

命門 果心 咹咱諸、膽 丐窑 咹𡲶、猪肚 壺䅽 恫𩕡、黄腸 嗹溇 仕𣝗

赤腸 脾桌 仕温、心花 胡鵙 客𦬆、膀胱 俸乄 蕫千、尿 滘滯 舍鼻

粄料（pǒbàn）
丙皮 [beŋ^{35}bi^{21}]
丙闭 [peŋ^{35}be^{35}]

鼑□
丙尋曲 [beŋ^{35}tim^{21}k^{h}uk^{55}]
丙牙门 [peŋ^{35}ȵa^{21}mɔn^{21}]

飦飥（bótuō）
丙烜 [beŋ^{35}dien^{35}]
丙□ [peŋ^{35}dien^{35}]

粮粑
弩□塘 [nu^{35}lɐn^{35}dən^{21}]
秃石朝侤 [t^{h}uk^{55}t^{h}et^{22}ʧeu^{21}ɬəŋ^{52}]

玉屑（yùxiè）：玉的碎末；碎末的美称；纸名，即麻纸，产于蜀地。
木 [mɔk^{22}]
艹木 [lam^{33}mɔk^{22}]

補遺身體

膂（膂）肉（lǚròu）
申鲇 [ɬən^{52}t^{h}it^{22}]
安□ [nə^{214}ɬɐn^{52}]

心臟（臟）（xīnzàng）：生理学名词。人和脊椎动物体内推动血液循环的器官。
果詥 [kua^{214} ？]
莫□ [mak^{33}dɐn^{52}]

脾（脾）臟（臟）（pízàng）：即脾。
毌丕 [la^{35}fɔi^{33}]
恫素 [t^{h}ɔn^{214}ʃɔ^{24}]

肝葉（葉）（gānyè）
毌肝 [la^{35}kan^{52}]

咹□ [ɐn^{52}tɐp^{55}]

命門（mìngmén）：中医术语，一般指右肾，认为是生命攸关之处。
果心 [kua^{214}təm^{52}]
咹墫諸 [ɐn^{33}t^{h}uə^{52}ʧaɯ^{52}]

膽（dǎn）：胆囊的通称。
丐密 [kai^{35}mət^{33}]
咹䣼 [ɐn^{33}di^{52}]

猪肚（zhūdǔ）
悉狢 [lɔŋ^{33}lɐn^{214}]
恫獏 [t^{h}ɔŋ^{21}mu^{52}]

黄腸（huángcháng）
□□ [luət^{22}ia^{214}]
仕□ [ɬɐi^{24}ke^{55}]

赤腸（chìcháng）
肆隶 [luət^{33}nɔt^{33}]
仕温 [ɬɐi^{24}ɔn^{55}]

心花（xīnhuā）：佛教语，喻慧心；佛教语，喻开朗的心情；佛教语，喻机巧之心。
坱腸 [nui^{35}təŋ^{21}]
容□ [ʃuəŋ^{21}luk^{33}]

膀胱（pángguāng）：贮尿的器官。
俸ㄣ [p^{h}uŋ^{24}p^{h}uŋ^{24}]
芃于 [p^{h}ɔŋ^{21}p^{h}u^{33}/neu^{33}]

尿（niào）：小便，人或动物体内由肾脏产生从尿道排泄出来的液体。
渃滞 [nək^{55}dai^{35}]
合曩 [nɐm^{214}neu^{33}]

肪膈 鵬弃 肥朩 脂膜 鵬杭紂 肥臘咒 理髮 扯鬚 揮墻 撜

痊 馭改 進旦 捋鬚 匆始 立彂 猪脚 頭狢 柯獖 唆唾 各祖 㟁

解口 柬四 本哺 脛肶 張翔 间伽 擔齔 侵鞍 支䆷 脫齔

涌鞍 䆷各 握手 扒𩠐 書奪交根 赤手 𩠐室 奪有 拍手 拂𩠐 碧奪

袒裼 擔陳 儿剛 跣涉 涑㳙 容沿 皺䫉 袁頭 柯寅 䏌

肪膈（膈）（fángkào）
腨弄 [mə^{21}la^{35}]
肥杁 [fɯ^{55}muk^{33}]

脂膜（膜）（zhīmó）
腨扒紨 [mə^{214}ʧək^{55}tai^{21}]
肥臘罡 [p^{h}i^{21}lap^{33}la^{21}]

理髮（lǐfà）：梳理头发；指修剪头发。
扯鬚 [ʧi^{35}tɔk^{55}]
捶埍 [ui^{52}t^{h}uɔ^{52}]

搔（搔）癢（sāoyǎng）：爬抓痒处。
馭改 [mə^{214}k^{h}əi^{24}]
進旦 [ten^{35}dɐn^{35}]

捋鬚（lǚxū）：抚摩自己的胡须。常谓显示豪迈之气。
勿妯 [fət^{22}iɐu^{52}]
立娄 [ləp^{22}muŋ^{33}]

猪脚（zhūjiǎo）：猪四肢的统称。
蹎猪 [ʧən^{52}lən^{214}]
柯獏 [k^{h}a^{52}mu^{52}]

咳唾（kétuò）：咳嗽吐唾液。
各祖 [k^{h}ak^{33}tɔ^{35}]
恪來 [tɐu^{55}lai^{21}]

鲜口
束嗰 [t^{h}uk^{22}uet^{55}]
杁咟 [bən^{35}pak^{55}]

睚眦（yázì）：瞋目怒视，瞪眼看人，借指微小的怨恨。
張相 [təŋ^{52}mɐt^{55}]
间他 [ȵan^{21}t^{h}a^{52}]

揩齒（齒）（kāichǐ）
侵齡 [də^{52}ɬɐŋ^{33}]
支窖 [ʧe^{52}k^{h}eu^{35}]

脱齒（齒）（tuōchǐ）
湧齡 [ɬuŋ^{214}ɬɐŋ^{33}]
窖各 [k^{h}eu^{35}lən^{55}]

握手（wòshǒu）：执手，拉手。古时在离别、会晤或有所嘱托时，皆以握手表示亲近。
扒牺 [pɐt^{55}tɐi^{52}]
習摩交根 [tup^{52}/ɬɐp^{22}mə^{21}iau^{52}kɐn^{52}]

赤手（chìshǒu）：空手，徒手。
牺空 [ɬɐi^{52}k^{h}uŋ^{52}]
摩冇 [mə^{21}ʧɐu^{55}]

拍手（pāishǒu）：两手相拍。多用以表示欢迎、感谢或赞成等。
捕牺 [bɔ^{21}tɐi^{52}]
習摩 [tup^{55}mə^{21}]

袒裼
檜陳 [hɔi^{24}tɐn^{21}]
儿剛 [ke^{35}k^{h}aŋ^{33}]

繇涉（yáoshè）
浂渃 [lai^{33}nək^{55}]
容淰 [ɬɔŋ^{33}nɐm^{214}]

皸（皸）皴（jūncūn）：粗糙开裂。
敦蹎 [dɔn^{55}ʧən^{52}]
柯寅 [k^{h}a^{52}ɬɐn^{55}]

眠寐（miánmèi）
盆眸 [ban^{21}ŋu^{214}]
茂粜 [mɐu^{21}nɔn^{21}]

寒、盆肝茂楽、大節、炎谷几秞吉吞裊壅、仲節、炎钟𠀧江、季節、炎連

善丁、頂節、豆几增裊、自縊、拷铁古綿鶴佚姑、自刎、拷拾古綿隹儿姑

劣弱、要对溫燕、齋員、退溺綿色祂、

衣冠類

龍衣、襖蟒褖㼦、團領、襖朝帯褖朝帯、錦衣、襖錦褖文

大節（dàjié）：基本的法纪，纲纪；指基本的法则；关系存亡安危的大事；重要的节日。
口谷儿牺
吉谷裊摩 [$k^{h}ɔ^{35}kuk^{55}niu^{214}mə^{21}$]

仲節（zhòngjié）
炒訲 [$k^{h}ɔ^{35}ʧaŋ^{52}$]
口江 [$k^{h}ɔ^{35}t^{h}iŋ^{21}$]

季節（jìjié）：一年中按气候、农事等划分的某个有特点的时期。
炒逋 [$duɔk^{55}len^{33}$]
苦于 [$k^{h}ɔ^{35}$ ？]

頂節（dǐngjié）
豆兀 [$dɐu^{21}ŋɔn^{35}$]
増裊 [$t^{h}uɔ^{52}niu^{214}$]

自縊（zìyì）：用绳索自勒其颈而死。俗称上吊。
扐鉄古 [$ŋai^{33}t^{h}iet^{55}kɔ^{35}$]
绵鹤佚姑 [$min^{21}hɐk^{55}ɬɐt^{22}k^{h}ɔ^{21}$]

自刎（zìwěn）：自割其颈。即自杀。
扐拮古 [$ŋai^{33}kɐk^{55}$ $kɔ^{35}$]
绵傕儿姑 [$min^{21}hɐk^{55}k^{h}e^{33}k^{h}ɔ^{21}$]

劣弱（lièruò）：衰弱；懦弱。
要对 [$ieu^{35}dɔi^{35}$]
温燕 [$an^{55}en^{55}$]

腐脅（fǔxiè）
退溺 [$t^{h}ɔi^{52}ȵuk^{22}$]
绵色祀 [$min^{52}ɬɐk^{22}ɬe^{24}$]

衣衬類

龍衣（lóngyī）：天子的袍服。
襖蜍 [$au^{35}lɔŋ^{33}$]
褲蝰 [$ɬə^{35}luŋ^{21}$]

團（團）領（fùlǐng）
襖朝帝 [$au^{35}ʧɐu^{21}p^{h}u^{21}$]
褲朝帝 [$ɬə^{35}ʧɐu^{21}p^{h}u^{21}$]

錦衣（jǐnyī）：精美华丽的衣服，旧指显贵者的服装。
襖錦 [$au^{35}k^{h}əm^{35}$]
褲 ×[$ɬə^{35}kəm^{35}$]

縟衣 襖外 祿人、撒衣 襖古 祿姑、襩衣 襖連 祿乂、袷

衣 襖叔 祿乂、襲衣 奧綿 系丢、襏襩 奧蒐 姐房 氈裘

奧氈 系坤、羊裘 仝上、袽衣 奧涎 系渴、護領 府頌 乂乂、襜

裡 叔仲 里敕、襘帶 帶奧 差系、通天 帽新天 帕朝厭、龍紂 仝上

進德 帽官朝 帕乂乂、大被 襖奇 斤破丟、重衿 襖綿 斤嘤破 單

繡衣（xiùyī）
襖纟 [au^{35}bɔk^{22}]
褲丿 [ɬə^{35}p^{h}it^{55}]

撒衣（sǎyī）
襖古 [au^{35}kɔ^{52}]
褲姑 [ɬə^{35}k^{h}ɔ^{21}]

䙡衣
襖運 [au^{35}fə^{33}]
褲 ×[ɬə^{35} ？]

袷衣（jiáyī）：有面有里，中间不衬垫絮类的衣服；夹衣。
襖刧 [au^{35}kiep^{55}]
褲 ×[ɬə^{35}nap^{33}]

襲衣（xíyī）：尸衣；古代行礼时，穿在裼衣外面的上衣；成套衣服。
襖绵 [au^{35}fə^{33}]
庨秃 [ɬə^{35}fɐn^{214}]

襏襫（bóshì）：蓑衣之类的防雨衣。
奥箟 [au^{35}tɯ^{52}]
坡房 [p^{h}i^{21}fɔŋ^{21}]

氈裘（zhānqiú）：指古代北方游牧民族以皮毛制成的衣服。
奥毻 [au^{35}ʃuəŋ^{33}]
庨坤 [ɬə^{24}k^{h}ɔn^{52}]

羊裘（yángqiú）：羊皮做的衣服。
仝上

袽衣（rúyi）
奥泜 [k^{h}at^{55}fɔi^{33}]
庨渴 [ɬə^{35}k^{h}at^{55}]

護領（hùlǐng）：用以保护衣领的衬纸。
府領 [p^{h}u^{35}leŋ^{214}]
××[p^{h}u^{35}leŋ^{214}]

裺裡（yǎnlǐ）
刧仲 [kep^{55}ʧuŋ^{52}]
里勬 [li^{214}daɯ^{52}]

襘帶（guìdài）
帯奥 [dai^{35}au^{35}]
差庨 [ɬai^{52}ɬə^{35}]

通天（tōngtiān）："通天冠"的省称；"通天犀"的省称。
帽朝天 [mau^{33}ʧiəu^{21}t^{h}en^{52}]
帕朝毴 [t^{h}u^{21}ɬeu^{21}fa^{214}]

龍冠（䌊）（lóngguān）
仝
上

進德（jìndé）：进德冠。
帽官朝 [mau^{33}kuan^{52}ʧau^{21}]
帕××[t^{h}u^{21}kuan^{52}ʧau^{21}]

大被（dàbèi）：厚褥大被，后用为招贤接友之典实；比喻弟兄友爱。
禛奇 [ʧəm^{33}ka^{35}]
片破丐 [p^{h}en^{55}p^{h}a^{35}kai^{35}]

重衿（zhòngjīn）：层层衣襟。
禛绵 [ʧən^{52}meŋ^{21}]
片幔破 [p^{h}en^{55}man^{33}p^{h}a^{35}]

单衾（dānqīn）：薄被。
禛单 [ʧən^{52}tan^{52}]
片幔 [p^{h}en^{55}man^{33}]

衾 襖卓 片幔 瓔瑜 兀律 斤容 緊 襜 歹捷 色鑠 裥 裙 裙蘭 袴灵

裙 裙襖 邑袴 袴 歹乂 邑乂 掩胸 歹掩 邑乂 網巾 歹包頭 啞乂 乂 大

帶 洪綾 進浪 鞋 堆蹄 句鞋 履 堆鞋 句妄 木履 堆国 句曲 毡 姑丘 馬衙

荷包 歹荷包 啞胡包 衣囊 歹纓 啞乂 便袋 袋車囊 袋乂 乂 夯

米袋 袋鑊 袋夷 蓑衣 奧蔥 坡匿 方綵 長奧 納襟 八 衤雁

瓘瑜
片律 [ʧən[52]luɔt[22]]
片容 [pʰen[55]ɬɔŋ[21]]

□□
丐捱 [kai[35]fai[214]]
色舜 [ɬə[21]/ɬək[55]tʰən[35]]

裥裙 （jiǎnqún）
裙阑 [kuɐn[21]lan[33]]
袴□ [kʰua[55]？]

裙 （qún）：古谓下裳，男女同用。今专指妇女的裙子。
裙禛 [kuən[21]ʧən[52]]
芭袴 [baɯ[52]kʰua[55]]

袴（袴）（kù）
丐 ×[kai[35]kʰua[35]]
芭 ×[baɯ[52]kʰua[55]]

掩胸（掩胸）（yǎniōng）
丐掩 [kai[35]em[52]]
芭乂 [baɯ[52]em[52]]

綱巾 （gāngjīn）
丐包□ [kai[35]bau[21]tiŋ[35]]
咹 ××[ɐn[52]bau[21]tiŋ[35]]

大带 （dàdài）
纨腠 [tʰət[55]ɬɐŋ[33]]
進□ [tin[52]ɬɐŋ[214]]

鞋 （xié）：鞋子。穿在脚上、走路时着地的东西，没有高筒。
堆踯 [tɔi[52]kuɔk[35]]
句鞋 [ku[33]kʰai[21]]

履 （lǚ）：鞋。
堆踥 [dɔi[52]iep[55]]
句妾 [ku[33]iep[55]]

木履 （mùlǚ）：木底鞋。
堆国 [dɔi[52]kuək[55]]
句曲 [kʰu[33]kʰuk[55]]

橇 （qiāo）：古代用于泥路上行走的乘具；在冰雪上滑行的交通工具。
姑丘 [kɔ[52]kʰəu[52]]
馬釘 [ma[214]dien[55]]

荷（荷）包 （hébāo）：随身佩带或缀于袍上装盛零星物品的小囊。
丐荷包 [kai[24]ha[21]bau[52]]
咹胡包 [ɐn[21]hɔ[21]pau[52]]

衣囊（囊）（yīnáng）：盛衣服的包裹或口袋。
丐縋 [kai[35]tui[35]]
咹乂 [ɐn[52]tui[35]]

便袋（袋）（biàndài）
袋車裘 [tui[55]ʃe[52]kɐu[21]]
袋 ××[tʰɐi[33]ʃe[52]kɐu[21]]

米袋（袋）（mǐdài）
袋䊉 [tui[35]ɬai[214]]
袋夷 [tʰɐi[33]ɬi[21]]

簑衣 （suōyī）：蓑衣。用竹叶或草、棕编成的雨披。
奥箲 [au[35]tɯ[52]]
坡巴 [pʰa[52]ba[55]]

方徐 （fāngxú）
長奥 [təŋ[21]au[35]]
纳褦 [nap[33]ɬə[35]]

八褷衣
奥豸馭 [au[35]ɬai[21]ŋə[21]]
褦罡兄 [ɬə[35]ɬi[55]ueŋ[55]]

衣 奥务敢 䘮罢兄
絡鞮 堆蹉 句妾
鴉頭韈 堆磯 句末
燕帽

帽進燕 帕湯燕
絨帽 帽辱 帕邅
貫襪 丐卧 嗳灵
青鬲衣 奥顛 䘮紅

錦 丐乂 廿丐乂
緙 丐外 丐八
綾 丐領 丐乂
絨 通秃 廿縷通秃
縐紗 丐繞 廿大

哆囉絨 腿豬 㠯獏
綾綢 灵毙 廿乂乂
紡綢 丐綍 丐乂
繝布 丐邅 廿丐乂

吉貝 帝顛 廿帝先
絲布 綞㲋 沛際
葛布 帝顛 瓜先
蔴布 奥美 康沂

絡鞮（luòdī）：皮制长筒靴。鞮，革履。
堆踥 [dɔi^{52}iep^{55}]
句妾 [k^{h}u^{33}iep^{55}]

鴉頭韈（yātóu？）：即鸦头袜。
堆韈 [dɔi^{52}mat^{22}]
句末 [k^{h}u^{33}mat^{33}]

燕（燕）帽（yànmào）
帽□燕 [mau^{33}dɔi^{52}en^{35}]
帕湯燕 [t^{h}u^{21}t^{h}aŋ^{33}en^{55}]

绒帽（róngmào）
帽辱 [mau^{33}n̥uk^{22}]
帕氇 [t^{h}u^{21}luk^{55}]

員襪
丐召 [kai^{35}t^{h}eu^{214}]
咹炅 [ɐn^{52}da^{52}]

青葛（葛）衣（qīnggéyī）
奧顛 [au^{35}dem^{52}]
褦红 [ɬə^{35}hɔŋ^{21}]

錦（jǐn）：有彩色花纹的丝织品；指用锦制作的衣服，引申指奖赏。
丐 ×[kai^{35}k^{h}əm^{35}]
艻丐 ×[la^{33}kai^{55}k^{h}əm^{35}]

繡（xiù）
丐纠 [kai^{35}bɔk^{22}]
丐丿 [kai^{33}p^{h}it^{55}]

綾（líng）：一种薄而细，纹如冰凌，光如镜面的丝织品；今指用蚕丝与人造丝交织而成，采用斜纹组织或斜纹提花组织，似缎而薄的丝织物。
丐領 [kai^{35}leŋ^{24}]
丐 ×[kai^{55}leŋ^{214}]

絨（róng）：织物名，古代指细布，今指表面有一层绒毛的纺织品，如：棉绒、丝绒、灯心绒；毛织物。
通秃 [t^{h}uŋ^{52}t^{h}uk^{55}]
艻绶通秃 [la^{33}ɬɐu^{21}t^{h}uŋ^{52}t^{h}uk^{55}]

縐紗
丐繞
艻 ×

哆囉（duōluó）：即哆啰呢。
腵狢 [da^{35}lən^{214}]
巨獏 [nɐŋ^{52}mu^{52}]

綾綢（língchóu）
灵羌
艻 ××

紡綢（fǎngchóu）：丝织品名。以生丝、绢丝织成，再经练漂、染色等。质地柔韧轻薄，宜作夏季衣料。
丐绔 [kai^{35}baŋ^{21}]
丐 ×[kai^{55}ʃɐu^{21}]

繝布
丐氇 [kai^{35}lɐm^{35}]
艻丐 ×[la^{21}kai^{55}p^{h}ai^{35}]

吉貝（jíbèi）：指棉布。
沛顛 [bai^{35}dem^{52}]
艻沛先 [la^{21}p^{h}ai^{35}dɐm^{52}]

□布
縲芻 [bai^{35}]
沛□ [p^{h}ai^{35}ʧaŋ^{35}]

葛（葛）布（gébù）：用葛的纤维制成的布。俗称夏布。
沛顛 [bai^{35}dem^{52}]
沠先 [p^{h}ai^{35}dɐm^{52}]

蔴布（mábù）：麻织的布。
奧亥 [au^{35}kɐi^{52}]
庲□ [ɬə^{35}ma^{21}]

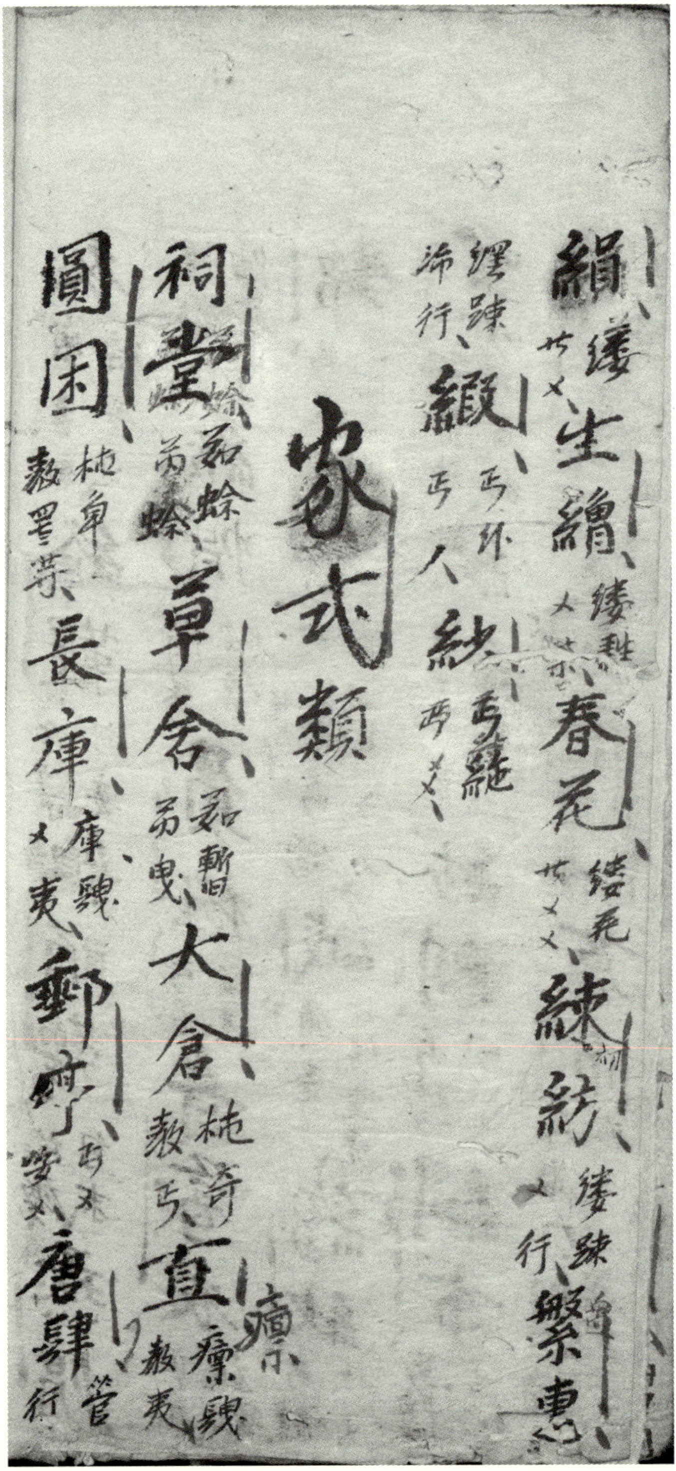
家式類
絹、縷生繒、春花、綀紡、繁惠
緞、紗
祠堂、草舍、大倉、直
圓囷、長庫、鄉府、唐肆

絹（juàn）：平纹的生丝织物，似缣而疏，挺括滑爽；今多指蚕丝及化纤的混纺织品。
缕 [lɐu33]
节乂 [la33kuen52]

生繒（繒）（shēngzēng）
缕□ [lɐu33ɬuŋ35]
× □ [ɬeŋ52？]

春花（chūnhuā）：旧时宫廷中立春日以金银珠翠等造饰的座花，表示迎春。
缕花 [lɐu33ua52]
节乂乂 [la33ʧhən52ua52]

綀紡（shūfǎng）
缕踈 [lɐu33ʧə35]
乂行 [len24heŋ21]

縏（縏）惠（pánhuì）
縲踈 [bai35thə52]
沛行 [phai24haŋ55]

緳（緳）（xié）
丐纟卜 [kai35bɔk22]
丐丿 [kai55phit55]

紗（shā）：经纬稀疏而轻薄的织物。
丐絁 [kai35da214]
丐××[kai33ɬai52]

家式（式）類

祠堂（cítáng）：旧时祭祀祖宗或先贤的庙堂；后世宗族宗祠亦通称祠堂。
茹蜍 [ɳa21thə21]
芮蜍 [ɬəi21thə21]

草（草）舍（cǎoshè）：谓宿止于草野间；茅屋。
茹暫 [ɳa21tam24]
芮曳 [ɬən21ʧhan214]

大倉（dàcāng）：设在京城的国家粮库。
枆奇 [tən35ka35]
教丐 [ia35kai35]

直癝
癝䰵 [lɐm35ɬai214]
教夷 [iau35ɬi21]

圓困（yuánkùn）
枆单 [tən35dan52]
教罡寺 [iau35ɬi55təŋ55]

長庫（zhǎngkù）
庫䰵 [khɔ52ɬai214]
乂夷 [khɔ52ɬi21]

郵□（yóu）
丐乂 [kai35tiŋ21]
咹乂 [ɐn52thiŋ21]

唐肆（tángsì）：空荡的集市。
管行 [kuan35haŋ21]
晋江行 [kuan33ʧiaŋ33haŋ55]

音江貫
行、館舍 劾音 爲歸匝、市舍氏 行廊 又又、孔堂 茹亭 爲場 石磻
昔 碇劏 礝 夯又、砥礪 罡札 仝上、大柱 榻奇 槐猿、小柱 榻閑 槐狄 樟
柱 榻𠂤 槐差、大梁 梁奇 去丐、小梁 梁閑 去内、穿梁 千 丐蛇 㐀又
叉子 丐更奇 㐀碧䄈、人梁 丐喬 㐀又、穿柱 丐蛇昇 㐀世、橫子 挩𥡴
㐀 悲、地梁 蛇鄿 㐀蘭、地坮 大 丐額 㐀客須、窓門 双 衛效 祥解、天風

舘舍（guǎnshè）：接待宾客住宿之所；房舍；指官署。
茹叏 [ȵa^{21}kuan^{35}]
岗舗陋 [ɬə^{21}p^{h}u^{55}lɐu^{35}]

市舍（shìshè）：谓市中客舍。
行庯 [heŋ^{21}p^{h}u^{35}]
××[t^{h}i^{21}ʃa^{35}]

孔堂（kǒngtáng）：孔子所居的堂隩。后以“孔堂”喻谓学识已有相当造就的境界。
茹孝 [ȵa^{21}hɔk^{22}]
岗場 [ɬə^{21}ʧəŋ^{21}]

碼碣
碬創 [da^{35}ɬaŋ^{35}]
吞 ×[dɐi^{52}fan^{33}]

砥礪（礪）（dǐlì）
仝上

大柱（dàzhù）
榾奇 [kɔt^{35}ka^{35}]
橈媄 [ɬieu^{52}me^{33}]

小柱（xiǎozhù）
榾闭 [kɔt^{35}ʔit^{55}]
橈抧 [ɬieu^{52}luk^{33}]

撐柱（chēngzhù）
榾单 [kɔt^{35}dan^{52}]
橈差 [ɬieu^{52}ɬɐi^{35}]

大梁（dàliáng）：房屋的主梁。比喻事物中起主要作用者。
梁奇 [laŋ^{21}ka^{35}]
去丐 [k^{h}ɯ^{55}kai^{35}]

小梁（xiǎoliáng）
梁闭 [ləŋ^{21}ʔit^{55}]
去内 [k^{h}ɯ^{55}nɔi^{214}]

穿梁（chuānliáng）
丐蛇 [kai^{35}ʃa^{21}]
林 ×[lɐm^{21}ləŋ^{21}]

义子（yìzǐ）：即义儿；套盒的内盒。
丐更哥 [kai^{35}keŋ^{52}ka^{35}]
林碧騏 [lɐm^{21}pik^{55}kɐi^{55}]

人梁（rénliáng）
丐喬 [kai^{35}kieu^{21}]
林 ×[lɐm^{21}ləŋ^{21}]

穿柱（chuānzhù）
丐蛇昻 [kai^{35}ʃa^{21}ŋaŋ^{33}]
林茋 [lɐm^{21}ɬɐi^{35}]

横子（héngzǐ）
扽牺 [tən^{35}tɐi^{52}]
林悲 [lɐm^{21}pɐi^{52}]

地梁（dìliáng）
蛇鄁 [ʃa^{21}dai^{35}]
林蘭 [lɐm^{21}lam^{33}]

地栿（dìliáng）
丐額 [kai^{35}ŋɐt^{22}]
林容須 [lɐm^{21}ɬɔŋ^{33}tu^{52}]

窻門
闸效 [kə^{35}ɬɔ^{35}]
祥觧 [taŋ^{55}iai^{35}]

天風（tiānfēng）：风。风行天空，故称。
猝錗 [duət^{55}dɐu^{21}]
林悲奔 [lɐm^{21}pe^{33}bən^{52}]

猝𩠐、卅悲奔、椽子、乙雷卅欂、天貼子、乙椢卅押、毛茅菖、歆箏篤書、毛茅一

葯上仝、東𥨊、楠辣卜秃、㰚片、盂辣鳳秃、㰚分、仕辣進秃、屋潙、青

𩫖𠰳栿𡿨、𩮀房、乙蓬哆房、扇門、叜閘坡須、㭬兎門、杄閘杄須、屋

脊、乙槈𠰳娶終馬、格片子、幅無又又、𨁈片、𦨻𢑥片坡、毛茅片、扱箏習荷

𩿡尾、𤞑雞尾、尾卜、魚𩵖𩶃尾、猥㹠𤟘急、方𩙪尾、魂𠜾魂掌、盖屋、立𠰳蒙云

椽子
丐雷 [kai^{35}iɔi^{35}]
林樽 [lɐm^{21}ɬuən^{52}]

貼子（tiēzǐ）：柬帖；告示。
丐楣 [kai^{35}mɐi^{21}]
林押 [lɐm^{21}kap^{55}]

茅菖（菖）（máochāng）
歆箏 [həm^{33}ʧeŋ^{33}]
篤習 [ɬuŋ^{52}tɐp^{22}]

茅礽（máoréng）
仝
上

束策（shùcè）
捕辣 [bɔ^{24} ？]
卜秃 [p^{h}uk^{52}t^{h}ɔk^{55}]

撒片（sǎpiàn）
孟辣 [meŋ^{214} ？]
鳳秃 [p^{h}əŋ^{214}t^{h}ɔk^{55}]

撒分（sǎfēn）
仕辣 [ɬɐi^{214} ？]
進秃 [ten^{35}t^{h}ɔk^{55}]

屋漏
□茹 [mai^{214}ȵa^{21}]
排岗 [p^{h}ai^{21}ɬən^{21}]

眠房（miánfáng）
丐逢 [kai^{35}bɔŋ^{21}]
咹房 [ɐn^{52}fɔŋ^{21}]

扇門（shànmén）
更阁 [keŋ^{35}kə^{35}]
坡須 [p^{h}a^{52}tu^{52}]

伏（伕）免門（fúmiǎnmén）
杆阁 [ʃe^{52}kə^{35}]
杆須 [ɬen^{52}tu^{52}]

屋脊（wūjǐ）：屋顶中间高起的部分；指屋栋，栋梁。
丐搙茹 [kai^{35}ȵuk^{22}ȵa^{21}]
咹終馬 [ɐn^{52}ʧuŋ^{52}ma^{214}]

格片子（gépiànzǐ）
幅盘 [fuk^{55}ban^{21}]
××[p^{h}en^{55}p^{h}uk^{33}]

壁（壁）片（bìpià）
𠀧碧 [？？]
片坡 [pen^{35}be^{52}]

茅片（máopiàn）
極箏 [kik^{22}ʧeŋ^{52}]
習荷 [tɐp^{55}k^{h}a^{21}]

甑（甑）（jiē）：牡瓦，俯盖的瓦，俗称“阳瓦”
堺甕 [ɔi^{35}fai^{214}]
瓦丨 [？？ ʧa^{52}]

魚鱗（鱗）（yúlín）：鱼身上的鳞片；借指瓦片。
堺掘 [ɔi^{35} ？]
瓦急 [ʧa^{52}kip^{55}]

方甑
魂□ [hɔn^{33}fen^{214}]
魂□ [hɔn^{21}kə^{35}]

蓋屋（gàiwū）：古星名。属危宿，共二星。
立［茹］[ləp^{22}ȵa^{21}]
蒙□ [muŋ^{21}ɬə^{21}]

牛欄、𰈏樓郎悢、象槽槽𢭃走象、厩馬槽取走馬、羊棧𢮦、

谷䄄豬圈、匱硌谷獖、鷄樓𰈏奇谷獖、雞窩邑巳、巢謹哩凜、童圈、

𰈏䲵篭鷄鷄巢、茹擢葪𠴫、䈎門、牵捦須茄、鳥汚熳、泥茹耶坭豕水、

𦁦𰈏豬谷獖、馬欞𦍌取𩋒芽馬、水棧棧溚間淦、雞尾𥴤魯爲留祥、

家物類

牛欄（㰖）（niúlán）
㪟楼 [ʧuŋ^{21}tɐu^{52}]
郎㤂 [laŋ^{33}uai^{21}]

象槽（槽）（xiàngcáo）
槽㺯 [ʃau^{21}fi^{33}]
走象 [tɐu^{55}ʃaŋ^{214}]

廄馬（jiùmǎ）
槽馭 [ʃau^{21}mə^{214}]
走馬 [tɐu^{55}ma^{214}]

羊栈（栈）（yángzhàn）
□瓶 [？？]
谷闭 [kʰɔk^{33}be^{35}]

猪圈（zhūjuàn）：养猪的场所。
匱猣 [kui^{52}lən^{214}]
谷獏 [kʰɔk^{33}mu^{52}]

鶏棲（jīqī）：鸡栖息之所，鸡窝。
㪟哥 [ʧuŋ^{21}ka^{21}]
谷猉 [kʰɔk^{33}kɐi^{55}]

籬芭（芭）（líbā）：用竹、苇或树枝等编成，可作为障隔的栅栏。
巢謹 [ɬau^{21}kən^{35}]
哩凜 [li^{24}ɬɐm^{35}]

重阁（chónggé）
㪟船 [ʧuŋ^{21}ʧin^{52}]
篭鵩 [ɬuəŋ^{21}nuk^{22}]

層巢（céngcháo）：犹垒巢；指垒于高处的巢。
茹榷 [ȵa^{21}ʧi^{35}]
芮哐 [ɬən^{21}ʧi^{35}]

篳（篳）門（bìmén）：荆条竹木编的门。又称柴门。常用以喻指贫户居室。
夆拎 [kə^{35}iuŋ^{35}]
須箊 [tu^{52}ia^{52}]

污墁（wūmàn）：涂饰，粉刷。
泥茹 [ni^{35}ȵa^{21}]
邪坭 [tʰa^{21}nɐi^{21}]

豕柵（柵）（shǐshān）
㪟猣 [ʧuŋ^{21}lən^{214}]
谷獏 [kʰɔk^{33}mu^{52}]

馬櫪（mǎlì）：马槽。
芒馭 [fɔŋ^{33}mə^{214}]
朝芽馬 [ʃau^{21}ȵa^{35}ma^{214}]

水棧（shuǐzhàn）
栈渃 [ʧam^{21}nək^{55}]
间淰 [ȵan^{33}nɐm^{214}]

甕牖
鲁蕩 [lɔ^{35}tʰaŋ^{52}]
窗祥 [ɬu^{21}taŋ^{55}]

家物類

同用 箒、正 韃 咹 卜、掃 用、正 橋 咹 笨、簸 己 箕 幾、正 泯 咹 棟、踈 箕 初午、正 床 咹 称 行

通 春、正 檜 咹 逐、竹 席、詔 柘 片 熘、胡 床、正 縣 凍 杈 咹 豕 熏 杈、竹 床 縣 知

豕 槾 標、直 榻、縣 繢 豕 立 乡、綵 席 知、詔 棍 片 伏、竹 榼、詔 榼 片 熘

小 匣 奩 合 匣 妻 乂、尖 頭 匣 全 上、寶 鏡、正 鍋 咹 錫、明 鏡 上 全

會 梳 初、正 畧 咹 揮、鑷 子 正 葉 莫 具、扇 正 橼 莫 活、篦 全 匕、梳 匕

筩（tǒng）：管，竹筒；筒状物；指仅有小口供存贮之器。
丐甕 [kai^{35}ui^{33}]
咹卜 [ɐn^{52}bɔk^{55}]

桶（tǒng）：盛水或盛其它物品的容器，多为长圆形，有提梁。
丐［椿］[kai^{35}ʃən^{33}]
咹宋 [ɐn^{52}t^{h}uŋ^{35}]

簸箕（bòjī）：扬米去糠的工具。
丐泥 [kai^{35}nɐi^{33}]
咹棟 [ɐn^{52}duŋ^{35}]

踈箕（shūjī）
丐床 [kai^{35}təŋ^{21}]
咹称□ [ɐn^{52}ʃəŋ^{52}]

舂（舂）（chōng）：用杵臼捣去谷物的皮壳。
丐檜 [kai^{35}kɔi^{214}]
咹逐 [ɐn^{52}ʧ^{h}uk^{22}]

竹席（zhúxí）：竹篾编成的铺垫用具。
詔拓 [iau^{52}t^{h}et^{22}]
片熠 [p^{h}e^{55}ɬem^{33}]

胡床（húchuáng）：一种可以折叠的轻便坐具。又称交床。
丐床凍扳 [kai^{35}təŋ^{21}dɔŋ^{35}pan^{35}]
咹床素扳 [ɐn^{52}ʃiəŋ^{21}tɔ^{55}pan^{35}]

竹床（zhúchuáng）：竹制的床。
床知 [dəŋ^{21}ʧi^{52}]
床檟標 [iəŋ^{21}mɐi^{214}p^{h}ieu^{52}]

直榻（zhítà）
床綟 [təŋ^{52}ɬi^{33}]
床丘罒 [ʃiəŋ^{21}k^{h}ɐu^{52}lam^{33}]

絲席（sīxí）
詔棍 [ʧiəu^{35}kuɐn^{21}]
片伏 [p^{h}en^{35}]

竹榻（zhútà）
詔榻 [ʧeu^{35}dɐt^{22}]
片熠 [p^{h}e^{55}ɬiem^{33}]

小匣（xiǎoxiá）
匣婁 [hap^{22}lɐu^{33}]
合 ×［？ lɐu^{33}］

尖頭匣（jiāntóuxiá）
仝
上

寶鏡（bǎojìng）：镜子的美称。
丐鏩 [kai^{35}kəŋ^{21}]
咹銅 [ɐn^{52}k^{h}əŋ^{21}]

明鏡（míngjìng）：明亮的镜子。
仝
上

晉梳
丐署 [kai^{35}ʧək^{55}]
咹揮 [ɐn^{52}fi^{52}]

鑷（鑈）子（nièzǐ）：拔除毛发或夹取细物的用具。一般用金属制成。
丐茱 [kai^{35}tep^{22}]
莫聂 [mak^{33}ȵi^{214}]

扇（shàn）：扇子，摇动生风的用具。
丐檝 [kai^{35}kuat^{22}]
莫□ [mak^{33}k^{h}uat^{33}]

筸
仝
上

□
丐檜 [kai^{35}kuɔi^{214}]
咹门埥 [ɐn^{52}mɔn^{52}t^{h}uɔ^{52}]

丐檜㕵门𡏧、盤、丐蔢㕵茇、碗、丐鉢㕵八、碟、丐埸㕵间、磁、仝上、玉盏、

丐戳王㕵乂乂、盞、丐戳㕵乂、甗、蒲陶、䥘、屏醞平陋、壺、手、漿、瓢勤居、堡蘇淦、鏡、

盆、沼銅盅乂、盅、盆、沼吴盅藰、砍、盆、仝上、酒、甗、平、屏醞乂陋、壜、誘、

丐鲁𩩲㕵甲奚、𡒄、丐鲁奇㕵甲丐、圩、丐圩㕵八、𡑞、英談、壜、丐工㕵剛、大瓮、仝上、

沃花、砍埚、坳刷、鍱康、土埚、花、坳烟、鍱填、銅、鍋、花、坳銅、鍱荷、盞、㿿、丐𠀤㕵𡿨、

盤（盘）（pán）：用于沐浴盥洗或盛食承物的敞口、扁浅器皿。
丐凳 [kai³⁵bum⁵²]
咹凳 [ɐn³³bɔm⁵²]

碗（wǎn）：一种口大底小的食器，一般是圆形的。
丐鉢 [kai³⁵bat⁵⁵]
咹八 [ɐn³³pat⁵⁵]

碟（dié）：碟子。
丐娣 [kai³⁵de²¹⁴]
咹闰 [ɐn³³ian⁵²]

磁（cí）：指瓷器。
仝
上

玉笄（yùji）：玉制的酒器；酒杯的美称。
丐嚫玉 [kai³⁵tʃen³⁵ŋɔk³³]
咹××[ɐn⁵²tʃen³⁵ŋɔk²²]

盞（zhǎn）：浅而小的杯子。
丐嚫 [kai³⁵tʃen³⁵]
咹×[ɐn⁵²tʃen³⁵]

甗錍
屏醽 [biŋ²¹ɬieu²¹⁴]
平陋 [pʰiŋ²¹lɐu³⁵]

壺漿（浆）（kǔnjiāng）
瓢鄧湼 [pieu³⁵dɐŋ⁵²nɔk⁵²]
堡蘇淰 [pau⁵²tɔ⁵²nɐm²¹⁴]

鏡盆（jìngpén）
沼銅 [ʃieu³⁵duŋ²¹]
盎×[ban²¹tʰɔŋ²¹]

盎盆（àngpén）
沼昊 [ʃieu³⁵ŋɔ³³]
盎廓 [aŋ⁵⁵kuaŋ³⁵]

砂盆（shāpén）
仝
上

酒瓶（瓶）（jiǔpíng）：指专用来盛酒的瓶子。
屏醽 [biŋ²¹ɬieu²¹⁴]
×陋 [pʰin²¹lɐu³⁵]

墰（tán）
丐鲁虺 [kai³⁵lɔ³⁵ʔit⁵⁵]
咹甲英 [ɐn⁵²kap⁵⁵eŋ⁵²]

埕（chéng）：坛子。
丐鲁奇 [kai⁵⁵lɔ³⁵ka³⁵]
咹甲丐 [ɐn⁵²kap⁵⁵kai³⁵]

圩（xū）：集市。
丐圩 [kai³⁵fu³³]
咹丿 [ɐn⁵²pʰiet⁵⁵]

罌墰（yīngtán）
丐工 [kai³⁵kuŋ⁵²]
咹剛 [ɐn⁵²kaŋ⁵²]

大瓮（甕）（dàwèng）：小口大腹的陶制汲水罐。
仝
上

砂堝（shāguō）：用黏土为原料烧制成的锅。
坱剛 [nɔi³⁵kaŋ⁵²]
鍱康 [mɔ³⁵kʰaŋ⁵²]

土堝（tǔguō）
坱坦 [nui³⁵dət⁵⁵]
鍱填 [mɔ³⁵din⁵²]

銅鍋（tóngguō）

�

室底 吾和 辛開 䚪篁 尾主 亦開 銅鐺 丐撑 銅鐺 丐鉊 唆赫
鐵鯨 丐鯨 唆乂 灰屍 孱盃 乂奔 是灰 時盃 丐洛奔 鐥鐥 孱乖 十從
篙帚 丐烓 儒衣 水勺 吉瀦 瓢淪 酒勺 吉瀏 瓢洒 飯匙 帷淡 俱宪 剌
奴 渚 往心 進丈 筋 鋌 俱土 箸 亦 全 秫杈 丐碃 唆碃 碓磨 碃碨 乂呑
杵 丐蹄 亦托 石碓 檜碨 逐呑 柢衡 檜類 逐柯 大圓箕 丐覷 唆

室底（底）（guīdǐ）
沓口 [？？]
卒闬 [tuət⁵⁵kʰɐi⁵²]

甑（甗）箅
尾凶 [fai²¹huŋ⁵²]
林闬 [ɬum²¹kʰɐi⁵²]

銅鐺（tóngchēng）
丐撑 [kai³⁵ʧiəŋ⁵²]

鋼鐺（gāngchēng）
丐鉊 [kai³⁵tʰieu²¹⁴]
咹赫 [ɐn⁵²hek⁵⁵]

鐵（鐡）鍄（tiěliàng）
丐鍄 [kai³⁵kiŋ⁵²]
咹 ×[ɐn⁵²kʰiəŋ²¹]

灰甂（㼜）
屏盃 [biŋ²¹fui³³]
× 𠷊 [pʰiŋ²¹pɔn³⁵]

匙（匙）灰
時𦉞 [tʰi²¹fui³³]
丐治𠷊 [kai³³uət³³bən⁵²]

銷鍇
屏乖 [biŋ²¹kuai⁵²]
丨從 [biŋ²¹tɔŋ⁵²]

箒（zhǒu）：除去尘土、垃圾等的用具。
丐炷 [kai³⁵ʧɔi³⁵]
儒扒 [ɳu²¹pɐt⁵⁵]

水勺（shuǐsháo）：舀水的器具。
告渃 [kau³⁵nək⁵⁵]
瓢淰 [pʰieu²¹nɐm²¹⁴]

酒勺（jiǔsháo）
告醽 [kau³⁵ɬieu²¹⁴/iəu²¹⁴]

瓢陋 [pʰieu²¹lɐu³⁵]

飯匙（匙）（fànchí）
堆淡 [dɔi⁵²dam²¹]
俱先 [kɔ²¹⁴dam³⁵]

刺奴（lànú）
㐌心 [ɬɐi²¹⁴təm⁵²]
進支 [ten³⁵ʧi⁵²]

筯（zhù）
箊 [dɔ²¹⁴]
俱土 [bɔi³⁵tʰu⁵⁵]

箸（zhù）：筷子。
亦
仝

杙（杙）杈
丐磋 [kai³⁵ɬɐi⁵²]
咹磋 [ɐn⁵²ɬɐi²¹]

碓磨（duìmò）
磋碬 [ɬɐi⁵²da³⁵]
× 吞 [ʃɐi⁵²tʰin⁵²]

杵（chǔ）：舂米、捶衣、筑土用的棒槌。
丐踀 [kai³⁵tʰə⁵²]
林托 [lɐm²¹tʰɔk⁵⁵]

石碓（shíduì）
檜碬 [kuɔi³⁵da³⁵]
逐吞 [ʃuk²²tʰin⁵²]

柢衡（衡）（dǐhéng）
檜蹎 [kuɔi³⁵ʧən⁵²]
逐柯 [ʃuk²²kʰa⁵²]

大圓箕（dàyuánjī）
丐口 [kai³⁵？]
咹口 [ɐn³³？]

篩箕、丐寅 唦稱施、大踈箕、丐稍 唦罟行、籓笘、丐𢆥 唦紬 木、

筐 櫃八 匱缽、篔䈎、娃枝 儒扒郎、鄭藤、詞紙 邑紙、杆盤、

丐告尾 唦祖狐、旋杈、丐車紕 唦桂、玉敲、詞紙 邑紙、鱵尖、每夛 莫泥

陳玄、丐墨 少乂、豊杠、扡更晟 乾扎、樓揔、扡扼 乾儹、大卷

扡乾 乾㦹、㚲苍、扡更 乾杈、密箕、丐夜 唦也、大篗、丐域 唦乂、竹

篩箕（shāijī）
丏寅 [kai^{35}ɬɐn^{21}]
咹称施 [ɐn^{52}ʃəŋ^{52}tʰi^{55}]

大踈箕（dàshūjī）
丏稍 [kai^{35}ɬieu^{52}]
咹罯行 [ɐn^{52}la^{21}kʰɐu^{35}]

䉒筥
丏口 [？？]
咹紗 [？？]

木筐（mùkuāng）
櫃八 [kui^{21}bak^{55}]
匱鉢 [kʰui^{33}pak^{55}]

簪篇
烇技 [ʧɔi^{35}ʧi^{52}]
儒扒郎 [ȵɔ^{21}pak^{55}laŋ^{214}]

郯藤（tánténg）
詞紙 [tə^{21}ʧe^{35}]
芭紙 [baɯ^{52}ʧe^{35}]

杆盤
丏告芃 [kai^{35}kau^{35}pʰuŋ^{52}]
咹祖泒 [ɐn^{52}tʰɔ^{21}pʰai^{35}]

旋杈
丏車紕 [kai^{35}ʃe^{52}ʧi^{35}]
咹挫 [ɐn^{52}ta^{22}]

玉版（yùbǎn）：古代用以刻字的玉片，亦泛指珍贵的典籍；特指上有图形或文字，象征祥瑞、盛德或预示休咎的玉片；一种光洁坚致的宣纸。
詞紙 [tə^{21}ʧe^{35}]
芭紙 [baɯ^{52}ʧe^{35}]

鐵（鐡）尖（tiějiān）
每口 [mɔi^{214}kui^{52}]
莫泥 [mak^{33}nɐi^{21}]

陳玄（chénxuán）：墨的别称。墨色黑，存放年代越陈越佳。
丏墨 [kai^{35}mɐk^{22}]
艿 ×[ɐn^{21}uen^{35}]

豊（豊）扛（lǐkáng）
扽更戋 [tən^{35}keŋ^{35}mɐu^{35}]
乾比 [kʰɐn^{21}bɐk^{55}]

摟揔（lǒuzǒng）
扽捉 [tən^{35}tuk^{22}]
乾偺 [kʰan^{21}？]

大昝
扽乾 [tən^{35}kan^{21}]
乾蒲 [kʰan^{21}pʰu^{35}]

夯昝
扽恚 [tən^{35}？]
乾扻 [kʰan^{21}pan^{35}]

密（宻）箕（mìjī）
丏夜 [kai^{35}ɬa^{214}]
咹也 [ɐn^{52}ie^{55}]

大鑊（dàhuò）
丏㙶 [kai^{35}uak^{22}]
咹 ×[ɐn^{52}hek^{55}]

竹箱（zhúxiāng）：竹编的简便箱子。
丏篘 [kai^{35}hɔm^{21}]
咹篘 [ɐn^{33}hɔm^{55}]

箱 丐銜 喽鋼 簹 亦仝 篡 亦 懸枕 丐木 喽庫 肉机 丐乜 喽柽

若 篛笠 丐柬 喽筑 桸搭 丐湯 喽低 琴簪 丐玉 喽美 籃笛

丐玉古宁 喽姜枯漢 樸劍 丐捕 喽樸講 仁風 丐撇 奠撇 簽刀 捕刀 仆把

箋算 丐鞋 喽稷 鳥綁 莉鴇 喽夢鸝 獵綢 莉詵 斤界 刈子

丐梅 奠帖 剉子 利包 奠炮 剉子 丐盼 奠八 竹編 丐夜 喽雷 箱箋

□
亦
仝

懸杙（杙）（xuányì）
丐木 [kai^{35}mɔk^{22}]
咹庫 [ɐn^{33}k^{h}ɔ^{52}]

肉机（ròujī）
丐七 [kai^{35}t^{h}ət^{55}]
咹挃 [ɐn^{52}kuai^{35}]

箬笠（ruòlì）：用箬叶或竹篾编制的宽边帽。
丐柰 [kai^{35}nɔn^{33}]
咹笂 [ɐn^{52}ʧup^{55}]

梯楷（楷）（tījiē）
丐湯 [kai^{35}t^{h}aŋ^{52}]
咹低 [ɐn^{33}dɐi^{52}]

琴膂
丐玉 [kai^{35}ŋɔk^{22}]
咹姜 [ɐn^{33}k^{h}əŋ^{52}]

篮（蓝）笛（lándí）
丐玉古□ [kai^{35}ŋɔk^{22}kɔ^{35}ŋan^{33}]
咹姜姑漢 [ɐn^{52}k^{h}əŋ^{52}k^{h}ɔ^{33}han^{55}]

樸（樸）劍（pǔjiàn）
丐捕鐮 [kai^{35}bɔ^{35}kiem^{52}]
咹樸講 [ɐn^{52}？？]

仁風（rénfēng）：扇子的代称。
丐橛 [kai^{35}kuat^{22}]
莫橛 [mak^{33}k^{h}uat^{22}]

簽（簽）刀（qiāndāo）
捕刀 [bɔ^{35}dau^{21}]
仆把 [kep^{55}ʃa^{214}]

篴（𬕂）箪
丐秸 [kai^{35}dɔ^{35}]
咹稂 [ɐn^{52}di^{52}]

鳥紼（niǎofú）
筣鴣 [ləi^{35}ʧim^{52}]
咹夢鵩 [ɐn^{52}mɔŋ^{33}nuk^{22}]

猶網
筣誂 [lɔi^{35}tɐi^{35}]
片界 [p^{h}en^{33}iai^{52}]

刘子
丐梅 [kai^{35}hɔi^{214}]
莫帖 [mak^{33}ʧim^{52}]

刮子（guāzǐ）：耳光。
利包 [ləi^{35}bau^{21}]
莫炮 [mak^{33}p^{h}au^{33}]

釗子（zhāozǐ）
丐鈐 [kai^{35}kɐm^{21}]
莫丨 [mak^{33}k^{h}im^{21}]

竹编（zhúbiān）：用竹篾编制的工艺品。将竹子剖削成粗细匀淨的篾丝，经加工后编结成各种精巧的生活用具。
丐夜 [kai^{35}ɬa^{214}]
咹雷 [ɐn^{33}ʧ^{h}ɔi^{55}]

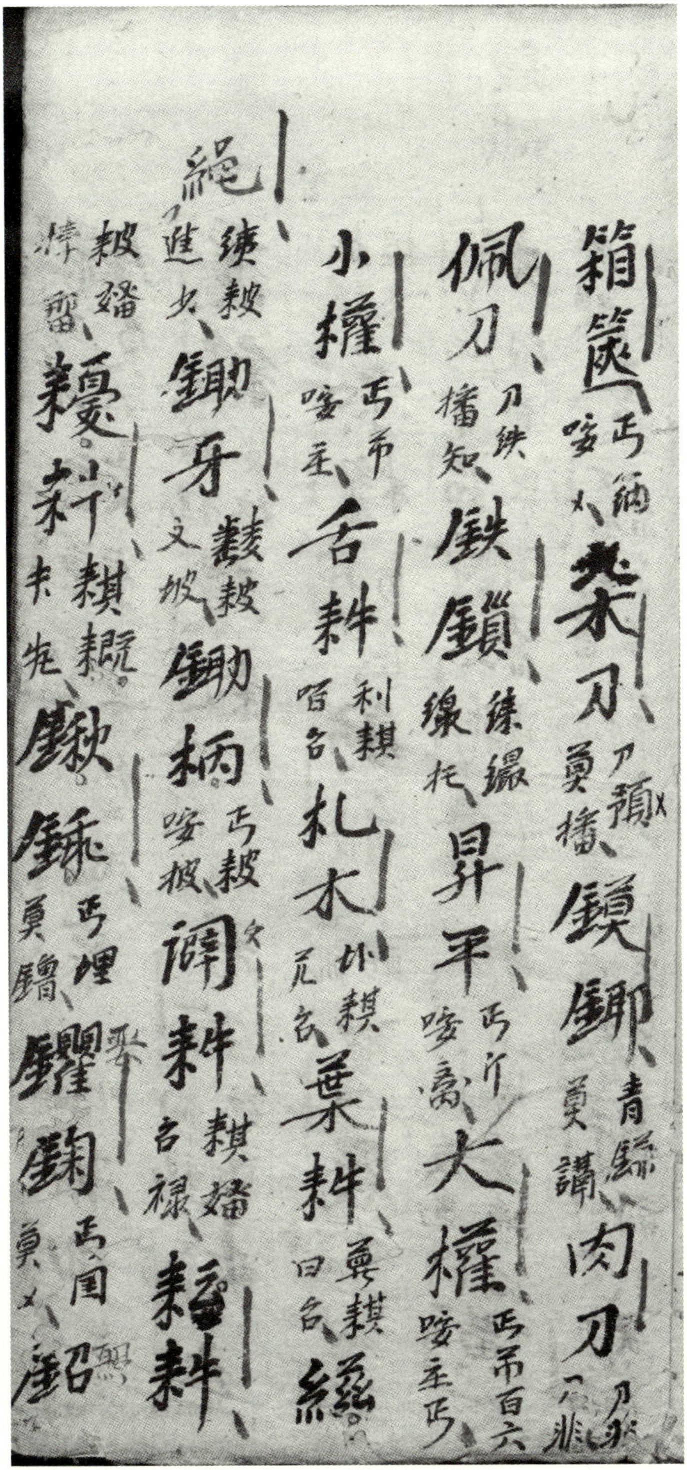

箱篋（xiāngqiè）：指大小箱子。
丐簓 [kai^{35}nap^{22}]
咹×[ɐn^{52}？]

柴（柒）刀（cháidāo）：伐木打柴用的刀。
刀 [dau^{21}]
莫播 [mak^{33}puɔn^{52}]

鏌鋣（mòyé）：即镆铘。
青□ [t^{h}eŋ^{52}kiem^{52}]
莫諜 [mak^{33}kep^{55}]

肉刀（ròudāo）
刀□ [dau^{21}p^{h}i^{52}]
□非 [t^{h}au^{21}p^{h}i^{52}]

佩刀（pèidāo）：佩在腰间的刀。古代男子服饰之一，佩之以示威武。
刀鉄 [dau^{21}t^{h}ət^{55}]
播知 [p^{h}an^{52}ʧi^{35}]

鉄鎖（tiěsuǒ）：铁制的锁。
絉缊 [lɔk^{22}t^{h}ak^{35}]
线托 [ʃien^{21}t^{h}ət^{55}]

昇平（shēngpíng）：太平。
丐斤 [kai^{35}kən^{52}]
咹脔 [ɐn^{52}li^{33}]

大權（榷）（dàquán）：重大的权柄，支配的力量。
丐市百六 [kai^{35}nau^{21}bek^{35}luk^{22}]
咹庄丐 [ɐn^{52}ʃɐŋ^{33}kai^{35}]

小權（榷）（xiǎoquán）
丐市 [kai^{35}nau^{22}]
咹庄 [ɐn^{52}ʃɐŋ^{33}]

舌耕（粁）（shégēng）：旧时称以授徒讲学谋生；指说书；指读书勤奋。
利耕 [ləi^{35}kə^{21}]
啪台 [pak^{33}t^{h}ɐi^{52}]

札木（zhámù）
圤耕 [k^{h}ɔi^{35}kəi^{21}]
亢台 [k^{h}ap^{33}t^{h}ɐi^{52}]

葉（菓）耕（粁）（yègēng）
弉耕 [la^{35}kəi^{21}]
日台 [uet^{55}t^{h}ɐi^{52}]

繈繩
緟耕 [ɬi^{33}bi^{21}]
進少 [ʃiək^{33}ʃau^{33}]

鋤（鉏）牙（chúyá）：形容物体像锯齿那样的不平正。
鲮耕 [ɬɐŋ^{33}be^{21}]
文坡 [fɐn^{21}p^{h}ə^{52}]

鋤（鉏）柄（chúbǐng）
丐耕 [kai^{35}be^{21}]
咹披 [ɐn^{33}p^{h}ə^{52}]

闢耕（粁）（gēng）
耕婚 [kəi^{21}fə^{214}]
台禄 [t^{h}ɐi^{52}dɔk^{55}]

耘耕（粁）（yúngēng）：耕耘。
耕婚 [be^{21}fə^{21}]
□罾 [？？]

耰耕（粁）（yōugēng）
耕概 [kai^{21}k^{h}ai^{35}]
□先 [t^{h}ɯ^{52}dɐm^{52}]

鍬鍤
丐埋 [kai^{35}mai^{33}]
莫镥 [mak^{33}luə^{35}]

钁鉤
丐国 [kai^{35}kuək^{55}]
莫×[mak^{33}kuak^{55}]

鉊鎌（zhāolián）
丐鎌 [kai^{35}k^{h}em^{52}]
莫×[mak^{33}liem^{21}]

鎌 丐鎌 㚖八 短鎌 丐梅 兲佚口 曲案 盘梅 卜帖 車曲 又帐 斥楼

覆鍾 榇榪 榠稼 浸穀 吟榪 稼趆淦 枝苗 揄榪 禄稼 鄉水 昔

札㳫 榥淦 秦楊 招楼 㚖帐 舫船 乏船 平艀 簭筏 乏筏 平筏 柰

種蛾

蛾 丐貝 閑米 𦬸尋 界閑 紅蛾 覞尋 須閑 新蘭 見 丐見 㛂瓊涧 黃綉

綵鏌 又良 素綵 綵替 又瞗 梳床 室改 記束 藤 膝肝 肝改 則干 桪軸 白

短鐮（duǎnlián）
丐梅 [kai^{35}hɔi^{214}]
莫廉鉄口 [mak^{33}liem^{21}ʃɐt^{22}kʰɐu^{35}]

曲庲
盘梅 [ban^{21}hɔi^{214}]
卜帖 [pʰɔ^{21}ʧɐm^{52}]

軛曲（èqǔ）
口楼 [ak^{35}tɐu^{52}]
× 怺 [ek^{55}uai^{21}]

覆 [種]（fùzhòng）：在同一块土地上，一年播种两次以上。
撩秅 [lieu^{33}mə^{214}]
换稼 [kuəi^{52}ʧa^{35}]

浸穀（jìngǔ）
吟秅 [kɐm^{21}mə^{214}]
稼瓩淰 [ʧa^{35}luŋ^{21}nɐm^{214}]

拔苗（bámiáo）
揄秅 [? ?]
禄稼 [luk^{55}ʧa^{35}]

斴水
札渃 [ʧat^{55}nək^{55}]
棍淰 [kʰɔn^{214}nɐm^{214}]

桊欄
绍楼 [ʃau^{35}tɐu^{52}]
袅怺 [neu^{33}uai^{21}]

舫船（fǎngchuán）
芒船 [maŋ^{33}ʃien^{21}]
平艣 [bɐŋ^{35}lə^{21}]

簦筏
芒笈 [maŋ^{33}be^{21}]
平笈 [bɐŋ^{35}pʰe^{21}]

蚕蛾（cáné）：蚕作茧成蛹后所化的蛾。
丐身闲米 [kai^{35}bə^{35}ʔit^{55}fe^{33}]
茆尋界闲 [? ? iai^{35}ʔit^{55}]

紅蛾（hóngé）
琨尋 [kɔn^{52}tim^{21}]
須闲 [tuə^{52}ʔit^{52}]

新繭
丐見 [kai^{35}kien^{214}]
咹瑻闷 [ɐn^{52}kuŋ^{35}mɔn^{214}]

黄絲（huángsī）：黄色纤维；黄色的蚕丝；指刚抽芽叶之柳条；指花粉管。
絲鐄 [tə^{52}faŋ^{21}]
× 良 [tə^{52}ləŋ^{52}]

素絲（sùsī）：本色的丝；白丝。
口皆 [tə^{52}ʧɐŋ^{35}]
× 皜 [tə^{52}kʰau^{52}]

柅床（nǐchuáng）
空改 [kʰuŋ^{52}kai^{214}]
記束 [ki^{55}tʰuk^{55}]

滕肝（ténggān）
肝改 [kan^{52}kai^{214}]
則干 [tɐk^{55}kan^{52}]

杼□
丐逐 [kai^{35}ʧuk^{22}]
秝岔 [? ?]

丏逐 桑念、樸腹、丏氷 氷禿 纖枸、吾綴 嗲炎、攀花 丏孤 丘禿

龍腹、丏催 莫偷 紾絣、丏辛 嗲律 甄龍尾、丏坤 嗲薰 陶

鈎、丏鳥 嗲鳥 銀、木鐇 丏際 嗲宋、鍘家、丏爐 嗲爐 匠、鐓

刀 丏喬 莫文、鉄鉗 丏黔 莫黔、鐵槌 槌槌 鐵鐓 斧柯、豆鱗 増寛

斧鋙 利奈 侑寬 鈪 斤 丏排 莫拜 柱斧 丏歸 莫富 豆 斧 鎚

撑腹（chēngfù）
丐氷 [kai^{35}t^{h}i^{35}]
氷禿 [t^{h}i^{35}t^{h}uk^{55}]

緻构（zhīgòu）
苦緻 [k^{h}ɔ^{35}k^{h}əi^{214}]
咹炎 [ɐn^{52}ɬiem^{33}]

攀花（花）（pānhuā）：摘花；古舞蹈名。
丐㧺 [kai^{35}kɔ^{52}]
丘禿 [k^{h}ɐu^{52}t^{h}uk^{55}]

龍腹（lóngfù）：指跻身贤人之间。
丐催 [kai^{35}ʃui^{52}]
莫偷 [mak^{33}t^{h}ɐu^{35}]

紾絆
丐卒 [kai^{35}ʧɔt^{55}]
咹律 [ɐn^{52}lɔt^{55}]

甄甕
丐坤 [kai^{35}k^{h}ɔn^{52}]
咹薰 [ɐn^{52} ？]

陶鈎（鈞）（táogōu）
丐烏 [kai^{35}nieu^{35}]
咹烏銀 [ɐn^{52}nieu^{35}ŋən^{21}]

木轄
丐喋 [kai^{35}t^{h}ɐi^{21}]
咹氺 [ɐn^{52}fe^{33}]

鋾家（táojiā）
丐爐 [kai^{35}lɔ^{35}]
咹爐匠 [ɐn^{21}lɔ^{21}ʧ^{h}əŋ^{33}]

鉸刀（jiǎodāo）：剪刀；一种金属切削刀具。有手用铰刀和机用铰刀两类。
丐喬 [kai^{35}kieu^{21}]
莫 ×[mak^{33}t^{h}ieu^{52}]

鉄钳（tiěqián）：可剪断铁线或拔除铁钉的工具。
丐鈐 [kai^{35}kɐm^{21}]
莫鈐 [mak^{33}k^{h}im^{21}]

鉄槌（tiěchuí）
䊵鉄 [t^{h}ɔi^{35}t^{h}iet^{55}]
䊵□ [t^{h}ɔi^{35} ？]

斧柯（fǔkē）：斧柄；喻指权柄；借称媒人。
豆鐐 [dɐu^{21}lieu^{33}]
墻寬 [t^{h}uɔ^{52}k^{h}uan^{52}]

斧銛（fǔkuò）
利□ [ləi^{35}lieu^{33}]
咟寬 [bak^{33}k^{h}uan^{52}]

鉟斤（pījīn）
丐排 [kai^{35}bai^{21}]
莫拜 [mak^{33}p^{h}ɐi^{33}]

柱斧（zhùfǔ）：用水晶制的小斧，朝官所用。
丐鈽 [kai^{35}bɔ^{35}]
莫畐豆 [mak^{33}fu^{35}t^{h}ɐu^{52}]

□绳
墨曹 [mək^{22}tau^{21}]
走繗 [tɐu^{52}lim^{21}]

墨曹走𫎇手𨱏丐鋸貔奠鋸奠鍝鋙丐鋸侵奠鋸解攢鑿丐佗奠夬

𨭖丐㓤奠軿撒綢丐紂片奠突拋綢仝上堂筌正樟安盐

𠢜罾身丐𦁛㛂斟罾肢工𦁛立斟罾素𫄨紼𫎇斟

綸緜𫄨句𫎇不鬆鈎利句唔不鉛濃𡲥句寅不鈞等

勠句勒不罾音罾𥺶吃个鉛𠢜鉅鋙侵㑽樂貮𠢜佣辛鳥

手鋸（shǒujù）
丐鋸虺 [kai^{35}kɯ^{55}ʔit^{55}]
莫鋸英 [mak^{33}kɯ^{52}eŋ^{52}]

鍝鋸（yújù）
丐鋸侵 [kai^{35}kɯ^{55}]
莫鋸觧槓 [mak^{33}kɯ^{55}ʧai^{55}mɐi^{214}]

□
丐［独］[kai^{35}tuk^{22}]
莫少 [mak^{33}tʰieu^{52}]

鏟（chǎn）：铲子；古代形状似铲的兵器。
丐斬 [kai^{35}tam^{214}]
莫［斬］[mak^{33}ʃam^{214}]

撒網（sǎwǎng）
丐紂 [kai^{35}tai^{21}]
片奚突 [pʰen^{33}kʰe^{52}tʰɐk^{22}]

拋網（pāowǎng）
仝
上

堂筌（tángquán）
丐楠鯢 [kai^{35}nam^{52}]
咹竖 [ɐn^{33}kam^{35}]

罾（罾）身（zēngshēn）
丐紼 [kai^{35}bɔ^{35}]
咹斟 [ɐn^{52}ʧəm^{52}]

罾（罾）肢（zēngzhī）
工紼 [kuŋ^{52}bu^{35}]
立斟 [lɐp^{22}ʧəm^{52}]

罾（罾）索（zēngsuǒ）
綀紼 [ɬi^{33}bɔ^{35}]
繗斟 [lən^{33}？]

綸絲（lúnsī）
綀句 [ɬi^{33}kɐu^{52}]
繗不 [len^{21}bek^{55}]

鍩鉤
利勾 [ləi^{35}kɐu^{52}]
啪不 [pak^{55}bik^{55}]

鉛灑（qiānsǎ）
鈘勾 [ʧe^{52}kɐu^{52}]
寅不 [ɬɐn^{21}bek^{55}]

鈞竿（diàogān）：钓鱼竿；古曲名。
勤勾 [kɐn^{21}kɐu^{52}]
勤不 [kʰɐn^{21}bek^{55}]

罟罧
吒个 [ʧa^{52}ka^{35}]
笳鯢 [ʧa^{52}ʧa^{52}]

鉅銛（jùxiān）
侵叚 [də^{52}de^{52}]
楽成鯢 [ia^{55}teŋ^{55}ʧa^{52}]

罔卒烏
躲媒 [ʧim^{52}məu^{33}]
鵩×[nuk^{22}mɔi^{21}]

鵇𫄨/鶉乂 游江 巧越/㛂北 罹界 偹點/浪鶉 邅䢭 𩙿律/序容

金玉類

黃金 廣辛/金底 精銀 伯辛/銀底 黑金 鉄/廿鉦 直鋼 剛/康

鍮石 涺南/鈏良 赤金 銅𤯼/侗丁 青金 銅㩡/侗丘 黑鉛 支/寅

白金 鉑/佷 鵝眼 錢/廿乂 孔方家兄 青蚨 仝/丘

游江（yóujiāng）

丐越 [kai³⁵fek²²]

咹比 [ɐn⁵²bɐk⁵⁵]

翟羿

備舼 [kɔn⁵²ʧim⁵²]

浪鵩 [ɬɐŋ²¹nuk²²]

氈毯（zhāntǎn）：毛毡制成的毯子。

潟律 [？？]

片容 [pʰen⁵⁵ɬɔŋ²¹]

金玉類

黃金（huángjīn）：指铜；金属名。赤黄色，质柔软，延展性大。为贵重金属，多用来制造货币、装饰品等。

廣卒 [faŋ²¹tuət⁵⁵]

金底 [kim⁵²dɐi⁵²]

精銀（鋃）（jīngyín）：指亮晶晶的银子。

泊卒 [bak²²tuət⁵⁵]

鋃底 [ŋən²¹dɐi⁵²]

黑（黒）金（hēijīn）：黑色金属。常以指铁。

鉄 [tʰiet⁵⁵]

节鉦 [la³³lik⁵⁵]

直鋼（zhígāng）

剛 [kaŋ⁵²]

康 [kʰaŋ⁵²]

鍮石（tōushí）：指天然的黄铜矿或自然铜；指铜与炉甘石（菱锌矿）共炼而成的黄铜。

淊南 [ɬem³³mam³³]

銅良 [tʰɔŋ²¹ləŋ⁵²]

赤金（chìjīn）：指铜；指黄金。

銅堵 [tʰɔŋ²¹ʧe³⁵]

㓊丁 [tʰɔŋ²¹deŋ⁵²]

青金（qīngjīn）：铅的别名；铜矿石的一种，色青黑，可为砚；国画颜料名；颜色名。

銅撑 [duŋ²¹/ʧɔŋ²¹ʧəŋ⁵²]

㓊丘 [tʰɔŋ²¹kʰeu⁵²]

黑（黒）鉛（hēiqiān）：铅的一种；石墨的别名。

支 [ʧe⁵²]

寅 [ɬɐn²¹]

白金（báijīn）：古指银子，亦指银合金的货币；清中叶后，亦指银元；铂的通称。

鉑 [bak²²]

㫰 [ŋən²¹]

鵝眼（éyǎn）

錢 [ten²¹]

节×[la³³ten²¹]

孔方（kǒngfāng）：钱的谑称。旧时铜钱外圆，中有方孔，故名。

家兄（jiāxiōng）：对人称己兄；借指金钱，因钱别号孔方兄，故有此称。

青蚨（qīngfú）：传说中的虫名。

仝

上

報孝類

主人 長男 狄昝谷 主婦 媌奇 妒谷 孤子 現耔吒 狄保眉希 哀子

現耔嫒 狀保眉嫒 孤哀子 耔奇吒嫒 耔寸希嫒

若旦巴逝歲不得称

孤哀子惟称孝子

文會 奧魏 康夷 祝板 祝板 架讀文 珓環 陰陽 坆埋 鹽壘 貫 雷

沼渚 盅淦 鹽架 貫者 架彩沼 架都盅 鑄壘 雷 戰罍 乂陋 犧牲 犠特 俶直

[報]孝[類]

主□

長男 [təŋ^{35}nam^{33}]

伩咍谷 [luk^{33}ʃai^{21}kuk^{55}]

主婦（zhǔfù）：女主人；正妻。

妯奇 [ɬɔ^{33}ka^{35}]

妒谷 [lɔ^{21}kuk^{55}]

孤子（gūzǐ）：年少丧父者，或幼无父母者；古代居父母丧者的自称；古代专指为国事而死者之子。

䍶杁吒 [kɔn^{33}mut^{55}ʧa^{33}]

伩保眉甭 [luk^{33}bɐu^{55}mi^{21}p^{h}ɔ^{33}]

哀子（āizǐ）：古称居父母之丧者为哀子。后则专指居母丧者。

䍶杁媄 [kɔn^{33}mək^{55}me^{214}]

伩保眉媄 [luk^{33}bɐu^{55}mi^{21}me^{33}]

孤哀子（gūāizǐ）：旧时父丧称孤子，母丧称哀子，父母俱亡，称孤哀子。

杁奇吒媄 [mət^{55}ka^{35}ʧa^{33}me^{214}]

杁寸甭媄 [mət^{55}t^{h}un^{35}pɔ^{33}me^{33}]

若旦㐌进歲（歳）不得称孤哀子惟称孝子 [iək^{22}den^{35}ba^{52}kɔ^{52}ai^{52}tɯ^{35}məi^{33}te^{35}bət^{55}dɐk^{55}ʃəŋ^{52}ui^{35}ʃəŋ^{52}ieu^{35}tɯ^{35}]

文會（wénhuì）

奧䞣 [au^{35}ɬai^{214}]

庚𠯹 [ɬə^{35}ɬi^{21}]

祝板（zhùbǎn）：书写祝文的木版、纸版等，祭祀时所用。

祝板 [？？]

架讀文 [ia^{35}dɔk^{22}fən^{33}]

玟環（璟）（jiàohuán）

陰陽 [əm^{52}ɬəŋ^{33}]

坎埋 [k^{h}um^{35}mai^{52}]

盥罍

沼渃 [ʧɐu^{35}nək^{55}]

盎淰 [aŋ^{55}nɐm^{214}]

盥架

架□沼 [ia^{35}dɐŋ^{52}ʧɐu^{35}]

架都盎 [ʧa^{55}tɔ^{52}aŋ^{55}]

罇罍（zūnléi）：樽和罍；泛指酒器。

嘰醽 [ʧen^{35}ɬieu^{214}]

× 陋 [ʧen^{35}lɐu^{35}]

犧牲（xīshēng）：供祭祀用的纯色全体牲畜；指供盟誓、宴享用的牲畜；泛指用其他动物所作的祭品。

䄛特 [tɐu^{52}dək^{22}]

恢直 [uai^{21}t^{h}ək^{22}]

太牢大武 全匕 沙牢 覌怫 須獚 剛鬣 覌𦬣 須獚 柔毛 覌紙 須閗

羮獻 覌狂 須赤 翰音 覌奇 須棋 腥祭 个甡 䴡業 商祭 个押 䴡押

尹祭 嵶哨 姜哨 玄酒 渃梗除实 淦幼除乂 饋饌 具餔 乂乂 粢盛 恩 具敫 口叙

棺材 丐升 卣㯭 柜輿 𣏌檽 架貪非 灵輴 䂣埜 包柃 銘旌 食

案明器香 殺剉 𠄌上 𥘉仝 殯宫 䂣𦁛 苗巷 復迦 𦨻㘶 亦地

太牢 （tàiláo）：古代祭祀，牛羊豕三牲具备谓之太牢。

大武 （dàwǔ）：周代的乐舞之一；称牛。
仝
上

沙牢 （shāláo）
琨辅 [kɔn³³bɔ²¹]
須狨 [tuɔ⁵²mu⁵²]

剛鬣
琨猞 [kɔn³³lən²¹⁴]
須狨 [tuɔ⁵²mu⁵²]

柔（柔）毛 （róumáo）：古代祭祀所用之羊的别称；指轻暖的羊裘。
琨□ [kɔn⁵²ie³³]
須闭 [tuɔ⁵²be³⁵]

美（羡）献 （měixiàn）
琨往 [kɔn⁵²ʧɔ³⁵]
須麻 [tuɔ⁵²ma⁵²]

翰音 （hànyīn）：鸡的代称；飞向高空的声音，比喻徒有虚声。
琨哥 [kɔn⁵²ka²¹]
須犋 [tuɔ⁵⁵kɐi⁵⁵]

□祭（祭）
亇秖 [ka³⁵ɬuŋ³⁵]
鲃楪 [ʧa⁵²dip⁵⁵]

商祭（祭）（shāngjì）：谓用干鱼祭祀。
亇押 [ka³⁵kap⁵⁵]
鲃押 [ʧa⁵²kap⁵⁵]

尹祭（祭）（yǐnjì）：古代用于祭祀的切割方正的干肉。
䑐咱 [tʰip²²ia⁵²]
妟咱 [nə²¹⁴ia⁵²]

玄酒 （xuánjiǔ）：古代祭礼中当酒用的清水；指淡薄的酒。
渃挭除宊 [nək⁵⁵tɯ²¹kəŋɬɐn²¹]
淰除叻 ×[nɐm²¹⁴ʃə²¹ɐu⁵²ɬɐn²¹]

餶饌（饌）（jùzhuàn）
具皏 [kɔ²²beŋ³⁵]
××[kɔ²¹piŋ³⁵]

粢盛 （zīchéng）：古代盛在祭器内以供祭祀的谷物。
具欶 [kɔ²¹⁴kʰəm³⁵]
口奴 [kʰɐu²⁴nuɔ⁵²]

棺材 （guāncái）：装殓尸体的器具，多以木材制成。
丐升 [kai³⁵tʰɐŋ⁵²]
□樌 [kʰɐu³⁵mɐi²¹⁴]

柜舆 （guìyú）
杊榓 [tən³⁵kam³⁵]
架貪非 [ʧa³³tʰam⁵²pʰi⁵²]

灵輀 （língér）：丧车。
茹氹 [n̥a²¹taŋ³⁵]
包拎 [bau³⁵kɐm⁵²]

銘旌 （míngjīng）：竖在灵柩前标志死者官职和姓名的旗幡。

食案 （shíàn）：餐桌；进饭菜用的木盘。

明器（器）（míngqì）：即冥器，专为随葬而制作的器物；古代诸侯受封时帝王所赐的礼器宝物。

香□
以上
並仝

殯（宊）宫（bìngōng）：停放灵柩的房舍；指坟墓。

茹榷 [ȵa^{21}kuen^{21}]

冇卷ᐸ [ɬən^{21}kuen^{35}]

復地（fùdì）

䢑□ [ʃuəŋ^{35}det^{55}]

□坆 [luŋ^{21}tum^{52}]

下壙仝上、穟服柰𫼯、夜臺塻嗎壇非、𦁂綿乙柰江非

大輿𦘧埜包𣞪、

樂器類

鼓古丐詁嗲乂、鉦丐鉦嗲乂、扶鼓古丐𨔵嗲人、桴鼓古棍鞊棍乂、𩈘

鎯丐虔嗲見、孔笛丐稍嗲枯、鐃鈸乂乂嗲吊鈸、釭鑼丐馬哭嗲馬哭

玉振丐笙嗲乂、𢭸析丐羊嗲小、緣綺丐彈嗲性、鞠鞦桑鞊

下壙（xiàkuàng）
仝
上

襚服（suìfú）：即襚衣。
□□
庰非 [ɬə³⁵pʰi⁵²]

夜臺（yètái）：坟墓。亦借指阴间。
摸坞 [mɔ³³ma²¹⁴]
墁非 [mɔ³³pʰi⁵²]

執（軌）紼（zhífú）：谓丧葬时手执牵引灵柩的大绳以助行进；泛称为人送殡。
罒麻 [lam²¹ma²¹]
江非 [ʧaŋ⁵²pʰi⁵²]

大輿（dàyú）
茹㙮 [ȵa²¹taŋ³⁵]
包拎 [bau³³kɐm⁵²]

樂器（噐）類

鼓（gǔ）：打击乐器。多为圆桶形或扁圆形，中间空，一面或两面蒙着皮革。
丐秙 [kai³⁵kɔ³⁵]
咹 ×[ɐn⁵²kɔ³⁵]

鉦（zhēng）：一种古代乐器，形似钟而狭长，有柄，击之发声，用铜制成；古乐器，形圆如铜锣，悬而击之。
丐鉦 [kai³⁵ieŋ⁵²]
咹 ×[ɐn⁵²ieŋ⁵²]

仗鼓（zhànggǔ）：鼓名，打击乐器。
丐□ [kai³⁵ ？]
咹 ×[ɐn⁵²]

桴鼓（fúgǔ）：鼓槌与鼓，比喻相应迅速；指战鼓；指警鼓；乐鼓的一种。
槌秙 [ʧui⁵²kɔ²⁴]
棍 ×[hɔi⁵⁵tuŋ³⁵]

鉢鄴（bōyé）：即镆铘。
丐虔 [kai³⁵kem²¹]
咹見 [ɐn³³ken⁵⁵]

孔笛（kǒngdí）
丐稍 [kai³ɬieu⁵²]
咹姑 [ɐn³³ʃi⁵²]

鐃鈸（鐃鈸）（náobó）一种打击乐器。古称铜钹、铜盘、铜钵。其围数寸，隐起如浮沤，贯之以韦，相击以和乐。
××[ieu³³bat²²]
咹帇鈸 [ɐn⁵²nau²¹ʃa³⁵]

釭鑼（gāngluó）
丐馬罗 [kai³⁵ma²¹⁴la²¹]
咹馬罗 [ɐn⁵²ma²¹⁴la²¹]

玉振（yùzhèn）：谓磬声振扬；谓振扬天子之德音；形容帝王仁德的声音；比喻文辞声调铿锵；古琴名。
丐笙 [kai³⁵tiŋ⁵²]
咹 ×[ɐn⁵²tiŋ⁵⁵]

柳析（liǔxī）
丐羊 [kai³⁵ɬəŋ³³]
咹小 [ɐn³³tʰieu⁵²]

綠綺
丐弹 [kai³⁵dan²¹]
咹牲 [ɐn³³tiŋ⁵⁵]

鞠鞁
桑秙 [ʃaŋ⁵⁵kɔ³⁵]
××[tʰau²¹be²¹]

乂
乂、師猿 夆計刀 乂都嵩、尖鎗。巧教 莫教、手箭、巧勞 莫劳奉、金鑾

工務 工豫、袍。衣、奥戟 棄乂、劍、巧彈 莫講、背、巧本 嗲乂、旗、尊旗 豆旗、

諕 鏡、巧虎 嗲鼈尾、碑、魂弾 夏乂、弓、巧弓 嗲工、唐太、仝上、飛箭 進

巧銑 進分工、般班 若雖 衣、奥肯 棄罡兄、輕弩、巧弩 嗲留 弩

鷄 西劉 掛。巧銑 進分 陞 弩、鞮提 靮、真登 踏登、繩。路 後 ⼆乂

師旅（shīlǚ）：师、旅为古代军队编制。
侴計门 [kɔn⁵²ke³⁵mɔn³³]
× 都蒀 [kɔn⁵²dɔ⁵²fan²¹⁴]

尖鎗（jiānqiāng）
丐教 [kai³⁵ŋau²¹]
莫敎 [mak²²ŋau²¹]

手箭（箭）（shǒujiàn）
丐房 [kai³⁵lau³³]
莫劳奉 [mak⁵⁵lau⁵⁵pʰuŋ²¹⁴]

金□
工貔 [kuŋ⁵²fi³³]
工豫 [kuŋ⁵²ʃaŋ²¹⁴]

袍衣（páoyī）
奥帗 [au³⁵ʧen³⁵]
庹 ×[ɬə³⁵ʧen⁵⁵]

劍（jiàn）：古兵器名，属短兵器，两面有刃，中间有脊，短柄。
丐嫌 [kai³⁵kʰiem⁵²]
莫謙 [mak³³kʰiem²¹]

盾（盾）（dùn）：古代作战时用来抵御敌人刀箭等的兵器。
丐本 [kai³⁵mɔk²²]
咹 ×[ɐn³³mɔk²²]

旗（qí）：泛指各种旗帜。
弃旗 [la³⁵kə²¹]
芭旗 [baɯ⁵²kʰi²¹]

銑（zhèn）
丐戊 [kai³⁵ɬuŋ³⁵]
咹甕 [ɐn⁵²ʔuŋ³⁵]

砷（磾）（dī）
□弹 [hɔn²¹dan²¹]
莫 ×[mak³³dan²¹]

弓（gōng）：射箭或打彈的器械。
丐弓 [kai³⁵kuŋ⁵²]
咹工 [ɐn⁵²kuŋ⁵²]

唐太（tángtài）
仝
上

飛箭（箭）（fēijiàn）：疾飞的箭；射箭。
丐銑弓 [kai³⁵tien⁵²kuŋ⁵²]
進分工 [ten³⁵pun⁵²kuŋ⁵²]

般（般）若（若）衣（bānrěyī）
奥育坚 [au³⁵te²¹ken⁵²]
庹罡兄 [ɬə³⁵ɬi⁵⁵pʰi²¹]

輕弩（qīngnǔ）
丐弩 [kai³⁵nɔ³³]
咹罶 [ɐn⁵²na³⁵]

罰掛
丐銑弩 [kai³⁵ten⁵²nɔ³³]
進分□ [ten³⁵bən⁵²na³⁵]

韗（韗）韇
眞登 [ʧən⁵²dɐŋ⁵²]
踏登 [tən³⁵dɐŋ⁵²]

紅路（zhēnglù）
後□ [hɐu²¹⁴tʰu⁵²]
××[hɐu²¹⁴ʃɐu⁵²]

橐髖。雜毘鉒 卜分 劍匣、捕韉 朴講、綠札 メメ 妄馭

錦幛 弄朕 娄馬 鷫鞫、叩馭 賊馬 韉鞔、弄施 メメ、

綏繖、綉綱 恭馬 騫 執紧 メメ 劍幣 鞁、鞄 メ 魋 扇

汗 含猷 泣馬 象架 彭猺 メ 貒 象鉤 狏猺 メ 貒 蓬蘿。

枚彭 嗟架 袁彭 魚司 メ 貒 食猺 寸斗 丐寸斗 嗟メメ 鈴釘

橐箙 （gāofú）
羝毿 [？？]
卜分 [pʰɔk^{33}pʰɐn^{214}]

劍匣 （jiànxiá）
捕鐮 [bɔ^{22}kiem^{52}]
朴譎 [pʰuk^{55}？]

绿札 （lǜzhá）
安馭 [an^{52}mə^{214}]
××[an^{55}ma^{214}]

錦幛 （jǐnzhàng）：錦製的帷账；亦泛指華美的帷账。
弄朕 [la^{35}ʃɐm^{214}]
妄馬 [an^{52}ma^{214}]

羈靮 （jīdí）：马络头和缰绳。泛指驭马之物。
叩馭 [kʰɐu^{35}mə^{21}]
賊馬 [ʃiək^{33}ma^{214}]

韉韂
弄施 [la^{21}tʰi^{35}]
××[la^{21}tʰi^{35}]

綏緣
綀絧 [iɐi^{52}kəŋ^{52}]
券馬 [kuen^{35}ma^{22}]

騫綮（棨）
創帶 [ɬaŋ^{35}dai^{35}]
××[ɬaŋ^{35}dai^{35}]

鞁鞄 （bèipáo）
弄坐 [la^{35}tʰa^{35}]
× 毸 [la^{35}ŋɔi^{21}]

扇汗 （shānhàn）：缠在马衔铁镳旁的饰巾。
含鉄 [hum^{21}tʰiet^{55}]
泣馬 [lip^{22}ma^{214}]

象架 （xiàngjià）
彭貑 [beŋ^{21}fi^{33}]
× 豫 [beŋ^{21}ʃaŋ^{214}]

象鉤（鉤） （xiànggōu）
布貑 [dəŋ^{214}fi^{33}]
× 豫 [dəŋ^{214}ʃaŋ^{214}]

蓬蘿 （péngluó）
枚彭 [mai^{33}beŋ^{21}]
咹架妄彭 [ɐn^{52}ʧa^{33}nə^{52}pʰeŋ^{21}]

象司 （xiàngsī）
叜貑 [kuan^{35}fi^{33}]
× 豫 [kuan^{35}ʧʰaŋ^{214}]

刁斗 （diāodǒu）：古代行军用具。斗形有柄，铜质；白天用作炊具，晚上击以巡更。
丐刁斗 [kai^{35}dau^{21}dɐu^{35}]
咹 ××[ɐn^{35}tʰau^{33}tɐu^{55}]

鈴釘 （língdīng）
樂馭 [ɳak^{22}mə^{214}]
× 馬 [ɳak^{22}ma^{214}]

樂馭乂馬鑛新 矿焰乂刀熇 磠石 矿焰吞熇 煤 台 味爁炒煳

蒺藜 蔾獸疊驱 竹簽 尖 蔾桂疊櫃 陷穽 富 淡 䖝

巢宋 挷木 巢壘曲乂 銅馭 差 句糠嫁康 騷駿 槫 馭肴馬奴 騰驕 續

代馭代馬 栓 笞 宫 柳 榍勒 外馭夕馬 垠 壐 俗 碑鏡乂雒尾 韃韆 打鄰即乂

翟走 球 打球佐球 拳球 打鄰即其敵 偎傈 棵株域乂 猢猻

鐪刀

［刀］炶 [$tau^{33}t^{h}əŋ^{21}$]

刀煒 [$t^{h}au^{21}fi^{33}$]

碏（碏）石 （jiēshí）

矴炶 [$diŋ^{52}la^{214}$]

吞煒 [$t^{h}in^{52}$ ？]

煤炱 （méitái）

味燸 [$mui^{33}pi^{21}$]

敏煒 [$mɐn^{214}$ ？]

疾藜 （jílí）：古代用木或金属制成的带刺的障碍物，布在地面，以阻碍敌军前进。因与蒺藜果实形状相似，故名。

𦁼鉄 [$ʧuŋ^{52}t^{h}iet^{55}$]

雚鉦 [$k^{h}uak^{55}ieŋ^{52}$]

竹簽 （zhúqiān）：一端尖锐的细长竹杆或竹片。

𦁼核 [$tuŋ^{52}kɐi^{52}$]

簽檌 [$lɔi^{21}mɐi^{214}$]

（陷）穽

□□［？？ ］

□□ [$ɬu^{21}ɬɐŋ^{33}$]

柵（栅）木 （shānmù）

巢壘 [$ɬau^{21}lɔi^{35}$]

曲 ×[$kuk^{35}lɔi^{21}$]

鈅釼

句劍 [$kɐn^{52}k^{h}iem^{52}$]

㚻廉 [$k^{h}ɔ^{21}liem^{21}$]

騣駁

馭育 [$mə^{214}te^{21}$]

馬奴 [$ma^{214}nɔ^{33}$]

騰馬

代馭 [$dɐi^{21}mə^{214}$]

代馬 [$t^{h}ɐi^{21}ma^{214}$]

栓柳 （shuānqióng）

榾犿馭 [$kɔt^{55}bɔk^{22}mə^{214}$]

勒罒馬 [$lɐk^{55}lam^{33}ma^{214}$]

垛鞋

硨銳 [$bɐi^{55}/be^{52}ʃuŋ^{35}$]

× 甕［？ $p^{h}ɔŋ^{52}$]

鞋鞦

打都 [$deŋ^{35}dɔ^{35}$]

即 ×[$tət^{55}tɔ^{35}$]

趯球 （yuèqiú）：即趯鞠。

打球 [$deŋ^{35}kɐu^{21}$]

佐球 [$ta^{21}k^{h}ɐu^{21}$]

圣球

打鄰 [$deŋ^{35}lən^{33}$]

即共敬 [$tək^{55}kuŋ^{35}kiŋ^{35}$]

偎倈

摸□ [$mə^{33}lai^{214}$]

××[$mə^{33}lai^{214}$]

猢猻 （húsūn）：猕猴的一种，身上有密毛，生活在我国北方山林中。

摸猎 [$məu^{33}ki^{21}$]

某猔 [$mɔ^{214}liŋ^{21}$]

棋猹 其猉、棋棋 盘碁 盘ㄨ、奕棋 打旗 即ㄨ、塞愽 行刪 即三ㄨ梘

繩 喬俴 列鏈、賭愽 打伯 即省、

羽蟲類

灵鳥 䳓鳳凰 鷂ㄨㄨ、雎鳩 䳓鶚鳶 鷂ㄨㄨ、戴勝 䳓蒲句 鷂乒、

山翼 古蒲句知 鷂白鴿、隹鷹 古仕 鷂祝、鷤鶘 古谷 鷂欵滄

棋枰（qípíng）：棋盘，棋局。
盘［旗］[baŋ^{21}kə^{21}]
盘 ×[baŋ^{21}kə^{21}]

奕棋（yìqí）：下棋。古代多指下围棋。
打旗 [deŋ^{35}kə^{21}]
即 ×[tək^{55}kə^{55}]

塞博（犆）（sàibó）
打㓝□ [deŋ^{35}kəŋ^{52}]
即三 ×[tək^{55}ɬam^{52}]

拽繩（zhuàishéng）
喬紩 [keu^{21}ɬi^{33}]
列縺 [let^{22}lin^{21}]

賭博（犆）（dǔbó）：用钱物作注以比输赢的一种不正当的娱乐活动。
打泊 [deŋ^{35}bak^{22}]
即泊 [tək^{55}bak^{22}]

羽蟲類

灵鳥（língniǎo）
鴶鳳凰 [ʧim^{55}p^{h}əŋ^{214}uaŋ^{21}]
鷝 ××[nuk^{22}p^{h}əŋ^{214}uaŋ^{21}]

睢鳩（suījiū）：古书上说的一种鸟。
鴶鵉鶱 [ʧim^{52}luan^{33}əŋ^{52}]
鷝 ××[nuk^{22}luan^{33}əŋ^{52}]

戴勝（dàishèng）：鸟名。状似雀，头有冠，五色如方胜，故称。
鴶蒲句 [ʧim^{52}bɔ^{214}kɐu^{52}]
鷝□ [nuk^{22} ？]

山冀（shānjì）
占蒲如 [ʧim^{52}kɐu^{52}n̥a^{21}]
□□各 [nuk^{22} ？ kak^{55}]

佳賓（jiābīn）：雀的别名。
占仕 [ʧim^{52}ɬɐi^{214}]
鷝祝 [nuk^{22}ʧɔk^{55}]

鵜鶘（tíhú）：水鸟，善于游泳和捕鱼。
占谷 [ʧim^{55}kuk^{55}]
鷝歌淰 [muk^{22}ka^{52}nɐm^{214}]

鷄鴜𠮶越鶈美棋鸝鳥𠮶蒲各鶈落百舌鳥𠮶朝春鶈玄
翱奈頡亮
野鶕𠮶羊漠歷山呼𠮶告鶈胡鶆鶜𠮶便々鶈丙閉鴰鴈𠮶稍鶈咩鵴鴒
𠮶哩亇鶈斗莲鷾鴯𠮶爰鶈士鳴鵒𠮶XX鶈XX山鷄哥雷鶈舒
款
鸖鷂𠮶婁劉鶈須勳鶬鶵𠮶魯棋鶈辛坤赤鸝𠮶夏夏
鶈骨孔雚鶈𠮶黄鳥𠮶廣单鶈熔尾鶉鵃𠮶姑鶈白背

鸚（鸎）鵡（yīngwǔ）：鸟名。能效人语，主食果实。
占越 [ʧim^{52}fet^{22}]
鵴英摸 [nuk^{22}eŋ^{52}məu^{33}]

鵲烏（quèniǎo）
占蒲各 [ʧim^{52}bɔ^{21}kuk^{55}]
鵴濬 [nuk^{22}iuɔk^{55}]

百舌烏（bǎishéniǎo）：鸟名。又名乌鸫。
占朝表 [ʧim^{52}ʧau^{21}？]
鵴玄 [nuk^{22}ueŋ^{21}]

山呼（shānhū）：鸟名。
占告 [ʧim^{52}kau^{35}]
鵴胡 [nuk^{22}hɔ^{52}]

鷦鷯（jiāoliáo）：鸟名。形小，体长约三寸。羽毛赤褐色，略有黑褐色斑点。
占便ㄣ [ʧim^{52}ben^{21}ben^{24}]
鵴丙闭 [nuk^{22}beŋ^{35}be^{35}]

鴶鴈（jiáyàn）：鸟名。
占稍 [ʧim^{52}ɬieu^{52}]
鵴叫 [nuk^{22}kieu^{55}]

鶹鴿
占埋亇 [ʧim^{52}mai^{33}ka^{35}]
鵴斗羮 [nuk^{22}dɐu^{35}lum^{21}]

鷁鳾（yìér）：鸟名。燕子的别名。
占隻 [ʧim^{52}ʧik^{55}]
鵴士 [nuk^{22}ɬɐi^{52}]

鴝鵒（qúyù）：鸟名。俗称八哥。
占××[ʧim^{52}ku^{21}kuk^{55}]
鵴××[nuk^{33}ku^{52}kuk^{55}]

山鷄（shānjī）：鸟名。古称鸐雉，今名锦鸡。传说自爱其羽毛，常照水而舞。
哥雷 [ka^{35}lɔi^{21}]
鵴科 [nuk^{22}ɬa^{52}]

鷹鵰
占娶割 [ʧim^{52}ba^{21}kɐt^{55}]
須勧 [tu^{52}？]

鶬鴰
占鲁摸 [ʧim^{52}lɔ^{35}məu^{33}]
鵴卒坤 [nuk^{22}tuɔt^{55}k^{h}un^{52}]

赤鷊
占夛夛 [ʧim^{52}da^{35}da^{35}]
鵴骨 [nuk^{22}kɔt^{55}]

孔雀（雀）（kǒngquè）：鸟名。尾羽延长成巨大尾屏，上具五色金翠钱纹，开屏时如彩扇，尤为艳丽。
占□ [ʧim^{52}？]
鵴□ [nuk^{22}？]

黄烏（huángniǎo）：鸟名。今之黄雀。
占磺单 [ʧim^{52}faŋ^{21}dan^{52}]
鵴煒瓲 [nuk^{22}fɐi^{21}fa^{214}]

鷓鴣（鵏□）（zhègū）：鸟名。形似雌雉，头如鹑，胸前有白圆点，如珍珠。
占姑 [ʧim^{52}kɔ^{52}]
鵴白哥 [nuk^{22}pek^{33}k^{h}a^{21}]

水雞 哥棱 棋各

布穀 占メメ 鶻迭貴

鸜鵒 占域 鶻稍

子規 占周 鶻咸

家賓 占耻 鶻祝

水鳧 越滂 不本

烏鴉 現过 須歎

玄鳥 占燕 鶻メ

戴帽 占朝毛 鶻惵剌

蜀雞 哥圭 棋メ

魯雞 哥晃 棋瓦

雄雞 哥鞋 棋富

嶋鷄 哥買 棋娛

寢翁 双 現哥 須棋

德禽 司晨 仝 匕

卵

正茾 㖒界

哥鷄 哥浅 棋穷

善雞 仝 上

膝鷄 必 哥縛 棋魚

遭鷄

水雞（shuǐjī）：水鸟名。
哥棱 [ka^{21}lɐŋ^{33}]
［猉］各 [kɐi^{55}k^{h}ak^{33}]

布穀（bùgǔ）：鸟名，鸣于播种时，故相传为劝耕之鸟。
占××[ʧim^{52}bɔ^{35}kuk^{55}]
鵬迸貴 [nuk^{22}kueŋ^{55}kui^{55}]

鸐鵒
占域 [ʧim^{52}uɐk^{22}]
鵬稍 [nuk^{22}ɬieu^{52}]

子規（zǐguī）：杜鹃鸟的别名。
占□ [ʧim^{55}kuək^{55}]
鵬惑 [nuk^{22}uɐk^{55}]

家賔（jiābīn）
占祉 [ʧim^{52}ɬɐi^{214}]
鵬祝 [nuk^{22}ʧɔk^{55}]

水鳧（shuǐfú）
板离 [fet^{22}li^{33}]
不本 [pet^{55}puən^{55}]

烏鴉（wūyā）：鸟名。嘴大而直，羽毛黑色。
毘过 [kɔn^{52}kua^{35}]
須歌 [tuɔ^{52}ka^{52}]

玄鳥（xuánniǎo）：燕子。
占燕 [ʧim^{52}en^{35}]
鵬×[nuk^{22}en^{55}]

戴帽（dàimào）
占朝毛 [ʧim^{52}ʃau^{21}mau^{33}]
鵬□□ [nuk^{22}tiŋ^{35}liu^{33}]

蜀雞（shǔjī）：大鸡。
哥米 [ka^{21}iɐu^{52}]
猉×[kɐi^{55}iɐu^{52}]

曾雞（zēngjī）
哥見 [ka^{21}ken^{35}]
猉丕 [kɐi^{55}？]

雄雞（xióngjī）
哥甡 [ka^{21}ʃuŋ^{35}]
猉富 [kɐi^{55}p^{h}u^{35}]

鴜鷄（cíjī）
哥買 [ka^{21}məi^{35}]
猉媄 [kɐi^{55}me^{33}]

窗禽（禽）
毘哥 [kɔn^{52}ka^{21}]
須猉 [tu^{21}kɐi^{55}]

德禽（禽）（déqín）：鸡。

司晨（sīchén）：谓雄鸡报晓；借指雄鸡。
仝
上

卵（luǎn）：蛋。
丐蒴 [kai^{35}taŋ^{35}]
咹界 [ɐn^{52}ʧai^{55}]

剪（剪）鷄（jiǎnjī）
哥淺 [ka^{21}ʧ^{h}en^{35}]
猉□ [kɐi^{55}ɬən^{35}]

善雞（shànjī）
仝
上

膝鷄（xījī）
哥綽 [k^{h}a^{21}t^{h}ək^{55}]
猉免 [kɐi^{55}？]

氈鷄（zhānjī）
哥毡 [ka^{21}məu^{33}]
猉戎 [kɐi^{55}ɳuŋ^{21}]

奇毡 棋戎、鴨〔見越 須不〕、鵝〔見鶴 須漢〕、伏鷄〔奇邑 棋域〕、禿鷄〔奇及 棋總〕

晚〔萬〕肌〔池〕〔丐達 咹夫〕、鷄籠〔篭奇 䶢棋〕、

毛蟲類

麒麟〔見×× 須××〕、猛虎〔見搶 須猿〕、雄豹〔見豹 須僄〕、豺狼

見猫 須稻、太狩〔見告 須軒〕、玄丘〔仝上〕、山狗〔狉[illegible] 䂞[illegible]〕、[illegible]

鴨（yā）：鸟类的一科。嘴扁腿短，趾间有蹼，善游泳。
昆越 [kɔn^{52}fit^{22}]
須不 [tu^{21}pit^{55}]

鵝（é）：家禽，羽毛白色或灰色。额部有橙黄色或黑褐色肉质突起，嘴扁而阔，颈长，尾短，脚大有蹼，食谷物、青草等。
昆□ [kɔn^{52}ȵan^{214}]
須漢 [tu^{21}han^{33}]

伏鷄（fújī）：孵卵的母鸡。
哥邑 [ka^{21}？]
淇㙮 [kɐi^{55}fɐt^{22}]

秃鷄（tūjī）
哥□ [ka^{21}kɐp^{22}]
淇蛤 [kɐi^{55}kəp^{55}]

晚肶（肶）（wǎnpí）
丐迷 [kai^{35}mɐi^{52}]
咹卡 [ɐn^{33}t^{h}aɯ^{52}]

鷄籠（jīlóng）
篭哥 [luŋ^{22}ka^{35}]
綂淇 [ʃuŋ^{55}kɐi^{55}]

毛蟲類

麒麟（麒麟）（qílín）：古代传说中的一种动物。形状像鹿，头上有角，全身有鳞甲，尾像牛尾。古人以为仁兽、瑞兽，象征祥瑞。
昆××[kɔn^{52}ki^{21}lən^{33}]
須××[tu^{52}ki^{21}lɐn^{21}]

猛虎（虎）（měnghǔ）
昆獖 [kɔn^{52}hum^{21}]
須犻 [tuɔ^{21}ɬə^{52}]

雄豹（xióngbào）：獸名。猫科动物。
昆豹 [kɔn^{52}p^{h}ieu^{35}]
須猽 [tuɔ^{52}p^{h}ieu^{35}]

豺狼（cháiláng）：豺与狼。皆凶兽。
昆㺤 [kɔn^{52}ɬem^{33}]
須㹳 [tuɔ^{52}ɬaŋ^{52}]

太狩（tàishòu）
昆告 [kɔn^{52}kau^{35}]
須軒 [？？]

玄丘（xuánqiū）：传说中的地名；泛称神仙居处。
仝
上

山狗（shāngǒu）
狂𢁺 [ʧɔ^{35}ɬuəi^{21}]
麻 [？？]

猩猩（xīngxīng）：哺乳动物。能在前肢帮助下直立行走。
昆代埃 [kɔn^{52}dəi^{21}ai^{52}]
須包東 [tuɔ^{52}bau^{35}duŋ^{52}]

羊

見化埃
須包東長耳、見驢
須乂驢騾、見羝
須詷野鹿、〻〻
須雉野

坤麀圃 全上 野麀、雉狄 堤野、麋 麀 須光 見猿 麀章 麀京 同 麀 上

武獇 見獇 須猥 黑猿 見猿 須猿 壯牛 犍特 犍直 猿 見猿哥 須麒顔

野猪 見猪 須猪 須猿 雄狗 見狂 須赤 野人 婁陳 兢振 特牛

犍特 犍直 童犢 犍犊 犍英 牛茶 南徒 兆犍 鼻 牛蹄 楒 叟犍 急犍

長耳（chángěr）：驴的别称。
昆□ [$kɔn^{52}lɔ^{21}$]
須 ×[$tuɔ^{52}lɔ^{21}$]

驢騾（驢騾）（lǘluó）：由公马和母驴交配所生，身体较马骡小，耳朵较大，尾部的毛较少。
昆羝 [$kɔn^{33}ie^{33}$]
須闭 [$tuɔ^{52}be^{35}$]

野鹿（yělù）：野生的鹿。喻不慕荣华、超然物外的神态。
□□ [$kɔn^{52}t^he^{35}$]
須□ [$tuɔ^{52}nan^{214}$]

野麕（yějūn）
仝
上

野麀（yěyōu）
犾丐 [$həu^{52}k^hai^{35}$]
獬媄 [$nan^{21}me^{33}$]

野麋（yěmí）：獐。
昆貗 [$kɔn^{52}kəm^{214}$]
須光 [$tuɔ^{52}kuaŋ^{52}$]

麞（麞）麖
同
上

武猴（wǔhóu）
昆猎 [$kɔn^{52}k^hi^{214}$]
須猤 [$tuɔ^{52}liŋ^{21}$]

黑（黑）猿（hēiyuán）
昆猿 [$kɔn^{52}fen^{55}$]
須獂 [$tuɔ^{52}k^haŋ^{33}$]

牡牛（mǔniú）
楼特 [$tɐu^{52}dək^{22}$]
侬直 [$uai^{21}t^hək^{22}$]

猱
昆猿局 [$kɔn^{52}feu^{33}kuk^{55}$]
須褀顏 [$tuɔ^{52}kɐi^{55}ȵan^{33}$]

野猪（yězhū）：哺乳动物，家猪的祖先。全身长黑褐色粗毛，犬齿极发达，耳和尾短小。
昆猞猍 [$kɔn^{52}lən^{214}lai^{33}$]
須獏狡 [$tuɔ^{52}mu^{52}ʃau^{33}$]

雄狗（xiónggǒu）
昆狌 [$kɔn^{52}ʧɔ^{35}$]
須麻 [$tuɔ^{52}ma^{52}$]

野人（yěrén）粗野之人；旧指未开化的民族；指传说的猩猩之类。
娑人 [$ba^{21}ȵin^{33}$]
糀振 [$ȵa^{33}ȵən^{33}$]

□牛
楼特 [$tɐu^{52}t^hək^{22}/dək^{22}$]
侬直 [$uai^{21}t^hək^{22}$]

童犢（tóngdú）
楼犊 [$tɐu^{52}ŋe^{33}$]
侬英 [$uai^{21}eŋ^{52}$]

牛荼（niútú）
兆楼 [$ʧeu^{35}tɐu^{52}$]
臯□ [$nɔk^{55}uai^{21}$]

牛蹄（niútí）：牛的蹄子。
夋楼 [$muɔŋ^{33}ʧɐu^{52}$]
急侬 [$kip^{55}uai^{21}$]

山羊見山羊須牯曲足牛丘㜃告㤕十二绮行配㜃悖㤕两

顆頁紅魂界双身㴱牛百葉葉策㑥冊㤕厚腹腦譚㑥那牛棗

吉㜃氣㤕牛屎蔕㜃鳥衮㤕牛鍔同上大熊見猫須須畢

當㜃泥䰷㤕沛那践禾㜃踏穇㤕蹤口牶牛米㜃逐䰷㤕䃜郜牽

牛詄㜃総㤕牛践㜃𦿎任嘗嚼禾㜃㤕穇鼓

山羊（shānyáng）：羊的一种。形似绵羊而体较小。牝牡都有角，角尖向后。

昆山羊 [kɔn^{52}ɬən^{52}ɬəŋ^{33}]

須猪 [tuɔ^{52}kit^{55}]

曲足□

丘楼 [k^{h}eu^{52}tɐu^{52}]

告侬 [kau^{35}uai^{21}]

十二海门（shíèrhǎimén）

配楼 [p^{h}ɔi^{35}tɐu^{52}]

悖侬 [k^{h}ɔ^{21}uai^{21}]

两顆（liǎngkē）

缸魂界 [hai^{52}hɔi^{21}iai^{35}]

双每□ [ɬɔŋ^{55}mɔi^{55}t^{h}ɐm^{52}]

牛百葉（蕖）（niúbǎiyè）

𢍰箂 [la^{35}ɬau^{21}]

恫曲侬 [t^{h}ɔŋ^{21}ʃek^{55}uai^{21}]

厚腹（hòufù）

胣䫄 [da^{214}iɐi^{21}]

恫邦 [t^{h}ɔŋ^{214}na^{52}]

牛糞（niúfèn）：牛的排泄物。

吉楼 [tɯt^{55}tɐu^{52}]

氣侬 [hi^{35}uai^{21}]

牛尿（niúniào）

带楼 [dai^{35}tɐu^{52}]

袅侬 [nieu^{33}uai^{21}]

牛齵（niú）

同

上

大熊（熊）（dàxióng）：星座名。

昆猗 [kɔn^{52}kɐu^{52}]

須 [tuɔ^{52}mi^{52}]

畢啚

楼沆黽 [tɐu^{52}tɐm^{21}ʃuəŋ^{33}]

侬沛邦 [uai^{21}p^{h}a^{55}na^{21}]

踐（踐）禾（jiànhé）

楼踏穭 [tɐu^{52}dap^{22}lɔ^{35}]

侬□口 [uai^{21}ȵɐm^{33}k^{h}ɐu^{35}]

牵枈

楼洒黽 [tɐu^{52}ɬɔi^{214}ʃuəŋ^{33}]

侬褣罶 [uai^{21}luɔk^{33}na^{21}]

牽牛（qiānniú）：河鼓，星座名；牛宿，星宿名；指牵牛花。

詄楼 [t^{h}iet^{55}tɐu^{52}]

終□ [ʧuŋ^{52}uai^{21}]

牛踐（踐）（niújiàn）

楼□ [tɐu^{52} ？]

□□ [uai^{21}ȵɐm^{33}]

嗾嚓禾

楼□穭 [ʧɐu^{52}dap^{22}lɔ^{35}]

侬□罶 [uai^{21}ȵɐm^{33}k^{h}ɐu^{35}]

駿馬（jùnmǎ）：良马。

馭猛 [mə^{214}meŋ^{24}]

馬丨 [ma^{214}meŋ^{24}]

馬 馭猛 馬丨
駛犬 狂發 獗丨
猏犬 狂銑 系遙
宇獹盧

楚獢 同上
走狗 亦同
[illegible]猛犬 狂具 亦曳
獬猘犬

狂曳 亦伯
大犬 種狂羸 米亦马
小狗 狂貤 亦英
乳猪 貉马 獏妹

豝猪 貉見 獏狄
小豚 同上
善猪 貉賤 獏尊
肉猪 同上 明
牡 每

猪 貉種 獏生
水獺 晃狭 須本
蝙蝠 晃蟒 須兒極
視明 晃兒 須大

㹢□
狂□ [ʧɔ³⁵？]
□丨 [na⁵²？]

獱犬（犬）
狂詵 [ʧɔ³⁵tien⁵²]
麻透 [ma⁵²tʰɐu⁵⁵]
□盧

楚獷（chǔguǎng）
同
上

走狗（zǒugǒu）：猎犬；谓纵狗行猎。
亦
同

猛犬（犬）（měngquǎn）
狂㒷 [ʧɔ³⁵huŋ⁵²]
麻叓 [ma⁵²ɬai²¹⁴]

猘犬（犬）（zhìquǎn）：疯狗；比喻狂暴之徒。
狂叓 [ʧɔ³⁵ɬai²¹⁴]
麻伯 [ma⁵²ba³⁵]

大犬（犬）（dàquǎn）：星座名。其中最亮的一颗古名天狼。
種狂贏 [ʧuŋ²¹ʧɔ³⁵ʃɐu²¹]
米麻丐 [fe³³ma⁵²kai³⁵]

小狗（xiǎogǒu）
狂毞 [ʧɔ³⁵ʔit⁵⁵]
麻英 [ma⁵²eŋ⁵²]

牝猪
猔丐 [lən²¹kʰai³⁵]
貘㛈 [mu⁵²me³³]

豝猪（bāzhū）
猔昆 [lən²¹⁴kɔn⁵²]
貘六 [mu⁵²luk³³]

小豚（xiǎotún）
同
上

善猪（shànzhū）
猔踐 [ləi²¹⁴tan²¹]
貘尊 [mu⁵²tɔn⁵²]

肉猪（ròuzhū）：专供肉用的猪。
同
上

牡猪（mǔzhū）
猔種 [lən²⁴iuŋ³⁵]
貘生 [mu⁵²ɬeŋ⁵²]

水獭（shuǐtǎ）：哺乳动物，鼬科。穴居在河边，昼伏夜出，善于游泳和潜水。
昆狭 [kɔn⁵²lai³⁵]
須本 [tuɔ⁵²bɔn³⁵]

蝙蝠（biānfú）：哺乳动物。头部和躯干似鼠，四肢和尾部之间有膜相连，常在夜间飞翔，捕食蚊、蛾等昆虫。
昆蛦 [kɔn⁵²ɬi²¹]
須［几］柂 [tuɔ⁵²kɐi⁵⁵kʰik²²]

視明（shìmíng）
昆兒 [kɔn⁵²ŋi³³]
須×[tuɔ⁵²？]

狡兔同上、長髯見羖須羯、穿犀見犀〻須鞭、穿山甲穿鱗甲同上、野鼠見猝樓須緻東、家鼠見猝知須緻筋、山公見猿猴須猎血、穿地鼠見猪須溫、山穿見猫須兔、蝟皮同上

剗馬見馭浅須馬尊、犢犬見狂數須犢犬、鼯鼠見蟆須兒高、狐狸

見猎須獅、獅子見××須××、竹鼠見朔須準、風狸[illegible]

狡兔（兎）（jiǎotù）
同
上

長髯（chángrán）
昆瓶 [kɔn^{52}ie^{33}]
須闭 [tuɔ^{52}be^{35}]

穿犀（犀）（chuānxī）
昆犀ㄣ[？？]
須鏈[？？]

穿山甲（chuānshānjiǎ）：哺乳动物。体和尾被有覆瓦状的角质鳞。头呈圆锥形，吻尖，口、耳和眼较小。

穿鳞甲（chuānlínjiǎ）
同
上

野鼠（鼡）（yěshǔ）：生活在田野中的鼠类，种类很多，如黄鼠、田鼠、鼢鼠等。
猝棱 [ʧɔt^{55}lɐu^{33}]
猴東 [nu^{55}duŋ^{52}]

家鼠（鼡）（jiāshǔ）：哺乳动物。多穴居在住房的墙壁或阴沟中，繁殖力很强。
猝茹 [ʧɔt^{55}ȵa^{21}]
猴芮 [nu^{52}ɬɔn^{21}]

山公（shāngōng）：雄性山魈。
昆猿忽 [kɔn^{52}fen^{33}fɐt^{22}]
須猎血 [tuɔ^{52}kau^{35}uet^{55}]

穿地鼠（鼡）（chuāndìshǔ）
昆猜 [kɔn^{52}nui^{35}]
須温 [tuɔ^{52}ɔn^{35}]

山穿（shānchuān）
昆猶 [kɔn^{52}ɬiem^{33}]
須免 [tuɔ^{52}men^{35}]

蝟皮（wèipí）
同
上

刷（剷）馬（shànmǎ）
馭淺 [mə^{214}ʧʰen^{35}]
馬尊 [ma^{214}tɔn^{52}]

獷犬（犬）（guǎngquǎn）
狂敖 [ʧɔ^{35}ŋau^{21}]
□丨[？？]

鼺鼠（鼡）
昆蛺 [kɔn^{21}ɬi^{21}]
几敂 [kɐi^{33}kʰau^{52}]

狐狸（húlí）：兽名。狐和狸本为两种动物。后合指狐。常喻奸佞狡猾的坏人。
昆猎 [kɔn^{52}kau^{35}]
須獬 [tuɔ^{52} ？]

獅子（shīzǐ）：猛兽名。体大雄壮，身毛呈棕黄色，尾端生丛毛。雄狮颈部有长鬣。
昆××[kɔn^{52}ɬɯ^{52}ʧə^{35}]
須□ ×[tuɔ^{52}ɬɐi^{52}ʧi^{35}]

竹鼠（鼡）（zhúshǔ）：在竹林穴居的野鼠，似家鼠而稍大，背部棕灰色，腹部灰色，四肢和尾短，食竹笋和地下茎。
昆朔 [kɔn^{52}ɬɔk^{35}]
須準 [tuɔ^{52}ʧɔn^{35}]

風□
仝
上

□鹿（鹿）
猕牢 [həu^{52}lau^{21}]
獾急 [nan^{214}kep^{55}]

麂 貅牢 貔急 麂茸 貅艭案 貔谷溫

麟蟲類

鯉。魚 个鱙 䰾尼 鯽。魚 个隻 䰾鎬 鰕。鱩。魚 个知 䰾篤 泥鰍。

个鮀 䰾新 鯕。鱶。个慯 䰾八 黃善 吊鰱 須鯟 落即師 丐濃 生毋

須 勧 鯰。魚 个僥 䰾樗 陽鱎。个差 䰾巡 鮦。魚 个鰀 䰾來 黿魚

鹿（麀）茸（lùróng）：初生的鹿角。上被茸毛，为名贵的中药材。

狱鲅隶 [həu⁵²ieŋ³³nɔn³³]

𪸰［谷］温 [nan²¹⁴kep⁵⁵ɔn⁵⁵]

麟（𪊨）蟲類

鯉魚（lǐyú）：鱼名。身体侧扁，背部苍黑色，腹部黄白色，嘴边有长短须各一对。

个䰻 [ka³⁵kʰai³⁵]

䰾尼 [tʃa⁵²nɐi²¹]

鯽魚（鯽奂）（jìyú）：动物名。鲤形目鲤科。体侧扁，形似鲤，口部无须。

个隻 [ka³⁵tʃik⁵⁵]

䰾皜 [tʃa⁵²kʰau⁵²]

鮍鱩（鮍鱩）（píléi）

个知 [ka³⁵tʃi²¹⁴]

䰾篤 [tʃa⁵²kuk⁵⁵]

泥鰍（鰍）（níqiū）：鱼名。体圆柱形，尾端侧扁，有黏液。黄褐色，有不规则黑色斑点。口小，嘴有须五对。

个䰾［？？］

䰾折 [tʃa⁵²tʃik⁵⁵]

鰱鰈（鰈鰱）

个慢 [ka³⁵man³³]

䰾丨 [tʃa⁵²man³³]

黄善（huángshàn）

昆鰱 [kɔn⁵²len³³]

須鯠 [tuɔ⁵²lɐi⁵²]

活即師（huójíshī）

丐濃毒 [kai³⁵nuŋ³⁵dɔk²²]

須動 [tuɔ⁵²tʰuŋ³³]

鯰魚（鯰奂）（niányú）：鱼纲，鲶科。身体表面多黏液，无鳞，背部苍黑色，腹部白色，上下颌有四根须，尾圆而短。

个侥 [ka³⁵ȵɐu³³]

䰾口 [tʃa⁵²kʰau²¹⁴]

陽鱎（鱎）（yángjiǎo）

个芒 [ka³⁵maŋ³³]

䰾竖 [tʃa⁵²kəm³⁵]

鮦魚（鮦奂）（tóngyú）

个綴［？？］

䰾來 [tʃa⁵²lai²¹]

花（花）魚（奂）（huāyú）

个瑟 [ka³⁵kɐm²¹]

䰾亥 [tʃa⁵²həi⁵²]

个琵𩵜𡗶 鱸魚 个樸𩵜句 鮟魚 个俸𩵜市 鯪魚 个濇𩵜大

菩薩魚 个買𩵜𡗶 田螺 螺耨蚖畱 卓螺 伯 屋滝蚖沱

蟛蜞 正蟧須蒲 田蟹 見姑須蒲 蚌 正棗甲亭 海蝦 何 蚆渡

供海 鯑蝦 何 見蚆須供 田蝦 見螻須𡗶 無腸公子 見姑

須蒲 蝦蟆 何 見蒲谷須几各 魿魚 个遥𩵜泠 金龜 見蹹貞䗗

鱸魚（鱸臭）（lúyú）
亇模 [ka^{35}mak^{22}]
䰾［句］[tʃa^{52}kɐu^{52}]

鰱魚（鰱臭）（yèyú）
亇俸 [ka^{35}pʰuŋ^{214}]
䰾布 [tʃa^{52}bɔ^{55}]

鮻魚（鮻臭）（suōyú）
亇濡 [ka^{35}lɔi^{21}]
䰾 ×[tʃa^{52}lɐi^{52}]

菩薩魚（臭）（púsàyú）：鱼名。
亇買 [ka^{35}mai^{35}]
䰾□ [tʃa^{52}kʰɐu^{52}]

田螺（tiánluó）：软件动物，壳圆锥形，苍黑色，触角长，雌雄异体，胎生。
□翻 [ʔuk^{55}ɬuəŋ^{214}]
□罶 [hɔi^{52}na^{21}]

卓螺（zhuóluó）
屋滝 [ʔuk^{55}ʃuəŋ^{33}]
蛎沱 [hɔi^{52}tʰa^{33}]

蟛蜞（péngqí）：亦作"蟛蚑"。
丐蝛 [kai^{35}kʰai^{35}]
須蒲 [tuɔ^{52}pu^{52}]

田蟹
昆姑 [kɔn^{52}kɔ^{52}]
須蒲 [tuɔ^{52}pu^{52}]

蚌（bàng）：软件动物。有两个可以开闭的多呈椭圆形介壳，壳内有珍珠层，或能产珠。
丐紊 [kai^{35}ɬɔ^{33}]
甲旁 [kep^{55}pʰaŋ^{214}]

海蝦（蝦）（hǎxiā）：动物名。节肢动物甲壳纲。长尾，分头、胸、腹三部分，有触角两对甚长。
虲供 [təm^{52}kuŋ^{35}]
波海 [hai^{35}be^{52}]

鲂蝦（蝦）（fénxiā）
昆虲 [kɔn^{52}təm^{52}]
須供 [tuɔ^{52}kuŋ^{35}]

田蝦（蝦）（tiánxiā）
昆□ [kɔn^{52}tʃʰa^{21}]
須炅 [tuɔ^{33}ŋɔ^{21}]

無腸公子（wúchánggōngzǐ）：蟹的别名。
昆須 [kɔn^{52}tuɔ^{52}]
姑蒲 [kɔ^{52}pu^{52}]

蝦（蝦）蟆（蟆）（xiāmá）：亦作"蛤蟆"。
昆莆谷 [kɔn^{52}pʰu^{35}kuk^{55}]
須儿各 [tuɔ^{52}kɐi^{52}kʰak^{33}]

鯪魚（鯪臭）（língyú）
亇逞 [ka^{35}tiŋ^{21}]
䰾冷 [tʃa^{52}liŋ^{21}]

金□
昆□ [kɔn^{52}lɔ^{214}]
□□ [tuɔ^{52}tɐu^{55}]

大竈、見蝶奇 須坡丐、鼈 見邑々 須坡莫、螻蟈、見肤克 須滓昌、黃蜂

見蛉 須天、蝴蝶、見蛇々 須吉、蜻蜓、見存々 須工尭、蜘蛛、見面 須甲尭、

馬蟥、見蜆強 須索先、蚱蝗、見奏々 須則天、螳螂、同、負螽、

虱 高々 須票非、青蠅、見蛛撑 須蒯豆、黑蠅、見蛛 蒯云、營蠅、見扁 [illegible]

須 翻、蚊蝱、見蟒 須戍、螟蛉、見乳々 須蒯嵤、螢火、見香々 須亨蟎

大黿（dàyuán）
昆蠕奇 [kɔn^{52}dai^{35}ka^{35}]
須坡丐 [tuɔ^{52}p^{h}a^{52}kai^{35}]

鱉（鼈）（biē）：甲鱼。俗称团鱼。
昆巴ㄣ [kɔn^{52}ba^{52}ba^{52}]
須坡英 [tuɔ^{52}p^{h}a^{52}eŋ^{52}]

螻蟈（lóuguō）：蛙属。
昆映口 [? ? ?]
須溱昌 [tuɔ^{52}pɔŋ^{35}ʃaŋ^{52}]

黄蜂（huángfēng）：通常指胡蜂一类的昆虫。
昆蝓 [kɔn^{52}ʔuŋ^{52}]
須天 [tuɔ^{52}t^{h}en^{52}]

蝴蝶（húdié）：昆虫名。
昆蚽ㄣ [kɔn^{52}fə^{214}fə^{214}]
須否 [tuɔ^{52}fi^{214}]

蜻蜓（蝏）（qīngtíng）：昆虫名。身体细长，胸部的背面有两对膜状的翅，喜生活在水边，捕食蚊子等小飞虫。
昆存ㄣ [kɔn^{52}t^{h}ɐn^{21}t^{h}ɐn^{21}]
須工光 [tuɔ^{52}kuŋ^{35}kuaŋ^{52}]

蜘蛛（zhīzhū）：节肢动物。尾部分泌黏液，凝成细丝，织成网，用来捕食昆虫。
昆面 [kɔn^{52}men^{35}]
須甲交 [tuɔ^{52}kap^{55}ʃau^{52}]

螞蟻（馬螘）（mǎyǐ）：本指大蚁。后亦为蚁的通称。
昆蜺強 [kɔn^{52}ŋi^{35}kəŋ^{21}]
須末先 [tuɔ^{52}mət^{22}dɐm^{52}]

彸蝗
昆卷ㄣ [kɔn^{52}tɐu^{35}tɐu^{35}]
須則天 [tuɔ^{52}tɐk^{55}t^{h}en^{52}]

螳螂（tángláng）：亦作“螗螂”。
同
上

頁螽
昆高ㄣ [kɔn^{52}kau^{52}kau^{52}]
須票非 [tuɔ^{52}p^{h}ieu^{35}p^{h}i^{52}]

青蝇（qīngyíng）：苍蝇，蝇色黑，故称。
昆蛛撑 [kɔn^{52}lai^{33}ʧiəŋ^{52}]
須萠丘 [tuɔ^{52}məŋ^{21}k^{h}eu^{52}]

黑（黒）蝇（hēiyíng）
昆蛛 [kɔn^{52}lai^{33}]
萠云 [meŋ^{21}fəi^{21}]

營蝇（yíngyíng）
昆蒲須 [kɔn^{52}bɔ^{35}tuɔ^{52}]
狌秬 [ʧɔ^{35}mɐt^{55}]

蚊寅
昆蝳 [kɔn^{52}hɔi^{214}]
須口 [tuɔ^{52}ɳuŋ^{21}]

螟蛉
昆口ㄣ [kɔn^{52}leŋ^{55}leŋ^{55}]
須萠吿 [tuɔ^{52}meŋ^{21}kɐu^{52}]

螢火（yínghuǒ）：萤火虫。
昆杏ㄣ [kɔn^{52}fi^{33}fi^{33}]
須亨悔 [tuɔ^{52}heŋ^{52}hɔi^{35}]

蚯蚓、見蠔須氧主龍、全 蟮蝉、見蟒須凍里蝴蟬、

見螞須蜣蚰蜒、見憂須叔龍風、見奇廣須多、桂飛天、全 上

蹬風、見諫須蠋黑風、見蛭須偷、白風、見引須綿、赤風、上

見蠖須列臭風、取 太風、守宮、以上巫全 金蛇、巫乇蛤

吟蜈魂乎魂、黃蛇、蛤蜈蜈申 黑蛇、蛤虎巫乇蟠蜈侯庇、蝘蜒、

蚯蚓（qiūyǐn）：环节动物。体形圆长而柔软，经常穿穴泥中，能改良土壤，有益农事。
昆螋 [kɔn^{52}duən^{33}]
須单 [tuɔ^{52}dən^{52}]

土龍（tǔlóng）：蚯蚓的别称。
仝
上

蟋蟀（xīshuài）：昆虫名。黑褐色，触角很长，后腿粗大，善于跳跃。雄的善鸣，好斗。也叫促织。
昆蹄 [kɔn^{52}de^{35}]
須涷里 [tuɔ^{52}tɔŋ^{35}li^{55}]

蝴蟬
昆蚼 [kɔn^{52}fi^{33}]
須蜣 [tuɔ^{52}ŋueŋ^{33}]

蚰蛦（yóuyí）
昆夓 [kɔn^{52}muŋ^{33}]
須刼 [tuɔ^{52}kəp^{55}]

龍虱（lóngshī）
昆哥蕿 [kɔn^{52}ka^{21}faŋ^{21}]
須多 [tuɔ^{52}tɔ^{55}]

桂飛天（guìfēitiān）
仝
上

壁（壁）虱（bìshī）
昆諌 [kɔn^{52}len^{35}]
須蝪 [tuɔ^{52}ɬap^{55}]

黑（黒）壁（hēishī）
昆烓 [kɔn^{52}ʧi^{35}]
須偷 [tuɔ^{52}t^{h}ɐu^{52}]

白虱（báishī）
昆引 [kɔn^{52}ȵɐn^{214}]
須绵 [tuɔ^{52}men^{21}]

赤虱（chìshī）
昆蠀 [kɔn^{52}ʧap^{22}]
須列 [tuɔ^{52}lət^{33}]

臭虱（chòushī）

木虱（mùshī）

守宫（shǒugōng）：即壁虎，又名蝎虎。因其常守伏于宫墙屋壁以捕食虫蛾，故名守宫。
以上
並仝

金蛇（jīnshé）：蛇类之一种。体色金黄，故称。
蛒吟 [lən^{214}kɐm^{33}]
芒蜈魂寬 [maŋ^{33}ŋu^{21}hun^{21}k^{h}uɐn^{52}]

黄蛇（huángshé）：黄色的蛇；传说故事中铜剑所变的蛇。
蛒燥 [lən^{214}ʃau^{52}]
蜈申 [ŋu^{21}ɬin^{52}]

黑（黒）蛇（hēishé）：黑色的蛇。
蛒虎芒□ [lən^{21}hɔ^{35}maŋ^{33}？]
蜈侯丞 [ŋu^{21}hɐu^{55}dɐm^{52}]

□□
昆蛒蟒 [kɔn^{52}lən^{24}lən^{33}]
須湯配 [tuɔ^{52}t^{h}aŋ^{52}ʃɔi^{55}]

見蛒蛑蟆須湯酡、蜈蚣、見蛒蟥須計㕘、蜋蜣、見蒲凸蒯本㲻、飛蛾、

見蜎蒯𢭏、蜉蜉上仝、蜎蚄丐𡷊蒯樂、玄蜂、蜍𡧪蒯啇、青衣蟲、

見蛛蒯云、田蛙、見蠦須蟌、田鷄上仝、田蛭、見底須兵、山蛭、見匆須作、

蛭屑、見蚊須叉、桑蟲、見蝼須棠、螪蜻、見蛃須蝀、蜂蟲、

蛉毒高桑、鷄勤、見蛀須米、黑飛天、見倰須擻、屈窩蟲

蜈蚣（wúgōng）：节肢动物。体扁长。头部金黄色，有鞭状触角。躯干部背面暗绿色，腹面黄褐色，由许多环节构成，每个环节有足一对。
昆蛒蠜 [$kɔn^{52}lən^{214}tʃap^{22}$]
須計劄 [$tuɔ^{52}kep^{55}t^{h}ip^{55}$]

蜋蜣
昆蒲凶 [$kɔn^{52}bɔ^{214}huŋ^{52}$]
蒴本氣 [$meŋ^{21}bən^{214}k^{h}i^{35}$]

飛蟲（fēichóng）：能飞的虫。
昆蝟 [$kɔn^{52}tuŋ^{21}$]
蒴母 [$meŋ^{214}mu^{52}$]

蜉蜉（fúfú）
仝
上

蝸[牛]（wōniú）：软体动物。有螺旋形的黄褐色硬壳。头部有两对触角，腹部有扁平的脚，行进时分泌黏液，吃植物苗叶。
丐庀 [$kɔn^{52}ɬən^{52}$]
蒴渠 [$meŋ^{214}ɳak^{33}$]

玄蜂（xuánfēng）：即黑蜂。
蜍密 [$ʔuŋ^{52}mət^{22}$]
蒴商 [$meŋ^{214}$ ？]

青衣蟲（qīngyīchóng）
昆蛛 [$kɔn^{52}lai^{214}$]
蒴云 [$meŋ^{214}fəi^{21}$]

田蛙（tiánwā）
昆蟓 [？？]
須蚣 [$tuɔ^{52}kəp^{55}$]

田鷄（tiánjī）：青蛙。
仝
上

田蛘
昆底 [$kɔn^{52}de^{52}$]
須兵 [$tuɔ^{52}piŋ^{52}$]

山蛘
昆匆 [$kɔn^{52}fət^{22}$]
須作 [$tuɔ^{52}t^{h}ak^{33}$]

蛀屑（zhùxiè）
昆蚊 [$kɔn^{52}mət^{33}$]
須义 [$tuɔ^{52}mət^{33}$]

柔（柔）蟲（róuchóng）
昆蝼 [$kɔn^{52}lɐu^{33}$]
須粜 [$tuɔ^{52}nɔn^{52}$]

螪蝤
昆蝍 [$kɔn^{52}te^{21}$]
須蝀 [$tu^{21}duəŋ^{35}$]

蜂蠆
蜍毒 [$ʔuŋ^{52}dɔŋ^{22}$]
禽素 [$le^{33}tɔ^{55}$]

鶺勒（jīlè）
昆蛭 [$kɔn^{52}ek^{55}$]
須□ [$tuɔ^{52}$ ？]

黑（黒）飛天（hēifēitiān）
昆佞 [$kɔn^{52}niŋ^{35}$]
須㑽 [$tuɔ^{52}baŋ^{55}$]

屈身蟲（qūshēnchóng）
昆蝼跅 [$kɔn^{52}lɐu^{33}kɔ^{52}$]
須秋赫 [$tuɔ^{52}ʃu^{52}hek^{55}$]

𧋟螻𧍝須秋棘、穿宮蟲、𧋟蝳須祝、絶蟲、𧋟蝬須叉、天蟲、

𧋟𧍷〻須則天、

竹木類

簠簩、核𦳇樣叢、梧桐、核𦳇樣㣚、青松、核椿樣火、紫荊、丙子

核敵樣火、青皮竹、核楸樣標、槨椋、核𥻸樣橈、木綿、仝上

梳𨚍、核橑柊樣、曇竇木、核㐌樣刻、客𪲍、核榍樣積、

穿宫蟲（chuāngōngchóng）
昆［蛑］[kɔn52hɔi214]
須祝 [tuɔ52ʧɔk55]

絶蟲（juéchóng）
昆蚊 [kɔn52mɔt33]
須爻 [tuɔ52mɔt33]

天□蟲
昆巻ㄣ [kɔn52tɐu52tuŋ21]
須則天 [tuɔ52tɐp55tʰen52]

竹木類

篼筹
核妄 [kɐi55nə35]
樣帶 [mɐi214dai35]

梧桐（wútóng）：木名。落叶乔木，种子可食，亦可榨油，供制皂或润滑油用。
核芃 [kɐi55pʰuŋ52]
樣洞 [mɐi214tʰɔŋ21]

青松（qīngsōng）：苍翠的松树。
核椿 [kɐi52ʃuən33]
樣 ×[mɐi214ɬuŋ52]

紫荊（荆）（zǐjīng）：树名。落叶乔木或灌木，叶圆心形，春开红紫色花。
核献 [kɐi52ien35]
樣 ×[mɐi214ien35]

青皮子（qīngpízǐ）
核枷 [kɐi52ʧi35]
樣標 [mɐi214pʰieu52]

榔槺（lángkāng）
核糕 [kɐi52kʰau214]
樣橈［？？ ］

木綿（mùmián）：多年生落叶乔木。先叶开花，大而红，结实长椭圆形。
仝
上

桄［榔］（guāngláng）：亦作"桄桹"。
核榜 [kɐi35paŋ35]
樣［×］[mɐi214paŋ35]

曇憂木
核□ [kɐi52ɬuŋ35]
樣𠝫 [mɐi214da52]

客［株］（kèzhū）
核□ [kɐi55 ？]
□□ [mɐi214 ？]

木𣏾核电樸沙、楊棠核瘦樸疰、海棠核木樸妻、樓木
核杉樸匪、鉄林核林樸乂、茅竹核没樸湫、班竹核跳枚樸湯来对
枚扶南竹核亮樸乂、菌茅及箏習哥、石竹核枷樸哂、青
竹核竹樸湯、白竹核杉竹菖樸湯鶴、礪野核香樸則香、露頂核枚
樸逝、柑竹核界樸、杉木核棗杉樸霍、樓竹核杯樸、椿

木 [柳] （mùliǔ）
核口 [? ?]
[楪] 沙 [mɐi²¹⁴ɬa⁵²]

楊 [棠] （yángtáng）
[核] 瘦 [kɐi⁵²tʰɐu³⁵]
楪注 [mɐi²¹⁴ʧɔ³⁵]

海棠 （hǎitáng）：落叶乔木，叶子卵形或椭圆形，春季开花，白色或淡红色。品种颇多，供观赏。亦指这种植物的果实。
口口 [kɐi⁵²lɐu³³]
楪蒌 [mɐi²¹⁴lɐu²¹]

欃木
核杓 [kɐi⁵²mɔk²²]
楪匡 [mɐi²¹⁴kʰuəŋ⁵²]

鉄林 （tiělín）
核林 [kɐi⁵²ləm³³]
楪 × [mɐi²¹⁴ɬɔm²¹]

竻竹 （lèzhú）：一种有刺而坚硬的竹。俗称刺竹。也称勒竹、涩勒。
核没 [kɐi⁵⁵mɔt²²]
楪淋 [mɐi²¹⁴muk²²]

班竹 （bānzhú）：即斑竹。
核玳枚 [kɐi⁵²duɔi²¹mai³³]
楪湯來対枚 [mɐi²¹⁴tʰaŋ⁵²lai⁵²tɔi³⁵mai³³]

扶南竹 （fúnánzhú）
核秃 [kɐi⁵²tʰuk⁵⁵]
楪 × [mɐi²¹⁴ʧuk⁵⁵]

苗茅 （miáomáo）
及箏 [kɐp²²ieŋ³³]
習竒 [ʧɐp⁵⁵kʰa²¹]

石竹 （shízhú）：多年生草本植物，常植于庭院供观赏；“瞿麦”的别名。
核枷 [kɐi⁵²ʧi⁵²]
楪 [標][mɐi²¹⁴pʰeu⁵²]

青竹 （qīngzhú）：青翠的竹子。
核竹 [kɐi⁵²tʰuk⁵⁵]
楪湯 [mɐi²¹⁴tʰaŋ⁵²]

白竹 （báizhú）
[核] 竹呰 [kɐi⁵²tʰuk⁵⁵ʧɐŋ³⁵]
核湯皜 [mɐi²¹⁴tʰaŋ⁵²kʰau⁵²]

礪野
核吝 [kɐi⁵²lɐn²¹⁴]
楪則吝 [mɐi²¹⁴tɐk⁵⁵lɐn²¹]

露頂 （lùdǐng）
核楪 [kɐi⁵²mai³³]
枚进 [mɐi²¹məi²¹]

柑竹 （gānzhú）
核界 [kɐi⁵²iai³⁵]
楪口 [mɐi²¹iəi⁵⁵]

杉木 （shānmù）：杉树的木材。
核 [妻] 杓 [kɐi⁵²tʰe⁵²mɔk²²]
楪霍 [mɐi²¹⁴lɔi²¹]

槎竹 （cházhú）
[核][林][? ? ?]
[楪] 口 [? ? ?]

楮桃 （chǔtáo）：即楮实，楮树果实，可入药。
核暢 [kɐi⁵²tʰaŋ⁵²]
楪沙 [mɐi²¹⁴ɬa⁵²]

桃、核幔樸汰龍眼、核眼樸顏綿楮核萧樸乂水宲核邑樑

樸含浛、線樹、核株眉樸莫熩、椧椧核擺樸樸、烏竹、核叴

樸乂屬竹、核实樸亦桃木、核桃樸乂李木、核敏樸乂棘

槿核計美莫撒木槿、莅苊亭米限、春筍、浛爸娘鄢、篙樺萬樸洗那

玉板廿吾乃鄢、竜子笋華同洋木核羊木吕木缸

龍眼（lóngyǎn）
核□ [kɐi^{52}ŋan^{214}]
榚顔 [mɐi^{214}ȵan^{33}]

綿楮（miánchǔ）
核蒱 [kɐi^{52}bɔ^{35}]
榚 ×[mɐi^{214}bɔ^{55}]

水 [棠]（shuǐtáng）
核□渃 [kɐi^{52}bɔi^{35}nək^{55}]
榚舍淰 [mɐi^{214}ʃa^{35}nɐm^{214}]

線樹（xiànshù）
核株眉 [kɐi^{52}ʧɔ^{52}mi^{21}]
榚莫煒 [mɐi^{214}mɐk^{55}fɐi^{21}]

枌榆（榆）（fényú）：木名。
核椤 [kɐi^{52}bai^{35}]
榚榜 [mɐk^{55}p^{h}aŋ^{21}]

烏竹（wūzhú）：植物名。禾本科苦竹属，小乔木。
□榚 [kɐi^{52}mɐi^{214}]
合 ×[hɐp^{22}t^{h}uk^{55}]

厲（厲）竹（lìzhú）
核实 [kɐi^{52}t^{h}ɔk^{22}]
榚亦 [mɐi^{214}ɬet^{55}]

桃木（táomù）
核桃 [kɐi^{52}dau^{21}]
榚 ×[mɐi^{214}t^{h}au^{21}]

李木（lǐmù）
核敏 [kɐi^{52}mɐn^{24}]
榚 ×[mɐi^{214}mɐn^{24}]

棘槿（槿）（jíjǐn）
核計 [kɐi^{52}ke^{35}]
美芽拂 [mɐi^{214}ȵa^{35}fət^{22}]

木槿（槿）（mùjǐn）：亦作“木堇”。
花芃孛 [ua^{52}p^{h}uŋ^{52}bɔk^{22}]
卞艰 [iɔk^{55}ŋən^{21}]

春笋（笋）（chūnsǔn）：春季的竹笋。
淰芒 [nɐm^{214}maŋ^{33}]
娘勦 [naŋ^{21}mɐi^{214}]

篙簿
蒡模 [la^{35}mak^{22}]
泦那 [dɐm^{21}na^{21}]

玉板（yùbǎn）：笋的别名。
艹芒 [la^{35}maŋ^{33}]
艹勦 [la^{33}mɐi^{214}]

竜子（lóngzǐ）：蜥蜴的别名。
竹蜂：
同
上

洋毲（yángtáo）
核羊毲 [kɐi^{52}ɬəŋ^{33}dau^{21}]
□水 [mɐi^{214}ʃɐi^{55}]

紅槿（槿）（hóngjǐn）
花孛堵 [p^{h}uŋ^{52}bɔk^{22}ʧə^{35}]
卞□丁 [iɔk^{55}ŋən^{21}deŋ^{52}]

槿、花蒙堵 木𦊛丁、薝蔔、花麥 木麥、櫨花、花櫥 木甘紙 金

鳳花 花㚒 木金鳳 榆花 花檟 木榜、盃蓄 花連 木邑 閤花、

提 花山 木瓢、黃盃 花陽 木黃 鷄紂 花吟哥 木骨棋 錦花 花牡丹 木××

棗 菓桃 莫乂 銀柿子 菓梨 莫丨 梅子 菓敏廣 莫梅二 鳥

梅 菓梅顛 莫乂 先 棠 菓漫縈 莫漫李 葛子 [illegible] 文

薝蔔
花芩 [ua^{52}tʰəm^{52}]
卞芩 [iɔk^{55}ɬum^{21}]

□花（花）
花□ [ua^{52}keu^{21}]
卞甘纸 [iɔk^{55}kam^{52}ʧe^{35}]

金鳳花（花）（jīnfènghuā）
花夓粞 [ua^{52}mɔŋ^{33}tɐi^{52}]
卞金鳳 [iɔk^{52}kim^{52}fuŋ^{33}]

榆花（榆花）（yúhuā）：榆英。
花樌 [ua^{52}bai^{35}]
卞榜 [iɔk^{55}pʰaŋ^{21}]

菡萏
花連 [ua^{52}len^{33}]
卞芭 [iɔk^{55}bam^{52}]

闍花（花）（zhěhuā）
花山提 [ua^{52}ɬən^{52}de^{21}]
卞瓢 [iɔk^{55}kua^{52}]

黄蕋（huángruǐ）：黄色花蕊。
花隅 [ua^{52}ɐi^{35}]
卞賁 [iɔk^{55}pʰɔn^{55}]

鷄冠
花吟哥 [ua^{52}kɐm^{21}ka^{21}]
卞昏猉 [iɔk^{55}hɔn^{52}kɐi^{55}]

錦花（花）（jǐnhuā）
花牡丹 [ua^{52}mɐu^{214}dan^{52}]
卞 ××[iɔk^{55}mɐu^{214}dan^{52}]

𥝀（táo）：果木名；桃树的果实；桃花。
菓桃 [kua^{214}dau^{21}]
莫 ×[mak^{55}tʰau^{21}]

銀（銀）柿子（yínshìzǐ）
菓梨 [kua^{214}ll^{33}]
莫丨 [mak^{55}li^{21}]

梅子（méizǐ）：梅树的果实；梅树。
菓敏癀 [kua^{214}mɔi^{24}faŋ^{21}]
莫梅□ [mak^{55}mɔi^{21}ləŋ^{52}]

烏梅（wūméi）：经过熏制的梅子，黑褐色，可入药。
菓梅顛 [kua^{214}mɔi^{21}dem^{52}]
莫 × 李 [mak^{55}mɔi^{21}dɐm^{52}]

棠棣（tángdì）：木名，即郁李；花名，俗称棣棠，花黄色，春末开。
菓漫紫 [kua^{214}man^{33}tʰɐi^{21}]
莫漫李 [mak^{55}man^{33}deŋ^{52}]

荔（荔）子（lìzǐ）：荔枝树的果实。
……繧 [kua^{214}bai^{35}]
……[mak^{55}ʧe^{52}]

眞效

龍眼子、菓竜眼眞間、香橘、菓橘眞甘紙、透甲香、菓木第[illegible]

臭橘、菓橘炊眞甘刘、黄柑、菓柑眞柑繞、香李、菓櫻眞榠、

金平、菓柰梨眞奕、香纇子、菓來眞夷、將軍帽、菓[illegible]眞美

眞核

梘掄、菓著眞花蕃、人面子、菓瘦眞活、曇舷、菓竟眞㺧

天沛、菓紅眞柔、沸珠、菓尖魂眞魂、牛肋、褪瓤僫九殺今、

龍眼子（lóngyǎnzǐ）：一种常绿乔木，羽状复叶，花小，黄白色，我国福建、广东等地的特产；指这种植物的果实，也称桂圆。
菓竜眼 [$kua^{214}lɔŋ^{33}ŋan^{214}$]
莫闰 [$mak^{55}ɲan^{33}$]

香橘（橘）（xiāngjú）：橘名；橙之一种。
菓橘 [$kua^{214}ʧi^{214}$]
莫甘纸 [$mak^{55}kam^{52}ʧe^{35}$]

透甲香（tòujiǎxiāng）
□莫 [$kua^{214}ieŋ^{33}$]
□效 [$mak^{55}ɬɔ^{55}$]

臭橘（橘）（chòujú）
菓橘烌 [$kua^{214}ʧi^{24}k^{h}ɔi^{52}$]
莫甘刘 [$mak^{55}kam^{52}liu^{21}$]

黄柑（huánggān）：果名。柑的一种。
菓柑 [$kua^{214}kam^{52}$]
莫柑綂 [$mak^{55}kam^{52}ləŋ^{52}$]

香柰（xiāngnài）
菓櫼 [$kua^{214}ʧam^{24}$]
莫楳 [$mak^{55}bɐi^{52}$]

金斗（jīndǒu）：饮器；熨斗；指金印。
菓尭梨 [$kua^{214}dau^{21}li^{33}$]
莫突 [$mak^{33}ʃət^{22}$]

香籟子（xiānglàizǐ）
菓來 [$kua^{214}lai^{214}$]
莫夷 [$mak^{55}lai^{214}$]

將軍（軍）帽（jiāngjūnmào）
菓荄 [kua^{214} ？]
莫核 [$mak^{55}kai^{52}$]

棍（棍）棆（gùnlún）
菓瘦 [$kua^{214}tak^{55}$]
莫花渚 [$mak^{55}ua^{52}ʃə^{214}$]

人面子（rénmiànzǐ）：果实名，核似人面。
菓瘦 [$kua^{214}ʃɐu^{35}$]
莫注 [$mak^{55}ʧu^{35}$]

曇舴（tánzé）
菓克 [$kua^{214}ɬuŋ^{35}$]
莫玎 [$mak^{55}də^{55}$]

天柿（tiānshì）
菓红 [$kua^{214}hɔŋ^{21}$]
莫□ [$mak^{55}ʧi^{55}$]

沸珠（fèizhū）
菓□魂 [$kua^{214}kua^{33}hɔn^{21}$]
□魂 [$mak^{55}hɔn^{55}$]

牛叻
裭□匿 [？？？]
比歌令 [$p^{h}ɐt^{55}ka^{52}len^{214}$]

五癝 菓㮈 𣘈王 桑棋 菓𣛨 𣘈閑 屈律 菓日 𣘈律 酸角 ｜

菓涞眉 𣘈椇 綠瓜 菓𦼔吼 㕠圭 苦瓜 𦼔筭 𣘈𣗥 黄瓜 菓𦷾 烹𢼂

西瓜 菓𦰟 烹𦁀 金瓜 菓𣘃 烹來 冬瓜 菓彼 㕠域 瓠

瓜 西瓢 㕠乂 甘蔗 核榛 枯喂 芭蕉 菓𣚚 芭檜 蕉巢

菓㰆 𣘈檜 木瓜 果豆愁 𣘈文枯 枇杷子 同上 橄欖 菓𣘉 𣘈𢢆

五廉
菓荚 [kua^{214}k^{h}e^{35}]
莫王 [mak^{55}fuŋ^{21}]

桑棋 （sāngqí）
菓□ [kua^{214}dɐu^{52}]
莫闭 [mak^{55}ʔit^{55}]

屈（屈）律 （qūlǜ）：屈曲；弯曲。
菓日 [kua^{214}ȵɐt^{22}]
莫律 [mak^{55}lɔt^{55}]

酸角 （suānjiǎo）
菓洙眉 [kua^{214}ʧɔ^{52}mi^{21}]
莫堪 [mak^{55}k^{h}am^{52}]

絲瓜 （sīguā）：一年生草本植物。茎蔓生，果实细长，略如黄瓜。
菓浾叭 [kua^{214}p^{h}ap^{55}？]
咹□圭 [ɐn^{52}？ kue^{52}]

苦（苦）瓜 （kǔguā）：一年生草本植物。开黄花，果实长圆形或卵圆形，两头尖，表面有许多瘤状突起，熟时橘黄色，略有苦味。
浾等 [p^{h}ap^{55}dɐŋ^{35}]
莫槼 [mak^{55}k^{h}ɐi^{55}]

黄瓜 （huángguā）：瓜名，又称胡瓜，可作鲜菜或酱菜。
茶猝 [ȵa^{35}？]
烹狱 [p^{h}eŋ^{52}nu^{52}]

西瓜 （xīguā）：瓜类植物。蔓生，味甜多汁，夏日消暑佳品。
茶湇 [ȵa^{24}nək^{55}]
烹淰 [ʧəŋ^{52}nɐm^{214}]

金瓜 （jīnguā）：瓜名。瓜皮为金黄色或红黄色。
茶剛 [ȵa^{24}kəŋ^{52}]
烹來 [ʧəŋ^{52}lai^{33}]

冬（冬）瓜 （dōngguā）：一年生草本植物，能爬蔓。果实呈圆形或长圆柱形，表面有白粉或毛，为普通蔬菜。
菓彼 [kua^{214}be^{21}]
咹坺 [ɐn^{33}fak^{22}]

瓠瓜 （hùguā）：植物名。也称葫子、瓠子、夜开花。实圆长，首尾粗细略同，可食。
丐瓢 [kai^{21}p^{h}ieu^{35}]
咹 ×[ɐn^{33}kua^{52}]

甘蔗 （gānzhè）：多年生草本植物，茎似竹，实心，多汁而甜，为制糖原料，亦可生食。
核楳 [kɐi^{52}mɐi^{214}]
枯喂 [kɔ^{52}ɔi^{35}]

芭（芭）蕉 （bājiāo）：多年生草本植物。叶长而宽大，花白色，果实跟香蕉相似，但不能食用。
莽掇 [la^{35}？]
芭宗檜 [baw^{52}tɔŋ^{52}kuɔi^{35}]

蕉菓 （jiāoguǒ）
菓檄 [kua^{214}？]
莫檜 [mak^{55}kuɔi^{35}]

木瓜 （mùguā）：落叶灌木或小乔木，叶长椭圆形，果实长椭圆形，色黄而香，味酸涩，经蒸煮或蜜渍后供食用，可入药。
果豆愁 [kua^{214}tɐu^{35}ɬɐu^{21}]
莫戈枯 [mak^{55}kua^{52}kɔ^{52}]

枇（枇）杷子 （pípázǐ）
同
上

橄欖（欖）（gǎnlǎn）：果树名，亦以称其果实，常绿乔木。果实呈椭圆形，又名青果，可食，味略苦涩而又芳香，亦可入药。
菓斬 [kua^{214}tam^{24}]
莫□ [mak^{55}bɐi^{52}]

倒稔 菓漸 㒵〻 糧粘 菓孛 㒵粘 大茄 菓款保 㒵咕保 小茄

菓欽斂 㒵制 傳香 菓奚 㒵詼 波羅密 菓龜 㒵樸 稚子

菓洙眉 㒵堪 古米 菓嘌 㒵墒 酸棘 菓棗 㒵〻 紅棗 菓棘 㒵膌

㒵棗 〻 梔子 菓璽 㒵檜 原梨子 菓桃梨 㒵骨 無道 菓〻〻 㒵〻〻

角欖 菓斬樓 㒵敵谷 白欖 菓斬畠 㒵悲鎬 山朱子 菓洙 㒵㠉

倒稔（dàorěn）
菓漸 [kua^{214}tam^{24}]
莫 ×[mak^{55}nim^{52}]

糧粘（liángzhān）
菓衾 [kua^{214}t^{h}əm^{52}]
莫粘 [kua^{214}ka^{35}bau^{35}]

大茄（dàqié）
菓歌堡 [kua^{214}ka^{35}bau^{35}]
莫呿保 [mak^{55} ？？]

小茄（xiǎoqié）
菓歌劔 [kua^{214}ka^{35}kiem^{52}]
莫制 [mak^{55}ʧe^{35}]

傳（傳）香（chuánxiāng）：佛教语，传戒；佛教语，行香，谓行法事时持香绕行道场。
菓荄 [kua^{214}kɐi^{52}]
莫該 [mak^{55}kai^{52}]

波羅密（bōluómì）：木波罗。通称波罗蜜树。常绿乔木。果椭圆形，味甜，可食。
菓㲠 [kua^{214}mɐu^{35}]
莫楳 [mak^{55}mɐi^{214}]

稚子（zhìzǐ）：笋的别名。
菓洙眉 [kua^{214}ʧɔ^{52}mi^{21}]
莫堪 [mak^{55}k^{h}am^{52}]

古米（gǔmǐ）
菓噤 [kua^{214}t^{h}əm^{52}]
莫坆 [mak^{55}mɔi^{21}]

酸棘（suānjí）
菓棗 [kua^{214}ʧau^{35}]
莫 ×[mak^{55}ʧau^{35}]

紅棗（hóngzǎo）：鲜枣的干制品。大致分大枣和小枣两类。皮色红艳，肉甜质糯，为我国传统的调理与滋补品。
菓棘腈 [kua^{214} ？？]
莫棗×[mak^{55}ʧau^{35} ？]

梔子（zhīzǐ）：木名，常绿灌木或小乔木；指栀子花；指栀子的果实。
菓盈 [kua^{214}ŋiŋ^{21}]
莫檜 [mak^{55}kuɔi^{35}]

原梨子（yuánlízǐ）
菓桃梨 [kua^{214}dau^{21}li^{33}]
莫骨 [mak^{55}kuət^{55}]

無道（wúdào）：暴虐，没有政德。
菓 ××[kua^{214}fɔ^{33}dau^{24}]
莫 ××[mak^{55}fɔ^{33}dau^{24}]

角欖（欖）（jiǎolǎn）
菓斬楼 [kua^{214}tam^{214}tɐu^{52}]
莫敢［谷］[mak^{55}kəm^{35}kɔk^{55}]

白欖（欖）（báilǎn）
菓斬砦 [kua^{214}tam^{214}ʧɐŋ^{35}]
莫悲皜 [mak^{55}bɐi^{52}k^{h}au^{52}]

山朱子（shānzhūzǐ）
菓洙 [kua^{214}ʧɔ^{52}]
莫煒 [mak^{55}fɐi^{21}]

蘡薁子、蕈广之海 奠奉敦 栗子、蕈平密 奠密 渋舌子、蕈日

奠律 五味倉 蕈浛甜 奠之悵 山中蒲、蕈嗜 奠蒙

菜根類

田芋、棱芳 枯福 芋豈、矩芳 啌福 野芋、矩里 枯疥 田

卓依、矩雑 壽鷗 田、矩祝 孝寒 石山姜、矩礦星 輕岜

枸

驥蹄子（jìtízǐ）
菓□海 [kua^{214}dai^{214}hai^{35}]
莫奉敬 [mak^{55}p^{h}uŋ^{214}kiŋ^{52}]

栗子（lìzǐ）：栗树的果实。
菓平密 [kua^{214}biŋ^{21}mɐt^{33}]
莫密 [mak^{55}mɐt^{22}]

沙舌子（kǒushézǐ）
菓日 [kua^{214}ȵɐt^{22}]
莫律 [mak^{55}lɔt^{55}]

五味飡（wǔwèicān）
菓淰粓 [kua^{214}nɐm^{214}kəm^{52}]
莫□怺 [mak^{55}fɐn^{21}uai^{21}]

山中蒲（蒲）（shānzhōngpú）
菓嶠 [kua^{214}kieu^{52}]
莫蒙 [mak^{55}muɔŋ^{33}]

菜根類

田芋（芋）（tiányù）
核芌 [kɐi^{52}？]
枯福 [kɔ^{52}p^{h}ək^{55}]

芋（芋）豆（yùdòu）：即芋艿，泛指薯类植物。
矩亏 [？？]
咹福 [ɐn^{33}p^{h}ək^{55}]

野芋（芋）（yěyù）：一种野生的芋。
矩里 [kə^{52}li^{35}]
枯□ [kɔ^{52}ieu^{35}]

田卓（tiánzhuó）
矩难 [kə^{52}nan^{214}]
孝鬸 [heu^{35}nuk^{22}]

田（tián）：耕种的土地。
矩祝 [kə^{52}ʧuk^{55}]
夆寒 [heu^{35}？]

石山姜（shíshānjiāng）
矩僙星 [kə^{52}faŋ^{21}tiŋ^{52}]
輕岜 [k^{h}iŋ^{52}ʃa^{52}]

山芋、矩埋 蔓邑、山藥 合 上、禹餘粮 矩櫰 安壞、椋

椵、陛杉 甲匡、水藤、逮落 威棋、龍藤、逮双 威丐、芙當

葬翁 邑姜、薦 進 青、葬容 宗扇、青精葉、葬容 宗征、菱 宗

葉、葬棄 邑故、青蒿、葬蒿 邑、蓂蒿、蒿春 廿坤、水荇

姜參 芫奉布、蘺芥 全 上、菝葜、姜孜 亞吉、胡荽 姜 培研

山芋（芋）（shānyù）：薯蓣的别名，也叫山药；指芋艿；甘薯的俗称。
矩埋 [$kə^{52}mai^{33}$]
蔓岜 [$mɐn^{21}ʃa^{52}$]

山藥（藥）（shānyào）：薯蓣的别名。
仝
上

禹餘（餘）粮（yǔyúliáng）：中药名，又名禹粮石，为一种褐铁矿矿石；麦门冬的别名。
矩棝 [$kə^{52}dɐu^{52}$]
咹棝 [$ɐn^{52}dɐu^{52}$]

棕柀（zōngbǐ）
陛杦 [$be^{35}mɔk^{22}$]
甲匡 [$kap^{33}k^{h}uəŋ^{52}$]

氷滕（bīngténg）
迷渃 [$mɐi^{52}nək^{55}$]
威棋 [$ui^{35}kɐi^{55}$]

龍滕（lóngténg）
迷双 [$mɐi^{52}ʃuəŋ^{33}$]
威丐 [$ui^{35}kai^{35}$]

芙蒥（蒥）（fúliú）
葬靜 [$la^{35}ʧau^{21}$]
芭萎 [$baɯ^{52}ȵɐu^{21}$]

薦青（jiànqīng）
葬容 [$la^{35}ɬɔŋ^{33}$]
宗崩 [$tɔŋ^{52}meŋ^{33}$]

青精葉（葉）（qīngjīngyè）
葬容 [$la^{35}ɬɔŋ^{33}$]
宗征 [$tɔŋ^{52}ʧiŋ^{52}$]

蔆葉（葉）
葬隶 [$la^{35}nɔn^{33}$]
芭乩 [$baɯ^{52}k^{h}ɔ^{214}$]

青蓝（蓝）（qīnglán）
葬尳 [$la^{35}kam^{35}$]
芭丨 [$baɯ^{52}kəm^{35}$]

莫蓝（莫蓝）
蓝舂 [$kam^{35}ʧ^{h}uən^{33}$]
艿坤 [$la^{33}k^{h}ɔn^{52}$]

水荇（shuǐxìng）：荇菜。多年生水草，浮在水面，嫩时可食。
萎夓 [$ȵɐu^{21}muŋ^{33}$]
茈奉布 [$ʧɐt^{55}buŋ^{35}bɔ^{55}$]

蘿芥
仝
上

莀菜（gàicài）
萎改 [$ȵɐu^{33}kai^{214}$]
歮吉 [$ʃɐk^{55}kat^{55}$]

胡荽（húsuī）：亦作“胡荾”。
萎培硎 [$ȵɐu^{33}mui^{33}tuət^{55}$]
茈之 [$ʃɐk^{55}ʧi^{52}$]

苍之、良荖、矩蒳艹轻、荚萌、姜曼苍汈、甜葶、姜壹苍日、

萵苣、姜葉苍叶、蒠菜、姜浅苍歆、葜菜、姜亲苍吕了、

白葱、姜行苍布、蘧菜、姜乔苍八、韭菜、係姜苍奴、䔲姜

蕖、姜蒧邑算、䔲子、矩蒧埥算、田蒧、姜芑苍拢、澗蕨、姜骨

苍骨、蘿蔔、姜矩改苍蒡骸、連錢菜、姜馬苍浅、

良差

矩口 [ke³⁵kəŋ²¹]

卞輕 [la³³kʰiŋ⁵²]

莢萌

萎㚇 [ȵɐu²¹muŋ³³]

芘闭 [ʃɐk⁵⁵bɐi⁵²]

葅葶

萎薹 [ȵɐu²¹/lɐu³³dai⁵⁵]

芘日 [ʃɐk⁵⁵ȵin²¹]

萵苣（wōjù）：一年生或二年生草本植物。叶子长圆形，头状花序，花金黄色。茎和叶可作蔬菜。通称莴笋。

萎桀 [lɐu³³ɬep²²]

芘叶 [ʃɐk⁵⁵kep⁵⁵]

莧菜（xiàncài）：一年生草本植物。叶对生，卵形或菱形，有绿紫两色。花黄绿色。种子极小，黑色而有光泽。嫩苗可作蔬菜。

萎戊 [lɐu³³tien²¹]

芘歆 [ʃɐk³³hum⁵²]

蓼菜

萎菻 [lɐu³³lum³³]

芘吕了 [ʃɐk⁵⁵la²¹⁴lieu³³]

白葱（báicōng）

萎行 [lɐu³³heŋ²¹]

芘布 [ʃɐk⁵⁵bɔ⁵⁵]

蕹菜

萎喬 [lɐu³³kieu²¹]

芘丨 [ʃek⁵⁵kep⁵⁵]

韭菜（韮）（jiǔyè）

係萎 [lɐu³³he²¹⁴]

芘刼 [ʃɐk⁵⁵kep⁵⁵]

蒜葉（葉）（suànyè）

弃蕞 [la³⁵？ tʰuə⁵²ɬuə⁵⁵]

芭筭 [baɯ⁵²ɬuən⁵⁵]

蒜子（suànzǐ）：蒜头。

矩蕞 [ke³⁵？]

増算 [baɯ⁵²ɬuən⁵⁵]

田蕺

萎艺 [iɐu³³ət⁵⁵]

芘枕 [ʃɐk⁵⁵dem⁵²]

澗蕨（jiànjué）

萎骨 [lɐu²¹kuət⁵⁵]

芘骨 [ʃɐk⁵⁵kuət⁵⁵]

蘿菔（luófú）：即萝卜。

萎矩改 [iɐu³³kə⁵²la²¹]

芘菷［服］[ʃɐk⁵⁵lau³³pʰuk²²]

連錢（銭）菜（liánqiáncài）

萎馬 [ȵɐu³³mə²¹⁴]

芘戊 [ʃɐk⁵⁵ʃem²¹]

鼠耳、姜寻曲芘芽叹胡椒、消胡消青淡、姜乙芘填野芥

姜勤芘恶、荇禾、姜芹芘乂香儒、蕎邑乂紅頭菜

姜茶芘乂、苦毛子、稟邅莫戎紫蘇、姜乂乂芘乂乂荆棠

姜乂乂芘乂乂甜莨、姜甜芘歆留馬蘆莧、仝上光武

寶矩姜福君子、陸家、紫、同

鼠（鼡）耳（shǔěr）：鼠曲草的别名。
娄尋曲 [ieu33teu21khuk55]
芘芽门 [ʃek55ȵa35min52]

胡椒（hújiāo）：常绿灌木。茎蔓生。果实可做香辛调味品，亦可入药。
胡消 [hɔ21tieu52]

青淡（qīngdàn）
娄乙 [ieu33ət55]
芘填 [ʃek55din52]

野芹（yěqín）
娄勤 [ieu33keu21]
芘悪 [ʃek55ak35]

芹采（qíncài）：蔬菜名。
娄芹 [ieu33ken21]
芘 ×[ʃek55khim21]

香儒（xiāngrú）
弃喬 [la35kieu52]
芭丨 [baɯ52khieu214]

紅頭菜（hóngtoucài）
娄菻 [ieu33ləm33]
芘丿 [ʃek55phit55]

苦（苦）毛子（kǔmáozǐ）
菓䆛 [kua214lem35]
莫戎 [ʃak55？]

紫蘇（蘇）（zǐsū）：又名桂荏。一年生草本植物，茎方形，花淡紫色，种子可榨油，嫩叶可以吃，叶、茎和种子均可入药。
娄 ×[ieu33thei21tɔ52]
芘 ××[ʃak55thei21tɔ52]

荆菜
娄 ×[ieu33piŋ33ʧhɔi35]
芘 ××[ʧhak55piŋ35ʧhɔi35]

甜莨（tiánláng）
娄口粓 [ieu33tiem21kəm52]
芘歆瑠 [ʃek33hum52na21]

馬齒（蓋）莧（mǎchǐxiàn）：一年生肉质草本，全草入药，有清热、解毒、止泄的功用。又称酱板草。
仝
上

光武寶（guāngwǔbǎo）
矩号 [？？]
口福 [？？]

君子（jūnzǐ）：竹之雅号。

芋（芋）陸（yùlù）

家芋（芋）（jiāyù）

紫芋（芋）（zǐyù）
同
上

蓮日芋。姜兪茲八、青衣君美、姜受茲一布、

遺補類

水壩藤落泒淦、班駮鍼郎辿堂、橡面翻魯番来、鈀肉、

酷枯妥輕、葫。蘆核彙枯織、倍瓦昙架土吉、叢禾禁穆枯口、

狗蚤栗、癸穆往口覔、鐘。苗 秫兎篭口、鍧。水 芝淏养淦留

蓮日芋（芓）（lián）(rìyù)
篓秝 [iɐu^{33}ləm^{33}]
芘丿 [ʃɐk^{55}p^{h}ik^{55}]

青衣（qīngyī）：霉菌的一种。

君菜（jūncài）
篓夓 [iɐu^{33}muŋ^{33}]
芘口布 [ʃɐk^{55}buŋ^{35}bɔ^{55}]

遺補類

水壩（壩）（shuǐbà）：土石或混凝土筑成的拦水建筑物。
銇渃 [lai^{33}nək^{55}]
派淰 [p^{h}a^{35}nɐm^{214}]

班駁（bānbó）：色彩相杂貌。
辅郎 [p^{h}eŋ^{21}laŋ^{33}]
边堂 [p^{h}iŋ^{21}taŋ^{55}]

槺面（kāngmiàn）
䶰鲁 [mɐt^{22}lɔ^{35}]
䎃来 [na^{35}lai^{21}]

羓肉（肉）（bāròu）
䑓枯 [t^{h}it^{22}kɔ^{52}]
安轁 [nə^{214}k^{h}eŋ^{21}]

葫蔗（húzhè）
核彙 [kɐi^{52}？]
枯娥 [kɔ^{52}ŋa^{21}]

佢兀
豆架 [dɐu^{35}ia^{35}]
土吉 [t^{h}ɔ^{52}kat^{55}]

叢（叢）禾（cónghé）
禁穭 [kəm^{35}lɔ^{35}]
枯口 [kɔ^{52}k^{h}ɐu^{35}]

狗蚤（蚤）粟（gǒuzǎosù）
麦穭狌 [mek^{22}lɔ^{35}ʧɔ^{35}]
口䕼 [k^{h}ɐu^{35}uɐŋ^{52}]

穗苗（suìmiáo）
制秃 [ʧəi^{52}t^{h}uk^{55}]
篭口 [ɬuɔŋ^{21}k^{h}ɐu^{35}]

鈎水（gōushuǐ）
芒渃 [maŋ^{33}nək^{55}]
养淰䎃 [iəŋ^{52}nɐm^{214}na^{21}]

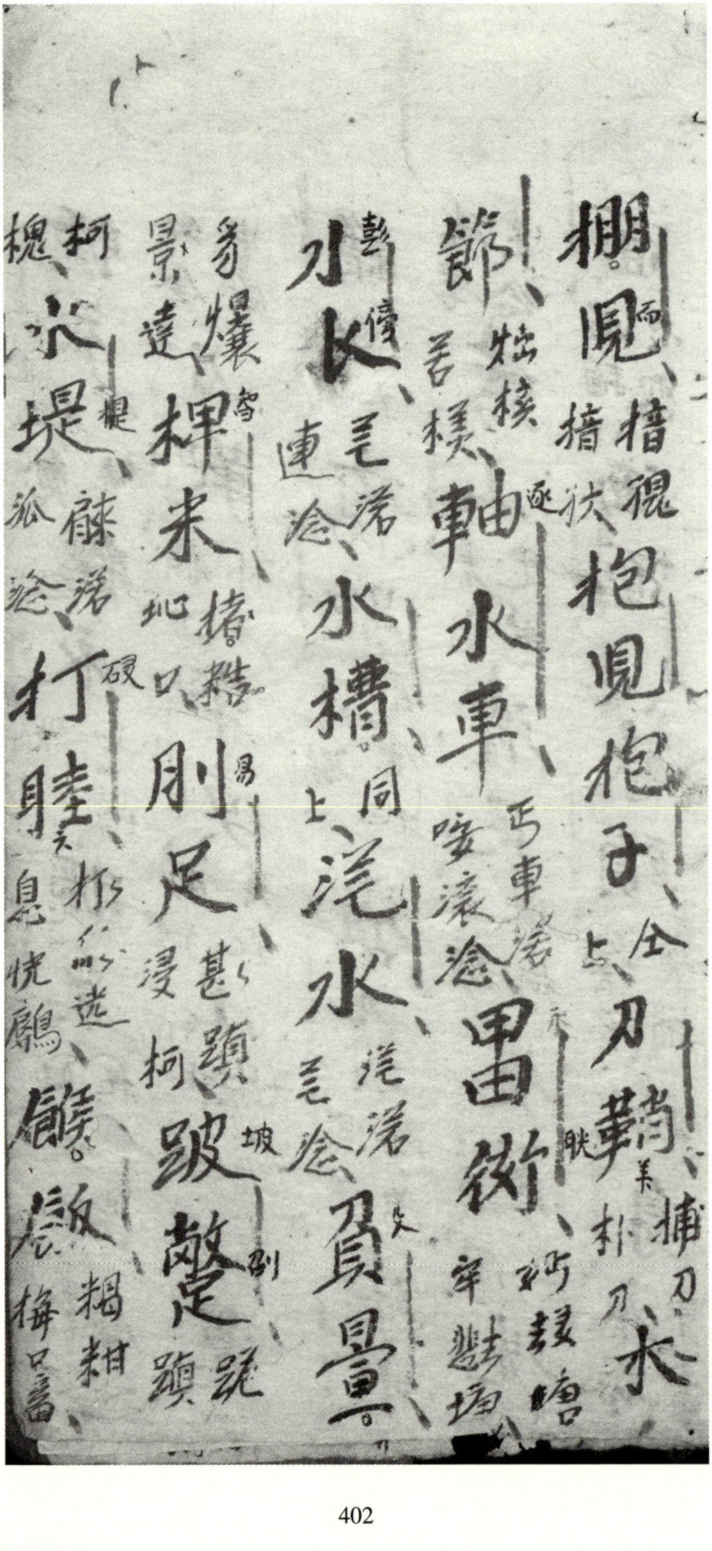

掤兒（児）（bīngér）
揞毭 [əm³³kɔn³³]
揞犿 [ɔm³⁵luk³³]

抱兒（児）（bàoér）

抱子（bàozǐ）：犹言生子；下蛋时期的母鸡。
仝
上

刀鞘（dāoqiào）：亦作“刀削”。刀的套子。
捕刀 [bɔ²¹⁴dau²¹]
朴刀 [pɔ²¹⁴tʰau²¹]

木節（mùjié）
炪核 [duɔt⁵⁵kɐi⁵²]
苦樣 [kɔ³⁵mɐi²¹⁴]

軸水車（zhóushuǐchē）
丐車渃 [kai³⁵ʃe⁵²nək⁵⁵]
咹□淰 [ɐn⁵²kɔn²¹⁴nɐm²¹⁴]

畕徜
娂叐塘 [kʰai³⁵di⁵²dəŋ²¹]
牢駐塘 [ɬau⁵²pɐi³³tʰaŋ²¹]

才飞
芒渃 [maŋ³³nək⁵⁵]
連淰 [len³³nɐm²¹⁴]

水槽（槽）（shuǐcáo）：盛水的方形容具。
同
上

浝水
浝渃 [maŋ³³nək⁵⁵]
芒淰 [fɔŋ²¹nɐm²¹⁴]

貟疊
豸爆 [ɬai²¹⁴nɔŋ³⁵]
景達 [kən³⁵det⁵⁵]

粺米
揞粘 [ʧə³⁵kʰau²¹⁴]
坾口 [tɐm⁵²kʰɐu³⁵]

刖足（yuèzú）：断足。古代肉刑之一。
踸蹎 [kʰam³⁵ʧən⁵²]
浸柯 [tʰɐm³⁵kʰa⁵²]

跛蹩（蹩）（bǒbié）：跛行；指驽马。
□柯 [kui²¹ʧən⁵²]
蹎槐 [kʰa⁵²kʰue²¹]

水堤（shuǐdī）
龣渃 [lai³³nək⁵⁵]
泒淰 [pʰai⁵²nɐm²¹⁴]

打睦（睦）（dǎmù）
扔□迯 [dəŋ³⁵ʧuŋ⁵²kueŋ⁵²]
息恍鶶 [tət⁵⁵kuaŋ³³nuk²²]

餱飯（hóufàn）
糲粓 [kʰat⁵⁵kəm³³]
梅口畜 [mɔi³³kʰɐu²¹⁴ɬuk⁵⁵]

曬衣（炷奧 杙䅲）曬衣（洪奧 七䅲）曬栗（炷秃 杙）紉針

（取金 申尉）刀靶（伯捕 朴刀）牢奧（取ケ 辰鉋）山脚（蹟尚 踏笆）䩞

鏞（補效 扑扰）腐腕（退溺 綿笆祉）腐贇（退滚 降綿）溺水

（洗濬 速淦）落山（悉尚 速笆）濯足（淂蹟 漤柯）洗足（同 上）洗

面（沼麵 瀌䣼）洒面（仝 上）沐頭（澮呂 淦墒）浴身（澇何 甲當）

曬（曬）衣（shàiyī）
□奥 [？？]
托褳 [$t^hak^{55}ɬə^{35}$]

澣（曬）衣（huànyī）：洗衣。
泆奥 [$t^hət^{55}au^{35}$]
弋褳 [$kua^{21}ɬə^{35}$]

曬（曬）粟（shàisù）
烍禿 [$t^hak^{55}k^hɐu^{35}$]
托□ [？]

□針
取金 [$ʃɔ^{21}kim^{52}$]
申針 [$ɬən^{52}k^hem^{52}$]

刀靶（dāobà）：刀的把手。
捕刀 [$bɔ^{24}dau^{21}$]
朴刀 [$pɔ^{24}t^hau^{21}$]

串魚（奐）（chuànyú）
取亇 [$ʃɔ^{214}ka^{35}$]
歹鲃 [$ɬɔi^{214}ʧa^{52}$]

山脚（shānjiǎo）：山接近平地的部分。
蹎肉 [$ʧən^{52}nui^{35}$]
踮岜 [$tin^{52}ʃa^{52}$]

□籍
補效 [$bɔ^{21}ɬɔ^{35}$]
朴□ [$p^huk^{22}ɬi^{52}$]

腐（腐）腋（fǔyè）
退溺 [$t^hɔi^{52}ɳuk^{22}$]
色祉綿 [$men^{52}ɬɐt^{22}ʃe^{24}$]

腐（腐）脅（fǔxié）
退洅 [$t^hɔi^{52}ɬɔi^{35}$]
唏绵 [$ʧaŋ^{35}mɐn^{52}$]

溺水（nìshuǐ）：淹在水里。
洸湉 [$tɐm^{21}nək^{55}$]
速淰 [$tɔk^{55}nɐm^{214}$]

落（㳏）山（luòshān）：指太阳下山。
糼肉 [$ɬɐi^{52}nui^{35}$]
速岜 [$tɔk^{55}ʃa^{52}$]

濯足（zhuózú）：本谓洗去脚污。后以“濯足”比喻清除世尘，保持高洁。
淊蹎 [$la^{214}ʧən^{52}$]
□柯 [$ɬuɔi^{33}k^ha^{52}$]

洗足（xǐzú）
同
上

洗面（xǐmiàn）：古代西南地区少数民族风俗，凡请人帮助自己杀仇人，便以牛酒相谢，称为“洗面”。
淊楯 [$la^{214}mɐt^{22}$]
洅嚻 [$ɬuɔi^{55}na^{35}$]

湎面（miǎnmiàn）
仝
上

沐頭（mùtóu）
澮豆 [$hɔi^{214}dɐu^{21}$]
浍増 [$k^hɔi^{35}bɐu^{35}$]

浴身（yùshēn）
滲□ [$ʃam^{33}meŋ^{214}$]
甲當 [$ap^{33}daŋ^{52}$]

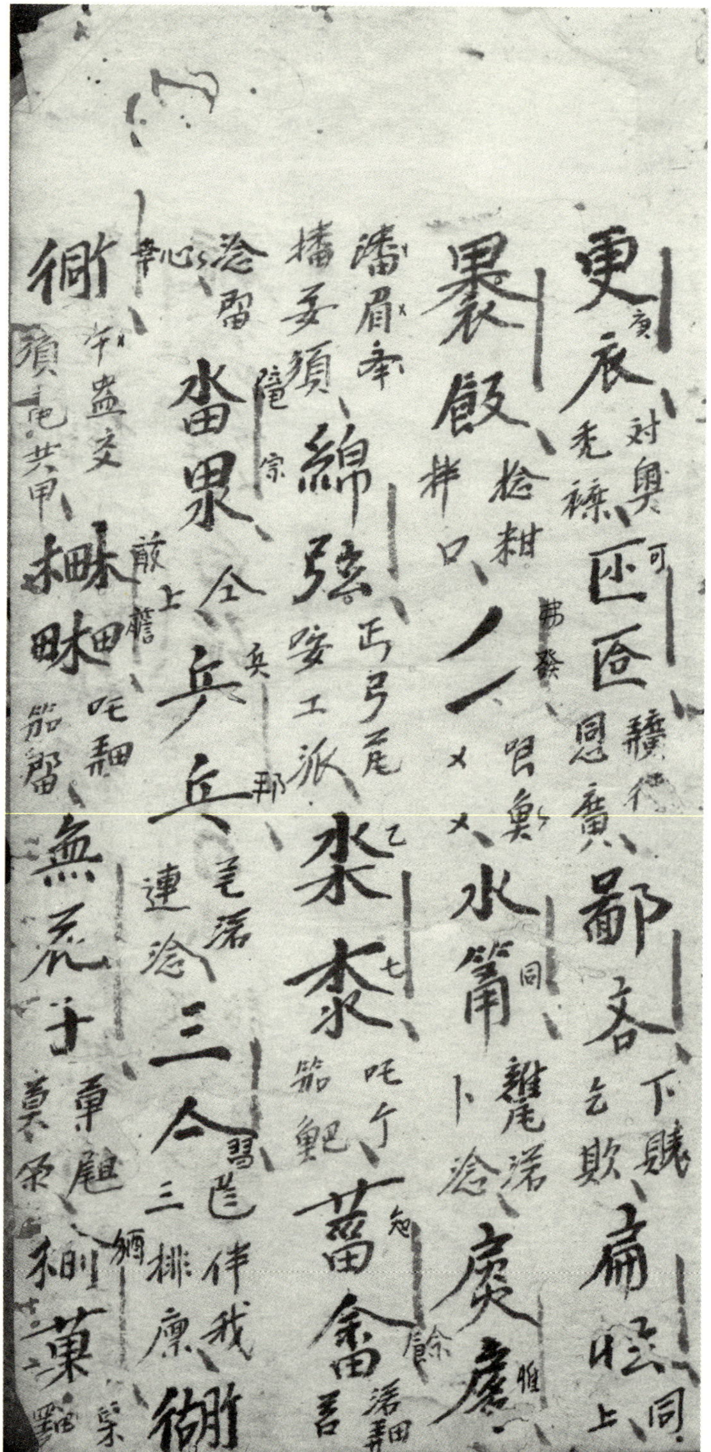

更衣（gēngyī）：换衣服；古时大小便的婉辞。
对奥 [dɔi³⁵au³⁵]
秃褯 [tʰɔk⁵⁵ɬə³⁵]

匢𠥴
𪎊□ [lɔŋ³³dai²¹⁴]
𢚉廣 [tʰɔŋ²¹⁴kuaŋ³⁵]

鄙（鄙）吝（bǐlìn）：形容心胸狭窄；过分爱惜钱财。
下賤 [ha²¹⁴tien²⁴]
乞欺 [kʰɐt⁵⁵kʰi⁵²]

扁□
同
上

果飯（guǒfàn）
捻粓 [nem³⁵kəm³³]
拌口 [puən⁵²kʰɐu³⁵]

丿丿
哏𠲤 [ŋən³⁵ŋə³³]
××[ŋən³⁵ŋə³³]

水筩（shuǐtǒng）：竹制的水筒。
𥫱渃 [？？]
卜淰 [pʰɔk³³nɐm²¹⁴]

㡧□
潘眉夅 [pʰan⁵²mi²¹kə³⁵]
播邪須 [pʰaŋ⁵²nə²¹⁴tu⁵²]

綿弦（miánxián）
丐弓芃 [kai³⁵kuŋ⁵²pʰɔn⁵²]
咹工派 [ɐn⁵²kuŋ⁵²pʰai³⁵]

柔柰
吒亇 [ʧa³³ka³⁵]
箈𩵜 [？？]

蓄畬
渃䎞㕦 [nək⁵⁵ʃuəŋ³³ ？]
淰䎞心 [nɐm²¹⁴na²¹ ？]

畣果
仝
上

乒乓（pīngpāng）：象声词；指乒乓球。
芒渃 [maŋ³³nək⁵⁵]
連淰 [len³³nɐm²¹⁴]

三□
𠰷伴我 [ba⁵²ban²¹⁴ŋa³³]
三排廩 [ɬɐm⁵²pʰɐi²¹lɐm³⁵]

衚衕（hútong）：即胡同。北方对小街小巷的通称。
午盎交 [ŋu²¹⁴aŋ³⁵iau⁵²]
須□共甲 [tuə⁵²luəŋ²¹kuŋ²¹ap⁵⁵]

𣟵𣟵（xiǎndǎn）
吒䎞 [ʧa⁵⁵ʃiəŋ³³]
箈䎞 [ʧia²¹na²¹]

無花子（wúhuāzǐ）
菓𡇼 [kua²¹da²¹⁴]
莫朶 [mak⁵⁵muk⁵⁵]

榆（榆）菓（yúguǒ）
□莫 [kua²¹mak⁵⁵]
□傍 [bai³⁵pʰaŋ²¹]

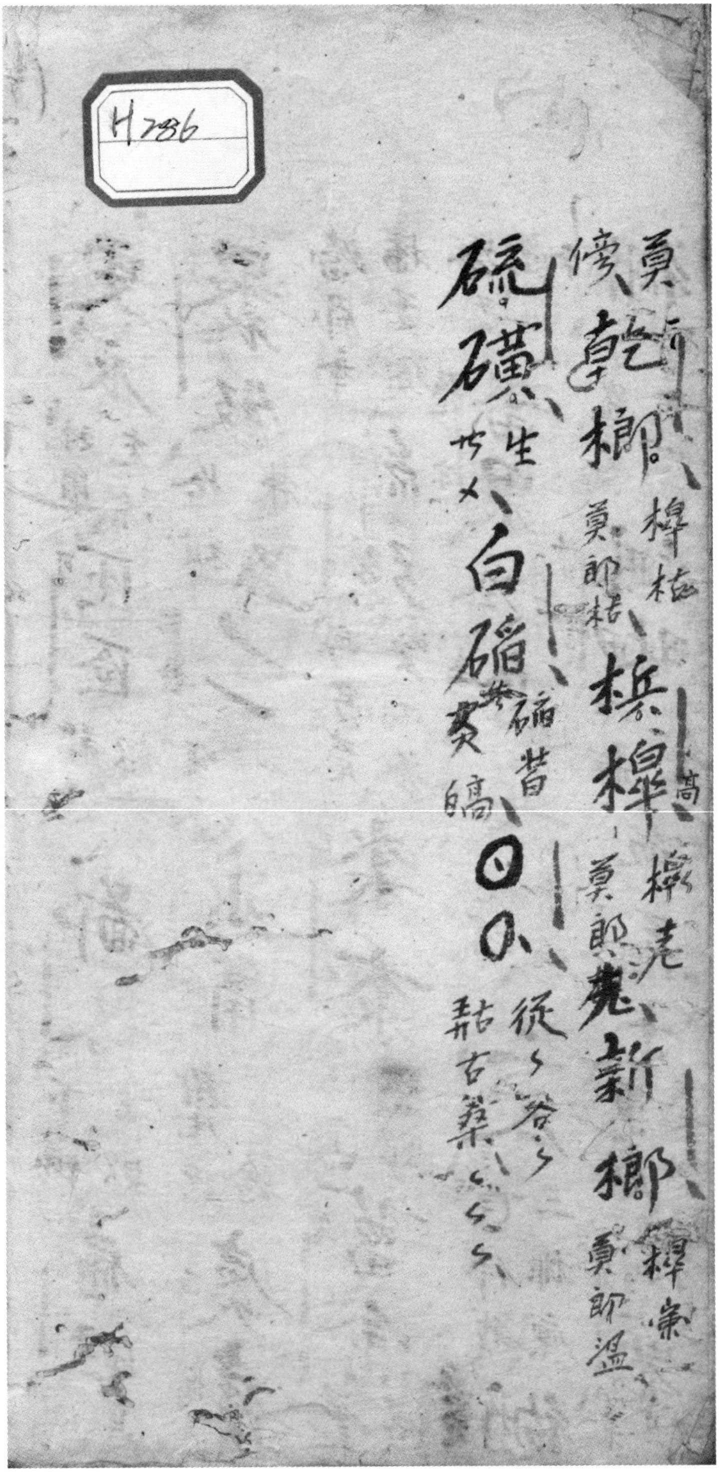
H786

乾榔 （gānláng）

□□ [? ?]

莫郎枯 [mak^{55}laŋ^{21}k^{h}ɔ^{214}]

梹榔

□老 [? ?]

莫郎□ [mak^{55}laŋ^{21}dɐm^{52}]

新榔 （xīnláng）

□隶 [? nɔn^{33}]

莫郎温 [mak^{55}laŋ^{21}ɔn^{55}]

硫磺 （liúhuáng）：即硫。

生 [ɬiŋ^{52}]

节 ×[la^{21}uaŋ^{21}]

白硇

硇砦 [ɬem^{33}ʧɐŋ^{35}]

炎皜 [ʃim^{21}k^{h}au^{52}]

従ㄣ谷ㄣ [t^{h}ɔŋ^{52}t^{h}ɔŋ^{52}ɬɔŋ^{332}ɬɔŋ^{33}]

黏古桑ㄣㄣㄣ [kɔ^{55}kɔ^{35}ɬaŋ^{52}ɬaŋ^{5}ɬaŋ^{52}ɬaŋ^{522}]

汉字拼音索引

C

J

K

L

N

X

Z

难检字

后　记

经过数年不懈努力，终于等来了第一部汉字、方块壮字、喃字三种文字互见的工具书付梓时刻。从民间简易抄本到将以严谨文献整理形式呈现于世，其间历经艰辛，至今在目在心。

书中所整理的的两个文本，为广西龙州县图书馆在农瑞群先生协助下，从马贵益先生处收集。为此，整理文本时请最熟悉文本的马贵益先生发音，农瑞群先生参与词义及语音复案。

文本整理从逐字记音开始，由对国际音标及广西汉语、少数民族语言有精深研究的谢建猷教授主持完成，谢教授记音过程规范而严格，不少读音不仅是听音记录，而且自己再三模仿发音，获得发音人认可后才予以记录，保证了记音的科学性与准确性。

文本整理方案、凡例及整理合成工作由黄南津、史维坤完成，其中史维坤认真负责，付出尤多！

文本整理完成后，呈送著名壮族学者梁庭望先生审阅指导，承蒙梁先生不弃，慨然应允撰写序言，在此谨向梁庭望先生表示衷心感谢！

文本整理过程中，龙州县宣传部为整理项目及文本出版提供了经费支持；龙州图书馆农毅馆长全力支持，提供了文本；西南大学高魏博士协助电脑造字。本书出版过程中得到了社会科学文献出版社丁凡副编审的鼎力相助，岳璘编辑的细致审读、修订。同时整个过程还蒙受许多关心此项目的学者与朋友关心指导。在此谨一并表达我们的深深感谢。

黄南津

2020年12月3日于南宁

图书在版编目（CIP）数据

《字学纂要》《指南解音》影印及整理研究 / 黄南津等著 . -- 北京：社会科学文献出版社，2021.4

ISBN 978-7-5201-8011-5

Ⅰ . ①字…　Ⅱ . ①黄…　Ⅲ . ①词典 - 汉、壮、越 ②《字学纂要》- 研究 ③《指南解音》- 研究　Ⅳ . ① H061

中国版本图书馆 CIP 数据核字（2021）第 032245 号

《字学纂要》《指南解音》影印及整理研究

著　　者 / 黄南津　史维坤　谢建猷　农瑞群

出 版 人 / 王利民
责任编辑 / 岳　璘　丁　凡
文稿编辑 / 岳　璘

出　　版 / 社会科学文献出版社（010）59367143
地址：北京市北三环中路甲 29 号院华龙大厦　邮编：100029
网址：www.ssap.com.cn
发　　行 / 市场营销中心（010）59367081　59367083
印　　装 / 三河市东方印刷有限公司

规　　格 / 开 本：787mm × 1092mm　1/16
印 张：29.75　字 数：456 千字
版　　次 / 2021 年 4 月第 1 版　2021 年 4 月第 1 次印刷
书　　号 / ISBN 978-7-5201-8011-5
定　　价 / 168.00 元